# A NOVA CONFIGURAÇÃO
DO SECTOR EMPRESARIAL DO ESTADO
E A EMPRESARIALIZAÇÃO
DOS SERVIÇOS PÚBLICOS

SOFIA TOMÉ D'ALTE
Docente da Faculdade de Direito de Lisboa
Mestre em Direito

# A NOVA CONFIGURAÇÃO DO SECTOR EMPRESARIAL DO ESTADO E A EMPRESARIALIZAÇÃO DOS SERVIÇOS PÚBLICOS

A NOVA CONFIGURAÇÃO
DO SECTOR EMPRESARIAL DO ESTADO
E A EMPRESARIALIZAÇÃO
DOS SERVIÇOS PÚBLICOS

AUTORA
SOFIA TOMÉ D'ALTE

EDITOR
EDIÇÕES ALMEDINA, SA
Avenida Fernão Magalhães, n.º 584, 5.º Andar
3000-174 Coimbra
Tel: 239 851 904
Fax: 239 851 901
www.almedina.net
editora@almedina.net

PRÉ-IMPRESSÃO • IMPRESSÃO • ACABAMENTO
G.C. GRÁFICA DE COIMBRA, LDA.
Palheira – Assafarge
3001-453 Coimbra
producao@graficadecoimbra.pt

Março, 2007

DEPÓSITO LEGAL
256437/07

Os dados e as opiniões inseridos na presente publicação
são da exclusiva responsabilidade do(s) seu(s) autor(es).

Toda a reprodução desta obra, por fotocópia ou outro qualquer processo,
sem prévia autorização escrita do Editor,
é ilícita e passível de procedimento judicial contra o infractor.

*Ao Dr. Nuno Miguel Vieira:*
*Jurista brilhante,*
*apoio sempre presente,*
*incondicional e constante.*

# PREFÁCIO

1. A presente obra corresponde a dissertação de mestrado em Ciências Jurídico-Políticas, elaborada pela Senhora Dr.ª Sofia d'Alte e submetida a provas públicas da Faculdade de Direito da Universidade de Lisboa.

2. Fui seu orientador, sabendo, de antemão, da complexidade da tarefa, pela dificuldade do tema, pela carreira da orientanda e pela sua visão da matéria a investigar.

3. O tema é difícil, por cruzar as áreas do Direito Público e do Direito Privado, por concitar abordagens e juízos muito díspares, por carregar um peso valorativo – económico, social, político e cultural – ligado às transformações sofridas pela sociedade e o Direito portugueses nas últimas três décadas.

4. A orientanda é uma cultora do Direito Privado, docente em disciplinas de Direito Civil, mas que quis, para efeitos de mestrado, orientar-se para o Direito Público, realidade mais longínqua das suas preocupações científicas e pedagógicas quotidianas.

5. A sua visão da matéria foge a cânones de boa parte da doutrina juspublicística dominante e, ao mesmo tempo, nem sempre acompanha percursos dos jusprivatistas dedicados ao Direito da Economia.

6. Neste contexto, em que as escolhas da orientanda são sempre soberanas, a orientação é sobretudo um diálogo de conselho, de aviso, de chamada de atenção, de estímulo e de prevenção. Mais ainda do que se se tratasse de acompanhar alguém há muito afeiçoado a mesmos domínios, colaborador nas mesmas tarefas docentes, debruçado sobre tema longamente discutido num percurso comum.

7. Por tudo isto tem inequívoco mérito a justificar sublinhado a obra final.

É polémica, suscita objecções, divide juízos – certamente. De matéria e de forma. O que só milita em seu favor.

Mas representa um exercício de compatibilização de saberes, experiências, elaborações distintas, com todas as limitações e também todas as enormes virtualidades dos trabalhos de charneira.

O júri, ao atribuir-lhe a classificação de dezoito valores, quis, muito possivelmente, premiar o arrojo da tentativa. Consciente, embora, de que se trata de ensaio problemático noutros reptos, como, por exemplo, o do doutoramento.

Não se limitou a certificar a proficiência das provas públicas. Juntou-lhe, com toda a probabilidade, o aplauso pelo risco corrido na confluência de perspectivas, e na coragem de afirmar uma visão própria em tema tão difícil e controverso.

8. Em suma, foi um desafio diferente esta orientação de uma privatista, vinda até ao seio da família juspublicística, para, logo, dela partir, em regresso à sua casa de origem.

Desafio diferente e interessante. Assim ele proporcione à nova Mestra lições bastantes para a carreira académica que legitimamente almeja, nos muitos anos que tem pela frente para palmilhar.

MARCELO REBELO DE SOUSA

Cascais, Janeiro de 2007

# AGRADECIMENTOS

*O trabalho que agora se publica corresponde integralmente, e salvo algumas alterações de natureza formal, à tese de mestrado apresentada na Faculdade de Direito de Lisboa, e cujas provas públicas decorreram no dia 13 de Fevereiro de 2006. A tais provas presidiu o júri composto pelos Ilustres Professores Marcelo Rebelo de Sousa, Fausto de Quadros, Maria Luísa Duarte, Luís Fábrica e Luís Morais. A todos, um sincero agradecimento por terem aceite o encargo de constituir o referido júri.*

*Contudo, de todos cumpre destacar, sem demérito para os demais, os Professores Marcelo Rebelo de Sousa, Fausto de Quadros e Luís Fábrica. É de facto de inteira justiça agradecer públicamente a todos, agradecimento esse se se sublinha na pessoa do Professor Marcelo Rebelo de Sousa, por haver estado sempre presente, ter dado inteiro apoio e estímulo mesmo no que tange à própria escolha e tratamento do tema, e haver aceite o encargo de assumir o difícil papel de orientador, mas também Arguente desta Tese. Partilho por isso com o Professor Marcelo os méritos que a mesma revele, reservando não obstante para a minha pessoa os eventuais defeitos ou incorrecções que nela se possam eventualmente encontrar.*

*Um agradecimento muito sincero é também públicamente dirigido ao Professor Fausto de Quadros, de quem tive a honra de ser aluna na fase escolar do Mestrado, e a quem devo a possibilidade que me foi concedida de frequentar as instalções do Instituto Europeu de Florença, em especial as suas fantásticas bibliotecas, onde recolhi imenso e importantíssimo material para esta tese. Sem dúvida que sem o apoio e intercessão do Professor Fausto de Quadros, tal jamais teria sido possível.*

Tenho ainda que agradecer ao Professor Luís Fábrica, que prontamente aceitou arguir esta Tese. Como se calcula, o papel de Arguente é ingrato, mas sublinho aqui a mestria com que o fez o Professor Luís Fábrica, a quem agradeço as críticas formuladas, o rigor com que as formulou, e o espírito académicamente generoso com que assumiu o seu papel de Arguente: demonstando ao candidato o quanto ainda tem que evoluir, mas respeitando o esforço até ao momento demonstrado.

Entendo também que é devido um agradecimento a todos o Professores e Assistentes que contribuiram para a minha formação académica e pessoal: desde os que me ensinaram na Licenciatura de Direito na Católica do Porto, àqueles com quem tive o privilégio de trabalhar, agora na Faculdade de Direito de Lisboa. De permeio, na passagem pela Faculdade de Direito de Coimbra, destaque-se o Professor Coutinho de Abreu, de quem tive a honra de ser aluna, e que me despertou o interesse para as matérias da empresarialidade, em particular, da pública. Agradeço assim o apoio e estímulo sempre presentes e incondicionais.

Finalmente, deixando o âmbito académico para passar ao pessoal, agradeço à minha Mãe, Maria do Carmo D'Alte, que sempre acreditou em mim, e colocou à minha disposição todos os meios de que dispunha para que eu alcancasse os meus objectivos .Finalmente, mas não menos importante, ao Dr. Nuno Miguel Vieira, presença sempre constante, de ânimo inquebrantável, que me inspirou e ajudou nos momentos mais difícieis, colocando à minha disposição quer o seu brilhantismo jurídico, quer o seu ombro amigo.

A todos, um sincero bem hajam, e muito obrigada.

*Porto, 9 de Março de 2007.*

# INTRODUÇÃO

A tese que agora de apresenta, versa sobre um tema que consideramos não apenas actual, mas sobretudo complexo, multifacetado e fronteiriço.

Efectivamente, como tentaremos demonstrar nas páginas que se seguirão, assistimos actualmente a uma verdadeira revolução que abala todas as estruturas da Administração Pública e do Estado, especialmente no que concerne ao desempenho das actividades públicas consubstanciadoras de prestações de que são beneficiários os cidadãos. Assim, como facilmente se constata, quando escolhemos o tema que agora coligimos no presente estudo, tínhamos perfeita noção não apenas da sua peculiaridade, mas sobretudo da sua dificuldade. Não se afigura tarefa fácil abordar um tema cujas "ramificações" nos conduzem a diferentes terrenos científicos, como sejam desde logo os da economia, da gestão, ou os das ciências da administração. Acresce ainda que, mesmo no âmbito jurídico, o tema em análise apresenta-se como um verdadeiro fenómeno de sobreposição entre os diversos ramos das ciências jurídicas, pois levanta problemas não apenas ao nível do direito económico, mas também e desde logo ao nível do direito constitucional, sem esquecer ainda aqueles que se relacionam com o direito administrativo e com o direito comercial, bem como com o sempre presente direito comunitário. Por isso, o trabalho que agora se apresenta não conta com uma secção especificamente dedicada ao direito comparado aplicável à matéria em análise, dado que, constatada a multiplicidade de factores e problemas que ao longo do caminho se nos iam apresentado, consideramos mais adequado centrar o essencial do problema no plano jurídico interno, tendo todavia tentado inserir, ao longo do percurso, alguns daqueles que nos pareceram os mais adequados contributos retirados de outras ordens jurídicas.

Chegamos agora ao "final" desta verdadeira aventura que foi construir um raciocínio passível de contribuir, assim o esperamos, para a implementação de alguma uniformidade, sistematização e clareza, a propósito de um tema que é por natureza claramente disperso e multifacetado. Sendo porém o nosso objectivo apresentar uma visão útil para a Ciência do Direito enquanto disciplina eminentemente conformadora da realidade social, tentamos assim abordar as diversas facetas do problema para sugerirmos um tratamento jurídico que possa aplicar-se ao mesmo como uma "esquadria conceptual" suficientemente ampla e flexível para permitir respeitar a especificidade da matéria, mas também suficientemente rigorosa e clara, para de algum modo orientar este "processo de revolução em curso" que está a alterar não apenas a feição da Administração Pública e do Estado em geral, mas também a própria configuração do Direito, tanto do público, como do privado.

Agora que chegamos ao "final" deste desafio, certos de que fizemos o melhor que nos foi possível, mas conscientes de que é sempre possível fazer melhor, constatamos que este não é de forma alguma um ponto de chegada, mas sim um verdadeiro ponto de partida para muitas outras e mais profundas reflexões, a propósito de um tema que efectivamente nos seduziu não apenas pela novidade, mas sobretudo pelas diversas possibilidades de problematização que apresenta e, sobretudo, por ser um tema que constitui um verdadeiro ponto de encontro entre o Direito Público e o Direito Privado.

# DELIMITAÇÃO DO OBJECTO
# E METODOLOGIA ADOPTADA

O tema que nos propomos abordar e que constitui o objecto do presente trabalho tem como base a nova configuração empresarial do Estado, a qual nos permitiu reflectir sobre outros problemas que entendemos conexos, designadamente a tendência empresarializadora que actualmente se faz sentir relativamente aos serviços públicos, a qual é em muito determinada pela influência exercida por via do Direito Comunitário.

Deste modo, atendendo à diversidade de factores e problemáticas que um tal tema suscita, optamos por dividir o trabalho que agora se apresenta, em quatro capítulos distintos, muito embora tenhamos tentado sempre evidenciar os pontos de ligação que, na nossa perspectiva, impunham a procura de um tratamento jurídico susceptível de contribuir para uma aproximação mais unitária e sistematizada a aplicar ao fenómeno.

Em termos da sistematização formal que adoptamos, consideramos que a diversidade de factores que exigiam a nossa atenção aconselhava a que o tratamento do problema ao longo dos quatro capítulos referidos, se processasse com base em diferentes secções inseridas em cada um deles.

Assim, na primeira secção do primeiro capítulo, tentamos fazer um enquadramento geral da questão, elegendo como base a problemática das diferentes funções e fins que o Estado tem vindo a assumir ao longo dos tempos, para sublinharmos essencialmente a importância de manter um modelo estadual que se diz em crise: o modelo do Estado de bem-estar. Deste modo, conjugando as características deste modelo que consideramos consagrado na nossa Lei Fundamental, partimos para a qualificação de alguns direitos fundamentais como direitos a prestações estaduais, o que acabou por nos permitir passar, na secção seguinte, a abordar a problemática da iniciativa económica pública. Esta foi sobretudo focada como um mecanismo de concretização do bem-estar a que nos referíamos, razão pela qual acabamos por defender a necessidade de manter um determinado âmbito de actividades públicas de prestação como forma de conservar o modelo de bem-estar a que brevemente aludimos.

No segundo capítulo, passamos a abordar a problemática dos serviços públicos a partir da perspectiva que os considera como formas materiais de concretização de alguns dos direitos fundamentais consagrados na Constituição, o que nos permitiu reforçar o entendimento avançado no capítulo anterior relativamente à actividade prestadora dos poderes públicos. A primeira secção deste segundo capítulo é no entanto dedicada a uma análise conceptual, designadamente para "testar" se a influência exercida pelo Direito Comunitário determinaria ou não um total afastamento do Estado das actuações materiais e prestadoras ao nível das actividades de serviço público. Na segunda secção deste capítulo tentamos reflectir sobre uma das distinções conceptuais que consideramos mais difíceis: aquela que separa as actividades económicas, das actividades empresariais, designadamente para, com base nas conclusões a que viéssemos a chegar, discutir a actual tendência de empresarializar boa parte daquela actuação pública de prestação, problema que vem então a ser tratado na terceira secção deste último capítulo.

Foi com base nas conclusões a que chegamos na última secção do capítulo segundo, que construímos alguns daqueles que se nos afiguram como os mais importantes pontos em que se baseou a reflexão do terceiro capítulo, o qual é dedicado a um dos mais importantes problemas de direito administrativo: o problema da liberdade (ou não) de escolha da Administração na determinação das formas jurídicas para o exercício da sua actividade de prestação. Neste domínio, depois de efectuado um enquadramento generalista na primeira secção, tentamos na seguinte reflectir sobre aquilo que para nós é uma evidência: a necessidade de fixar critérios claros que permitam perceber porque que é que se aplica esta ou aquela forma jurídica, designadamente para o exercício de actividades de serviço público através das quais se concretizem direitos fundamentais dos cidadãos. Desse modo, e após concluirmos que os valores da certeza e segurança jurídicas estariam melhor acautelados se se defendesse uma formulação restritiva a propósito daquela liberdade de escolha, acabamos por chegar ao quarto e último capítulo do trabalho.

Neste, o tratamento foi essencialmente jus-privatístico, no qual tivemos sobretudo a preocupação de reflectir sobre o novo conceito de empresa pública, porque a novidade do RGSEE assim o impunha, para tentar depois na segunda secção desmistificar aquilo que, do nosso ponto de vista, constituía mais um preconceito do que uma evidência e que por isso merecia a nossa atenção: referimo-nos à convicção segundo a qual o direito privado e os seus mecanismos garantem uma maior eficácia na actividade desenvolvida pelos entes públicos.Tendo a este propósito chegado a uma conclusão diversa, tentamos não apenas relativizar a necessidade de recorrer a formas jurídicas de direito privado para garantir uma actuação pretensamente mais eficaz, mas também e sobretudo elaborar critérios que permitissem fundamentar a opção organizativa tomada em cada momento.

Neste momento é pertinente alertar para o seguinte: em nada discordamos da implementação de processos de privatização material de diversas actividades até aqui exercidas pelo Estado, designadamente porque tal é um meio adequado para que este se torne mais ágil e eficiente. Por isso, no presente trabalho, o alvo das nossas criticas são os processos de privatização formal, os quais, na sua maioria, não apresentam todas as vantagens que lhes são atribuídas, mas pelo contrário, podem mesmo apresentar-se como fenómenos de perturbação da estabilidade e coerência do sistema jurídico. Por isso, na última secção do capítulo quarto, tentamos demonstrar, com base numa análise eminentemente conceptual, as potenciais desvantagens do recurso à forma jus-privatisitica da sociedade anónima para o exercício de actividades reconductíveis à prestação de serviços públicos.

Assim, de entre as diversas conclusões a que acabamos por chegar ao longo da presente investigação, aquela que se nos afigura como mais evidente e porventura mais importante, é a que nos permite afirmar que estamos hoje a assistir a um processo de transformação que afecta estruturas, formas, disciplinas e conceitos, tanto no âmbito do Direito Público como no do Direito Privado, e que evidencia a necessidade de acompanhar o pulsar da realidade social com a construção de conceitos que permitam conferir-lhe estabilidade e coerência. Parece-nos assim que estamos a presenciar um momento crucial de alteração de estruturas sociais que exigem à Ciência Jurídica uma abordagem flexível mas firme, sendo certo que aquilo que se pode afirmar é que na verdade, e no final, talvez esta seja mesmo uma das situações em que com grande propriedade se poderá afirmar que nada voltará a ser como dantes. É pois precisamente esta a beleza do Direito, pelo que poder contribuir para a sua construção é mais do que um desafio, um verdadeiro privilégio. Aqui fica pois, o nosso modesto contributo.

I CAPÍTULO
# Evolução das Funções e Fins do Estado: a Encruzilhada

É hoje lugar comum afirmar-se a necessidade de redimensionar o Estado, de o tornar mais leve e mais ágil, para que se torne mais eficaz. Necessidade evidente, não carece de ser melhor explicitada.

Porém, este facto levanta inúmeras questões, as quais afectam, desde logo, a função do Estado enquanto prestador de bens e serviços, sobretudo no tocante aos serviços públicos que se considerem essenciais. Efectivamente, como veremos, o advento do Estado Social estabeleceu uma relação mais íntima e mais próxima entre Estado e cidadão, de tal modo que hoje o seu tão desejado e necessário redimensionamento põe em causa a manutenção de várias estruturas estaduais prestadoras de bens e serviços.

Encontramo-nos assim numa verdadeira e difícil encruzilhada: perante evidências por todos conhecidas, mas simultaneamente impelido a garantir a prestação de bens e serviços essenciais por forma a concretizar o comando constitucional de bem-estar, o Estado Social luta por se manter fiel a si próprio, procurando soluções eficazes que lhe permitam manter a sua feição social, e simultaneamente controlar os seus custos. Neste sentido, a tão propalada crise do Estado Social relaciona-se intimamente com a crise do serviço público.

Assim, partindo da análise da actual configuração do sector empresarial estadual, tentaremos reflectir sobre esta problemática nas páginas que se seguem.

# I SECÇÃO
# Enquadramento Geral

## 1 – O Estado e os seus Fins: Evolução Histórica

Antes de darmos início ao tratamento de cada um dos tipos de Estado que seleccionamos no presente relatório, cumpre delimitar desde já qual o nosso objectivo no presente capítulo.

Com o tratamento das diferentes funções e fins que o Estado tem vindo a assumir ao longo do tempo não pretendemos efectuar uma análise de ciência política dessas funções e fins. É tão só nosso intuito o de evidenciar a forma como o Estado tem vindo a relacionar-se com a Sociedade Civil, para que assim consigamos traçar a ponte de ligação entre o Estado e as pretensões, ânsias ou direitos que cada vez mais os cidadãos daquele reclamam. Analisamos assim o Estado-Administração, afastando portanto as funções legislativas, políticas e jurisdicionais do mesmo.

Feita a advertência, cumpre dar início ao primeiro ponto do presente capítulo.

Qualquer análise que se pretenda minimamente profunda sobre as matérias sobre as quais versa não pode de forma alguma prescindir do sempre necessário enquadramento histórico dessas questões. Por isso, seleccionamos apenas aqueles que entendemos serem os tipos de Estado mais importantes ou representativos da evolução que o mesmo tem vindo a apresentar até aos dias de hoje. Excluímos por isso a análise do Estado Oriental, Grego, Romano, Medieval e Estamental[1], o que não significa de forma alguma qualquer tipo de menosprezo por tais matérias, mas tão só a necessidade de sermos directos e objectivos no tratamento do tema que escolhemos, pelo que limitamos a análise que se segue ao Estado Absoluto; ao Estado

---

[1] Para uma análise de todos estes tipos de Estado, veja-se MARCELO REBELO DE SOUSA, *Direito Constitucional I – Introdução à Teoria da Constituição,* Livraria Cruz, Braga, 1979, pág. 101 e ss.. Especificamente quanto à evolução do Estado Europeu, JORGE MIRANDA, *Teoria do Estado e da Constituição,* Editora Forense, Rio de Janeiro, 2002, pág. 39 e ss.; DIOGO FREITAS DO AMARAL, *Curso de Direito Administrativo,* vol. I, 2ª Edição, Almedina, Coimbra, 1994, pág. 51 e ss., e também *Estado, Polis,* vol. II, pág. 1156 e ss..

Liberal, ao Estado Providência ou Social e, por último, a um novo modelo que se vem afirmando, o Estado " *Managerial"*, ou Gestionário.

O Estado Absoluto é considerado como a segunda fase do Estado Moderno[2], que se estende desde meados do século. XVII, até finais do século XVIII. Segundo FREITAS DO AMARAL[3], os principais aspectos políticos deste tipo de Estado são: " *(...) centralização completa do poder real; enfraquecimento da nobreza, ascensão da burguesia; não convocação das cortes; a vontade do Rei como lei suprema (l'État c'est moi); culto da razão de Estado; incerteza do direito e extensão máxima do poder discricionário (Estado de Polícia); o Estado como reformador da sociedade e distribuidor das luzes – o «despotismo esclarecido»; recuo nítido em matéria de garantias individuais face ao Estado"*.

Era pois um Estado bem diferente daquele que hoje conhecemos, sem que todavia se identificasse com o ideal abstencionista que caracterizou o Estado Liberal. Se por um lado se garantia a todo o custo a intangibilidade do monarca absoluto[4], por outro incentivava-se o intervencionismo estadual sobre a sociedade. O monarca é o *princeps* que além de soberano, é também o garante do bem do povo. A submissão da sociedade enquanto súbditos do Monarca é em alguma medida "compensada" pela intervenção crescente do Estado nos domínios cultural e assistencial. Em Portugal, exemplo disto são as reformas pombalinas, as quais se inserem já num momento em que o absolutismo se intensifica e passa ao tão conhecido despotismo esclarecido. Neste contexto assiste-se a um grande alargamento da Administração Pública, sempre sob o controlo do Monarca, num modelo de total centralismo e estatização dos poderes públicos (de que são exemplos o ataque à Igreja, à nobreza e à Universidade).

Era pois uma época em que predominava o império da razão de Estado, e onde inexistiam praticamente qualquer tipo de garantias individuais perante o poder absoluto. De um paradigma de iluminismo e racionalismo, em que cabia ao Estado "distribuir as luzes", mas em

---

[2] Assim, MARCELO REBELO DE SOUSA, *ob. cit.,* pág. 104.
[3] Ob. cit. pág. 67.
[4] Cuja garantia era proporcionada pela bipartição Monarca-Fisco, tal como refere MARCELO REBELO DE SOUSA, *ob. cit.,* pág. 104, e mais pormenorizadamente, MARIA JOÃO ESTORNINHO, *A Fuga para o Direito Privado,* Almedina, Coimbra, 1999, pág. 23 a 29.

que a referida razão de Estado era lei, passou-se na prática a um Estado autoritário, totalitarista, sem razoabilidade, e por isso sem razão.

Sufocada pelo peso e adstringência do poder absoluto, a sociedade reage e revolta-se contra o *status quo* existente. Em 1784 eclode a Revolução Francesa, e com ela, o triunfo dos ideais da liberdade individual contra o autoritarismo do Estado Absolutista. Sob a máxima da liberdade, igualdade e fraternidade, assume-se uma nova forma de Estado, no qual não se prescinde do Princípio da Separação dos Poderes, e da clara afirmação do Princípio da Legalidade, o qual vem transformar a actividade administrativa, passando esta a desenrolar-se agora sempre sob a égide da lei, resumindo-se mesmo à mera aplicação da lei (formulação negativa do princípio da legalidade).

Assim, à soberania real sucede a soberania popular, surgem as primeiras Constituições escritas, os partidos políticos e o sistema de governo representativo, reforçando-se também as garantias dos homens (que passam agora a ser cidadãos e já não súbditos) enquanto portadores de direitos inatos e inalienáveis pelo simples facto de o serem. É a proclamação da dignidade suprema da pessoa humana, bem visível aliás nas inúmeras declarações de direitos que nesta época grassaram um pouco por toda a parte[5].

A nível do já referido intervencionismo estatal que tanto caracterizou o Estado Absoluto, o Estado Liberal segue como regra o oposto: marcadamente abstencionista. Sob a égide do *laissez faire, laissez passer,* o que anteriormente era definido como um Estado de Polícia, passa agora a ser designado como Estado mínimo, ou Estado guarda nocturno, essencialmente empenhado em garantir a ordem e a segurança, relegando quase por completo qualquer tipo de política social[6]. Os direitos fundamentais dos cidadãos são neste contexto perspectivados como direitos de defesa em face do Estado, motivo pelo qual assumiam preponderância os direitos civis e políticos em detrimento dos direitos sociais, os quais vêm a afirmar-se com o Estado Social.

---

[5] Veja-se a este propósito, MARCELO REBELO DE SOUSA, ob. cit., pág. 156 e ss., e também JORGE MIRANDA, ob. cit., pág. 45 e 46.

[6] Veja-se a ressalva que a este propósito faz FREITAS DO AMARAL, ob. cit. pág. 79 e 80.

De todo o modo, a principal característica do Estado Liberal, foi a proclamação do Princípio da Legalidade e a subordinação de todos os poderes do Estado ao respeito dessa mesma máxima. Mais do que um princípio, foi de facto uma verdadeira conquista, a qual mantém nos nossos dias cabal preponderância, não obstante seja hoje entendido de modo diferente, à luz de uma formulação positiva desse mesmo Princípio.

No início do século XX, o Estado Liberal (que foi também em grande medida um Estado burguês), será compelido a mudar. Inserido naquilo que também se designa na Doutrina como Estado Constitucional[7], o Estado Social sucede ao Estado Liberal. As mutações sócio-económicas que se agudizam sobretudo entre as duas Grandes Guerras, levam ao triunfo de determinadas correntes ideológicas de raiz socialista ou marxista. Surge assim um novo tipo de Estado onde avulta a clara e intensa intervenção dos poderes públicos, sobretudo no domínio económico. Surge assim um Estado-Administração em que esta passa a desempenhar uma função claramente prestadora, e já não como outrora unicamente agressiva, sobressaindo também ao lado dos direitos, liberdades e garantias, os direitos económicos, sociais e culturais.

Alargam-se as tarefas a cargo do Estado e simultaneamente modificam-se as relações dos indivíduos com a Administração.

Passa-se assim de um Estado abstencionista para um Estado claramente prestador, que chama a si como principal incumbência o bem-estar social e económico dos cidadãos e da sociedade. Por isso se apelida este Estado como o da Providência, onde claramente sobressai o papel da administração prestadora e constitutiva, de tal modo que a Doutrina alemã, com FORSTHOFF, vem utilizar uma expressão quase plástica para denominar este fenómeno. Trata-se da "Daseinsvorsorge", ou seja, de forma literal, a "providência da existência", tal como traduz VASCO PEREIRA DA SILVA[8].

Com a afirmação deste Estado Social (que é também um Estado de Direito), e com as tarefas e incumbências que este vem a chamar a si, plasmando-as mesmo enquanto obrigações de carácter constitucio-

---

[7] Assim, JORGE MIRANDA, *ob. cit.*, pág. 49.
[8] *in Em Busca do Acto Administrativo Perdido,* Almedina, 1998, pág.75.

nal (veja-se entre nós, por exemplo, o artigo 9º da CRP), assistimos a um certo "gigantismo" estadual. Efectivamente, a variedade e importância das inúmeras áreas em que o Estado é chamado a intervir, determina não só o crescimento da máquina administrativa, como também a necessidade de criar esquemas de parceria com a própria sociedade civil.

É a denominada "hipótese neocorporativa", a qual denuncia, segundo BAPTISTA MACHADO[9], o derrubar do "muro" que durante a 1ª fase do Estado Constitucional separou o Estado da Sociedade. As relações que agora se estabelecem entre estes dois intervenientes na vida da colectividade são, segundo o Autor citado, norteadas por vectores de ponderação, negociação e mediação dos interesses em jogo. Trata-se assim de um Estado que reclama necessariamente o aprofundamento da democracia participativa, chamando a Sociedade a assumir com ele algumas das suas tarefas, partilhando assim as correspondentes responsabilidades[10].

Porém, esta hipótese neo-corporativa não se assumiu como solução suficiente para resolver os problemas decorrentes do já referido "gigantismo estadual". Perante este facto, começou a revelar-se no início da década de 70, a chamada "crise do Estado de Bem – Estar". Entre nós, por força do movimento democrático de Abril, só a partir dessa data é que se implementou verdadeiramente um Estado prestador no sentido que atrás referimos, motivo pelo qual também a crise do *"Welfare State"*, só mais tardiamente se fez sentir entre nós[11], podendo mesmo dizer-se que no momento presente assistimos à tentativa de

---

[9] *A Hipótese Neocorporativa, Obra Dispersa*, vol. II, Scientia Iuridica, Braga, 1993, pág. 449 e ss.. A págs. 454, o Autor refere mesmo a existência de uma contradição entre as incumbências cometidas ao Estado Social e ao Estado de Direito. A solução proposta para o problema consiste na referida hipótese neocorporativa, através da qual o Estado surge como um *"Estado-Soberano, Parceiro ou Interlocutor"*.

[10] *Ob. cit.*, pág. 460 e 461. A propósito da caracterização daquilo que se entende ser o "Estado Pós-Social", veja-se, MARIA JOÃO ESTORNINHO, *ob. cit.*, pág. 47 a 78, e também VASCO PEREIRA DA SILVA, *Para um contencioso administrativo dos Particulares (esboço de uma teoria subjectivista do contencioso de anulação)*, Almedina, Coimbra, 1997, pág. 49 a 58.

[11] Veja-se neste sentido e traçando a evolução cronológica das funções e fins do Estado, ÓSCAR SOARES BARATA, *A História da Modernização Administrativa* in Fórum 2000, *Reformar a Administração Pública, um Imperativo*, Instituto Superior de Ciências Sociais e Políticas, Lisboa, 2000, pág. 27 e ss..

solucionar tal problema utilizando, designadamente, e de forma crescente, o recurso ao direito privado por parte dos poderes públicos, bem como a privatização – tanto formal como substancial – das mais diversas actividades que até aqui se confiavam exclusivamente àqueles poderes[12].

Na tentativa de solucionar a crise do *"Welfare State"*, assistiu-se por todo o mundo ocidental a diversas alterações e reformas sobre a Administração Pública, de forma a implementar a máxima " menos Estado para melhor Estado".

A Grã-bretanha assumiu-se desde início da década de 70 como pioneira nesta transformação[13]. O relatório Stauder, diagnosticando à época o peso que o Estado Social acarretava, propunha uma série de alterações a implementar na Administração Pública, apontando como mecanismo principal a privatização de actividades, designadamente dos serviços públicos, passando o Estado a desempenhar um papel essencialmente regulador dessa prestação efectuada por privados, por forma a garantir a manutenção das suas características essenciais enquanto serviço público[14], ou seja, a sua continuidade, acessibilidade, qualidade, igualdade de acesso, entre outros que mais adiante abordaremos.

---

[12] Na Doutrina Espanhola este fenómeno é denominado como *publicatio,* para traduzir a titularidade reservada aos poderes públicos de uma determinada actividade, e que por isso os habilitaria a intervir, designadamente no campo económico, nomeadamente através da criação de monopólios, e da instituição em que se converteu o conceito de serviço público. A este propósito, JUAN MIGUEL DE LA CUÉTARA MARTÍNEZ, *Perspectivas de los Servicios Públicos Españoles para la Década de los Noventa, in El Nuevo Servicio Público,* Marcial Pons, Madrid, 1997, pág.69 e ss. Mais adiante abordaremos de forma mais pormenorizada este tema.

[13] A este propósito e para uma análise profunda do modelo britânico e procedendo à sua comparação com a realidade espanhola, veja-se JOSÉ LUIS VILLAR ROJAS, *Privatización de Servicios Públicos. La Experiência Española a la Luz del Modelo Británico,* Editorial Tecnos, Madrid, 1993; entre nós, e para uma abordagem mais sucinta, JOAQUIM FILIPE DE ARAÚJO, *Continuidade e Mudança nas Organizações Públicas: a experiência de reforma do Reino-Unido, in Fórum 2000, Reformar a Administração Pública, um Imperativo,* Lisboa, pág.71 e ss.

[14] Conceito que se assume agora na sua vertente funcional e não já orgânica ou subjectiva como sucedia até aqui de acordo com a concepção tradicional. Mais adiante abordaremos as várias concepções doutrinais construídas a propósito deste conceito de significado assumidamente complexo.

Este novo modelo de Estado, também designado como Estado Gestionário, apresenta, de acordo com J. A. OLIVEIRA ROCHA[15], as seguintes características:

a) Da gestão burocrática passa-se à gestão profissional;
b) Adoptam-se medidas de *"performance"*;
c) Introduz-se o trabalho por objectivos ou resultados;
d) Descentraliza-se e desconcentra-se o maior número possível de serviços;
e) Implementa-se uma gestão empresarial.

Actualmente encontramos entre nós uma reforma estrutural que parece assumir declaradamente este modelo: é o que sucede nos Hospitais SA (actualmente em transição para o modelo da EPE) integrados no Serviço Nacional de Saúde. Sem pretender aqui analisar o sucesso ou não desta iniciativa, é evidente que ela levanta inúmeras questões que entroncam no plano geral deste trabalho.

Por ora, porém, cumpre-nos sublinhar aquilo que são factos, nem sempre devidamente ponderados por quem defende este movimento privatizador ou empresarializador da Administração Pública, e que são os seguintes:

1º) Assume-se sem contestação visível, que a adopção de mecanismos e formas empresariais – logo de direito privado – é panaceia universal para o problema em análise, desde logo porque se tem por pacífico que a gestão privada é sempre, necessariamente, mais eficaz e melhor do que a gestão pública;

2º) Quando se fala em "gestão de tipo empresarial", liga-se imediatamente essa noção às formas privadas, sem que se esclareça ao certo e desde logo o que é que se entende por gestão empresarial, quais são os seus critérios de aferição e aplicação, quais as suas técnicas concretas, bem como as reais possibilidades de as aplicar com sucesso a cada um dos sectores de actividade que compõe o sector público. Tudo isto sem que, além disso, se questione porque é que esta tem de estar umbilicalmente ligada às formas privadas de administração.

---

[15] in *Modelos de Gestão Pública, Revista de Administração e Políticas Públicas,* vol. I, n.º 1, 2000, pág. 12 e ss.

Quanto a nós, consideramos que não se pode dar por adquirido que a aplicação de formas e mecanismos jurídicos próprios do direito privado garantam necessariamente a eficácia de um determinado sector ou actividade. Essa eficácia passará outrossim pela adopção de medidas de boa gestão, as quais não têm de estar ligadas ao carácter público ou privado da actividade em causa, ou da estrutura orgânica que a desempenha. Mais adiante desenvolveremos este nosso raciocínio. Para já, parece-nos importante realçar que não estamos sozinhos quando defendemos esta posição. Veja-se desde logo o Autor *supra* citado, que chama a atenção para a circunstância de a gestão privada não ser panaceia universal devido à grande diferença que existe entre a realidade pública e a realidade privada, aprovando vários Autores, para os quais a gestão empresarial não é mesmo a solução para o problema em questão[16].

Deste modo, e num momento em que as reformas pró-eficiência são uma necessidade gritante reclamada pela realidade nacional (e não só), é importante que se reflicta ponderada e calmamente nas várias soluções possíveis, sem que haja precipitações generalizadas que poderão, a longo curso, comprometer o objectivo geral que se pretende alcançar. A análise minuciosa das diversas soluções possíveis, desvirtuaria porém o presente trabalho que não é um ensaio na área da Ciência da Administração, mas sim na Ciência Jurídica. Não obstante, para que se possa expor claramente as questões que podem decorrer da nova configuração assumida pelo sector empresarial estadual que se insere, como melhor veremos nas páginas que se seguem, num percurso de evolução e transformação das formas, funções e fins do Estado[16a], sentimos a necessidade de as abordar, ainda que

---

[16] Neste sentido, o Autor cita, a páginas 14, LES METCALFE, *Public Management: from imitation to inovation*, in Australian Journal of Public Administration, n.º 52, 1993, pág. 292 – 304, que defende mesmo a ideia segundo a qual já se atingiram os limites de utilidade da aplicação dos instrumentos de gestão empresarial. Também a propósito deste tema, analisando a realidade australiana e de forma contundente, MICHAEL J. WHINCOP/ STUART ROWLAND, " *Plus ça Change...* " *The Effects of Markets and Corporate Law on the Governance of Privatized Enterprises*, *in* Who Benefits from Privatization?, org. MOAZZEN HOSSAIN/JUSTIN MALBON, Routledge Studies in The Modern World Economy, Londres, 1998, pág. 34 e ss.

[16a] O problema do papel desempenhado pelo Estado através da Administração Pública ocupa lugar de destaque actualmente, em todos os campos científicos. Assim, as preocupações

nos seus pontos essenciais, no presente estudo. Desde logo porque, como se verá já no ponto seguinte, o retrato que acabamos de traçar influi grandemente no tipo de relação jurídica existente entre Estado e Cidadão.

## 2 – Os Direitos Económicos, Sociais e Culturais: breve caracterização Jurídica

Na decorrência das Declarações de Direitos que acompanharam a afirmação do Estado Liberal, também no século XX a importância conferida aos direitos do homem aumenta progressivamente. Factor característico do Estado Social é, como vimos, a crescente importância atribuída aos direitos económicos, sociais e culturais dos cidadãos, perspectivados enquanto condições de melhoria de vida da sociedade em geral. No plano internacional, o mesmo sucede, *maxime,* no Rescaldo da 2ª Grande Guerra.

A caracterização jurídica dos direitos sociais não é fácil, nem gera consenso na Doutrina. Ainda hoje não está afastada a ideia segundo a qual estes não são verdadeiros direitos, mas sim *"garantias institucionais dos direitos políticos"*[17]. Contudo, no tocante a esta questão, temos para nós, em face do texto constitucional, que se

---

vão desde a sociologia à economia, e as mudanças sentidas vão sendo, naturalmente, acompanhadas pelo Direito. Num plano geral, constatada a fraqueza de um Estado de Bem Estar, o Mundo confronta-se com a imperiosa necessidade da sua manutenção, o que pressupõe o reconhecimento de que nem o Estado, nem a Administração Pública são realidades descartáveis, ainda que se questione a eficácia do seu desempenho. Assim, a necessidade do Estado resulta, na verdade, tal como afirmava ANNA ARENDT, da evidência constatada que " *Man is not God and lives in this world together with his like",* apud WOLFGANG DRECHSLER, *Public Administration in Central and Eastern Europe: considerations from the "state science" approach,* in *Institutions and the Role of the State,* Obra Colectiva, sob organização de LEONARDO BURLAMAQUI/ANA CÉLIA CASTRO/HA-JOON CHANG, Edward Elgar Publishing Limited, Cheltenham, UK/ Northampton, USA, 2000, pág. 267 e ss. Na página seguinte o Autor citado explicita a frase de ARENDT do seguinte modo: " *In a polis, things do not just 'happen'. Some structure is necessary, and if there is no planning, regulation, supply of public goods, etc., we cannot live together(...); nevertheless that is the situation almost all of us are ' thrown into'. If the living together is not well organised and well-administered, not only will the polis die, but so shall we."*

[17] Isto mesmo referia MARCELO REBELO DE SOUSA em 1971, ob. cit. pág. 168.

tratam efectivamente de direitos que merecem plenamente o qualificativo que a Lei Fundamental lhes atribui no sentido de se considerarem "fundamentais".

Não entraremos aqui na análise das várias classificações possíveis dos direitos fundamentais,[18] interessa-nos sobretudo delinear a caracterização jurídica dos direitos sociais.

Consagrados nos artigos 58º a 79º da Constituição, a Lei Fundamental dedica três capítulos do seu título III da sua Parte I aos direitos económicos (artigo 58º a 62º), aos direitos sociais (artigo 63º a 72º), e aos direitos culturais (artigo 73º a 79º). De todas estas categorias, a que notoriamente mereceu mais atenção por parte do legislador (visível até na extensão dos artigos que lhe dedicou), foi a dos direitos sociais. Em qualquer caso, o legislador constitucional não hesitou em qualificar tais direitos como fundamentais. Ora, sendo direitos fundamentais, tal significa que também estes estarão sujeitos ao regime geral aplicável a todos os direitos fundamentais, regime este essencialmente ancorado nos Princípios da Universalidade e Princípio da Igualdade[19]. Ou seja, são direitos de que gozam todos os cidadãos[20], e em condições de igualdade entre si, tendo por fonte a Lei Constitucional.

No tocante aos direitos fundamentais enquanto categoria constitucional de direitos universais, não devemos esquecer a cláusula de abertura ou de atipicidade dos direitos fundamentais consagrada no

---

[18] Para tal veja-se MARCELO REBELO DE SOUSA, ob. cit., pág. 169 e ss.

[19] Vide GOMES CANOTILHO, *Direito Constitucional,* 6ª Edição, Almedina, Coimbra, 1993, pág. 551 e SS., e também do mesmo Autor, mas mais recentemente, *Direito Constitucional e Teoria da Constituição,* pág. 403, onde chama a atenção para a função assegurada pelos direitos fundamentais que tem sido ultimamente mais salientada pela doutrina: a função de não discriminação, baseada naturalmente no Princípio da Igualdade.

[20] No texto referimos os direitos em causa na sua base individual, enquanto direitos dos cidadãos. Não ignoramos porém o problema dos direitos fundamentais das pessoas colectivas. A esse propósito, veja-se VIEIRA DE ANDRADE, *Os Direitos Fundamentais na Constituição Portuguesa de 1987,* Almedina, Coimbra, 1987, pág. 175 a 183. A propósito do Princípio da Igualdade, não cabia aqui tratar das restrições que o mesmo sofre quando aferido a direitos políticos no caso dos estrangeiros, cuja capacidade eleitoral activa e passiva não é plena (não obstante tenha sido alargada por força do direito comunitário, tal como resulta designadamente do artigo 19º do Tratado CE) Veja-se a este propósito, também o autor que acabamos de citar, pág. 120 e ss., e 130 e 131, da mesma obra, revista e actualizada, 2ª Edição, Almedina, 2001.

artigo 16° n.° 1 da CRP²¹. Além da aplicabilidade do regime específico dos direitos, liberdades e garantias a todos os direitos que assumam natureza análoga àqueles, tal como prevê o artigo 17° da CRP, coloca-se ainda a questão de saber se a cláusula aberta da atipicidade dos direitos fundamentais se aplica também aos direitos sociais²². De acordo com JORGE MIRANDA²³, *"(...) se ao tempo da entrada em vigor das normas constitucionais já se verificarem os pressupostos – económicos, financeiros, institucionais – da efectivação, tais normas podem ser entendidas como tendo aplicação imediata (... )"*. Conclui-se então que os direitos sociais, beneficiarão não apenas do regime específico dos direitos, liberdades e garantias, como também da referida cláusula aberta ou de atipicidade contida no n° 1 do artigo 16° da CRP.

Em nosso entender estas matérias têm de ser perspectivadas lado a lado, uma vez que é da admissibilidade de aplicação do regime específico dos direitos, liberdades e garantias, que também podemos concluir pela aplicação da cláusula aberta. Efectivamente, os direitos sociais são, num Estado de Direito Democrático, mas também Social, fins teleológicos do próprio Estado²⁴. É através da sua implementação que este cumpre as tarefas que constitucionalmente lhe foram confiadas de forma obrigatória e até prioritária²⁵. Por isso, e porque a realidade evolui a um ritmo que escapa às capacidades de previsão e regulamentação do legislador, torna-se necessário que admitamos cláusulas abertas como a consagrada no artigo 16° n° 1 da CRP.

---

[21] JORGE MIRANDA, *A Abertura Constitucional a Novos Direitos Fundamentais,* Estudos em Homenagem ao Professor Doutor Manuel Gomes da Silva, Revista da Faculdade de Direito de Lisboa, Coimbra, 2001, pág. 559 e ss. Também sobre esta matéria, ISABEL MOREIRA, *Por uma Leitura Fechada e Integrada da Cláusula Aberta dos Direitos Fundamentais, in* Estudos em Homenagem ao Professor Doutor Inocêncio Galvão Telles, vol. V, Coimbra, 2003, pág. 113 e ss.

[22] Assim, JORGE MIRANDA, ob. cit., pág. 562

[23] *in O Regime Específico dos Direitos Económicos, Sociais e Culturais, in* Revista Comemorativa dos Cinco Anos da Faculdade de Direito do Porto, pág. 346.

[24] Na medida em que são o ponto de partida para implementar uma actuação positiva e concretizadora do modelo de bem-estar consagrado na nossa CRP. A propósito deste modelo, aferido à nossa CRP de 1976, veja-se PAULO OTERO, *O Poder de Substituição em Direito Administrativo – Enquadramento Dogmático-Constitucional,* vol. II, Lex, Lisboa, pág. 586 e ss.

[25] *Vide* artigo 9° alínea d) e 81° da CRP.

Estas convertem-se assim em verdadeiras "janelas do sistema"[26], as quais permitem a sua adequada aplicação ao *devir* das realidades sociais.

Contudo, muitas foram as criticas de diversos autores que apontaram a falta de determinabilidade de conteúdo dos direitos sociais para lhes negar o qualificativo de verdadeiros direitos, preferindo considerar que as normas que os consagravam criavam na esfera dos particulares meras expectativas, mas já não verdadeiras posições juridico-subjectivas[26a]. Sem pretender abordar aqui a dupla dimensão objectiva e subjectiva dos direitos fundamentais[27], pretendemos sim centrar a nossa reflexão na caracterização subjectiva dos direitos sociais enquanto direitos fundamentais.

Para começar, cumpre relembrar a noção de direito subjectivo. Figura que causou grande polémica em termos de definição do conceito quer no direito civil, quer também no direito público[28], adoptamos aqui uma noção ampla de direito subjectivo enquanto *"poder ou faculdade de exigir ou pretender de outrem um determinado comportamento ou acção, positivo ou negativo"*[29]. Será que este conceito pode aplicar-se aos direitos sociais? Se sim, em que termos? A qualificação dos direitos sociais enquanto verdadeiros direitos não tem sido pacífica na Doutrina. Muitas foram as vozes que alertaram para o facto de as normas consagradoras de tais direitos não serem verdadeiras normas jurídicas, apresentando sobretudo um carácter filosófico-político. Assim, para esta Doutrina, os direitos sociais não seriam direitos fundamentais *stricto sensu*, porquanto estariam apenas sustentados em normas de carácter meramente programático, motivo

---

[26] Expressão de Pedro Pais de Vasconcelos, *Teoria Geral do Direito Civil*, 2ª Edição, Almedina, 2003, pág. 31.

[26a] Como refere Vieira de Andrade, in *Os Direitos Fundamentais* ...., últ. cit., , designadamente, a págs. 375, onde indica bibliografia a esse propósito. Sublinhe-se desde já que esta não é a posição assumida pelo autor, que considera os direitos sociais como *pretensões jurídicas,* ob. cit., pág. 376-377.

[27] Veja-se para esse efeito Vieira de Andrade, *Os Direitos Fundamentais...,* cit., 109 a 113.

[28] Veja-se o último Autor citado, pág. 114.

[29] Tal como o define Manuel de Andrade, *Teoria Geral da Relação Jurídica*, vol. I, 1974, pág. 7 e ss.; e também Mota Pinto, *Teoria Geral do Direito Civil,* Coimbra Editora, 1986, pág.

pelo qual assumiriam a natureza de garantias institucionais dos direitos políticos[30].

É de facto inegável que a efectivação dos direitos sociais exige a necessária *interpositio legislatoris*[31], através da qual se determina o conteúdo concreto ou concretizável no plano prático dos direitos sociais. Como também é conhecida a grande dependência que estes direitos apresentam em face da realidade sócio-económica e politica num determinado momento histórico[32].

Mas será isso o bastante para negar aos direitos sociais a qualificação de direitos propriamente ditos e relegá-los para o plano das meras garantias institucionais?

Para responder a esta questão teremos de analisar os seguintes parâmetros:

1º) Saber em que medida e com que contornos podemos aplicar o conceito de direito subjectivo aos direitos sociais;
2º) Delimitar, ainda que sumariamente, o valor jurídico e a liberdade conferida ao legislador no tocante às normas que consagram os direitos sociais;

Partindo da perspectiva ampla de direito subjectivo, consideramos adequado qualificar os direitos sociais como direitos subjectivos, uma vez que ambos resultam de um comando normativo que coloca o seu titular numa posição jurídica de vantagem[32a]. Tal sucede claramente no tocante aos direitos sociais, os quais são desde logo instrumentos através dos quais o Estado Social realiza a sua tarefa de

---

[30] Posição referida por MARCELO REBELO DE SOUSA, *ob. cit.*, pág. 168.

[31] Veja-se a este propósito GOMES CANOTILHO, *Constituição Dirigente e vinculação do Legislador, contributo para a compreensão das normas constitucionais programáticas*, Coimbra Editora, 1982, pág. 369 e ss.

[32] JORGE MIRANDA, *o Regime Específico...*, cit., pág. 352 e ss.

[32a] Nesse sentido, em ambas as situações se podem reconduzir a " *uma permissão normativa específica de aproveitamento de um bem*", expressão da autoria do Professor MENEZES CORDEIRO, *in Tratado de Direito Civil Português*, tomo I, Almedina, Coimbra, 1999, pág. 105 e ss. Note-se porém que, no entendimento deste Autor, muitos dos direitos sociais constitucionalmente consagrados não constituiriam verdadeiros direitos subjectivos, designadamente por não corresponderem a uma *"permissão normativa específica"*, reconduzindo-se então à figura das permissões genéricas. A propósito desta última figura aplicada aos direitos fundamentais, veja-se, do mesmo Autor, *Tratado do Direito Civil Português*, tomo III, Almedina, Coimbra, 2004, pág. 86 e ss.

promover e concretizar uma democracia de bem-estar económico e social, tal como preceitua o artigo 2º da CRP.

Ora tais posições jurídicas de vantagem nem sempre encontram no indivíduo o seu exclusivo titular, sendo partilhadas com determinados grupos, pelo que assumem assim em alguma medida uma feição de direitos colectivos, enquanto aferidos a um determinado conjunto de sujeitos, o que não significará naturalmente que os consideremos como direitos de exercício colectivo[33]. Em qualquer caso, parece pacífica a ideia preconizada por VIEIRA DE ANDRADE[34] no sentido *"de que a atribuição subjectiva de direitos fundamentais pressupõe a existência e visa em primeira linha satisfazer interesses próprios dos titulares, reconhecidos pelas normas constitucionais enquanto bens jurídicos pessoais – é esse o critério que identifica toda a matéria, ainda que esses valores possam ser simultaneamente valores comunitários".*

Enquadrado deste modo o lado activo dos direitos sociais, estes vêm a concretizar-se em direitos a prestações, os quais, segundo CANOTILHO, vêm inverter *"(...) o objecto clássico da pretensão jurídica fundada num direito subjectivo: de uma pretensão de omissão dos poderes públicos (...) transita-se para uma proibição de omissão (direito a exigir que o Estado intervenha activamente no sentido de assegurar prestações aos cidadãos)"*[35].

Assim, para este autor, uma norma garante um direito subjectivo quando atribui ao seu titular o direito de exigir, em face do corresponde destinatário, a prática de um determinado acto, tendo este em face do primeiro, o dever de o praticar[36]. Encarando os direitos sociais como direitos a prestações estaduais, tal significará que sobre o Estado recai a obrigação de desenvolver as actividades necessárias à efectivação de tais direitos. Este será portanto o lado passivo das relações estabelecidas entre o indivíduo e o Estado, originando-se assim para este último o cumprimento das tarefas e imposições constitucionais.

---

[33] Veja-se por exemplo alguns dos direitos dos trabalhadores.
[34] Última obra citada, pág. 115.
[35] *Constituição Dirigente...,* cit., pág. 365.
[36] *Constituição Dirigente...,* cit., pág. 365.

Porém, a enunciação de direitos sociais enquanto direitos subjectivos a prestações estaduais não significa que a cada um dos indivíduos assista o poder de exigir a prática de um determinado acto positivo que concretize na sua esfera jurídica alguma daquelas incumbências constitucionais. Não é possível por exemplo a um desempregado exigir que o Estado crie um posto de trabalho para ele ocupar, mas já lhe será possível reclamar não só a atribuição do devido subsídio de desemprego, bem como a adopção de medidas políticas e legislativas que implementem o emprego.

Ressalta assim a natureza de direito social enquanto direito subjectivo a uma prestação estadual[37], sendo por isso um direito subjectivo, se quisermos, de 1º grau; bem como a sua vertente de direito social enquanto exigência de cumprimento de imposições constitucionais operadas por imposições legiferantes, sendo este um direito subjectivo de 2º grau. Concluímos assim pela natureza dos direitos sociais enquanto direitos subjectivos, porquanto:

1º) criam uma situação jurídica de vantagem atribuída pela ordem jurídica ao seu titular;
2ª) Tal posição de vantagem é concretizável quer através do direito de exigir determinadas prestações estaduais, quer também através da exigência da tomada de medidas legislativas que implementem e concretizem as normas constitucionais que contemplam aqueles direitos;
3º) Tratam-se de posições de vantagem que criam consequentemente para o Estado o dever de agir, tomando assim as medidas que se revelem necessárias à concretização daqueles direitos, cumprindo desse modo as imposições constitucionais a que não pode escapar.

As medidas a que acabamos de nos referir, são desde logo medidas legislativas, através das quais se define em concreto os contornos que na prática vão traduzir a efectivação daqueles direitos. Contudo, de acordo com JORGE MIRANDA[37a], não é apenas o Estado o único destinatário das normas que traduzem imposições constitucio-

---

[37] GOMES CANOTILHO distingue a este propósito entre direito originário a prestações e direito a prestações derivado. Ob. cit., pág. 541 a 546.
[37a] In O Regime Especifico..., cit., pág. 350 e ss.

nais no sentido de efectivar os direitos sociais. Também a sociedade civil surge como colaboradora do Estado na efectivação dos direitos económicos, sociais e culturais, de que é também beneficiária. Tal resulta, segundo o autor, do facto de a Lei Fundamental não pretender uma efectivação autoritária nem estatizante daqueles direitos.

Do mesmo modo que apela à promoção de uma verdadeira democracia económica e social que torne a sociedade mais justa e equilibrada, também se pressupõe que esta seja desde logo uma democracia participativa. Assim o proclama o artigo 2º e o 9º alínea c) da Lei Fundamental, o que significa que a efectivação dos direitos sociais conduzirá à realização de uma verdadeira democracia participativa através da partilha não apenas dos respectivos benefícios, como também dos correspondentes encargos e responsabilidades.

É deste ponto de vista que melhor se compreende o Estado Social como parceiro, e não apenas como entidade autoritária no exercício de poderes públicos de soberania. Será portanto também a partir desta ideia que mais adiante se poderá questionar da existência ou não de um efectivo Princípio de Subsidiariedade de intervenção pública na actividade económica, campo de eleição para a efectivação de alguns dos direitos sociais.

Antes de concluir a resposta à primeira questão que colocamos, cumpre ainda referir a questão da justiciabilidade dos direitos sociais. De facto outro argumento utilizado para negar a existência de verdadeiros direitos subjectivos sociais, era o facto de estes não conferirem aos seus titulares a faculdade de exigir dos órgãos jurisdicionais a condenação à prestação ou efectivação dos mesmos. No início do ponto em que nos encontramos, começamos desde logo por alertar que não seria possível aplicar aos direitos sociais enquanto direitos subjectivos, o "figurino" que normalmente este conceito normativo assume no campo do direito civil[38]. Assim, se é certo que a justiciabilidade dos direitos sociais não pode considerar-se plenamente garantida nos mesmos termos dos demais direitos subjectivos comuns, a verdade é que ela goza da protecção conferida pela inconstitucionalidade por omissão[39], tal como previsto no artigo 283º da CRP. Além

---

[38] Neste sentido VIEIRA DE ANDRADE, *ult. ob. cit.*, designadamente na pág. 115, nota 20.
[39] Assim, GOMES CANOTILHO, VIEIRA DE ANDRADE, cit. pág. 472 e 667, 668 da 6ª Edição do manual de Direito Constitucional citado, e pág. 398 e 399, respectivamente.

disso, afirma-se quanto a esta matéria um Princípio de Proibição do Retrocesso Social[40], nos termos em que foi referido no paradigmático Acórdão do Tribunal Constitucional nº 39/84[41], onde expressamente se refere:

*"(...) a partir do momento em que o Estado cumpre (total ou parcialmente) as tarefas constitucionalmente impostas para realizar um direito social, o respeito constitucional deste deixa de consistir (ou deixa de consistir apenas) numa obrigação positiva, para se transformar, ou passar também a ser uma obrigação negativa. O Estado, que estava obrigado a actuar para dar satisfação ao direito social, passa a estar obrigado a abster-se de atentar contra a realização dada ao direito social".*

Assim, a partir do fenómeno já aqui referido e apelidado pela Doutrina alemã de "Daseinsvorsorge", os direitos sociais ganham efectivamente em justiciabilidade, uma vez que, como refere GOMES CANOTILHO[42], permitem *"aos seus titulares o recurso aos Tribunais a fim de reclamar a manutenção do nível de realização e de radicação subjectiva já adquirida pelos direitos fundamentais"* Deste modo, a perda em justiciabilidade, bem como o facto dos direitos sociais estarem submetidos à "reserva do possível", não descaracteriza a subjectividade dos mesmos.

Respondendo agora à segunda questão, cumpre saber até que ponto é que o legislador se encontra vinculado ao cumprimento das normas consagradoras dos direitos sociais. De acordo com a perspectiva adoptada por GOMES CANOTILHO[42a], a concretização dos direitos sociais envolverá uma metódica constitucional que atente a uma tripla dimensão, a saber: a dimensão subjectiva; a dimensão programática; e

---

[40] Cfr. a este propósito, GOMES CANOTILHO, *Direitos Constitucional, cit.*, pág. 470 a 480, onde densifica o Princípio da democracia económica, social e cultural.

[41] *In* Diário da República, I série, 5-5-1984, e também em JORGE MIRANDA, *Jurisprudência Constitucional Escolhida,* vol. I, 897 a 936.

[42] *Direito Constitucional, cit.,* pág. 542. Aqui o autor também refere o Princípio da Proibição do Retrocesso Social, Princípio este que também poderá, segundo nos parece, ser considerado como um "adquirido constitucional". A propósito desta última matéria, AFONSO D'OLIVEIRA MARTINS, *Para uma Teoria dos Adquiridos Constitucionais,* Obra Colectiva, *Estudos em Homenagem ao Professor Doutor Rogério Soares,* Coimbra Editora, Coimbra, 2001, pág. 1049 a 1072.

[42a] *in Constituição Dirigente...*, cit., pág. 374.

a dimensão igualitária. No tocante à dimensão programática (que é a que cumpre agora analisar), o Autor salienta que esta poderá apresentar vários níveis de formulação, indo desde *"os princípios definidores dos fins do Estado"*, até às *"imposições constitucionais concretas que vinculam o legislador ao fornecimento de certas prestações estritamente necessárias à concretização dos direitos económicos, sociais e culturais"*, passando pelas "meras" *"normas gerais impositivas de certa «política» (tarefas do Estado) necessária à realização dos direitos fundamentais"*[43/44].

Não se pense porém que as normas consagradoras dos direitos sociais são apenas meramente proclamatórias. De facto, elas não se limitam a ser normas-fim ou normas tarefa (normalmente designadas como normas programáticas), uma vez que perante elas o legislador ordinário não tem total liberdade de conformação jurídica dos direitos em causa. Pelo contrário, segundo VIEIRA DE ANDRADE, tratam-se de normas jurídicas perceptivas (embora naturalmente não exequíveis por si mesmas)[45], que *"enquanto tais, concedem aos indivíduos posições jurídicas subjectivas"*. O legislador está pois obrigado a agir, sendo a primeira concretização destes direitos alcançada através destas imposições legiferantes.

A isto acresce ainda o facto de a nossa Constituição acompanhar alguns dos direitos que consagra, de verdadeiras imposições constitucionais concretas[46], o que significa que além de se encontrar comprometido na realização dos fins do Estado, o legislador estará ainda vinculado pelo conteúdo mínimo que resulte dessas normas consagradoras de direitos sociais[47]. Concluimos assim, juntamente com grande parte da nossa Doutrina, que os direitos sociais são de facto direitos subjectivos, pese embora a diferente intensidade com que se afirmem em matéria de justiciabilidade[48].

---

[43] *Idem, ibidem.*
[44] *Os Direitos Fundamentais,* últ. ob. cit., pág. 378.
[45] Mas isto, naturalmente, sem prejuízo para o carácter *self-executing* de algumas normas consagradoras de direitos sociais. Assim o refere expressamente GOMES CANOTILHO, *Direito Constitucional, cit.,* pág. 667.
[46] VIEIRA DE ANDRADE, *últ. Ob. cit.,* pág. 381, nota 28, dá como exemplo os artigos 63º e 64º e ainda também o artigo 74º, *maxime* alíneas a) e b).
[47] *Idem ibidem,* pág. 384 e 385.
[48] Assim, VIEIRA DE ANDRADE, que considera que na maior parte dos casos, os direitos sociais só se tornam "direitos subjectivos plenos" após a intervenção mediadora do legislador

Afastamos por isso a qualificação dos direitos sociais como meras pretensões jurídicas. ou simples expectativas a cuja concretização aspiram os particulares. Efectivamente, e partindo do ponto de vista que adoptamos no sentido de considerar que os direitos sociais acabam por ser uma das mais importantes matrizes teleológicas do Estado Social, a conclusão a propósito desta matéria acaba por se impor. Ou seja, os direitos sociais devem, em nosso entender, ser considerados como direitos subjectivos *sui generis*.

Explicitemos: direitos subjectivos, porquanto a sua não efectivação através de medidas legislativas e posteriormente administrativas, equivale a uma negação não apenas das legítimas pretensões dos cidadãos baseadas num modelo de Estado que se afirmou como um Estado Parceiro, mas também como um Estado Providência, comprometido por isso com o objectivo de concretizar e promover o bem-estar. Note-se que, se boa parte dos direitos sociais se satisfazem através de prestações estaduais, quer jurídicas, quer materiais, e se a sua efectivação equivale à concretização de imposições constitucionais, então teremos necessariamente de considerar que estes direitos sociais criam posições jurídicas de vantagem a favor dos cidadãos. Deste modo, se ao Estado não é conferida a possibilidade de não fazer, bem como se lhe está vedada a hipótese de retroceder no tocante às medidas adoptadas para a implementação destes direitos sociais, temos de concluir que os direitos sociais são de facto direitos subjectivos constitucionalmente proclamados como direitos fundamentais[48a].

---

ordinário. Vide ob. cit., pág. 373 a 377. Veja-se também GOMES CANOTILHO, cit. pág. 666. Quanto à questão da justiciabilidade dos direitos sociais, veja-se também ALEJANDRO E. SALINAS RIVERA, *Justiciabilidad de los derechos económicos, sociales y culturales, in* Seminário sobre Derechos Económicos, Sociales y Culturales, Bogotá, Colômbia, Maio de 1996. Para uma interessante análise do direito português numa abordagem de direito comparado, ANTÓNIO COLOMER VIADEL/JOSÉ LUIS LÓPEZ GONZÁLEZ, *Programa Ideológico y eficácia jurídica de los derechos sociales. El caso de Portugal en el derecho comparado, in* Perspectivas Constitucionais – nos 20 anos da Constituição de 1976, vol. III, org. Jorge Miranda, Coimbra Editora, pág. 307 a 329. Os autores abordam também especificamente o problema da justiciabilidade dos direitos sociais nas págs. 324 a final.

[48a] Neste sentido, um cidadão beneficiário de um direito fundamental desta estirpe, é também titular de uma *posição jurídica prestacional*. Expressão utilizada por GOMES CANOTILHO in *Tomemos a Sério os Direitos Económicos, Sociais e Culturais, in Estudos em Homenagem ao Professor Doutor Ferrer Correia*, vol. III, BFDC, 1991, pág. 482.

Este estudo encontra-se actualmente publicado, juntamente com outros do mesmo autor, na obra *Estudos Sobre Direitos Fundamentais,* Coimbra Editora, Coimbra, 2004.

São contudo, apesar de subjectivos, direitos *sui generis*, na medida em que a sua força se encontra relativamente limitada, pois não conferem aos seus titulares o direito de exigir de forma imediata perante o Estado, o cumprimento da obrigação a que este se encontra adstrito em face da vantagem subjectiva correspondente. Se é certo que àquele incumbe o cumprimento das imposições constitucionais que subjazem aos direitos sociais, também não é menos verdadeiro que este cumprimento ocorre sobretudo através de medidas legislativas conducentes à efectivação de tais direitos. Por isso, os direitos sociais assumem uma feição de direitos subjectivos relativamente enfraquecidos, facto este visível sobretudo no tocante ao reduzido nível de justiciabilidade que lhes é conferido.

Não obstante, cremos que o reconhecimento dos direitos sociais como direitos subjectivos, ou melhor, como posições jurídico-subjectivas de vantagem que conferem aos indivíduos o poder, regra geral, de pretender que o Estado concretize, na prática, as pretensões que lhe correspondem, tem um inegável valor simbólico que contribui para a afirmação do indivíduo em face do poder político[48b].

A noção que com o advento do Estado social se generalizou no sentido de que o Estado se encontra vinculado à prossecução de políticas e medidas que concretizem o bem-estar da população, terá necessariamente de se ancorar no enquadramento dos direitos sociais enquanto direitos subjectivos. Cremos que um tal entendimento valoriza não apenas o simbolismo desta matéria, mas contribui sobretudo para evitar que o Estado se afaste das imposições constitucionais com o argumento de que a sua concretização estará sempre inexoravelmente limitada à "reserva do possível". A questão está em contemplar os direitos sociais sempre como directrizes obrigatórias que orientam as opções políticas e estaduais, e que por isso têm de se tornar possíveis em cada momento histórico e de acordo com a realidade sócio-económica, jurídica, e política envolvente. Ou seja, a tão propalada "reserva do possível" não pode em caso algum legitimar uma atitude completamente abstencionista por parte do Estado.

---

[48b] Evidencia-se assim neste âmbito a importância da vertente significativo-ideológica presente nos direitos subjectivos no Direito Civil. Sobre este ponto veja-se MENEZES CORDEIRO, *Tratado de Direito Civil Português,* tomo I, Almedina, Coimbra, 3ª edição, 2005, pág. 327 e ss.

## II SECÇÃO

## Intervenção Económica Estadual em Portugal

Na presente secção abordaremos a actividade do Estado enquanto prestador de bens e serviços com vista à concretização da cláusula de bem-estar.

Temos todavia, perfeita noção de que é necessário proceder à distinção da actividade do Estado enquanto operador de mercado por um lado e, por outro, enquanto prestador de bens e serviços com vista à concretização daquele bem-estar. Porém, entre estes dois campos é possível encontrar um denominador comum no qual confluem essas duas vertentes, a saber: o facto de ser possível actuar como prestador de bens e serviços através de empresas públicas, elemento este que traz à tona a duplicidade da actuação pública quando opera como prestadora de bens e serviços considerados essenciais. É pois esta a matéria que ocupará a presente secção.

### 1 – O Estado Como Concretizador da Cláusula Constitucional de Bem-Estar e a Intervenção Económica Pública:

A Constituição de 1976 manteve a linha voluntarista iniciada com a Constituição de 1933, na qual já se assumia claramente que ao Estado incumbia zelar pela melhoria das condições e qualidade de vida das populações.

Para tanto, dava-se já algum relevo aos direitos sociais. Ora, na presente Constituição, a assunção deste compromisso para com a Sociedade, conduz à inegável abolição de fronteiras entre o Estado e a Sociedade por um lado, e, por outro, orienta a actividade estadual no sentido de transformar as estruturas sociais envolventes por forma a concretizar o bem-estar das populações. Deste modo, o Estado Social é também um Estado de Bem-Estar, no qual os poderes estaduais assumem o encargo de velar pela melhoria das condições e qualidade de vida das populações, orientando assim boa parte da sua actividade com vista à prossecução deste objectivo. Também apelidado por alguns autores como um verdadeiro "Estado-Zorro"[49], o enquadramento constitucional da actividade estadual está, como vimos, orientado para a prossecução de tal objectivo, seja através da afirmação de direitos fundamentais que reconhecem ou atribuem aos particulares posições jurídicas de vantagem (os direitos sociais *latu sensu);* seja através da imposição de incumbências constitucionais obrigatórias as quais constituem o Estado num dever de agir, quer no sentido de satisfazer alguns daqueles direitos fundamentais, quer também no sentido mais amplo, de concretizar aquele que é o seu fim teleológico. Veja-se como exemplos do que acabamos de referir, não apenas o catálogo dos direitos sociais, mas também o disposto nos artigos 2º, 9º e 81º da CRP.

Deste modo, o Princípio em que se ancora o Estado de Bem-Estar, conduz naturalmente a uma actividade finalisticamente orientada para aquele fim, a qual envolverá consequentemente a prática de actividades da mais variada ordem. Ou seja, do abstencionismo liberal, passamos no Estado Social para um intervencionismo orientado pelo Bem-Estar, o qual é passível de ser concretizado de variadas formas, nomeadamente, através da intervenção económica pública[50].

Aqui chegados, porém, colocam-se das mais complexas mas incontornáveis questões quando se aborda esta matéria: desde logo, e para além de saber qual o concreto papel a desempenhar pelo Estado na cena económica[50a], também a delicada problemática da compatibi-

---

[49] Vide referência de PAULO OTERO, *Vinculação e Liberdade de Conformação Jurídica do Sector Empresarial do Estado,* Coimbra Editora, 1998, pág. 14.

[50] A este propósito veja-se JOSÉ MARIA SOUVIRÓN MORENILLA, *La Actividad de la Administración y el Servicio Público,* Editorial Comares, Granada, 1998, pág. 27. O Autor aborda nesta obra a problemática da actividade prestadora do Estado no âmbito dos serviços públicos e da sua confluência com a actividade do Estado enquanto operador económico. A página que citamos insere-se na primeira parte do estudo, intitulada: *"La Administración Pública como Prestadora de Servicios Públicos"*, pág. 17 e ss., traçando para o efeito, o quadro evolutivo dessa actividade de acordo com o modelo de Estado subjacente. Entre nós, e para uma abordagem mais sintética a propósito da importância da *Administração de prestação,* veja-se ANTÓNIO CÂNDIDO DE OLIVEIRA, *A Administração Pública de Prestação e o Direito Administrativo, in* Scientia Iuridica, tomo XLV, n. 259/262, Janeiro/Junho de 1996, pág. 97 e ss.

[50a] Esta questão é já um clássico, mas sempre actual problema abordado pela Ciência económica e cujas consequências não podem, naturalmente, ser ignoradas pela ciência jurídica. A propósito do papel do Estado como interventor na economia, veja-se a primeira

lizar a intervenção do Estado enquanto operador económico, com a iniciativa económica privada. Sem nos alongarmos em demasia nesta questão, diga-se por ora que pensamos que as intervenções a que fizemos referência não têm, de modo algum, de se considerar como antagónicas entre si. Pelo contrário, não nos parece que o exercício da actividade prestadora por parte do Estado tenha necessariamente de implicar uma restrição da actividade da Sociedade Civil[51]. Consideramos assim, que não é forçoso condenar a actividade prestadora dos poderes públicos a um imperioso domínio do Princípio da Subsidiariedade. Optamos pelo contrário, a este propósito, por um Princípio de Complementaridade. Mais adiante explicitaremos melhor esta nossa opção[52].

Assim, se a nossa Lei Fundamental impõe ao Estado determinados deveres de agir, a questão que se pode colocar é a graduação e o equilíbrio que se pretende manter entre actuação pública e actuação privada. Com o Estado de Bem-Estar não se pretende criar um Estado-Total, por isso é importante questionar se este Princípio do Bem--Estar envolve uma actividade constitutiva ou prestadora por parte dos poderes públicos enquanto directos interventores no espaço económico ou se, pelo contrário, esta actuação estadual deverá confinar-se a um papel de 2º plano, visando sobretudo garantir tais actividades constitutivas, não sendo assim, necessariamente, directa prestadora das mesmas.

Tal como sintetiza PAULO OTERO[53], *"tudo está em saber se uma intervenção directa do Estado na produção de bens e na prestação*

---

parte da obra colectiva já aqui citada na nota 16-a, e especificamente a contribuição de FRED BLOCK que testemunha a insuficiência da "ideologia de mercado" e do neo-liberalismo como solução para os problemas evidenciados, um pouco por todo o lado, por parte dos países que implementaram um modelo de economia social democrata, *in Disordely Coordination: The Limeted Capacities of States and Markets,* pág. 53 e ss.

[51] Esta questão colocou-se com grande acuidade no tocante à compatibilização da iniciativa económica pública e iniciativa económica privada, designadamente quando a primeira se fazia sentir por intermédio do conceito e técnica do serviço público. A esse propósito, veja-se GASPAR ARIÑO ORTÍZ, *"Servicio Público y Libertades Publicas"*, in *Actualidad y Perspectivas del Derecho Publico a Fines del Siglo XX,* Homenagem ao Professor Garrido Falla, vol. II, Editorial Complutense, Madrid, 1992, pág. 1315 e ss.

[52] Mais adiante, e quando for mais oportuno indicaremos as devidas referências bibliográficas a este propósito. Abstemo-nos de o fazer para já, dado que estamos a efectuar o enquadramento geral do problema.

[53] *In* ob. cit. pág. 23.

*de serviços se auto justifica num princípio geral de legitimação da acção dos poderes públicos ou, bem diferentemente, a actividade directa do Estado no sector económico como um seu agente apenas deve ter lugar supletivo, visando suprir casos de inércia ou desinteresse da sociedade civil".*

Como sabemos, a ideia base em que assenta o Princípio do Bem-Estar e o modelo adoptado pela Constituição de 1976 (como vimos já iniciado com a Lei Fundamental de 1933), é o Princípio Fundamental da Dignidade da Pessoa Humana. Então pode bem entender-se que o que interessa é garantir a promoção das condições de vida da população, garantindo para o efeito as prestações necessárias a tal objectivo, pelo que seria legítimo concluir que todos os caminhos seriam possíveis, não sendo para tanto essencial retirar daquele Princípio de Bem-Estar uma norma de legitimação de uma intervenção estadual directa na cena económica. Ora, perante o relativamente recente regime do sector empresarial do Estado que vem reformular as formas jurídicas de intervenção empresarial estadual, conduzindo, em concreto à assunção do efectivo peso que detém o Estado na economia, cumpre equacionar neste contexto, a questão acima colocada.

No que antecede, tivemos já a oportunidade de avançar, a este propósito, a nossa posição, pelo que, a fechar este ponto, reafirmamos que, partindo da configuração que adoptamos quer quanto ao modelo de Estado Social[54] e das respectivas incumbências constitucionais, quer da natureza dos direitos sociais enquanto posições jurídico-subjectivas de vantagem reconhecidas aos cidadãos, acreditamos que o Estado de Bem-Estar não se realizará necessária e suficientemente através de uma intervenção estadual imperativamente subsidiária ou supletiva.

---

[54] Mantemos a denominação de Estado Social, que para nós significa Estado de Bem-Estar ou Estado Providência, tendo porém presente a crise que o assola e a necessidade de encontrar mecanismos para a solucionar, os quais podem e devem passar pelo "aligeiramento" do peso do Estado na Economia. Note-se que isto em nada contraria o que afirmámos acima: os custos da manutenção de uma máquina gigante estão à vista. Mas isso não significa que se tenha de "desligar" toda a máquina. Pelo contrário, será necessário diminuir o tamanho da máquina, não aniquilá-la. A propósito da crise do Estado Social e da sua íntima relação com uma outra, a crise do Serviço Público, veja-se JOSÉ MARIA SAUVIRÓN MORENILLA, cit., pág. 31 e ss. e 138 e ss.

Iremos assim tentar reflectir sobre a feição dos poderes públicos enquanto operadores económicos na actividade de produção de bens e prestação de serviços reputados de interesse geral, enquadrando o problema na nova configuração assumida pelo sector empresarial do Estado.

### 1.1 – Intervenção Económica Estadual: evolução.

Decorrendo a concretização da cláusula constitucional de bem--estar das imposições e incumbências constitucionais que obrigam o Estado a um determinado *facere*, daí decorre também que tal cláusula consubstancia em si mesma, *"uma norma habilitadora de uma acção positiva pública tendente à implementação ou concretização do bem estar"* [55].

Ora, sendo esta cláusula um verdadeiro Princípio estruturante do actual Estado de Direito Democrático, tal implica pelo menos alguma, ainda que mínima, intervenção dos poderes públicos no mercado de modo a garantir os direitos sociais enquanto prestações a que está constitucionalmente vinculado.

Assim, se a concretização do bem-estar encontra o seu fundamento na dignidade da pessoa humana, parece então que tal implicará, desde logo, duas conclusões:

1°) Por um lado, o Estado não terá legitimidade para invocar esta cláusula com vista a promover o total constrangimento da sociedade civil. Esta tem a sua margem de liberdade constitucionalmente garantida aos mais diversos níveis (designadamente económico), o que implica que a essa liberdade se aplique o regime dos direitos, liberdades e garantias, por força do disposto no artigo 17° CRP, ou seja, sofra o mínimo de restrição possível;

2°) Por outro lado, a concretização deste bem-estar pressupõe que se alcance uma verdadeira justiça social, não obnubilando a igualdade de oportunidades, qualidade e nível de vida compaginável com o Princípio da Dignidade da Pessoa Hu-

---

[55] Paulo Otero, *O Poder de Substituição*, cit. pág. 592.

mana. Significa isto portanto, que o bem-estar poderá justificar algumas restrições à liberdade de iniciativa económica privada, visível até na manutenção (mesmo depois da revisão constitucional de 1989 e 1997), de sectores potencialmente vedados à iniciativa privada.

Parece-nos pois que é também com base nesta última ideia que se justifica continuar a prever a obrigatoriedade de existência de um sector público dos meios de produção, a par do sector privado e cooperativo, todos eles constitucionalmente consagrados e garantidos (art.80º e seguintes da CRP).

Ora, partindo da ideia de que a intervenção do Estado na economia corresponde, *prima facie,* a um modo de garantir o Princípio de Bem Estar[56] e concretizar os direitos sociais que lhe subjazem, teremos então de enquadrar essa intervenção na realidade constitucional que deu origem à actual, bem como responder à questão da existência ou não de um princípio constitucional de subsidiariedade da intervenção estadual na economia.

Recordemos então o que já referimos anteriormente no presente trabalho, para que a exposição do problema se torne mais clara.

Como se disse atrás, o intervencionismo estadual na economia verificava-se já em alguma medida em meados do século XIX. Disso são prova as várias companhias mercantis e industriais fomentadas

---

[56] Tendo sempre presente porém, o facto de ser necessário atender às modificações que essa mesma concretização do bem-estar entretanto sofreu ou sofrerá, de acordo com variantes tão díspares quanto a conjuntura económica, como a social e a política. Neste sentido, voltamos novamente à compatibilização necessária entre intervenção pública e privada, a qual implica uma determinada leitura a dar ao Princípio da Subsidiariedade já aqui referido. A este propósito, JAIME RODRÍGUEZ-ARANA MUÑOZ considera que a propalada crise do Estado Social resultou do facto de o Estado haver extrapolado as suas funções, esquecendo as virtudes oferecidas pelo Princípio da Subsidiariedade, sem todavia deixar de ressalvar o seguinte: " (...) *aunque hoy es frequente apelar a la llamada crisis del Estado del bienestar, es de justicia reiterar que este modelo de Estado surge de una convicción moral, como dice Karl POPPER, sumamente humanitaria y admirable. Lo que ha pasado es que se ha olvidado el princípio de subsidiariedad (...).Y no es que subsidiariedad equivalga, com ya hemos señalado, a un estado débil. (...) todo lo contrário, porque la fortaleza o debilidad de un Estado pienso que no se debe medir por el tamaño del sector público, sino por la sensibilidad frente al bien común de los ciudadanos.",* in *"Sobre las Privatizaciones",* Dereito, Revista Xurídica da Universidade de Santiago de Compostela, vol. 7, n.º 1, 1998, pág. 188.

durante o pombalismo⁵⁷. Contudo, a implementação do liberalismo foi essencialmente caracterizada como uma forma de reacção ao *status quo* do Antigo Regime, pelo que o Estado acabou por desempenhar o seu papel à semelhança de um "guarda-nocturno", empenhado na garantia da ordem e segurança pública. Erigiu-se então, um muro divisório que o afastava dos terrenos de liberdade em que se movimentava a sociedade civil sob a égide do primado do *laissez faire*.

Segue-se o advento do Estado Social e o consequente alargamento das tarefas estaduais constitucionalmente atribuídas ao Estado. Neste contexto, assistimos a uma nova reformulação da administração pública, intensificando-se a acção da administração estadual indirecta.

Criam-se assim organismos diferenciados do Estado[58], dotados de autonomia jurídica, patrimonial e financeira, portadores até em alguns casos de personalidade jurídica própria. Criam-se então novas subjectividades jurídicas que desenvolvem, por actuação própria, fins estaduais. As razões que motivam o recurso crescente à administração estadual indirecta são de vária ordem, mas destacam-se desde logo os critérios de racionalidade, eficiência e celeridade na prestação de determinados bens ou serviços que não se compaginavam com uma forma de organização burocrática própria da administração estadual directa[59]. De acordo com FREITAS DO AMARAL[60], os principais organismos que desenvolvem este tipo de administração, são essencialmente os Institutos e as Empresas Públicas.

No presente trabalho pretendemos centrar a nossa atenção sobre as últimas enquanto entidades integradas no sector público empresarial, algo distinto, como se sabe, do sector público administrativo. É contudo importante sublinhar que nem sempre é possível traçar uma

---

[57] A esse propósito, veja-se a obra de RUI MANUEL DE FIGUEIREDO MARCOS, *As Companhias Pombalinas – Contributo para a Historia das Sociedades por Acções em Portugal*, Almedina, Coimbra, 1997.

[58] Embora integrados no próprio Estado, ainda que de forma indirecta e sob um ponto de vista substancial, pois são-lhe confiadas funções cujo exercício é claramente estadual.

[59] Veja-se a este propósito e no sentido referido no texto, DIOGO FREITAS DO AMARAL, *Curso de Direito Administrativo,* cit. pág. 334 a 336.

[60] Ob. cit. pág. 341 e 342.

linha divisória tão clara relativamente à intervenção estadual na economia como aquela que a reconduz sempre a estruturas de carácter empresarial. De facto, no âmbito dos Institutos Públicos podemos encontrar várias espécies, nem todas com a mesma função única e exclusivamente administrativa e burocrática. É o caso dos serviços personalizados (dotados de personalidade jurídica e autonomia patrimonial e financeira) que são configurados como organismos de coordenação económica. Tais figuras consistem, segundo FREITAS DO AMARAL[61] em *"serviços personalizados do Estado que se destinam a coordenar e regular o exercício de determinadas actividades económicas, que pela sua importância merecem uma intervenção mais vigorosa do Estado"*. Dando-se como exemplo o Instituto da Vinha e do Vinho, bem como do Instituto do Vinho do Porto, e definindo-se a sua actividade de coordenação económica como forma de intervenção estadual destinada a controlar em termos de trocas comerciais um sector considerado como muito importante para a economia nacional, facilmente se constata que nem todas as intervenções na economia se efectivam através de estruturas de carácter empresarial.

Contudo, a principal forma de intervenção estadual na economia integrada na administração estadual indirecta, reconduz-se às empresas públicas.

A definição do conceito "empresa pública" não tem sido tarefa fácil, e por isso não tem originado muito consenso à pouca doutrina que entre nós sobre ela tem versado[62]. Não é todavia este o momento indicado para, no presente trabalho, abordarmos esta questão. Cumpre para já enquadrar, numa abordagem relativamente cronológica, as principais fases por que atravessou o sector público empresarial.

A propósito da evolução do sector empresarial do Estado, e de acordo com PAULO OTERO[63], é possível distinguir cinco fases a que

---

[61] Ob. cit. pág. 349.

[62] Veja-se a este propósito, exemplificativamente, MARCELO CAETANO, *Manual de Direito Administrativo, I*, Lisboa 1973, pág. 337 e 382 e *II*, 1066 e 1067; AUGUSTO DE ATHAÍDE, *Empresa Pública*, Polis, II, pág. 939; FREITAS DO AMARAL, *Curso, cit., pág.* 358 a 392; *As Modernas Empresas Públicas no Direito Português*, Lisboa, 1970; COUTINHO DE ABREU, *Definição de Empresa Pública*, Coimbra, 1990; *Da Empresarialidade – As empresas no Direito*, Almedina, Coimbra, 1990, pág. 117 a 134. Naturalmente que entre nós outros autores se dedicaram a esta matéria. Adiante referiremos alguns deles.

[63] *O Sector Empresarial...*, cit. pág. 79 a 84.

correspondem cinco diferentes estratégias de intervenção pública económica, a saber:

1º) Numa primeira fase e até à 1ª Guerra Mundial, assistiu-se a uma reduzida intervenção dos poderes públicos, a qual era visível sobretudo nos denominados "serviços autónomos", que, segundo o Autor citado, resultaram essencialmente de uma das três causas que aponta: a defesa de funções consideradas essenciais e que até aí se encontravam a ser exploradas por empresas privadas em dificuldades (v.g. os Caminhos-de-ferro); a adopção de novos mecanismos de gestão de antigos serviços públicos burocratizados (v.g. a Caixa Geral de Depósitos); e por fim, a assunção da direcção de monopólios fiscais (v.g. a Administração dos Tabacos).

2º) Após a 1ª Grande Guerra e também da 2ª, assiste-se a um grande aumento dos poderes públicos na economia. Recuperar uma Europa devastada por dois grandes flagelos à escala Mundial, deu azo ao início da cooperação europeia.

Entre nós, durante a vigência da Constituição de 1933, e não obstante a expressa afirmação do Princípio da Subsidiariedade da intervenção pública na economia (artigo 6º n.º1), deparamos com um verdadeiro aumento do sector público empresarial[63a];

3º) Mais tarde, na sequência da revolução de 1975, desencadeou-se um amplo processo de nacionalização que veio a ser cristalizado pelo Princípio da Irreversibilidade das Nacionalizações, o que desembocou no maior aumento desde sempre do sector público empresarial.

---

[63a] Note-se porém que este aumento não é, de modo algum, um exclusivo nacional. Também por esta altura, mesmo nos países anglo-saxónicos se assistiu a um grande intervencionismo por parte do Estado na cena económica, tal como comprova a realidade inglesa do pós-guerra na promoção de um grande processo de centralização da prestação dos mais importantes serviços públicos, tais como electricidade, gás, caminhos de ferro, etc., sob égide estadual, tal como se refere FRANCIS MACGOWAN, *Le Modele Britanique, in L' Europe à l'Épreuve de l'Interet General*, org. CHRISTIAN STOFFAËLS, ASPEurope Éditions, Paris, 1994, pág. 74. Para além destes serviços hoje também denominados como de "interesse económico geral", e mais concretamente no campo assistencial, designadamente ao nível da consolidação do *Welfare State*, RALPH M. KRAMER/ HAKON LORENTZEN/ WILLEN B. MELIEF/SERGIO PASQUINELLE, *in Privatization in Four European Countries. Comparative Studies in Government-Third Sector Relationships*, M. E. Sharpe, London, 1993, pág. 20.

4º) Em 1988 iniciou-se um processo de transformação das empresas públicas em sociedades anónimas de capitais públicos[64], abrindo-se mais tarde e através da revisão constitucional de 1989, o caminho para as privatizações[65] e reprivatizações de muitas empresas públicas, cuja existência deixava assim de estar garantida pelo referido Princípio da Irreversibilidade das Nacionalizações[66].

5º) Actualmente, o sector empresarial do Estado sofreu uma total reformulação. Rege neste momento e a este propósito, o Decreto-Lei nº 558/99 de 17 de Dezembro, que derroga o anterior regime previsto no Decreto-Lei nº 260/76 de 8 de Abril, e estabelece o Regime Geral do Sector Empresarial do Estado e as Bases Gerais do Estatuto das Empresas Públicas.

Mais adiante analisaremos melhor este ponto, mas para já importa sublinhar que o novo regime foi sobretudo ditado por preocupações de flexibilização da actuação empresarial do Estado, ao mesmo tempo que veio colocar fim ao já denominado por alguns autores de "Estado Travesti"[67], o qual intervinha na economia através de formas diversificadas e sujeitas a regimes diferenciados, criando até confusões quanto à natureza jurídica de determinadas entidades. Relembre-se por exemplo, o paradoxo do artigo 48º do Decreto-Lei nº 260/76 que referia expressamente que as empresas públicas não eram sociedades comerciais, ao mesmo tempo que a maior parte das empresas públicas havia já sido transformada em sociedades anónimas de capitais exclusivamente ou maioritariamente públicos. Sensível às normas de direito comunitário que obrigam à observância das regras da concorrência numa economia de mercado como é a actual, o novo regime vem tentar dar uma resposta suficiente ao enquadramento da iniciativa económica pública submetendo-a a um mesmo regime legal. Trata-se porém de tema que desenvolveremos mais à frente no presente trabalho.

---

[64] Vejam-se as Leis n.ºs 71/88 de 24-5; e 84/88 de 20-7. Doutrinalmente, confira-se também a este propósito, JORGE MIRANDA e VASCO PEREIRA DA SILVA, *Problemas Constitucionais da Transformação das Empresas Públicas, in* O Direito, ano 120,1988.

[65] De acordo com a Lei-Quadro das Privatizações, aprovada pela Lei n.º 11/90 de 5-4.

[66] NUNO SÁ GOMES, *Nacionalizações e Privatizações,* CTF n.º 155, Lisboa, 1988;

[67] Assim o refere PAULO OTERO, *Vinculação...,* cit., pág. 191.

Relativamente ao objectivo fixado para o presente ponto, ficou exposta a evolução sofrida pelo sector empresarial nacional. Cumpre agora analisá-la em termos mais substanciais, procurando averiguar as formas jurídicas utilizadas para levar a cabo a iniciativa económica pública. É pois esse o tema do ponto que se segue.

### 1.2 – Intervenção Económica Estadual: formas jurídicas

Indicadas sumariamente as várias fases que atravessou a intervenção económica do Estado, cumpre agora reflectir sobre as formas jurídicas utilizadas para tal efeito.

Já vimos que a modificação das funções e fins do Estado, se deveu essencialmente ao alargamento das tarefas de prestação de bens e serviços conducentes ao bem estar das populações.

Esse alargamento de funções, conduziu naturalmente ao alargamento do Estado, assistindo-se à criação dos mais diversos organismos e entidades para a prossecução de tais tarefas. Estes organismos, aos quais já nos referimos sumariamente no ponto anterior, possuem, muitos deles, personalidade jurídica própria[67a] e autónoma relativa-

---

[67a] Note-se porém que nem sempre os organismos de intervenção económica estadual são dotados de personalidade jurídica própria. O caso clássico das *régies* directas é um bom exemplo disso, muito embora a doutrina não seja absolutamente unânime a este propósito. Assim, e considerando que as *régies* poderiam entender-se como formas de empresa pública (ainda que não personalizadas), veja-se Delion, *Les Structures des Entreprises Publiques,* RFAP, 1977, pág. 719, tendo porém vindo a mudar de posição, negando tal possibilidade, dois anos mais tarde, como se pode ver na sua obra, *La Notion d' Entreprise Publique,* AJDA, Abril, 1979, pág. 14-15, apud Coutinho de Abreu, *Definição de Empresa Pública,* Coimbra, 1990, pág. 51, onde se encontra abundante bibliografia sobre o tema. A propósito das *régies,* veja-e ainda, Georges Vedel/Pierre delvolvé, *Droit Adminitratif,* tomo 2, Presses Universitaires de France, 12ª edição, Paris, pág. 760, 761. Outro exemplo que a esse propósito se pode referir é a controvérsia existente a propósito de saber se o atributo da personalidade jurídica é necessário e essencial para a existência de uma empresa pública, ou não. No sentido positivo, vai a generalidade da doutrina e jurisprudência francesas, tal como refere Nicolas Thirion, *Les Privatisations d'Entreprises Publiques dans une Économie Sociale de Marché: Aspects Juridiques,* Bruylant, Bruxelas/ LGDC, Paris, 2002, pág. 77 e 78. Em sentido oposto, tal como referia Coutinho de Abreu in *A Definição...,* cit., pág. 51, nota 96, Delion, *La Notion...* também já aqui citada. Voltando à obra de Nicolas Thirion, é também possível aí encontrar, nas páginas seguintes, o tratamento do problema noutras ordens jurídicas, concluindo-se assim que no caso italiano, a solução maioritária

mente ao próprio Estado, e apresentam como especial característica o facto de boa parte da sua actividade (designadamente a externa), se desenvolver sobretudo sob a égide do direito privado. Foi este, pois, o gérmen da hoje tão falada fuga da Administração Pública para este ramo do Direito[68].

Em termos gerais, e na tentativa de responder a uma sociedade que reclamava cada vez mais atenção consubstanciada na actuação do Estado como prestador de bens e serviços essenciais, assistiu-se inicialmente ao recurso generalizado por parte dos poderes públicos aos mecanismos jurídicos provenientes do direito privado para dar resposta a tais solicitações. Neste cenário, numa reacção inicial à denominada actividade económica da Administração, assistiu-se a uma tentativa doutrinal de "publificar" todas as relações que surgissem no referido âmbito e exercício da actividade económica. Referindo--se a este fenómeno, e sublinhando os efeitos negativos do mesmo, MASSIMO SEVERO GIANNINI, constata o abandono desta concepção, o

---

propende também para a exigência de personalidade jurídica para a existência de verdadeira empresa pública. Desse modo, as *aziende autonome*, tal como as *régies* francesas, não são consideradas como verdadeiras empresas públicas, ob. cit., pág. 78. O mesmo entendimento parece adoptar-se também no Reino Unido. Já a excepção a este propósito, vem da Bélgica, ordem jurídica que parece admitir a existência de empresas públicas não personalizadas, ob. cit., pág. 79. Note-se porém, que o Autor questiona aquele que pode ser designado como sendo o entendimento tradicional a propósito deste problema. Assim, a págs. 80 a 85, critica aquela opção e acaba por concluir que: *" Il n'y a donc aucune raison objective, selon nous, qui puisse conduire à exclure du champ de nos recherches l'exercice, par les pouvoirs publics, d'une activité économique sans créations, pour ce faire, d'une persone juridique distincte"*, ob. cit., pág. 85. É pois a partir de tal conclusão que o Autor se dedica, nas páginas seguintes, a percorrer os direitos belga, francês, italiano e inglês, fornecendo a este propósito vários exemplos a esse propósito, ob. cit., pág. 85 a 91, acompanhados de abundante bibliografia.

[68] Neste sentido, CLAVERO ARÉVALO, chama a atenção para a importância do fenómeno de personificação de entes instrumentais como primeiro factor de fuga ao direito público em prol do direito privado, in *Personalidad Jurídica, Derecho General y Derecho Singular en las Administraciones Autónomicas, in Estudios de Derecho Administrativo*, Editorial Civitas, Madrid 1992, *apud* ENCARNACIÓN MONTOYA MARTÍN, *in Las Empresas Públicas Sometidas al Derecho Privado*, Marcial Pons, Madrid, 1996, pág. 206. A propósito dos elementos determinantes e justificadores dessa fuga, veja-se, entre outros, S. MARTÍN--RETORTILLO, *Reflecciones sobre la huida del Derecho Administrativo*, Revista de Administración Pública, n.º 140, Maio – Agosto, 1997, pág.25 e ss. E, entre nós, MARIA JOÃO ESTORNINHO, *A Fuga...*, cit.

qual teve como factor determinante *"(...)la constatación de que el derecho privado, expulsado por la puerta, volvía a entrar por la ventana"*[69].

Porém, à época, a inevitabilidade de recurso ao direito privado, sentida sobretudo no âmbito da contratação pública, justificava-se, tal como expressamente afirma o Autor citado, dado que tal actuação se confrontava com a contingência de se desenvolver sob *"(...) formas a las que se califica de "necessariamente" privadas, dado que no existem equivalentes publicísticos de los contratos de venta, o de obra, o de suministro cuando el obligado a prestar la cosa es la administración y no el particular"*[70].

Note-se que a análise em causa se poderia situar, em termos amplos, na realidade existente nas primeiras décadas do século XX. Desde então, o problema das formas jurídicas a utilizar na actividade económica da administração tem vindo a ser superado através da criação de figuras especificamente previstas para esse efeito, designadamente, ao nível de instrumento ou modo de actuação, o contrato administrativo e, ao nível das estruturas de organização, os estabelecimentos públicos[70a], os institutos públicos e também as empresas públicas.

No entanto, e apesar de inicialmente justificada pela insuficiência de formas e figuras jurídicas de direito público que permitissem responder às exigências decorrentes das novas actividades, essa "fuga" tornou-se em muitos casos elemento caracterizador de determinados organismos que desenvolviam o grosso da sua actividade sob a sua égide.

---

[69] In*"Actividades Económicas Públicas y Formas Jurídicas Privadas"*, in *La Empresa Pública*, vol. I, Studia Albornotiana, Real Colégio de Espanha em Bolonha, 1970, pág. 103, sendo a tradução deste artigo da autoria de Luis Rojas Montes.

[70] Ob. cit., pág. 104.

[70a] Note-se porém que a utilização da figura do estabelecimento público não tem, necessariamente, de ser aplicada apenas e só, à actividade económica dos poderes públicos. Nesse sentido, NICOLAS THIRION, aponta a sua utilização como um exemplo de estrutura organizacional não especificamente destinada ao exercício da actividade económica dos poderes públicos, nomeadamente no caso belga, ob. cit., pág. 92. Neste sentido parece também propender a nossa actual Lei-Quadro dos Institutos Públicos, quando refere no seu artigo 3º, n.º 2 a possibilidade dos Institutos se organizarem com base num ou em vários estabelecimentos públicos. Mais adiante voltaremos a referir-nos a esta última figura.

Veja-se, a título de exemplo, o caso das empresas públicas tradicionais. Estas entidades, de natureza juridicamente distinta das empresas societárias, tal como claramente resultava do antigo DL 260/76, consubstanciavam pessoas colectivas de direito público, ainda que submetidas ao direito privado na actividade que desenvolviam, por oposição às empresas societárias que seriam pessoas colectivas de direito privado e não consideradas como verdadeiras empresas públicas. Esta distinção assentava sobretudo em dois vectores:

– por um lado a actividade de interesse público desempenhada, que se entendia dever ser prosseguida por entidades de direito público, por se tratarem de actividades de serviço público, muitas delas reservadas ao poder público em regime de monopólio (tal como sucedia nos monopólios fiscais);
– por outro lado, a aplicação do direito privado na actividade desenvolvida.

O primeiro vector assume-se como um elemento de distinção que afasta as empresas públicas tradicionais das societárias por reconhecer às primeiras o carácter e estatuto de pessoa colectiva de direito público, criada pelo poder público e submetida, enquanto tal, ao regime geral e constitucional aplicável à Administração Pública, por dela fazer parte integrante. Já o segundo vector constituía um elemento de aproximação das duas figuras, na medida em que, apesar de assumirem estatutos jurídicos diferentes, ambas aplicavam na sua actividade comum o direito privado, por se entender ser este o meio que melhor garantia a celeridade e eficácia que se pretendia implementar na actividade desenvolvida.

Porém, aqui chegados, deparamo-nos com outras dificuldades, hoje agudizadas pela nova configuração legal do sector empresarial estadual:

– Por um lado, questionamo-nos a propósito de saber o porquê e para quê da aplicação de formas societárias como medida reiterada, sendo certo que se o que se pretendia era aplicar o direito privado, tal já sucedia anteriormente com as empresas públicas tradicionais, e também, em alguma medida com alguns institutos e estabelecimentos públicos, tal como ainda hoje assim sucede, ( designadamente com aquelas empresas

que funcionam como " continuadoras jurídicas" das tradicionais EPs, ou seja, as EPEs);
- Por outro, interrogamo-nos a propósito da actual valia dos critérios tradicionalmente utilizados para qualificar determinada pessoa colectiva como sendo de direito público ou de direito privado[71], uma vez que, pelo exposto, a mera aplicação

---

[71] Veja-se a este propósito, os critérios avançados por FREITAS DO AMARAL, Curso..., cit., pág. 583 e ss. Como aí se poderá verificar, o Autor adopta para tal efeito um critério misto, que combina essencialmente três critérios tradicionalmente propostos para efectuar aquela qualificação. Trata-se do critério da criação da pessoa colectiva, do critério do fim prosseguido pela pessoa colectiva e da capacidade jurídica reconhecida a essa mesma pessoa colectiva. Utilizando então aqueles critérios, o Professor oferece a seguinte noção de pessoa colectiva pública: "(...) são «pessoas colectivas públicas» as pessoas colectivas criadas por iniciativa pública, para assegurar a prossecução necessária de interesses públicos, e por isso dotadas em nome próprio de poderes e deveres públicos". Note-se que todos estes critérios parecem verificar-se, em concreto, quando o Estado (através da decisão do órgão competente para o efeito) decide criar uma sociedade anónima de capitais públicos. Hoje, o RGSEE é absolutamente claro ao considerar estas figuras como uma das formas possíveis que as empresas públicas podem adoptar. Assim, quando assistimos à criação destas sociedades públicas através de decreto-lei, é inegável que se preenche o primeiro dos critérios aqui enunciados. Depois, se atendermos ao facto de que as empresas públicas amplamente consideradas (independentemente da sua forma societária), "nascem", como todos os organismos utilizados pela administração pública, para prosseguirem actividades de interesse público, então também facilmente se chega à conclusão de que as empresas públicas societárias criadas pelo Estado, são-no precisamente porque se entende que estas devem assegurar com a sua actividade, a prossecução de interesses públicos. Prossecução essa, no caso de empresas públicas societárias de capitais exclusiva ou maioritariamente públicos, absolutamente necessária, isto é, não opcional ou disponível, mas constituindo de facto uma verdadeira vinculação à prossecução de uma determinada actividade que tem um fim último perfeitamente específico e determinado, que mais não é do que a prossecução do interesse público. Por fim, quanto ao último critério, o facto de as pessoas colectivas públicas serem dotadas, em nome próprio, de poderes e deveres públicos, constata-se que tal possibilidade está também consagrada no disposto no artigo 14º do RGSEE. O que significa que, utilizando os critérios expostos, é hoje possível, atento o actual regime do SEE, considerar que várias sociedades anónimas de capitais públicos são, não apenas de facto, mas também, como cremos haver demonstrado, de direito, subjectividades passíveis de serem qualificadas como verdadeiras pessoas colectivas públicas. Porém, se assim é, falta solucionar o problema mais difícil, e que é o seguinte: se são pessoas colectivas públicas, poderão considerar-se como estando fora da administração pública indirecta? Ou seja, se são ou podem ser qualificadas como pessoas colectivas públicas, bastará o facto de serem criadas ao abrigo do direito privado, para se defender o seu alheamento e vinculação aos Princípios Fundamentais aplicáveis à actuação da generalidade da Administração Pública? Estas são, como facilmente se constata, perguntas às quais não é fácil responder mas, sobretudo, onde nada está ainda fechado, várias são as respostas possíveis. Daí que, ao

do direito privado e a assunção da dita gestão empresarial não é suficiente para distinguir as figuras, porquanto, como se viu, constituía factor de aproximação entre ambas;
– A propósito das actividades de prestação de bens e serviços confiadas a empresas públicas *latu sensu* consideradas, deparamo-nos hoje com uma dificuldade que não é facilmente ultrapassável: é que se anteriormente se tinha por pacífico que às empresas públicas caberia o desempenho de actividades de carácter económico, hoje constatamos que é cada vez mais difícil determinar o que é que não tem carácter económico, factor susceptível de determinar então a extensão da figura da empresa pública a um número muitíssimo vasto e quase ilimitado de actividades. E este factor, não pode hoje ser menosprezado atendendo não só à proliferação da forma societária que assume a empresa pública, mas também e sobretudo, à incerteza quanto à sua qualificação enquanto entidade integrada ou não na Administração Pública Indirecta, e por isso da sua submissão ou não aos Princípios Gerais aplicáveis à Administração Pública.

Recorde-se ainda que, um dos principais entraves que rodeavam a criação destas figuras jurídicas especificamente pensadas para a actuação económica da administração, era o facto de muitas das actividades em causa, não obstante possuíssem carácter económico, se afirmarem como insusceptíveis de serem prestadas em moldes empresariais. Assim o afirmava GIANNINI, quando referia: *"(...) lo que es cierto (...)es que dichas actividades no se concretam, bajo el aspecto jurídico, en actividades empresariales. Son actividades que tienen un contenido económico, pero la administración que las realiza no tiene los caracteres del empresario, en el sentido de que no se presenta como organizador de servicios y personas y de bienes ajenos en orden a la producción de un bien o servicio propio."* E acrescenta, sublinhando a distinção entre empresa e actividade eco-

---

longo do presente trabalho, façamos um esforço sério para relacionar a actual configuração do SEE e a utilização sistemática das sociedades comerciais com este problema de fundo, o qual estará assim, sempre presente no tratamento atribuído a este trabalho. Refira-se ainda que na discussão da presente Tese a importância do problema foi sublinhada pelo Professor Luis Fábrica nas críticas que nos atenta a extensão que a Tese assumiu, fazer mais reflexões neste local, a esse propósito.

nómica, que *"(...) son muchas, y no desdeñables, las actividades económicas públicas en forma privada, que no dan lugar a una organización empresarial y a actividades empresariales"*[72].

Assim se colocam alguns dos vários problemas que acarreta, quer a utilização sistemática e reiterada de mecanismos e formas do direito privado por parte do Estado, em muito propiciada pela nova configuração legal assumida pelo sector público empresarial.

Como se vê, o problema de saber qual a forma e regime jurídico a aplicar à actividade económica dos poderes públicos, não é nem pode ser encarado como um problema meramente teórico. Parece-nos então que, um dos caminhos possíveis para encontrar alguma coerência e ordem neste "mar de confusão", poderá passar desde logo, pela análise das actividades que, dentro da área económica, podem ou não ser desempenhadas sob forma empresarial. Se o conseguirmos determinar, conseguiremos também delimitar mais claramente as actividades que se devem inserir, e assim manter, no sector público administrativo, daquelas outras que deverão já situar-se no sector público empresarial, superando-se assim de algum modo a indefinição que a esse propósito também hoje se faz sentir. E note-se que a opção organizativa a tomar a este propósito não é, de modo algum, indiferente: basta lembrar a forma diferenciada como se processa o controlo económico e financeiro a exercer sobre as mesmas[72a].

Todavia, e para que se percebam as reais consequências e implicações que este fenómeno de "miscelânea" aporta para o conjunto da Administração Pública globalmente considerada, cumpre desde já caracterizar, em termos amplos, os mais importantes instrumentos jurídicos utilizados para efeitos de concretização da intervenção económica pública, aos quais já fizemos referência *supra*.

---

[72] Ob. e loc. cits. O problema agudiza-se sobremaneira nas ordens jurídicas em que o exercício de uma actividade económica sob forma empresarial surge quase que indissociavelmente ligada à noção de comercialidade. Como exemplo podem referir-se os direitos francês e belga, tal como refere NICOLAS THIRION, ob. cit., pág. 36 a 40. Nas págs. 41 e ss. o Autor constrói uma solução que supera o problema com base numa visão pragmática, em muito tributária das soluções alcançadas por intermédio do direito da concorrência, dando aliás a esse propósito vários exemplos de decisões jurisprudenciais, tanto de origem francesa como belga, ob. cit., pág. 42 a 54.

[72a] Como facilmente se constata na Lei de Enquadramento Orçamental.

## 1.2.1 – Os Estabelecimentos Públicos

O recurso à figura dos estabelecimentos públicos foi bastante utilizado por várias ordens jurídicas[73], assumindo porém especial destaque no direito francês.

Efectivamente, quando se assumiu a necessidade de, em face de uma Europa dizimada, se chamarem os poderes públicos, e de entre eles essencialmente o estadual, a intervirem na realidade social e económica das nações, esta figura do estabelecimento público conheceu grande aplicação. O conceito jurídico de estabelecimento público assume colorações diversas, tendo em atenção as diferentes ordens jurídicas a que se reporta.

Assim, e muito especificamente na ordem jurídica francesa, o estabelecimento público caracteriza-se pelo facto de ser uma figura dotada de personalidade jurídica própria, criada para assumir a gestão de um serviço público, limitando-se a sua missão especificamente à prossecução dessa actividade[74]. Neste sentido, tributário da concepção tradicional, o estabelecimento público pode também ser perspectivado como uma forma de gestão específica aplicada aos serviços públicos, caracterizando-se no fundo, por ser um serviço público especial personificado[75]. Sem nos alongarmos muito mais no tratamento dado pelo direito francês à figura do estabelecimento público, refira-se porém um outro traço que se assume como característico e que muita polémica doutrinal tem alimentado: a difícil distinção entre serviços públicos administrativos por um lado, e de serviços públicos industriais e comerciais[75a], por outro.

Assumem-se como denominadores comuns entre estas duas distinções o facto de, em ambos os casos se considerar o estabelecimento

---

[73] São exemplos disso os estabelecimentos públicos belgas, como refere NICOLAS THIRION, ob. cit., pág. 92 a 95. Note-se que, de acordo com o Autor citado, também no Reino Unido, e sobretudo durante e após a segunda Grande Guerra, também os poderes públicos foram especialmente activos na sua intervenção económica, utilizando para o efeito a figura da *public corporation*, ob. cit., pág. 95.

[74] Assim, NICOLAS THIRION, ob. cit., pág. 98.

[75] Tal como refere NICOLAS THIRION, ob. e loc, cit. *supra*.

[75a] A este propósito, BERNARD STIRN, *La Construccion Française. L'Évolution Juridique de la Notion de Service Public Industriel et Commercial, in L' Europe à L'épreuve de L"Interet General*, cit., pág. 28 e ss.

público como um instrumento de intervenção económica pública, dotado de personalidade jurídica própria, e em princípio sujeito na sua actividade ao Princípio da Especialidade[76]. Voltando à distinção francesa dos estabelecimentos públicos administrativos e estabelecimentos públicos comerciais e industriais, sendo absolutamente sintéticos, diríamos que: é objecto de grande polémica jurisprudencial[77] e consiste, no fundo, no facto de se reconhecer que os poderes públicos, para além do desenvolvimento das funções que lhe são próprias (essas organizadas em serviços administrativos), podem também intervir como operadores económicos. É precisamente neste último caso que ganha relevância a qualificação de estabelecimento público comercial e industrial, na medida em que o mesmo pretende responder às necessidades de intervenção económica pública, com vista à prossecução do interesse geral, utilizando para o efeito um mecanismo que permita uma actuação mais célere do que a do típico estabelecimento público administrativo (este último pensado para responder às necessidades de uma administração tradicional)[78].

Apesar de tradicional do direito francês, não transportaremos esta dicotomia para o direito nacional, desde logo porque a operatividade da mesma acaba por ser em alguma medida obnubilada pela dificuldade em precisar os verdadeiros traços distintivos que separam as pretendidas categorias de estabelecimento público[79]. É porém essen-

---

[76] A este propósito e chamando à atenção para a amplitude com que este princípio tem vindo a ser interpretado, bem como, paradoxalmente, para a actualidade que o mesmo ainda assume, NICOLAS THIRION, ob. cit., pág. 99 a 101.

[77] Para ver exemplos a este propósito, veja-se NICOLAS THIRION, ob. cit., pág. 102, nota 181.

[78] Neste sentido, NICOLAS THIRION, ob. cit., pág. 101.

[79] Tal como se pode constatar na obra que temos vindo a citar, a págs. 103 e 104, as quais se agudizam especialmente ao nível local, tal como o Autor relata a págs, 106 a 113. Note-se porém que a distinção na ordem jurídica francesa acaba por ser especialmente relevante, na medida em que o regime jurídico aplicável a estas categorias de estabelecimentos, é na verdade, distinto, uma vez que o direito aplicável à actividade dos serviços públicos industriais ou comerciais é, por regra, o direito privado, ao passo que aos estabelecimentos públicos administrativos, o direito aplicado é já o administrativo. Assim, NICOLAS THIRION, ob. cit., cfr. pág.101, ponto 79, e 105, ponto 84. Ainda assim, é clássica a opinião segundo a qual a distinção é inconsistente, atentas as dificuldades de aplicação dos critérios construídos para tal efeito. Assim, DIDIER LINOTTE/ACHILLE MESTRE, *Services Publics et Droit Public Economique*, Litec, Paris, tomo I,1982, pág. 64 e ss.

cial reter que, na ordem jurídica francesa, estabelecimento público industrial e comercial é sempre perspectivado como um serviço público personalizado e, mais propriamente, como uma forma que a empresa pública pode assumir[80].

Já entre nós, porém, o estabelecimento público não é considerado como uma forma jurídica susceptível de ser envergada pela empresa pública. Tais formas estão hoje previstas no RGSEE, diploma que não contempla esta figura como verdadeira forma jurídica aplicável às actuais empresas públicas. Independentemente disso, impõe-se perspectivar o estabelecimento público como uma estrutura organizacional que serve de suporte ao desenvolvimento de uma qualquer actividade, seja ela económica ou não, sendo certo porém que, deste ponto de vista organizacional não é forçoso ligar os conceitos de estabelecimento por um lado, e de empresa por outro. Torna-se assim possível distinguir entre estabelecimentos públicos e privados[81] por um lado, e, por outro, dentro do próprio conceito de estabelecimento, passa a ser também possível encontrar vários tipos ou formas de estabelecimento[82].

Todavia, apesar de os conceitos de estabelecimento e de empresa se deverem considerar como distintos, não se confundindo portanto

---

[80] Veja-se a este propósito, COUTINHO DE ABREU, *A Definição...*, cit., pág. 50, citando vários autores e bibliografia importante, com destaque, para o ponto a que nos estávamos a referir, para DELION, *La Notion...*cit., pág.11, que considera constituirem formas jurídicas de empresa pública, as seguintes figuras: estabelecimento público industrial e comercial, a sociedade de capital público, a sociedade de economia mista, e ainda, os *"groupements d' intérêt economique"* e "as associações da lei de 1901". Estas duas últimas referências foram colhidas na obra de COUTINHO DE ABREU, *Definição...*, cit., pág. 50, nota 91. Admitindo que o estabelecimento público (mas só o industrial e comercial) constitui forma de empresa pública, ANDRÉ DE LAUBADÈRE, *Droit Public Economique,* Dalloz, 3ª Edição,1979, pág. 487 a 489. Também assim, ALAIN-SERGE MESCHERIAKOFF, *Droit Public Economique,* PUF, 2ª Edição, 1996, Paris, pág. 219 a 222.

[81] A propósito dessa distinção, útil sobretudo para traçar a fronteira entre a noção de personalidade pública e personalidade privada, a jurisprudência francesa utiliza um método específico para tal efeito, denominado de *" faisceu d'indices",* o qual passa por verificar o preenchimento de pressupostos determinados, tais como: a missão de serviço público, as prerrogativas de *"puissance publique",* o regime jurídico distinto do de direito comum, etc., tal como refere NICOLAS THIRION, ob. cit., pág. 97.

[82] Neste sentido, COUTINHO DE ABREU, *Da Empresarialidade (as empresas no Direito),* Almedina, Coimbra (Reimpressão), 1999, pág. 42, citando ORLANDO DE CARVALHO, na nota 106 da mesma página, para ilustrar os vários tipos de estabelecimento.

entre si⁸³, é inegável que, quando pensamos no exercício de actividades económicas, a ligação organizacional e funcional existente entre estabelecimento e empresa, acaba por se impor na medida em que aquele acaba por ser sempre a base em que esta assenta⁸⁴/⁸⁴ᵃ. Daí que, apesar de entre nós o estabelecimento não ser considerado como forma jurídica de organização da empresa, ele é ainda assim, elemento imprescindível à existência da própria empresa, na medida em que constitui a sua base funcional. Neste sentido, como refere COUTINHO DE ABREU, *"(...)o estabelecimento é uma «organização». (...) é um sistema: «um complexo de elementos em interacção», uma unidade complexa (...), isto é, global, não elementar (constituída por partes diversas, não inter-relacionadas), e original (com qualidades próprias), um «todo que é mais que a soma das suas partes», com propriedades «novas» ou «emergentes»"*⁸⁵.

Assim, o estabelecimento público é também ele, do ponto de vista organizacional, qualificável como um bem, ou melhor, como um conjunto de bens, como uma universalidade de facto⁸⁶, que arti-

---

⁸³ Neste sentido, MENEZES CORDEIRO, *Manual de Direito Comercial,* vol. I, Almedina, Coimbra, 2003, pág. 237 e ss. e 256 e ss. OLIVEIRA ASCENSÃO, *Direito Comercial, Institutos Gerais,* volume I, Lisboa, 1998/99, pág. 132 e 144.

⁸⁴ Assim, OLIVEIRA ASCENSÃO, *Direito Comercial...,* cit., pág. 133.

⁸⁴ᵃ Por outro lado, a ligação entre estabelecimento público e serviço público como específico mecanismo de gestão destes últimos, e especificamente no direito francês, tem vindo a sofrer alterações significativas por via da abordagem económica da problemática dos serviços públicos, propiciada em muito, como se sabe, pelo Direito Comunitário. A propósito do tema, MARCEL BOITEUX, *Le Developpement de l' Approche Éeconomique du Service Public;* JEAN-LOUIS DEWOST, *Service Public et Droit Communautaire;* CLAUDE RAKOVSKY, *L'implacable Logique Européene,* tudo in *L' Europe à l'Epreuve de l'Interet General,* cit., págs. 43 e ss., 141 e ss., 159 e ss., respectivamente.

⁸⁵ In *Da Empresarialidade...,* cit., pág. 44. A propósito da utilização do vocábulo organização, diga-se que o Autor o utiliza no seu sentido mais vasto, de "conceito universal de organização", tal como o próprio explicita na nota 109 da pág. 43. Refira-se ainda que aqui utilizamos novas comas dentro das aspas da citação uma vez que o próprio autor compôs esta definição com elementos retirados de várias citações, naturalmente indicadas na página referida.

⁸⁶ Em sentido oposto ao que referimos no texto, veja-se MENEZES CORDEIRO, que ao considerar que *" o Direito civil português actual não admite (...) a figura das universalidades de direito(...)"* e ainda que *" (...) o estabelecimento não pode dar corpo a uma universalidade de facto(...)"* acaba por qualificar a figura como *" uma esfera jurídica especial",* in *Manual...* cit., pág. 257-258. Já no sentido indicado no texto, veja-se OLIVEIRA ASCENSÃO, *Direito Comercial...,* vol. I, cit., pág. 109 e ss. O Professor chama também a

cula e relaciona vários bens, ou elementos, *"(...) estruturados estavelmente, com vista à consecução (eficiente ou «racional») de um fim (económico-produtivo)"*[87]. Entendida assim a noção de estabelecimento, afigura-se-nos possível afirmar que, neste sentido, e para lá das especificidades atinentes quer aos sujeitos, quer aos fins, os estabelecimentos públicos se podem definir, tal como os privados, como estruturas organizacionais, que conjugam vários factores, funcionalizadas à produção de um determinado bem ou serviço. Não obstante, e apesar de a ligação existente entre estabelecimento (*maxime* comercial) e empresa, ser íntima e patente, a verdade é que aquele não figura entre nós como forma jurídica assumida pela empresa pública. Será sim, base jurídico-organizacional em que assentará a empresa pública, independentemente da forma concreta que esta venha a adoptar.

### 1.2.2 – Os Institutos Públicos

De acordo com PAULO OTERO, os institutos públicos consistem em *"entidades colectivas de direito público sem base territorial associativa, assentes num substrato institucional, criadas para a prossecução de fins administrativos específicos, sendo provenientes de um fenómeno de descentralização e encontrando-se sujeitas a uma intervenção inter-subjectiva por parte de outra entidade pública"*[88].

Os institutos públicos abrangem todavia realidades diversas, sendo usual considerarem-se como tais, os serviços personalizados, as universidades públicas, as fundações públicas e os hospitais públicos, com a ressalva, no tocante a estes últimos, apenas aqueles que ainda se encontrem inseridos no sector público administrativo. A matéria

---

atenção para a necessidade de extrapolar a vertente "corpórea" do estabelecimento, configurando-o como verdadeiras universalidades de direito, caracterizadas especificamente por *"(...) serem situações jurídicas complexas, que são unificadas para efeito de serem sujeitas a vicissitudes comuns"*, integrando assim especificamente na modalidade das *"universalidades funcionais"*, in ob. cit., pág. 131. Veja-se também, do mesmo autor, *Estabelecimento Comercial e Estabelecimento Individual de Responsabilidade Limitada*, ROA, ano 47, n.º 1, Abril, 1987, pág. 5 e ss.

[87] Citação retirada de COUTINHO DE ABREU, *Da empresarialidade...*, cit., pág. 43.
[88] *In* DJAP, vol. V, 1993, pág, 250 e ss.

dos institutos públicos suscita porém variadas questões. Desde logo ao nível da sua qualificação.

No tocante a este aspecto, autores como PAULO OTERO, adoptam uma noção ampla do conceito de instituto público, considerando que do ponto de vista estrutural é possível distinguir entre institutos de estrutura administrativa (os quais englobariam os já citados serviços personalizados, fundações e universidades públicas), e os institutos de estrutura empresarial, sendo que estes só conheceriam a figura da empresa pública. Este entendimento do instituto público como um conceito amplo, era também preconizado por MARCELLO CAETANO,[89] que abarcava os serviços personalizados em sentido restrito (aqueles que denominava como *serviços-departamentos*), as fundações e as empresas públicas como categorias específicas de uma mesma espécie: a do instituto público.

Discordamos porém, respeitosamente, deste entendimento.

Isto porque, não se nos afigura necessário abranger sob um mesmo género – instituto público – realidades que se pretendem diferenciar claramente, como sejam a área administrativa, da área empresarial. Deste modo, e não obstante seja verdade que existem institutos públicos que, por força da actividade desenvolvida, poderão, em alguns aspectos, estar mais próximos na sua actuação, da actividade empresarial[90], a verdade é que actualmente a figura da empresa pública adquiriu relevância suficiente para ser considerada em moldes autónomos e distintos[91]. Consideramos então útil proce-

---

[89] *In Manual de Direito Administrativo*, Tomo I, 10ª Edição, Coimbra Editora, Lisboa, 1973, pág. 372.

[90] Assim o refere FREITAS DO AMARAL, exemplificando com as figuras dos organismos de coordenação económica, ilustrando especificamente com o Instituto do Vinho do Porto, tal como se pode constatar no seu *Curso...*, cit., pág. 349, 350. Também referindo o importante papel dos organismos de coordenação económica, MARCELLO CAETANO, *Manual...*, cit., pág. 373 a 376. Também a propósito do tema, referindo a existência de um *tertium genus* de Instituto Público que esbate as *"(...) fronteiras tradicionais anteriores entre institutos públicos administrativos e económicos(...)"*, veja-se também LUÍS D. S. MORAIS, *As Relações entre o Estado e as Empresas Públicas na Sequência da Aprovação do Decreto-Lei n.º 558/99, de 17 de Dezembro, in Estudos Sobre o Novo Regime do Sector Empresarial do Estado*, Obra Colectiva sob organização de EDUARDO PAZ FERREIRA, Almedina, Coimbra, 2000, pág. 107.

[91] Neste sentido, e com a ressalva *supra*, FREITAS DO AMARAL considera útil distinguir claramente a figura dos Institutos Públicos da das Empresas Públicas, utilizando para o

der-se à "arrumação" desta matéria, reservando o conceito de institutos públicos para aquilo que PAULO OTERO entende serem os institutos públicos em sentido estrito, ou seja, apenas e só os de base administrativa, o que não prejudicará, na nossa perspectiva, o potencial exercício de funções ou actividades económicas.

Assim enquadrada a matéria, podemos agora reflectir um pouco sobre a actual configuração legal dos institutos públicos. De facto, só muito recentemente é que se dotaram estas entidades de um estatuto jurídico específico, tal como há muito já sucedia com as empresas públicas. Com efeito, com a Lei n.º 3/2004 de 15 de Janeiro, procedeu-se à consagração legal daquilo que anteriormente se entendia serem os Princípios gerais aplicáveis aos Institutos Públicos, bem como à sua "arrumação" em termos conceituais, de tipologia, e de estrutura. O actual regime vem também assumir expressamente que, todas as entidades consideradas como instituto público, se inserem na administração pública indirecta, nos termos do artigo 2º n.º 1 da lei-quadro, "superando-se" assim por via legal a questão que dividia a Doutrina a este propósito.[92]

Em termos gerais, a actual lei-quadro[93] consagra, como se disse, os aspectos essenciais caracterizadores da figura dos institutos públicos.

---

efeito o tipo de actividade prosseguida por cada um, referindo que: " (...) *as funções desempenhadas pelos institutos públicos hão-de ser* **actividades de carácter não empresarial**: *assim se distinguem os institutos públicos das empresas públicas, cuja actividade é empresarial"* (negrito nosso), *in ob. e loc. cit. supra* .

[92] Assim, PAULO OTERO que considerava as universidades públicas como institutos inseridos na Administração Autónoma e não na Administração Indirecta fundamentando a sua posição com o resultado da 2ª revisão constitucional, nos termos da qual, segundo o autor, as universidades públicas passaram a ter uma " garantia constitucional de autonomia", como decorreria do artigo 76º, n.º 2, *in Institutos...*, cit., pág. 266. Em sentido oposto, e numa posição mais tradicional, MARCELLO CAETANO, *Manual...*, cit., pág. 188 e ss. Também nesse sentido tradicional, PAULO OTERO, *Institutos...*,ob. e loc. cits., referia o entendimento de FREITAS DO AMARAL no sentido de considerar a integração de todos os institutos públicos na Administração Indirecta, tal como se constatava no da edição de 1986 do *Curso de Direito Administrativo*, vol. I, Coimbra, pág. 309 - 310. Parece-nos porém que este último autor terá de algum modo mudado de opinião na edição de 1994 do seu *Curso...*, que temos vindo a citar, tal como parece decorrer da ressalva que efectua a págs. 344 e 345, conjugada com o tratamento que disponibiliza à Administração Autónoma, a págs. 393 e ss.

[93] A propósito do ante-projecto desta Lei – Quadro, veja-se VITAL MOREIRA, *Relatório e Proposta de Lei – Quadro dos Institutos Públicos,* Lisboa, 2001. Também sobre a matéria dos Institutos Públicos e da descentralização administrativa, na antecipação desta Lei-Quadro,

Assim, continuam a ser considerados como pessoas colectivas de direito público, dotados de personalidade jurídica, com autonomia patrimonial, administrativa, e financeira, tal como resulta do artigo 4º, continuando a estar sujeitos a um poder de controlo por parte do Estado, através da tutela e da superintendência, como dispõem os artigos 41º e 42º da referida lei-quadro.

No tocante à actual tipologia dos institutos públicos, serão como tal considerados, nos termos do artigo 3º do diploma, os serviços e fundos do Estado e das Regiões Autónomas quando dotados de personalidade jurídica, bem como as fundações públicas. A este elenco acrescerão também, nos termos do artigo 48º n.º 1, as universidades e escolas do ensino superior politécnico, as instituições públicas de segurança social, os estabelecimentos do Serviço Nacional de Saúde, as regiões de turismo, o Banco de Portugal e os fundos que junto dele funcionam, e por fim, as entidades administrativas independentes.

Excluem-se expressamente do conceito de instituto público, tal como claramente refere o artigo 3º n.º 3, as entidades públicas empresariais, bem como, nos termos do n.º 4 do mesmo normativo, as sociedades, associações ou fundações criadas como pessoas colectivas de direito privado. Conclui-se então que, nos termos da actual legislação, não é mais possível sustentar a consideração de um conceito tão amplo de instituto que abarque também a figura da empresa pública, factor este que acaba por confirmar o entendimento acima preconizado a propósito da autonomia estrutural e conceptual da empresa pública relativamente à do instituto público.

Em termos de regime, a lei-quadro prevê a existência de dois regimes distintos: por um lado um regime comum, tal como resulta dos artigos 17º a 44º, sendo este aplicável aos tipos de institutos previsto no artigo 3º; por outro um regime especial, escassamente desenvolvido, e previsto nos artigos 45º a 48º. Este regime especial, parece caracterizar-se essencialmente pelas ideias de simplificação e de especialização, tal como resulta dos artigos citados, sendo que tal regime se aplicará, em concreto, a todas as entidades referidas e já

---

veja-se o trabalho de ANA FERNANDA NEVES *Os Institutos Públicos e a Descentralização Administrativa, in* Estudos em Homenagem ao Professor Doutor Inocêncio Galvão Telles, vol. V, Almedina, 2003, pág. 495 e ss.

aqui citadas, neste último normativo. Outra nota importante a este propósito é que, nos termos do artigo 48° n.° 2, cada uma das categorias de institutos previstas no n.° 1 do mesmo normativo, poderá ser regulada através de lei específica, a qual em princípio determinará a amplitude das derrogações ao regime comum previsto pela Lei – Quadro, mas note-se, apenas e só "na estrita medida necessária à sua especificidade", tal como dispõe o n.° 1 do artigo 48°, ideia esta que sai reforçada se o lermos em conjunção com o disposto no artigo 6° n.° 2 do mesmo diploma.

Por outro lado, e nesta esteira, também os Princípios Gerais previstos nos artigos 4° a 16° da lei-quadro contribuem para que se estabeleça uma visão de conjunto aplicável, naquilo que é essencial, a todas as entidades abrangidas pelo mesmo conceito jurídico, assim se implementando a necessária unidade da actuação administrativa, tão necessária à simplificação e transparência, que devem presidir a toda a actuação pública, desde logo por forma a facilitar o respectivo controlo.

Agora mais concretamente para aquilo que nos interessa, ou seja, analisar as formas jurídicas potencialmente aplicáveis quando o Estado pretende actuar como prestador de bens e serviços, a grande novidade introduzida por esta lei-quadro resulta do estabelecimento de regras claras que permitem desmistificar a necessidade de recorrer sistematicamente a figuras jurídicas de direito privado para alcançar níveis adequados de eficácia e eficiência na actividade desenvolvida.

Podemos assim encontrar, no espírito geral da presente lei, a necessidade de dotar os institutos públicos de estruturas organizacionais adequadas ao seu funcionamento, bem como a necessidade de os submeter a especiais cuidados no que toca ao seu controlo e, bem assim, a especiais exigências no que concerne à eficácia da actividade por eles prosseguida. Focando agora a nossa atenção neste último aspecto, é notória a preocupação do legislador em implementar e garantir uma actuação eficiente, quer ao nível da qualidade da prestação dos institutos públicos, tal como se constata pelo artigo 4° n.° 1, quer ao nível da sua eficácia económica, tal como resulta do dever imposto aos órgãos de direcção, nos termos do n.° 2 desse mesmo normativo.

Como forma de implementar esse objectivo geral de eficácia e eficiência, o legislador previu também mecanismos potenciadores de implementarem na actuação destas figuras de direito público e inseridas no sector público administrativo, a tão desejada e necessária flexibilidade que até ao momento parecia entender-se como quase exclusiva das formas e mecanismos do direito privado. Neste sentido, prevê-se no artigo 33º n.º 2 que a organização interna dos institutos públicos se estruture de modo pouco hierarquizado, precisamente para evitar a disseminação de vários níveis de decisão e promover a concentração do processo decisório com naturais ganhos de celeridade e consequente eficiência. Também no n.º 3 da mesma norma, se prevê a implementação de uma técnica entendida como de "tipo empresarial" a utilizar regularmente por parte dos institutos públicos: referimo-nos ao *outsourcing*, ao qual deverão recorrer, por força da actual Lei – Quadro, sempre que tal "assegure um controlo mais eficiente dos custos e da qualidade do serviço prestado".

Outro grande entrave apontado às estruturas da administração pública – o facto de se aplicar como regra o regime de contratação de pessoal específico da função pública – é também resolvido pelo diploma em análise, uma vez que tal questão passa hoje a ser encarada como uma opção de gestão a tomar pelos órgãos de direcção do instituto, os quais podem, de acordo com o disposto no artigo 34º n.º 1 conjugado com o artigo 21ºn.º 1 alínea g), optar livremente entre o regime geral do contrato individual de trabalho, e o regime jurídico da função pública. Note-se porém que, mesmo quando se opte pelo regime geral do contrato individual de trabalho, ainda assim, nos termos do artigo 34º n.º 3, se deverá garantir a observância de princípios Fundamentais e elementares em toda a actuação pública, ou seja, a observância dos Princípios da Publicidade, Transparência, Igualdade e de Fundamentação da decisão pública.

Outro mecanismo tributário das citadas técnicas de gestão empresarial, é o *benchmarking,* também denominado usualmente como "boas práticas", mecanismo esse de que é tributário o sistema de indicadores de desempenho previsto no artigo 40º da lei – Quadro.

Não nos referiremos neste ponto à questão do controlo que deve ser exercido sobre toda a actuação pública (seja ela exercida através de formas públicas ou de formas privadas). Porém aquilo que parece resultar claro da análise que antecede, é que ainda que não existam sistemas nem mecanismos perfeitos, a verdade é que actualmente, a figura jurídico-administrativa que é o instituto público, se encontra expressamente submetida a exigências claras de eficácia e eficiência, sendo além disso dotada, nos termos previstos na lei, de alguns dos principais meios que permitem alcançar aqueles objectivos. Razão pela qual nos parece assim comprovada objectivamente a posição que adoptamos e melhor explicitaremos, segundo a qual a forma jurídico – pública não é, de modo algum, incompatível com a implementação de técnicas de gestão de tipo empresarial, não sendo por isso e para tanto **absolutamente necessário**[94] recorrer a formas jurídicas próprias do direito privado.

### 1.2.3 – *As Empresas Públicas (Remissão)*

Atendendo às modificações sofridas pela noção de empresa pública determinadas pelo novo RGSEE, afigura-se-nos mais adequado analisar o actual conceito de empresa pública mais adiante[95]. Não podíamos porém deixar de as enunciar no presente ponto, uma vez que se tratam de figuras privilegiadas a aplicar na intervenção económica pública, motivo pelo qual, ao abordar esta última questão do ponto de vista da criação de conceitos jurídico – públicos que permitem tal intervenção, não poderíamos aqui deixar de proceder a esta breve referência.

---

[94] Sublinhamos aqui o "absolutamente necessário" para chamar a atenção que não consideramos que se deve excluir liminarmente o recurso às formas jurídicas típicas do direito privado para exercer actividades materialmente administrativas. O único aspecto que questionamos nesse recurso é, como já dissemos, a mistificação criada a propósito da absoluta necessidade de as aplicar por forma a tornar a actividade administrativa mais eficaz. Ou seja, como acreditamos demonstraremos no presente estudo, o recurso ao direito privado por parte dos poderes públicos pode ser conveniente, porém quase nunca será absolutamente necessário.

[95] Esta matéria encontra-se tratada na I secção do IV capítulo do presente trabalho.

## 2 – A Garantia Constitucional do Sector Público dos Meios de Produção e o Princípio da Subsidiariedade na Intervenção Económica Pública

Abordar a problemática que envolve o sector empresarial do Estado, sobretudo numa época em que tanto se discute a verdadeira e necessária dimensão do próprio Estado, implica necessariamente reflectir sobre a denominada garantia constitucional do sector público dos meios de produção.

Sem margem para duvidar que o sector empresarial público se insere na problemática que rodeia o sector público dos meios de produção, convém não esquecer que este último tem sido desde sempre considerado na nossa Constituição como fundamental em matéria da Constituição económica, afirmando-se mesmo um Princípio de Manutenção do Sector Público dos Meios de Produção. E de facto, mesmo após as várias revisões constitucionais que tão profundamente alteraram esta parte da lei fundamental (*maxime* a de 1989 e 1997), tal princípio continua elencado ao lado de outros reputados de fundamentais no âmbito da organização económica, tal como resulta da alínea b) do artigo 80º da CRP. De facto, este princípio tem uma importância de tal modo crucial, que se encontra mesmo protegido como um dos limites materiais de revisão constitucional, nos termos previstos pelo artigo 288º alínea f).

Antes de iniciar este ponto, cumpre porém enquadrá-lo nas revisões constitucionais a que acabamos de aludir, de forma a melhor delimitar a sua operacionalidade e importância ao nível do sector empresarial do Estado.

A primeira revisão constitucional foi efectuada através da Lei Constitucional nº 1/82, a qual veio introduzir sensíveis modificações no âmbito da Constituição económica. Segundo GOMES CANOTILHO e VITAL MOREIRA[96], as principais alterações traduziram-se em vários aspectos, dos quais destacamos os seguintes:

    a) Procedeu-se à desdogmatização da Constituição, na medida em que se moderou a sua finalidade socialista originária,

---

[96] *in Constituição da República Portuguesa – Anotada e Comentada –*, 3ª Edição, Coimbra Editora, 1993, pág. 387.

facto visível até na supressão de vocábulos como "socialismo" e "sociedade sem classes", entre outras referências semelhantes;
b) Introduziu-se alguma flexibilização no sistema económico, mantendo-se o Princípio de uma economia mista mas na qual já não se procurava garantir uma preponderância ao sector público;
c) Transferiu-se o direito de iniciativa (económica) privada para o catálogo dos direitos fundamentais, o que demonstra uma diferente valorização constitucional reconhecida a estes direitos de iniciativa económica.

Contudo, de acordo com os Autores *supra* citados, as alterações introduzidas com esta revisão não foram suficientes para alterar radicalmente a constituição económica até à data existente[97]. Alcançou-se de facto um novo equilíbrio nas suas estruturas, mas os seus princípios primitivos não foram revogados, e sim simplesmente atenuados (tal como exemplifica a manutenção da intenção socialista, visível no artigo 2º, no princípio da apropriação colectiva dos principais meios de produção, entre outros casos citados na obra referida).

A verdadeira e profunda alteração introduzida à constituição económica ocorreu mais tarde, por intermédio da revisão constitucional de 1989, a qual veio estabelecer um maior espaço de liberdade na conformação da organização económica. Seguindo ainda os Autores citados[98], e para efeitos do presente trabalho, seleccionamos as seguintes principais alterações:

a) Procedeu-se à eliminação do Princípio da Irreversibilidade das nacionalizações, abrindo-se assim as portas para a reprivatização das empresas nacionalizadas;
b) Reformularam-se os anteriores conceitos de sectores de propriedade dos meios de produção, *"restringindo o conceito de sector público e criando um novo «sector cooperativo e social», destinado a abarcar o antigo sector cooperativo e os sectores comunitário e autogerido, que anteriormente estavam englobados no sector público"*[99].

---

[97] Ob. cit., pág. 388.
[98] Ob. cit., pág. 388 e 389.
[99] *Idem, ibidem,* nota 62.

c) Procedeu-se ainda à restrição e condicionamento da possibilidade de intervenção pública na gestão das empresas privadas.

Após a revisão de 1989, a Constituição deixou de consagrar uma organização económica no sentido socialista, afirmando-se outrossim comprometida com a efectiva realização da democracia, quer a nível social, quer económico, a qual passa pela implementação da participação e do pluralismo dos diversos operadores económicos. Consagra-se uma efectiva margem de liberdade ao legislador ordinário para que este defina, dentro dos princípios estruturais da constituição económica, a forma de concretização das suas tarefas e incumbências realizáveis através do seu sector público (designadamente empresarial). Deste modo, com a referida desdogmatização, passou a imperar um princípio de liberdade na definição e concretização destas matérias, conferindo-se ao legislador ordinário e aos governos das maiorias democraticamente eleitas a tarefa de implementar a democracia social, económica e participativa, no âmbito de uma economia de mercado, mista, e subordinando-se assim definitivamente o poder económico ao poder político democrático.

Mantinha-se ainda assim, no rescaldo da revisão constitucional de 1989, a obrigatoriedade de definir e manter determinados sectores básicos vedados à iniciativa económica privada. Assim o confirmavam, quer os vários pareceres da Comissão Constitucional, quer posteriormente a jurisprudência do Tribunal Constitucional quando chamada a apreciar as várias alterações propostas pelo Governo à Lei de Delimitação de sectores, matéria regulada pela primeira vez através da Lei nº 46/77 de 8 de Julho.

Actualmente porém, e na decorrência da revisão constitucional de 1997, o legislador constitucional passou a encarar esta matéria como uma possibilidade e já não como uma obrigatoriedade. Assim o afirma claramente a letra do artigo 86º nº 3: " A lei pode definir sectores básicos nos quais seja vedada a actividade às empresas privadas e a outras entidades da mesma natureza".

No ponto seguinte tentaremos definir aquilo que possa ser reconduzido ao conceito de sectores básicos, uma vez que esta matéria terá necessárias repercussões na configuração e extensão do sector público empresarial.

Para já cumpre sublinhar que a garantia que a Constituição confere ao sector público dos meios de produção, a par com os outros sectores, designadamente o privado e o cooperativo, é antes de tudo uma garantia institucional[100]. Através do seu expresso reconhecimento como Princípio fundamental, artigo 80° alínea b), da sua inserção no catálogo de incumbências prioritárias do Estado, artigo 81° alínea c), e da sua protecção como limite material de revisão, artigo 288° alínea f), a Constituição garante uma das mais importantes formas de concretizar a cláusula de bem-estar a que o Estado se encontra vinculado nos termos do, artigo 2° e 9° alínea d), e da qual o Governo se assume como principal guardião,de acordo com o artigo 199° alínea g). Deste modo, torna-se essencial esclarecer qual a amplitude do sector empresarial do Estado enquadrado no sector público dos meios de produção. Se por um lado, como vimos, a existência deste último se encontra constitucionalmente garantida, a par dos demais sectores de produção, nem por isso daí se consegue inferir uma qualquer obrigatoriedade da manutenção de um sector específico, como seja aquele que estudamos, o empresarial.

Deste modo, se por um lado é verdade que a divisão de três sectores de propriedade dos meios de produção, bem como a obrigatoriedade da sua manutenção, quer ao nível constitucional, quer ao nível ordinário, contribui para o controlo do poder económico pelo poder politico democrático, garantindo-se também por esta via o respeito por um princípio que também é tido como fundamental no âmbito da Constituição económica, tal como decorre da alínea a) do artigo 80°, por outro, não o é menos que não se possa admitir como pacífica ou inquestionável a manutenção de um subsector que tanta polémica tem originado, designadamente no que toca à sua eficácia e eficiência[101].

---

[100] Assim, GOMES CANOTILHO e VITAL MOREIRA, cit., pág. 402 : *"Esta norma é uma típica garantia institucional. Não garante a existência da cada empresa em cada sector, nem sequer uma particular delimitação de cada sector – garante sim a existência de todos e de cada um dos sectores. **O Estado pode fazer variar a dimensão de cada um dos sectores e deslocar as balizas entre eles. Mas não pode eliminar ou aniquilar nenhum deles.**"* (negrito nosso).

[101] Muito embora, sublinhe-se, o problema da (in)eficácia e (in)eficiência do sector empresarial estadual, seja apenas o reflexo da mesma problemática que perpassa todo o sector público. A grande especificidade parece-nos consistir, todavia, no seguinte: é que o

Todavia, o facto de assim ser não implica por outro lado que se considere a manutenção do sector público empresarial como um "alvo a abater". Cremos aliás, e relembrando um pouco a máxima *"dividir para conquistar"*, que o legislador constituinte pretendeu com a garantia constitucional do sector público, instituir um princípio de separação de poderes ao nível da organização da economia, evitando desta forma a hegemonia dos poderes económicos (sejam eles públicos ou privados). Por outro lado, essa garantia institucional, na medida em que obriga, de algum modo, à manutenção de algum nível de intervenção pública, contribui simultaneamente para garantir também a equilibrada concorrência entre empresas, na medida em que poderá assim evitar mais facilmente os monopólios e os abusos de posição dominante, ou outras práticas lesivas do interesse geral, dando então efectividade ao comando da alínea e) deste artigo 80º[102].

---

sector empresarial estadual, perspectivado como um subsector específico da actividade da administração indirecta, pode mais facilmente ser "apagado" do que outros subsectores públicos, na medida em que é precisamente no sector empresarial que mais contundentemente se coloca o problema da subsidiariedade da intervenção pública. Assim, constatada a sua ineficiência, deixa de subsistir razão suficiente para apoiar a sua existência, como sugere BAUZÁ MARTORELL, *La Desadministración Pública*, Marcial Pons, Madrid, 2001, pág. 38. Por outro lado, não deixa de ser paradoxal que, à medida que o Estado pretende promover o seu adelgaçamento (designadamente através de privatizações materiais), procura concomitantemente alcançar a referida eficácia e eficiência aplicando critérios de actuação empresariais, recorrendo, além disso, a processos de privatizações formais, ou melhor, aparentes. Perguntamos então: afinal as empresas públicas latamente consideradas não são apelidadas de cronicamente ineficazes? Então para quê aplicar critérios empresariais a realidades distintas quando afinal parece que não se sabe sequer exercer tal actividade através dos mecanismos próprios para tal efeito?... São pois algumas das muitas perplexidades com que nos vamos deparando ao longo deste trabalho.

[102] Por isso entendemos que é importante ter em atenção e relativizar quanto baste as "panaceias universais" que insistentemente se publicitam para resolver o problema da ineficácia do sector público globalmente considerado. Uma das "pílulas mágicas" que a esse propósito tem sido administrada à opinião pública, consiste na crença generalizada que "na privatização se encontra a solução". Por esta altura já se apercebeu o leitor que não concordamos em absoluto com tal entendimento. Permita-nos agora que apontemos outros tantos que, como nós, assim pensam: MICHAEL J. WHINCOP/ STUART ROWLAND, '*Plus ça change...*', cit., pág. 34, 41, 58, 59; CHARLES SAMPFORD, *Cautionary Reflections on Privatisation Push*, pág. 249 e ss, 260 a 263, in *Who Benefits from Privatisation*, cit. De facto, todo o livro é dedicado à relativização da privatização como "solução total", e inclui vários artigos que reflectem sobre o problema em vários países, desde a Austrália, à Nova Zelândia, passando pela Índia, pela Malásia, chegando até à Suécia. Aí se encontram vários autores que

Assim, tendo em atenção a envolvência acima referida, cumprirá agora reflectir sobre a manutenção do sector empresarial do Estado, ancorada como se viu na garantia constitucional do sector público, relacionando concomitantemente esse problema com a questão de saber em que áreas e em que termos é que tal intervenção empresarial se deverá fazer sentir. Para tanto, e dado que, como se disse já, a possibilidade de manter sectores vedados à iniciativa privada é ainda uma realidade, partiremos para a análise enunciada com base nos sectores básicos, e na sua conexão com os sectores que permitam uma concretização efectiva da cláusula de bem-estar.

Subsiste porém a segunda questão que colocamos: qual o nível de intervenção estadual na economia? Haverá alguma limitação, ou pelo contrário os poderes públicos poderão actuar como operadores do mercado sempre que entendam que tal é adequado e conveniente? A invocação do interesse público como "critério, limite e fundamento" da actuação empresarial do Estado[103], não nos parece, salvo o devido respeito que reconhecemos à sua importância enquanto parâmetro de graduação da intervenção económica pública, suficiente para por si só responder a esta questão.

Cumpre por isso indagar da existência ou não de um Princípio da Subsidiariedade constitucionalmente consagrado de onde decorra efectivamente uma limitação da actuação económica pública. De forma muito sumária, e na esteira de PAULO OTERO, cremos que é importante ordenar esquematicamente os argumentos seguintes:

1º) O actual texto constitucional (ao contrário do que sucedia no texto de 1933), não contém nenhuma cláusula onde se preveja a existência de um Princípio da Subsidiariedade ao qual deva subordinar-se a intervenção económica pública;

---

abordam o problema e chegam, de modos diferentes, à mesma conclusão a que fizemos referência. Além disto, tenha-se em atenção que o estudo citado reflecte sobre as verdadeiras privatizações, ou seja, sobre aquelas que implicam uma verdadeira e efectiva alienação de bens que se deslocam do sector público para o sector privado. Outro problema, paralelo a este, mas substancialmente distinto, é já o da privatização formal ou aparente, sendo que quanto a este avançamos também (e até por maioria de razão, como oportunamente demonstraremos),que adoptamos, em termos gerais, o mesmo entendimento atrás enunciado.

[103] Tal como refere PAULO OTERO, *Vinculação....* cit., pág. 124 e MARIA JOÃO ESTORNINHO, ob. cit., página 167, 168 e ss.

2°) A liberdade de iniciativa económica privada é normalmente enquadrada pela generalidade da Doutrina[104] no âmbito dos direitos, liberdades e garantias, sendo por isso um preceito constitucional directamente aplicável e sujeito ao mínimo de restrição possível (*ex vi* artigo 17°), o que habilita a Sociedade a actuar em todos os campos que não lhe estejam vedados ou proibidos;

3°) Já a actuação das entidades públicas está subordinada quer ao Princípio da Legalidade, quer ao Princípio do Interesse Público, o que significa que só podem intervir nas situações em que um interesse colectivo o reclame, e nos termos da competência que a lei lhe concede para o efeito, significando portanto que a sua actuação está naturalmente mais constrangida do que a dos sujeitos e entidades privadas;

4°) Ainda assim, o facto é que a Constituição impõe a obrigação de cumprimento de determinadas tarefas ao Estado.

5°) Acresce, além disso, que o artigo 82° n° 1 vem garantir a existência de três sectores de propriedade dos meios de produção: público, privado e cooperativo, sendo a sua manutenção obrigatória, tal como parece decorrer do disposto no artigo 80° alínea b)

6°) A terminar, o artigo 86° n° 3 prevê a manutenção de determinadas áreas vedadas à iniciativa das entidades privadas, sendo estas áreas recondutíveis àquilo que se entender como os sectores básicos da economia.

De todos os argumentos expostos, e conjugando-os com as imposições constitucionais previstas no artigo 80°, bem como na finalidade da concretização da cláusula do bem-estar vertida, designadamente, no artigo 9° alínea d) da CRP, somos de opinião que se

---

[104] SOUSA FRANCO, *Nota sobre o Princípio da Liberdade Económica,* BMJ n.º 355, Abril, 1996, pág. 11 e ss.; JORGE MIRANDA, *Manual de Direito Constitucional,* tomo IV, 2ª Edição, Coimbra, 1998, pág. 447 e ss., *maxime,* 454.Do mesmo autor, *Iniciativa Económica, in Nos 10 anos da Constituição,* Imprensa Nacional Casa da Moeda, pág. 69 a 80. Especificamente a propósito da Constituição Económica veja-se também SOUSA FRANCO, *A Revisão da Constituição Económica,* ROA, ano 42, 1992, pág. 601 e ss. Para mais aprofundamentos, também deste autor, em parceria com GUILHERME D'OLIVEIRA MARTINS, *A Constituição Económica – ensaio interpretativo,* Almedina, 1993.

deverá afirmar a tendencial existência de um Princípio da Subsidiariedade, por força do qual a actuação empresarial do Estado se reconduza, como primeiro alvo, às áreas dos sectores básicos, essenciais, e também àqueles que se afigurem estratégicos, confiando os demais ao funcionamento do mercado e à iniciativa económica privada, sendo por isso neste âmbito considerada a iniciativa pública como subsidiária. Deste modo, consideramos que no tocante às áreas referentes aos serviços *supra* mencionados, existirá um Princípio de Natural Intervenção Pública, a qual não tem de modo algum de se considerar exclusiva, mas atendendo designadamente à importância das áreas mencionadas, concluímos que o Estado estará habilitado a actuar nesse campo de forma primária e ao abrigo da cláusula constitucional de bem-estar, afirmando-se por isso neste domínio um Princípio de Complementaridade entre a iniciativa económica pública e a privada[104a], mas já não um princípio que imponha uma intervenção subsidiária às entidades públicas, uma vez que nestas áreas, para além de em muitos casos se afirmar uma clara necessidade de intervenção pública, a mesma deverá em qualquer circunstância, considerar-se naturalmente integrada na actuação pública para concretizar o bem-estar da colectividade.[104b]

---

[104a] Defendendo a existência de um princípio de Compatibilidade, ainda que com uma fundamentação diversa da que expomos no texto, veja-se por exemplo, JAIME RODRIGUES-ARANA MUÑOZ, *La Empresa Pública en el Estado Social y Democrático de Derecho*, in *Actualidad y Perspectivas del Derecho Publico a Fines del Siglo XX*, Homenagem ao Professor Garrido Falla, vol. III, Editorial Complutense, Madrid, 1992, pág. 1673 e ss, em particular, 1687-1688.

[104b] Torna-se por isso necessário destacar que a origem do Princípio da Subsidiariedade é, de acordo com a nossa perspectiva, muito mais política do que jurídica e, por isso é também relativamente ambígua, acabando por estar muito ligada não apenas à construção do mercado único europeu, mas também aos processos de privatização que, temos vindo a constatar, são cada vez mais frequentes. Torna-se por isso necessário re-centrar o problema da subsidiariedade da intervenção pública, tendo em atenção as condicionantes normais do funcionamento dos mercados, bem como o tipo de sociedade que se pretende construir. Neste sentido, de acordo com o nosso ponto de vista, o Princípio da Subsidiariedade deve ser afirmado claramente, votando a intervenção pública para um plano secundário, temperando porém o discurso com a necessidade de se considerar que, lá onde a intervenção pública possa ser secundária, ela será todavia imprescindível, essencial e natural, porque integra a actuação concretizadora do bem comum. Por isso defendemos a construção nesta área de um princípio oposto ao da subsidiariedade, um princípio que afirma a natural intervenção pública, complementada até pela intervenção privada. Atacando a actual formulação

Consideramos por isso necessário colocar a pertinência ou não da afirmação de um Princípio de Subsidiariedade no tocante à intervenção económica pública, relacionando-o quer com a natureza do bem ou serviço, quer com a susceptibilidade de essa prestação se efectuar adequadamente através do funcionamento dos mercados. Compatibilizando os factores enunciados, teríamos então que:

a) No casos em que o bem ou serviço fosse adequadamente prestado pelo funcionamento do mercado, caberia ao Estado uma função subsidiária no tocante à sua prestação, podendo até considerar-se desnecessária ou até inadequada na medida em que restringiria o campo de operatividade da iniciativa privada. Haveria pois aqui um claro Princípio de Subsidiariedade;

b) Nos casos em que o funcionamento do mercado fosse insuficiente para garantir uma eficaz prestação dos bens ou serviços, bem como relativamente aos bens ou serviços através dos quais se concretizem direitos fundamentais dos cidadãos e se preencha a cláusula de bem-estar, já será necessário considerar que, além de um Princípio de Natural Intervenção Económica Pública, se afirmará também um Princípio de Complementaridade entre a intervenção pública e a privada na prestação dos bens e serviços em causa. Afastamos portanto neste caso a existência de um Princípio de Subsidiariedade.

Parece-nos pois que será exactamente no campo em que se constate que o mercado e a sua lógica funcionam suficientemente bem, que se poderá advogar a existência de um Princípio de Subsidiariedade da Intervenção Económica Estadual, na medida em que, nesse

---

do princípio da subsidiariedade, veja-se designadamente YVES MENY, *La Sussidiarietà in Francia: la Sostanza senza la Parola*, in *Sussdidiarietà e Pubbliche Amministrazioni, a cura di Fábio Roversi Mónaco,* Maggioli Editore, 1997, pág., 123 e ss. Para mais desenvolvimentos a propósito da ligação entre subsidiariedade, projecto europeu e privatizações, veja-se também na obra colectiva que acabamos de referir, designadamente os estudos de SABINO CASSESE, *L' aquila e le Mosche. Principio di Sussdiairietà e Diritti Amministrativi nell'area europea,* pág. 73 e ss; MÁRIO P. CHITI, *Princípio di Sussdiarietà, Pubblica Amministrazione e Diritto Amministrativo,* pág. 85 e ss; LAURA AMMANNATI, *Le Privatizazioni in Itália: obiettivi, ambiguità e realizzazione,* pág. 281 e ss. Destaca-se também que nesta obra é possível encontrar muitos outros estudos que colocam o problema ao nível de outras ordens jurídicas, como a alemã, a inglesa e a espanhola.

cenário, caberá ao Estado desempenhar um papel secundário, residual, destinado essencialmente a cobrir ou suprir as falhas de mercado (se eventualmente existirem) relativamente a determinado bem, serviço ou sector[105]. Porém, é também por isso que será necessário não perder de vista que esta subsidiariedade tem de se entender em articulação com o próprio funcionamento do mercado. Explicitemos: a lógica de mercado e os ganhos daí obtidos pressupõe a existência de concorrência. Porém, nem sempre se pode contar com a presença deste elemento, sobretudo se tivermos em conta as actividades que nos têm preocupado mais: ou seja, as actividades de serviço público, muito em especial, os serviços públicos de carácter social[106/106a]. Será então nesta "franja" da actividades que deveremos ponderar também a existência ou não de um Princípio de Subsidiariedade na Intervenção Estadual, e, paralelamente, analisar neste campo o sucesso e adequação (ou não) dos mecanismos de privatização[107], sejam eles materiais

---

[105] A propósito desta problemática, no âmbito da analise económica, veja-se a obra colectiva organizada por ECKEHARD F. ROSENBAUM/FRANK BÖNKER/ HANS-JÜRGEN WAGENER, *Privatization, Corporate Governance and the Emergence of Markets,* Macmillan Press Ltd, London, 2000, com respostas diversificadas, perpassando vários países e, novamente, com base num conceito de privatização material.

[106] Neste sentido e a este propósito no âmbito da realidade australiana, EILEEN WEBB, *The Other Side of the National Competition Policy Debate. Perspective on the Public Interest and Community Services;* COLIN MEEK, *Privatisation doesn't Necessarily Equal Competiton: the UK experience,* ambos os estudos *in Who Benefits...,* cit., pág. 224 e ss, e 100 e ss, respectivamente Recentemente, a propósito deste tema e chamando a atenção para os limites da concorrência, veja-se TONY PROSSER, *The Limits of Competititon Law,* Oxford University Press, 2005. Atente-se ainda que ao nível comunitário tem vindo a crescer a importância atribuída a estes serviços, abrangidos pela designação de "serviços de interesse geral" e aos quais se reconhece expressamente *"(...) um papel especial a desempenhar como parte integrante do modelo europeu de sociedade",* o que por si só justifica uma responsabilidade acrescida por parte do Estado relativamente à sua prestação. Veja-se a este propósito o Livro Branco da Comissão, COM (2004)374, final, de 12 de Maio de 2004, designadamente pág. 17, ponto 4.4. Neste livro é também possível constatar a delicadeza do problema da aplicação das regras da concorrência a estes serviços....

[106a] A propósito da noção de serviços públicos de carácter eminentemente social, veja--se o ponto 2 do capítulo I da secção III deste trabalho.

[107] Especificamente no campo dos aqui denominados serviços públicos de carácter social (por oposição aos que denominaremos de carácter económico), é muito interessante constatar que se tem vindo há já bastante tempo a tentar construir uma solução híbrida, que não é verdadeiramente pública, mas também não é verdadeiramente privada. A focar o tema, e já aqui citados, RALPH M. KRAMER, e outros, adoptam por mote para a sua obra,

ou, sobretudo, formais. Quanto a este ponto, já deixamos expressa a nossa opinião: consideramos que não haverá lugar para afirmar claramente a existência de um princípio que determine uma intervenção pública subsidiária, mas pelo contrário, haverá além de um Princípio de Natural Intervenção Pública, também um Princípio de Complementaridade entre a intervenção pública e a privada.

Assim, para concluir este ponto, não podemos deixar de afirmar que esta será, segundo nos parece, uma boa forma de equacionar os imperativos de uma economia de mercado que necessita de agilidade, competitividade e concorrência, com a garantia constitucional de uma economia que também é mista (artigo 80º alínea c) da CRP, e nesse sentido comprometida na realização do bem estar e justiça social confiados aos poderes públicos.

## 3 – Intervenção Económica Pública e os Sectores Vedados à Iniciativa Económica Privada

A matéria que nos propomos abordar no presente ponto entronca na problemática da delimitação dos sectores de propriedade dos meios de produção. Matéria de incontornável relevância na análise da Constituição económica, não constitui porém objecto nuclear do nosso estudo, o qual se resume, para efeitos do presente ponto, a reflectir sobre a pertinência de considerar os sectores básicos como "campos naturais" da iniciativa económica pública, sem que tal implique porém, uma reserva exclusiva em benefício da intervenção

---

*Privatization in Four European Countries...*, cit., as palavras de MARTIN REIN, que na sua obra, *"The Social Structure of Institutions: Neither Public nor Private"*, in *Privatization and the Welfare State*, org. SHEILA KAMERMAN/ALFRED KAHN, Princeton University Press, 1989, afirmava: *"The future of the welfare state will be the invention of institutions that are not private and not public"*. Trata-se pois do denominado "terceiro sector" que surge ao lado do público e do privado e que permite assim superar, numa construção de terceira via, as diferenças existentes entre aqueles. Para uma abordagem mais actualizada a propósito deste sector, e especificamente na Europa, veja-se a obra colectiva organizada por ADALBERT EVERS/JEAN LOUIS LAVILLE, *"The Third Sector in Europe"* (um dos trabalhos inseridos na série intitulada, *Globalization and Welfare)*, Edward Elgar Publishing Limited, Cheltenham, UK, 2004. Para uma tentativa de definição do conteúdo deste sector, especificamente, *"Defining the Third Sector in Europe"*, artigo colectivo, pág. 11 a 38.

pública, ao mesmo tempo que nos propomos reflectir sobre um novo significado a atribuir a essa noção de "sectores básicos".

Tentaremos então, para efeitos de esclarecer a noção de sectores básicos, saber se será de algum modo possível relacioná-la com um outro conceito: o de serviços essenciais, nomeadamente na perspectiva de raiz comunitária do significado aí atribuído à noção de interesse geral. Estabelecer esta conexão conceitual, pretende contribuir para a clarificação de alguns dos vários problemas que suscita a manutenção de um Estado comprometido com a concretização da aqui já tão referida cláusula constitucional de bem-estar, muito especificamente quando esse bem-estar pretende ser concretizado por intermédio do sector empresarial do Estado.

### 3.1 – Enquadramento

A questão da delimitação dos sectores[108] de propriedade dos meios de produção tem surgido em estreito relacionamento com a instituição de sectores vedados à incitativa económica privada, por se entenderem como sectores básicos da economia nacional. A primeira legislação que veio regular esta questão foi, como já referimos no presente trabalho, a Lei n° 46 /77 de 8 de Julho.

Emanada no primeiro ano subsequente à revolução, as opções tomadas pelo legislador nesta matéria denunciavam o objectivo de implementação de uma economia de tipo socialista (que à data gozava de consagração constitucional), facto este bastante visível pelo relativamente extenso elenco de actividades vedadas ao sector privado, as quais atingiam quatro grandes sectores: o financeiro, tal como previsto no artigo 3°; os serviços públicos considerados como essenciais, artigo 4°; certos sectores industriais, tais como a siderurgia, o armamento, a petrolífera, etc., artigo 5°; e por fim, determinados sectores de base fiscal, tais como a tabaqueira e a fosforeira, artigo 6°.

---

[108] A propósito desta matéria, veja-se SÉRGIO GONÇALVES DO CABO, *A Delimitação de sectores na Jurisprudência da Comissão e do Tribunal Constitucional,* Revista da Faculdade de Direito de Lisboa, XXXIV, 1993, pág. 239 e ss, obra que seguiremos de perto na abordagem dos sectores vedados à iniciativa privada.

Através da vedação de sectores à iniciativa privada, o legislador instituía assim uma garantia do sector público, o qual operava nestes sectores de forma exclusiva, sem qualquer tipo de concorrência.

À medida porém que evoluía a realidade social, económica e política, tornou-se necessário proceder à reformulação desta lei de delimitação de sectores, a qual tinha sido, até então, a principal garantia da intervenção estadual na economia. Não foi mester de fácil execução, e muitas foram as recusas de várias alterações, "esbarrando" todas elas num determinado entendimento de iniciativa económica pública e garantia de subordinação do poder económico ao poder político democrático, preconizado quer pela Comissão Constitucional, quer pelo próprio Tribunal Consitucional[109].

Após as resistências iniciais, o Governo conseguiu finalmente fazer aprovar as alterações à referida Lei nº 46/77.

Para um enquadramento histórico e cronológico das diversas tentativas de alterações, referimos aqui a legislação seguinte que veio alterar a referida Lei nº 46/77[110]:

- Decreto-Lei nº 406/83 de 19 de Novembro, que veio abrir à iniciativa privada os sectores da banca e seguros, mediante autorização administrativa, bem como os sectores da indústria adubeira e cimenteira (artigo 5º);
- Decreto-Lei nº 449/88 de 10 de Dezembro, o qual veio eliminar a proibição de acesso da iniciativa privada a todos os sectores industriais referidos no antigo artigo 4º, à excepção da indústria de armamento. Este diploma mexeu ainda nos sectores abrangidos pelos serviços públicos essenciais, intocados em 1983, abrindo também alguns deles (se não mesmo a sua maioria) à iniciativa privada;

---

[109] Conferir a este propósito os Pareceres 15/77 e 15/80, ambos na Colectânea de Pareceres da Comissão Constitucional, vol. II, pág. 67 a 93, e vol. XII, pág. 173 a 178, respectivamente. Uma análise crítica destes pareceres, assim como dos demais e jurisprudência adiante referida, encontrar-se-á em SÉRGIO GONÇALVES DO CABO, *Delimitação...*, cit, pág. 294 e ss. São também emblemáticos os Pareceres n.º 8/80, *in* ob. cit., vol. XI, pág. 191 a 236; e 23/81, e vol. XVI, pág. 215 a 245. Ao nível da jurisprudência do Tribunal Constitucional, é impossível não referir os Acórdãos n.º 25/85, *in* DR, II, n.º 98, de 29-4-1985, pág. 3943 a 3961, e n.º 186/88 *in* DR, II, n.º 205, suplemento, 5-9-1988, pág. 8110 e ss. Todas estas referências foram retiradas das obras de SÉRGIO ÇONÇALVES DO CABO e de PAULO OTERO ambas aqui citadas (no tocante ao último autor mencionado, referimo-nos especificamente à sua *Vinculação...*cit.).

[110] *Apud* SÉRGIO GONÇALVES DO CABO, ob. cit., pág. 280.

- Decreto-Lei nº 339/91, de 10 de Setembro, com objectivos muito específicos ao nível dos transportes aéreos e ferroviários;
- Decreto-Lei nº 372/93, de 29 de Outubro, com a finalidade de promover a participação de capitais privados no sector da captação, tratamento e distribuição de água para consumo público, bem como no tratamento de resíduos.
- Actualmente, a matéria de delimitação de sectores encontra-se regulada pela Lei nº 88-A/ 97 de 25 de Julho (que revoga a anterior Lei nº 46/77), a qual veio reduzir bastante os sectores vedados a iniciativa privada, tal como prevê o seu artigo 4º.

Pela análise do elenco legislativo que acabamos de referir, facilmente se constata que o caminho adoptado pelo legislador tem sido claramente o de limitar o menos possível a iniciativa económica privada, reduzindo de forma notória os sectores vedados a tal iniciativa[111]. Duas grandes ordens de factores parecem ter sido determinantes para esta opção, a saber:

1º) Por um lado, a desadequação da limitação imposta à iniciativa económica privada com uma economia mista de mercado, e com o reconhecimento do valor atribuído à liberdade de iniciativa económica enquanto direito fundamental análogo aos direitos, liberdades e garantias, e por isso sujeito ao Princípio da Aplicabilidade Directa, e Mínimo de Restrição (critérios de necessidade, proporcionalidade e adequação), tal como decorre do artigo 17º da CRP;

2º) Por outro, a entrada de Portugal na Comunidade Europeia, a qual previa já como Princípios Fundamentais a liberdade de iniciativa económica (circulação de mercadorias, comércio, serviços e pessoas), defesa da concorrência, restrição dos monopólios, limitação dos auxílios de Estado, entre outros preceitos vertidos no Tratado[112], e que por força da sua adesão voluntária, Portugal se comprometia a cumprir e respeitar.

---

[111] A propósito desta matéria, veja-se JORGE MANUEL COUTINHO DE ABREU, *Limites Constitucionais à iniciativa económica Privada, Estudos em Homenagem ao Professor Ferrer Correia*, Boletim da Faculdade de Direito de Coimbra, vol. III, pág. 411 e ss.

[112] Veja-se o disposto nos artigos 23 e ss. do Tratado CE. A propósito de todos os pontos referidos seria possível indicar extensa bibliografia. Abstemo-nos porém de o fazer, pois não é esse o objectivo do presente trabalho.

No tocante aos sectores básicos, continuamos porém sem ter uma noção precisa das actividades que eles podem englobar. Sem nunca ter dado qualquer pista a este propósito, a Constituição veio contudo na revisão de 1997 introduzir uma alteração de cabal importância, da qual vem a fazer eco a nova Lei de Vedação de Sectores.

Como já se referiu, em 1997, o legislador constitucional optou por deixar de consagrar a obrigatoriedade da existência de sectores vedados à iniciativa privada. Actualmente, o artigo 86º nº 3 da CRP prevê sim a possibilidade de o legislador ordinário definir determinados sectores em que considere conveniente vedar o acesso dos privados. Tais sectores são sempre os referidos como "sectores básicos da economia".

Ora, sabendo-se que a eventual vedação de determinados sectores à iniciativa privada corresponderá certamente a uma necessária iniciativa económica pública[113], repercutindo esta os seus efeitos no sector empresarial do Estado, cumpre tentar esboçar o conceito de sectores básicos.

## 3.2 – *Leitura possível da noção de "sectores básicos"*

É ao legislador ordinário que a Constituição confere a tarefa de definir aquilo que se entenda serem os sectores básicos da economia. Apesar de não existir uma definição indisputada nos cultores de ciências económicas do que seja este conceito[114], a verdade é que a sua definição também não pode ser ignorada ou esquecida.

---

[113] Ainda que isso não signifique que por essa via se constitui uma "coutada" do sector público, já que não se prevê qualquer afastamento do sector cooperativo, tal como refere PAULO OTERO, *Vinculação...*, cit., pág. 105. Por outro lado, a importância do denominado "terceiro sector" não pode também ser desconsiderada neste domínio, muito embora tenha surgido e se mantenha ainda, sobretudo no campo dos serviços assistenciais, também denominados por serviços pessoais ou sociais. A propósito dessa matéria já indicamos alguma bibliografia no presente trabalho.

[114] Assim o referem expressamente GOMES CANOTILHO e VITAL MOREIRA, *Constituição Anotada...*, cit., pág. 422

Por isso nos parece importante a solução que adianta PAULO OTERO[115], quando considera que *"apenas se podem considerar sectores básicos (...) aqueles cuja actividade se integre nos sectores mais importantes da economia, ou que envolvam recursos ou serviços essenciais (...)"*. Naturalmente que, tal como imediatamente ressalta o Autor, nem todos os sectores mais importantes da economia corresponderão a todos os sectores básicos, nem tão pouco aos serviços essenciais. O critério que aqui se aplica é aquele que privilegia os sectores-chave de uma determinada economia, e que por isso o Estado entende dever salvaguardar das hegemonias privadas. Digamos que são situações a que correspondem opções estratégicas, de natureza marcadamente politica, variáveis de acordo com as maiorias parlamentares e a realidade histórica de cada momento, que poderão determinar que certos sectores sejam considerados como básicos de acordo com este critério, e por isso vedados à iniciativa privada.

Para além deste caso, e no tocante aos serviços essenciais, aqui a natureza do critério que leva a qualificá-los como sectores básicos, já será outra. Estará aqui em causa desde logo a realização da cláusula de bem-estar cuja promoção e efectivação é confiada ao Estado (especificamente ao Governo, nos termos do artigo 199º alínea f) da CRP). Neste caso, a sua concretização não é para os poderes públicos uma mera opção. Pelo contrário, trata-se de uma verdadeira obrigação que corresponde a um dos elementos que se podem considerar como estruturais do Estado de Direito Democrático, na medida em que funcionam como factor caracterizador e distintivo deste modelo.

Nas palavras de PAULO OTERO[116], *"a actividade económica que envolve recursos ou serviços essenciais para a comunidade pode integrar os sectores básicos vedados à iniciativa privada sempre que, implicando uma actividade pela sua natureza imprescindível, tenha uma especial conexão com o exercício de poderes de sobera-*

---

[115] *Vinculação...*, cit. pág. 99. Neste sentido vão também as opções constitucionais do legislador espanhol e italiano. Veja-se ALONSO UREBA, *La Empresa Pública. Aspectos jurídico – constitucionales y de derecho económico*, Ed. Montecorvo S.A., Madrid, 1985, pág. 154 e ss onde refere a existência de uma reserva de iniciativa pública constitucionalmente consagrada na área dos serviços essenciais.

[116] *Vinculação...*, cit., pág. 99 e 100.

*nia do Estado, a satisfação de direitos fundamentais, ou a tutela de outros bens constitucionalmente protegidos".*[117]

E é com base na real importância que deve ser reconhecida à referida cláusula de bem-estar, que consideramos que é neste segundo grupo de casos que ganha maior relevo a possibilidade de identificar, em alguma medida, alguns dos sectores básicos (e por isso) potencialmente vedáveis, com os referidos serviços de interesse geral.

Em qualquer dos casos, quer os sectores a vedar correspondam a opções puramente políticas, que determinam o estabelecimento de uma espécie de reserva a favor do sector público relativamente aos sectores-chave da economia, quer se identifiquem com a realização da cláusula de bem-estar, facilmente encontramos o seu denominador comum: num primeiro plano, e com maior proximidade, o interesse público; num segundo plano, mais remoto, mas num enquadramento de fundo, a dignidade da pessoa humana.

Para que este entendimento se torne mais claro, será talvez útil referir aqui de forma muito breve o móbil que anima a intervenção económica pública. A este propósito, será interessante lembrar que mesmo os autores que sustentam um princípio de total liberdade de intervenção pública na economia[118], sublinham a diferente natureza desta e da iniciativa económica privada. Assim, enquanto que a iniciativa privada corresponde a um direito subjectivo fundamental, tributário da dignidade da pessoa humana, que encontra nessa iniciativa

---

[117] Curiosamente a tripartição que o Autor efectua neste caso relembra em alguma medida os critérios utilizados pela Comissão Europeia para distinguir (ainda que sem grande sucesso) os serviços de interesse geral, dos serviços de interesse económico geral, e outras categorias afins. Estas distinções foram tentadas na primeira comunicação oficial da Comissão Europeia a propósito dos serviços de interesse geral, COM (96) 443 final, de 11-9-1996. Mais recentemente, a Comissão emanou mais uma Comunicação a este propósito COM 2000/0580, a qual não parece porém introduzir alterações às linhas gerais que a este propósito parecem ter ficado em grande parte definidas já na primeira comunicação, não obstante todas as críticas que lhe possam ser (e que foram efectivamente) apontadas. No capítulo seguinte referir-nos-emos a esta matéria.

[118] Assim é o caso de CABRAL DE MONCADA, *Direito Económico,* 3ª Edição, Coimbra, 2000, pág. 172 a 176. O autor justifica a sua posição com o facto de inexistir por um lado, um Princípio da Subsidiariedade relativamente à iniciativa pública e, por outro, o facto de se atribuir ao legislador ordinário o poder de definir os sectores a vedar à iniciativa privada, bem como, em última análise, a faculdade atribuída aos poderes públicos de intervirem na gestão das empresas privadas.

uma forma de realização aos mais variados níveis, e que por isso beneficiará da aplicação do regime previsto para os direitos liberdades e garantias, não podendo assim ser restringido sem atender aos limites constitucionalmente previstos para o efeito; já a iniciativa económica pública constitui antes de tudo, um mecanismo para garantir a prossecução de tarefas que são prioritárias para o Estado – artigo 81º –, e estruturais para manutenção da identidade do Estado de Direito Democrático – artigo 2º, e 9º alínea d) da CRP –, sendo que em ambos os casos nos deparamos com a cláusula constitucional de bem-estar.

Por isso, em qualquer situação, a iniciativa económica pública, assim como qualquer iniciativa pública, estará sempre subordinada à prossecução do interesse público. Trata-se não de um direito do Estado, mas de um poder – dever[119] que não pode afastar, e que está limitado pelos princípios da legalidade, competência e necessidade. E é exactamente este o enquadramento que responde à questão de saber quais serão os sectores a considerar como potencialmente vedados à iniciativa privada, o que significa que a sua previsão corresponderá a uma garantia do sector público dos meios de produção, dentro do qual se destacará o subsector empresarial, na medida em que dessa forma se delimita o seu terreno de actuação natural, a qual corresponde, como ficou demonstrado, a uma das formas pelas quais se implementa a concretização daquele bem-estar.

Neste sentido, embora com um fundamento diferente do que atribuímos à iniciativa privada, somos levados a concluir que é no âmbito dos sectores básicos – vedados ou não – que o Estado encontrará um Princípio de Liberdade de Incitativa Económica, ainda que não exercida em regime de exclusividade, mas sim em concorrência com os outros operadores do mercado. Atenda-se ainda que, nesta linha de raciocínio, é importante ter presente que uma das mais importantes áreas em que se exerce a iniciativa económica pública, acaba também por ser através da prestação de actividades de serviço público. Este facto porém, não perturba o entendimento atrás expendido, na medida em que actualmente a titularidade pública perspectivada como um exclusivo de actuação a favor do Estado já não é

---

[119] Últ. Ob. cit., pág. 174.

hoje, como se verá a seguir, o elemento determinante para qualificar uma actividade como sendo serviço público, também não o sendo por isso para efeitos de qualificar tal actividade como sector básico na acepção em que aqui tem sido abordado.

Centrando agora a nossa atenção neste último aspecto – o da actividade prestadora do Estado no âmbito dos serviços públicos –, vejamos se é ou não possível retirar da lei alguma base objectiva em que se possa fundar o entendimento que aqui perfilhamos no sentido de a noção de sectores básicos poder corresponder, em alguma medida, à ideia de serviços de interesse geral. Se recordarmos o elenco de actividades potencialmente vedáveis à iniciativa económica privada – o que significa que aí terá de existir, necessariamente, iniciativa económica pública –, constataremos que grande parte dos serviços definidos como de interesse geral por parte de várias instâncias comunitárias, eram já contemplados na lei de delimitação de sectores de 1977, a já referida lei nº 46/77[119a].

Ao longo das várias alterações que esta lei veio a sofrer, assistimos ao decréscimo das actividades elencadas nos sectores vedados, até ao ponto de actualmente só se preverem praticamente quatro tipos de serviços potencialmente vedados. Definidos no artigo 1º da actual Lei nº 88-A/97, no uso da liberdade que lhe confere a Constituição nesta matéria, o legislador ordinário seleccionou os seguintes sectores sujeitos a potencial vedação:

– captação, tratamento e distribuição de água para consumo público e recolha, tratamento e rejeição de águas residuais, através de redes fixas, bem como a recolha e tratamento de resíduos sólidos urbanos;
– Comunicações por via postal que constituam o serviço público dos correios;
– Transportes ferroviários explorados em regime de serviço público;
– Exploração de Portos marítimos.

Como se vê, apesar de hoje as actividades seleccionadas como passíveis de serem sujeitas à vedação terem decrescido substancial-

---

[119a] Tal como sucedia também na lei que entre nós define os serviços públicos entendidos como essenciais, a Lei n.º 23/96 de 26 de Julho.

mente desde 1977, ainda assim é possível encontrar aqui actividades que são actualmente consideradas pela Comissão Europeia como abrangidas pelo conceito de serviços de interesse geral. Ora, da análise das actividades elencadas neste diploma, bem assim como na Lei definidora dos serviços públicos essenciais (Lei n.º 23/96 de 26 de Julho), cremos que resulta assim demonstrada a possibilidade de se identificar tendencialmente os sectores básicos da economia com os serviços essenciais ou de interesse geral. Deste modo, a sua exploração económica tem de ser garantida independentemente da sua rentabilidade, o que pode levantar ainda a questão de saber da pertinência da previsão do artigo 1º nº 1 da Lei nº 88-A/97 no sentido de sujeitar a exploração destes serviços a concessão[120].

---

[120] Confira-se a propósito desta matéria da concessão de serviços públicos, entre nós, designadamente, PEDRO GONÇALVES, A *Concessão de Serviços Públicos (uma aplicação da técnica concessória)*, Almedina, Coimbra, 1997; para uma breve abordagem do problema no direito espanhol, GASPAR ARINO ORTIZ, *El Contrato de gestión de servicios públicos – su transcendencia en la problemática del servicio público*, in Contractación Pública II, Segundas Jornadas de Valladolid, 25/26 de Janeiro de 1996, pág. 173 e ss. Uma das questões que se levanta a propósito da atribuição de concessão de actividades potencialmente vedadas à iniciativa privada, é a de saber se por essa via não se viola o artigo 82º da Constituição, na medida em que com a concessão se transmite naturalmente a gestão, o que implica a passagem daquele meio de produção para o sector privado, ficando assim desprovida de operatividade a ressalva efectuada pelo artigo 3º da actual Lei de Delimitação de Sectores. Note-se que ao contrário do que exige o artigo 82º nº 2 da CRP, o seu nº 3 basta-se com uma alternatividade de gestão ou de titularidade para reconduzir um determinado meio de produção ao sector privado, o que traduz uma preponderância do legislador para promover o alargamento do sector privado em face do sector público dos meios de produção. A este propósito é porém necessário ter cautela quando se qualificam hoje os sectores de propriedade como sendo públicos ou privados. É que também aqui se repercutem reflexos da utilização massiva do direito privado e das suas formas típicas por parte do Estado, sendo então importante atender às considerações de PAULO OTERO relativamente à nova feição do sector empresarial estadual, o qual comporta actualmente um sector privado *sui generis*, ou um sector privado publicizado, o qual não corresponde em rigor ao sector privado *stricto sensu*, uma vez que este se encontra garantido sobretudo quando a propriedade e gestão pertencem efectivamente a entidades privadas, in *Vinculação...*, cit., pág.66. Assim, e apesar de ser possível defender que a motivação do legislador que veda determinados sectores à iniciativa privada não está em manter os meios de produção inerentes a esses sectores no sector público, uma vez que não é essa a *ratio* que determina a opção pela vedação (a qual já não é sequer obrigatória em face da Constituição), ao menos sempre se poderá dizer que a lei que permite tal possibilidade acaba por se negar a si própria. Assim o afirma claramente CABRAL DE MONCADA, in *Direito Económico*, cit., pág. 169, e também no âmbito da antiga Lei nº 46/77, SÉRGIO GONÇALVES DO CABO, in In A Delimitação..., cit., pág. 282 e ss., entendimentos estes que também acompanhamos nesta questão.

Ficou desta forma exposto o nosso entendimento e a nossa sugestão de identificar, em alguma media, os sectores considerados como básicos (e por isso potencialmente vedáveis à iniciativa privada) com os serviços de interesse geral. Como se verá já no capítulo seguinte, consideramos necessário estudar este último conceito de forma a determinar se o mesmo difere ou não da noção de serviço público, ponto esse que complementará as afirmações e entendimentos perfilhados neste que agora terminamos.

Concluímos assim, a propósito da problemática da intervenção económica pública, e do seu papel relativamente àquilo que se entenda serem os sectores básicos da economia, o seguinte:

1º) Somente será legitimo estabelecer limitações à liberdade de iniciativa económica privada em sectores que sejam considerados como básicos na economia;

2º) A Constituição não determina qualquer critério para a aferição do que sejam sectores básicos, nem tão pouco obriga já a sua vedação à iniciativa privada, prevendo apenas a sua possibilidade, caso o legislador assim o entenda como conveniente e necessário (artigo 86º, 3);

3º) A intervenção económica do Estado está subordinada aos princípios da legalidade, competência e necessidade, uma vez que se trata de um poder–dever correspondente ao exercício de tarefas prioritárias e Princípios Fundamentais do Estado de Direito, o que significa que na sua base encontraremos o interesse público e a concretização da cláusula de bem-estar, como princípio, limite e fundamento, quer da sua intervenção, quer da sua configuração e extensão;

4º) Assim, a delimitação de sectores vedados à iniciativa económica privada só deverá ocorrer de entre as actividades que se afirmem ou como sectores-chave da economia (no sentido de constituírem sectores estratégicos, como por exemplo a exploração de recursos naturais de elevada importância), garantindo-se assim a subordinação do poder económico ao poder político democrático (artigo 80º a) CRP); ou de entre as actividades que se considerem constituir serviços essenciais ou de interesse geral para a colectividade, devido à relação de próxima instrumentalidade que desempenham relativamente ao comando constitucional que ordena a promoção e concretização da cláusula de bem-estar (artigo 9º d) e 2º) CRP).

5º) Da *ratio* geral dessa cláusula retira-se que o Estado está obrigado a garantir, promover e defender o bem-estar das populações;

6º) A concretização material dessa vinculação constitui argumento bastante para defender a manutenção de um determinado grau de iniciativa pública ao nível da prestação de determinados serviços que concretizem direitos fundamentais dos cidadãos;

7º) A manutenção de uma tal iniciativa encontra também apoio na coexistência obrigatória do sector público dos meios de produção, paralelamente aos sectores privado e cooperativo;

8º) Acresce ainda, independentemente disso e mais do que isso, que a vinculação do Estado é, sobretudo e desde logo, para com a defesa do interesse geral numa óptica de promoção do bem estar, o que justifica que se mantenha a ideia de uma certa obrigatoriedade da presença pública ao nível da prestação daqueles serviços passíveis de concretizarem os outros direitos fundamentais a que também já fizemos referência.

10º) Nesse sentido, tanto no âmbito dos sectores estratégicos, como também naqueles que permitam concretizar aqueles direitos fundamentais, é possível construir uma noção de serviços básicos que contemple ambas as acepções e sectores.

11º) Torna-se assim possível identificar, em alguma medida, sectores básicos com serviços essenciais, os quais devem ser contemplados como "campos naturais" de incitativa económica pública, independentemente de serem configurados como sectores vedados (ou não) à iniciativa privada.

CAPÍTULO II
# O Estado, os Serviços Públicos e o Direito Comunitário

No ponto anterior referimo-nos às coordenadas essenciais do problema da intervenção do Estado na economia.

A esse propósito tivemos já oportunidade para focar o ponto de confluência que se encontra quando se analisa a intervenção económica pública: por um lado ela alberga actividades verdadeiramente económicas, por outro, dedica-se também a outras de carácter mais específico, que se caracterizam pela circunstância de, mais do que constituírem actividades económicas, constituírem sobretudo actividades de serviço público. A construção e desenvolvimento do projecto comunitário europeu colocou diversos desafios a propósito da organização dos mercados, determinando essencialmente a redução das actividades desenvolvidas em monopólio em favor da implementação da mais plena liberdade de iniciativa económica possível. Deste modo, evidente se torna que um dos principais desafios desta forma colocados aos Estados europeus, que na sua maioria assumiam um modelo social e de bem-estar, seria agora o de compatibilizarem a sua iniciativa económica com a abertura dos mercados e implementação das regras da concorrência.

Este facto impulsionou assim a necessidade de buscar soluções credíveis para a manutenção da feição do modelo de Estado social europeu. Na busca dessas soluções encontra-se o estímulo à privatização de várias actividades, abertura dos mercados através da sua liberalização, bem como implementação de regulação adequada que acompanhe tal processo. Para além disso, e concomitantemente com tamanhas alterações, surge então a necessidade de construir uma ideia de serviço público que permita compatibilizar as obrigações constitucionais de muitos Estados europeus, com a liberalização dos mercados e das actividades económicas em geral.

É pois neste contexto que cumpre equacionar o problema da iniciativa económica pública, especificamente quando o Estado pretenda actuar como prestador de bens e serviços públicos, com as várias alterações que resultaram daquele movimento de construção europeia, e das quais se destaca, concretamente, a noção de serviço público. Esta, noção clássica do direito administrativo, surge agora com colorações diversas, arriscando-se mesmo a ser substituída por uma outra, mais contemporânea e de origem comunitária: a de serviço de interesse (económico) geral.

É precisamente então aqui, neste ponto concreto em que se procura definir o entendimento a dar a uma noção tão importante para efeitos da análise da iniciativa económica estadual, que encontramos a intersecção entre o lado actual e o lado clássico do problema em análise: na verdade, e como tentaremos demonstrar a seguir, os conceitos de serviços de interesse geral e de serviço público, encontram verdadeiros pontos de confluência a diversos níveis, gerando assim uma verdadeira inter penetração que nos leva mesmo a questionar a verdadeira autonomia conceptual entre ambos.

Para efeitos de enquadramento desta matéria no presente trabalho, é sobretudo necessário atender ao ponto que mais une estes conceitos: em ambos os casos poderemos estar perante actividades que podem reclamar a manutenção de uma actividade de prestação pública por corresponderem à concretização material de direitos fundamentais. Deste modo, e no seguimento de uma tal concepção, torna-se mais clara a interligação material existente entre as realidades a que nos temos vindo a referir: sector empresarial estadual, serviço público e direito comunitário, este último funcionando aqui como uma espécie de "motor" que impele à mudança das mais variadas estruturas, tanto orgânicas como conceptuais, as quais exigem, por seu turno, adequada reflexão jurídica.

É pois este o nosso objectivo para o presente capítulo, e que tentaremos alcançar nas páginas que se seguem.

## I SECÇÃO

## "Ventos de Mudança"

### 1 – Modificações Conceptuais: do Serviço Público aos Serviços de Interesse Geral

Se encontrar uma definição consensual e eminentemente objectiva da noção de empresa pública se reveste de uma dificuldade enorme, tal óbice não é menor quando se tenta definir a noção de serviço público.

Eminentes autores, confessadamente empenhados em alcançar os perfis jurídicos da categoria do serviço público, acabaram por constatar a diversidade de consequências jurídicas decorrentes da qualificação de uma determinada actividade como sendo serviço público[120a]. Desalentados, verificam que *"(...) la categoría se desleía entre las manos cuando se la pretendía construir. (...) en la realidad, la noción de servicio público, como tantas en derecho administrativo, era algo vicarial, instrumental, al servicio de la política y condicionado por el entorno histórico con todas y cada una de sus connotaciones".*

Todavia, e não obstante a diversidade que se pode encontrar na definição das actividades consideradas como serviço público, é inegável o papel essencial que desempenham, quer no tocante às relações estabelecidas entre os cidadãos e o Estado, quer também ao papel por este assumido no que concerne a tais actividades. Não obstante, este é um conceito que tem vindo a sofrer profundas alterações[121], as quais se reflectem necessariamente nas possíveis concepções

---

[120a] Referimos-nos aqui especificamente a VILLAR PALASI, no prólogo à obra colectiva e da autoria de GASPAR ARIÑO ORTÍZ/ J. M. DE LA CUÉTARA/ J.L. MARTÍNEZ LÓPEZ-MUÑIZ, *El Nuevo Servicio Público,* Marcial Pons, Madrid, 1997, pág. 9 e 10.

[121] Essas alterações denotam desde logo diferentes concepções sociais, económicas e políticas. A literatura a este propósito é muito extensa, e tem sido particularmente desenvolvida devido aos problemas suscitados com a submissão da generalidade das actividades económicas (nas quais se inserem os serviços públicos não realengos) às regras da concorrência impulsionadas pela construção comunitária. Assim, dada a assinalada extenção de bibliografia que se poderia citar, antecipamos aqui alguma onde se abordam

e definições que se proponham para efeitos de delimitação conceptual e operatividade jurídica.

Olhemos então um pouco para as origens do conceito de serviço público para melhor percepcionar algumas das alterações a que aludíamos *supra*.

Situado originariamente em meados do séc. XIX, e com influência marcadamente francesa[122], o serviço público perspectivou-se desde cedo como a assunção de determinadas actividades por parte de um Estado que disponibilizava aos seus cidadãos bens ou serviços para a satisfação de necessidades colectivas. Deste modo, e entendendo-se como missão básica do Estado a defesa do bem comum, considerou-se que actividades de serviço público seriam actividades cujo desempenho estaria exclusivamente reservado ao Estado ou aos poderes públicos em sentido amplo. Os autores espanhóis denominam este fenómeno por *publicatio*[123].

---

alguns exemplos dos problemas conceptuais do serviço público por via da influência comunitária, problema este que desenvolveremos nos pontos seguintes. Ainda assim, antecipemos alguma bibliografia a propósito: Obra colectiva sobre a organização de JEAN-MARIE CHEVALIER/IVAR EKELAND/MARIE-ANNE FRISON-ROCHE, *L'idée de Service Public est-elle encore soutenable?*, PUF, Paris, 1999, com especial destaque para os seguintes estudos: EZRA SULEIMAN, *Le Service Public: Changement du Concept?*, pág. 47 e ss; JEAN-PIERRE HANSEN, *Le Service Public et la Nouvelle Donne Européene*, pág. 213 e ss; PIERRE BAUBY/ JEAN- CLAUDE BOUAL, org. *Pour une Citoyenneté Européene. Quels Services Publics?*, Les Éditions de l'Atelier, Paris, 1994; CHRISTIAN STOFFAËS, org., *L' Europe à L'Épreuve de L' Interet General*, Editions ASPE, Paris, 1994; LOÏC GRARD/JACQUES VANDAMME, *Vers un Service Public Européen*, Editions ASPE, Paris, 1996; para uma interessante e mais recente abordagem da temática do serviço público, do seu conteúdo ético e do seu significado actual, comparando o direito inglês e o direito francês, ANNE-ÉLISABETH VILLAN-COURRIER, *Contribution Génerale à l'étude de l'étique du service public en droit anglais et français comparé*, Dalloz, Paris 2004.

[122] A criação do conceito de serviço público e a sua inserção no estudo do direito público como elemento ligado ao próprio Estado, é usualmente atribuída a LEÓN DUGUIT, que o definia do seguinte modo: *"serviço público é toda a actividade cuja realização é assegurada, regulada e controlada pelos governantes, porque tal actividade é indispensável à realização e ao desenvolvimento da interdependência social e é de natureza tal que não pode ser levada a termo a não ser pela intervenção da força governante."*, in Traité de Droit Constitucionnel, 3ª edição, vol. II, pág. 93, *apud* JOSÉ CRETELLA JÚNIOR, *"Conceito Moderno do Serviço Público"*, Separata da Revista da Faculdade de Direito de São Paulo, ano LXI, fascículo II, 1966, pág. 201, nota n.º 23.

[123] Ver vários autores *in, El Nuevo Servicio Público*, Marcial Pons, Madrid, 1997. Contrapondo também o conceito de *publicatio* ou *publificación* de actividades de serviço

Assim, com base na ideia de titularidade pública exclusiva da prossecução ou desempenho de determinada actividade, construiu-se a acepção subjectiva ou orgânica de serviço público, segundo a qual, seriam actividades de serviço público todas aquelas exercidas por organizações do poder público com a finalidade de prover à satisfação de necessidades da colectividade. Entre nós, esta concepção foi defendida por vários autores, de entre os quais destacamos MARCELO CAETANO[124] que, ao definir serviço público como *"(...) o serviço administrativo cujo objecto consiste em facultar por modo regular e contínuo a quantos deles careçam os meios idóneos para satisfação de uma necessidade colectiva individualmente sentida"*, claramente estabelece esta ligação entre a natureza pública do sujeito e o conceito de serviço público para efeitos de qualificação jurídica deste último.

Desde cedo, porém se questionou a virtualidade do elemento da natureza do sujeito para definir o conceito de serviço público. Neste sentido GARCIA OVIEDO[125] claramente afirmava que *"também não se pode qualificar de público um serviço, porque seja pública a personalidade que o desenvolve (...) pois nem todos os serviços das pessoas públicas (Estado, Província, Município) são serviços públicos, nem deixa de ser público um serviço porque seja executado por uma*

---

público ao outro, actualmente mais em voga, de privatização dessas mesmas actividades, veja-se, JOSÉ MARIA SAUVIRÓN MORENILLA, *La Actividad de la Administración y el Servicio Público*, Editorial Comares, Granada, 1998, pág. 57 a 62.

[124] *In Manual de Direito Administrativo*, 7ª edição, Coimbra Editora, Lisboa, 1965, pág. 551. Note-se que o autor considerava o serviço público como um género, do qual o conceito de serviço administrativo constituía espécie, afirmando que *"A categoria dos serviços públicos é comum: há serviços públicos administrativos e serviços públicos judiciais"*, ob. cit, pág. 550, nota n.º 1. Sobre a noção de serviços administrativos, veja-se, do mesmo autor e na mesma obra citada, pág. 387. Apoiado neste entendimento e desenvolvendo um conceito mais restrito de serviço público, FREITAS DO AMARAL define-o da seguinte forma: *" os serviços públicos são as organizações humanas criadas no seio de cada pessoa colectiva pública com o fim de desempenhar as atribuições desta, sob a direcção dos respectivos órgãos"*, in *Curso de Direito Administrativo*, vol. I, 2ª edição, Almedina, Coimbra, 1994, pág. 619. Ou seja, para este autor (como aliás o próprio o admite), serviço público corresponde à noção "marceliana" de serviço administrativo. Não é esta a visão que defendemos, dado que sob esta noção encontramos dois conceitos que consideramos serem tendencialmente distintos: o de função pública por um lado e, por outro, o de serviço público.

[125] *In La Teoria del Servicio Público*, Madrid, 1923, pág. 19, 20 *apud* CRETELLA JÚNIOR, ob. cit., pág. 223.

*pessoa privada"*. Neste sentido, poderemos afirmar com alguma segurança que o autor citado terá sido o percursor daquele que é hoje designado como serviço público em sentido objectivo, mas também "impróprio", "concorrente", ou mesmo "virtual"[126].

Como se vê, e independentemente de se considerar ou não que o conceito de serviço público constitui "a pedra angular de todo o direito público", tal como faziam DUGUIT[127] e a sua Escola, a verdade é que desde o seu aparecimento, não se tem cessado de procurar uma noção que unifique as várias facetas que este conceito tem apresentado. Para tanto, ensaiaram-se vários critérios que permitissem qualificar uma determinada actividade como constituindo serviço público. A esse propósito é usual destacarem-se essencialmente três critérios, a saber:

a) critério da natureza do sujeito que exerce a actividade;
b) critério da finalidade e objectivo da actividade;
c) critério do direito e regime jurídico aplicável;

As definições que têm vindo a ser construídas combinam os vários critérios dando maior ou menor preponderância a cada um deles. Actualmente, a tendência que se afirma com maior força vai no sentido de dar prevalência ao critério da finalidade a atingir com o desenvolvimento das actividades que se considerem como serviço público. Poder-se-á dizer que esta tendência encontra as suas origens numa dupla fonte: por um lado, na diversificação e aumento das tarefas assumidas pelo Estado e caracterizadoras do mesmo enquanto Estado Social ou Estado de Bem-Estar, por outro, a crise desse

---

[126] A propósito dessas definições, as quais se constroem depois de constatada a "crise do serviço público" e na procura de um novo e mais adequado conceito, veja-se JOSÉ MARIA SAUVIRÓN MORENILLA, cit., pág. 131 a 138, e ainda 166 a 169.

[127] Este autor chegou mesmo a considerar que o conceito de serviço público substituía a noção de soberania como fundamento do direito público. Registe-se a este propósito a seguinte passagem: *"No mesmo dia em que sob a acção de causas muito diversas se produziu a distinção entre governantes e governados, a noção de serviço público nasceu no espírito dos homens. Com efeito, a partir desse momento se compreendeu que certas obrigações se impunham aos governantes para com os governados e, que a realização desses deveres era ao mesmo tempo a consequência e a justificação da sua maior firmeza."*, in *Las Transformaciones Generales del Derecho Público*, tradução espanhola. pág. 93, 94, apud CRETELLA JÚNIOR, ob. cit., pág. 202.

modelo[128], devido aos custos envolvidos, juntamente com a abertura do mercado único europeu. De todo e modo, a verdade é que a dificuldade de tratar o problema suscitado pelas alterações que o conceito de serviço público tem vindo a sofrer, é também ela em muito tributária da circunstância de, paralelamente ao aparecimento do modelo de Estado de bem-estar, ter surgido também, a acompanhá-lo, a ideia de Administração Pública em sentido material[129]. Esta, percepcionada sobretudo pela sua vertente prestadora, emergiu com o conceito de serviço público, na medida em que na génese deste último se encontra a necessária vinculação do Estado à promoção e prossecução do bem-estar. Daí a problemática que envolve o serviço público: o facto de a este corresponder uma feição ética e até, em alguma medida, legitimadora da actuação e existência do Estado[130], a qual encontra portanto as suas raízes na vinculação da Administração Pública ao Interesse Público.

---

[128] Note-se que a crise do Estado de bem-estar é necessariamente acompanhada pela crise do serviço público, sendo esta reveladora ou consequência daquela, tal como constatava CHEVALIER, *Le Service Public,* Paris, 1997, pág. 93, *apud* JOSE MARIA SAUVIRÓN MORENILLA, ob. cit., pág. 140, nota 274. Também sobre o tema, e sobre a necessidade de procurar soluções, é interessante olhar para outras ciências sociais, tais como a economia, onde recentemente parece afirmar-se com cada vez maior pujança uma terceira via, um terceiro sector da economia, nem público, nem privado, mas misto, WEISBROD *The Nonprofit Sector...,* cit., pág. 24, o que desde logo faz questionar a crença no sector privado e nos seus mecanismos para resolverem muitos dos problemas do sector público. Curiosamente, e como que a "fechar o círculo", a acompanhar esta construção surge também uma outra, aplicável ao conceito de empresa, uma nova construção jurídica a propósito da noção, surgindo assim o conceito de "empresa social", tal como se constata na obra colectiva organizada por CARLO BORZAGA/JACQUES DEFOURNY e outros, *The Emergence of Social Enterprise,* Routledge, Londres, 2001, pág. 1 a 29.

[129] Este conceito poderá encontrar as suas origens no fenómeno já aqui referido da "daseinsvorsorge". A propósito da noção de administração em sentido material, veja-se entre nós, os seguintes autores: MARCELO REBELO DE SOUSA/ANDRÉ SALGADO DE MATOS, *Direito Administrativo Geral,* tomo I, D. Quixote, 2004, pág. 38; FREITAS DO AMARAL, *Curso...,* cit., pág. 39. O sentido da expressão não conhece alterações de relevo nos países europeus. Na Alemanha, veja-se por exemplo, HARTMUT MAURER, *Manuel de Droit Administratif Allemand,* LGDC, Paris, 1994, pág. 11, tradução francesa por Michel Formont.

[130] A ideia de que o serviço público legitima a actuação e existência do próprio Estado parece ter sido lançada com o entendimento preconizado por DUGUIT, ao qual já fizemos referência. Hoje porém, é possível afirmar que tal concepção se pode ainda encontrar nas raízes da ideia que configura o Estado como sendo de Bem-Estar. A esse propósito, no tocante à realidade espanhola, GREGORIO RODRIGUEZ CABRERO, *El Estado de Bienestar...,* cit.,

A prossecução do bem-estar, baseado entre nós em cláusula constitucional expressa, o artigo 9º da CRP, impõe portanto o desempenho de um determinado *quantum* de actividade prestadora por parte desses mesmos poderes públicos, actividade essa que, tendo por finalidade responder e prover a necessidades colectivas da população, se poderá qualificar, por isso mesmo, actividade de serviço público. Porém, esta concepção ampla de serviço público arrisca-se a pôr em causa a operatividade do conceito, na medida em que acabaria por fazer equivaler o conceito de serviço público ao conceito de actividade administrativa, facto que não apresenta vantagens assinaláveis do ponto de vista técnico-jurídico.[131]

Outra tendência que se tem vindo a afirmar, é também tributária desta que privilegia a finalidade da actividade, mas apresenta a particularidade de alertar para o facto de o Estado não deter o monopólio da definição do interesse público. Nesse sentido, e dado que o serviço público é naturalmente um veículo de promoção do interesse público, assiste-se a uma efectiva "externalização" da actividade de serviço público relativamente àquele que se afirmou como o seu sujeito originário. Assim nascem as construções já referidas de serviço público "impróprio", "virtual" ou "concorrente", todas elas construídas para desenvolver a ideia segundo a qual, dependendo da actividade desenvolvida e da sua conexão com a satisfação de interesses relevantes para a comunidade, a qualidade do sujeito prestador é indiferente para a sua conceptualização enquanto verdadeira actividade de serviço público.

Em grande parte estimulada pelo direito comunitário e pelos seus objectivos de índole marcadamente económica e concorrencial, a actividade de serviço público "despublificou-se", sendo hoje, boa parte dela, cada vez mais exercida por sujeitos privados e em regime de mercado, podendo por isso dizer-se que, o valor acrescentando que na definição de serviço público desempenha o vector da sua finalidade especifica, pode conduzir à consideração que o serviço público se transforma, cada vez mais, num serviço "do público" ou

---

pág. 71 e ss. Enunciando também esta ligação do Estado ao bem-estar (por via, designadamente, dos serviços públicos), ANNE ELISABETH VILLAN- COURRIER, *Contribution Génerale...*, cit., pág., 562.

[131] Nesse sentido, JOSÉ LUIS SAUVIRÓN MORENILLA, ob. cit., pág. 112 a 115.

"para o público"[132], o que permite assim encarar-se a possibilidade de que este o seja efectivamente, ainda que prestado por sujeitos não públicos[133].

Este facto leva-nos assim a constatar duas realidades que merecem reflexão: por um lado a noção de serviço público, sempre polémica e difícil, sofreu grandes alterações que importa estudar, dado que repercutem directamente os seus efeitos no papel a desempenhar pelo Estado neste domínio. Por outro, conclui-se inequivocamente que, não obstante a transformação, o conceito se fortaleceu, estando assim, ao contrário do que se afirmava, longe do seu fim, entrando sim noutra fase de vida: uma fase em que é chamado a desempenhar um papel de factor de coesão social e de superação das desigualdades, subjazendo-lhe assim uma dimensão inegável de interesse público. Dimensão essa que determina, por seu turno e devido às transformações referidas e que adiante assinalaremos, a reflexão cuidada sobre as formas, modos de prestação e regime aplicável ao novo serviço público.

Podemos então sintetizar a análise que antecede considerando que, nas actuais notas definidoras que hoje se podem apontar para desenhar uma noção actualizada de serviço público, ressaltam os seguintes elementos:

1º) é actividade que visa, tal como outrora, responder a actividades de interesse colectivo. Pergunta-se porém, como entender este "interesse colectivo"? Será ele recondutível ou não

---

[132] Nesse sentido, MARTINE LOMBARD, L' Avenir du Service Public au Service du Public, in L'Idée de Service Públic..., cit., pág. 246 e ss.

[133] Já vimos que a este propósito, se refere na doutrina espanhola, o advento e construção de uma categoria peculiar: os serviços públicos virtuais, ou impróprios. Mas existem pelo menos outros dois elementos que ajudam a suportar esta concepção: por um lado a construção das específicas obrigações de serviço público; por outro, a construção do já referido terceiro sector. A propósito das obrigações de serviço público, cujo aparecimento surgiu inicialmente nos serviços públicos de carácter económico, hoje, serviços de interesse económico geral, veja-se, para efeitos do seu significado e conteúdo, ANNE ELISABETH VILLAN-COURRIER, cit., pág. 582; entre nós, ANA MARIA MARTINS, A Emergência de um Novo Direito Comunitário da Concorrência – as Concessões de Serviços Públicos, RFDL, 2001, pág. 77 e ss.; já a propósito do terceiro sector veja-se a bibliografia já indicada, podendo todavia subsumir-se o enquadramento de fundo que determinou o seu aparecimento à ideia de MARTIN REIN, que aqui trancrevemos porque é por demais expressiva: *"The future of the welfare state will be the invention of institutions that are not private and not public."*, apud RALPH M. KRAMER e outros, Privatization in Four European Contries..., cit., pág. 1.

ao interesse geral, e se sim, será então o serviço público absorvido pelos serviços de interesse geral, ou, pelo contrário, serão estes apenas terminologias novas para designar realidades antigas "re-estiladas" sob tendência comunitária? Sendo o interesse aqui tutelado definido como colectivo ou geral, o denominador comum e inegável é que o objectivo a alcançar é dar resposta a necessidades tidas como básicas e essenciais no quotidiano actual. Adiante desenvolveremos este ponto.

2º) Assim sendo, o carácter do sujeito que desenvolve e presta essa actividade ao público é relegado para um plano secundário, podendo mesmo dizer-se que se converteu em elemento meramente tendencial mas já não essencial para qualificar uma determinada actividade como sendo de serviço público.

3º) Dado o importante papel reconhecido ao serviço público, a eficácia e eficiência com que o mesmo é prestado converte-se em ponto fulcral que determina a aplicabilidade de um regime jurídico específico a estas actividades, regime este cuja natureza pública ou privada é também, e tal como sucedeu ao critério do sujeito prestador, relegada para segundo plano.

Assim, pelo que antecede, podemos então concluir que é actualmente inequívoco que o critério definidor de determinada actividade como constituindo serviço público é hoje o da finalidade ou objectivo a prosseguir com a prestação de determinado serviço. Precisemos porém, um pouco mais os parâmetros aqui apontados para este efeito.

Voltando a referi-los de modo resumido, indicamos aqui três critérios para aferir de uma actividade como constituindo serviço público, a saber: o objectivo ou finalidade a alcançar com a actividade, o carácter do sujeito prestador, o regime jurídico aplicável.

A propósito do primeiro parâmetro acabamos de lançar a questão: como interpretar a noção de interesse colectivo que subjaz à necessidade que se pretende satisfazer com a prestação do serviço público? A este propósito, desde cedo se diferenciou entre o interesse da colectividade e o interesse geral, considerando-se que só estaríamos perante serviço público quando a actividade em causa visasse a satisfação de interesse colectivo. Neste sentido, pronunciava-se MARCELO

CAETANO[134], afirmando que: *"A necessidade sentida tem carácter colectivo quando cada um a sente por ser membro da colectividade. Não basta pois que seja geral, é preciso que seja uma consequência da vida colectiva. A necessidade de alimentação, por exemplo, é geral mas não é colectiva pois que o homem sente-a quer viva isolado, quer viva em sociedade. Já a necessidade de transportes ou comunicações rápidas é colectiva, pois surge das relações sociais."*

Então, como distinguir quando uma necessidade é colectiva de quando é geral, e qual a importância da distinção para efeitos de qualificação como serviço público? Haverá realmente verdadeira diferença e autonomia entre esses dois tipos de interesses, para os efeitos da matéria que agora nos ocupa?

Como é evidente, a resposta está longe da facilidade, e nem sequer é absolutamente indiferente, desde logo se atendermos ao entendimento do autor *supra* citado a este propósito... Sem quaisquer pretensões em dar resposta a tão complexo problema, sentimo-nos porém compelidos a avançar algumas (poucas e certamente incompletas) reflexões:

1°) A finalidade a alcançar com o serviço público é sempre uma finalidade de interesse público[135]. Este, conceito amplo, indeterminado, multifacetado, mas sempre imprescindível, é susceptível de abranger tanto o interesse colectivo como o interesse geral, o que significa que, por aqui, a diferença entre os dois seria pouco relevante.

2°) O serviço público constitui-se como obrigação de prestação e garantia de prestação, por parte do Estado, de determinados bens e serviços sentidos como essenciais para a colectividade, daí que seja importante atender ao facto de o serviço

---

[134] *In* ob. cit. pág. 551, nota n.° 1.

[135] Todavia, o grande problema passa exactamente pela dificuldade desde sempre sentida em encontrar a definição dessa noção essencial de "interesse público". Algumas "pistas" poderão ainda assim, encontrar-se na obra de FRANÇOIS RANGEON, *L' Idéologie de L' Intérêt Général,* Económica, Paris, 1986. Mais especificamente, ao nível comunitário, a noção de "interesse geral" que não nos parece ser radicalmente distinta da noção base de "interesse público" (muito embora apresente naturalmente especificidades na sua concretização e preenchimento), desempenha um papel fundamental, designadamente na aplicação das regras da concorrência. Para esse efeito, veja-se THOMAS HAMONIAUX, *L' Intérêt Géneral et le Juge Communautaire,* LGDC, Paris, 2001.

público radicar na relação estabelecida entre Estado e cidadão, utente ou beneficiário, actual ou potencial do serviço em causa[136].

3º) A globalização é um fenómeno actual que não apresenta apenas uma faceta económica. Trata-se de um fenómeno complexo e multifacetado que corresponde a uma sociedade também ela cada vez mais complexa e multifacetada, o que significa que o parâmetro do interesse colectivo na definição de serviço público poderá muito bem vir a ser (se o não foi já) substituído pelo parâmetro de interesse geral.

Conjugando os factores enunciados, concluímos que o serviço público actual será sempre uma actividade destinada a produzir bens ou serviços de interesse geral, que reclamam a aplicabilidade de um regime específico e que implicam para o Estado, em alguma medida, e ainda que em moldes (porventura) mais ou menos minimalistas, a manutenção da obrigatoriedade na sua prestação[137].

O parâmetro da finalidade não deixa assim de lado o parâmetro do regime jurídico aplicável, nem tão pouco o da natureza do sujeito prestador. Sobreleva-os, é certo, mas não prescinde totalmente deles. As raízes da essência do conceito podem hoje encontrar-se na finalidade a alcançar, sendo que a importância da prestação é tal que implica para os poderes públicos uma obrigatoriedade na sua prestação (ainda que em moldes mínimos), bem como na garantia de pres-

---

[136] No sentido de considerar que a prestação de serviços públicos por parte do Estado aos cidadãos é uma das mais importantes formas de concretização dos direitos fundamentais CARMEN CHINCHILLA MARÍN, *in La radiotelevision como Servicio Público Esencial,* Tecnos, 1988, pág. 72 e ss, *apud* GASPAR ARIÑO ORTÍZ que critica duramente esta concepção e outras análogas, sobretudo porque partem do pressuposto que a titularidade exclusiva do poder público sobre determinada actividade é essencial para a qualificar como sendo serviço público, pois o autor defende acerrimamente uma concepção objectivista deste último, *in Servicio Público y Libertades Publicas, in Actualidad y Perspectivas del Derecho Publico a Fines del Siglo XX, Homenagem ao Professor Garrido Falla,* Editorial Complutense, volume II, 1992, pág. 1326.

[137] Conscientes de que esta não é a posição mais "em voga" no presente momento, é todavia, a nossa. Note-se porém que, assumir um tal entendimento não pode naturalmente pressupor a determinação do *quantum* e extensão que essa actividade de prestação por parte do Estado deve assumir. Trata-se, a nosso ver, de uma tarefa eminentemente política, e não jurídica, razão pela qual excluímos tal problema da presente análise.

tação (através de sujeitos privados), obrigatoriedade essa que resulta da concepção do poder público como servidor e promotor do bem estar, e que implica, naturalmente, a aplicação de um regime jurídico específico.

Por isso, parece-nos hoje possível dizer que a finalidade do serviço público está funcionalizada à satisfação de necessidades e interesses gerais que a população hodierna sente como essenciais e básicos devido à ideia do que são hoje os padrões de qualidade de vida baseados na dignidade do ser humano.

Assim remodelada e "depurada" da obrigatoriedade da titularidade pública como elemento necessariamente qualificador de uma actividade como sendo serviço público, vejamos agora, nos pontos que se seguem se este conceito clássico, agora "renovado", se assume como radicalmente diverso das noções comunitárias de serviço de interesse geral e de interesse económico geral.

### 1.1 – *Serviço de Interesse Geral*

Os serviços de interesse geral estão cada vez mais a merecer as atenções da União e dos Estados membros, mas convém notar que a referência a tais serviços não é de todo coisa recente, muito pelo contrário.

Assim, já em 1974 o Tribunal de Justiça das Comunidades era solicitado a debruçar-se sobre a noção de empresas encarregadas da gestão de serviços de interesse económico geral[139]. Como denominador comum destas empresas entendia o Tribunal de Justiça que para assim serem consideradas deveriam haver sido investidas desta missão de interesse económico geral por um acto de autoridade pública[140].

---

[139] *Code Européen de la Concurrence,* Dalloz, Paris, pág. 29. Actualmente, é já possível encontrar alguma literatura que versa especificamente sobre estas empresas. Veja-se assim, a título de exemplo, ANTOINE WINCKLER, *Quelquer Réflections a Propos de la Reforme des Services Publics, in L' Idée de Service Public...,* cit., pág. 23 e ss..

[140] Ideia esta que se pode encontrar na questão da concessão de serviços públicos, a qual pressupunha um específico acto público (administrativo) de autorização para efeitos de prestação de uma determinada actividade cuja titularidade se considerava reservada ao Estado. A este propósito, veja-se entre nós, PEDRO GONÇALVES, *A Concessão de Serviço Públicos, ...*cit., chamando no entanto à atenção para a necessidade de distinguir a concessão da

Ao que pudemos apurar, esta é uma noção que ainda não sofreu alteração, visto que é entendimento pacífico na Comunidade que cabe a cada um dos Estados membros definir, de acordo com as especificidades que lhe são próprias, e atendendo ao nível de desenvolvimento de cada um, as actividades que consideram revestir interesse geral. Não obstante e apesar disso, a Comunidade, através da Comissão, tem vindo a envidar cada vez maiores esforços no sentido de catalogar as actividades que assumem interesse geral no âmbito comunitário, havendo já sido por várias vezes exortada pelo Parlamento a elaborar uma Carta Europeia do Serviço Público, cujo projecto veio a se conhecido em meados de 1994[141].

Um exemplo concreto de uma dessas várias exortações é a Resolução do Parlamento Europeu de 12 de Fevereiro de 1993[142] sobre a importância do sector público no mercado interno, tendo em conta particularmente o antigo artigo 90º n.º 2 do Tratado (actual artigo 86º). Assim, e a esse propósito considerava o Parlamento que cabe ao sector público a responsabilidade pelo fornecimento de serviços públicos de elevada qualidade, correspondentes às necessidades da população e enquadrados no interesse económico geral, ao mesmo tempo que alertava para o facto de que a competitividade europeia deveria visar não só a melhoria das condições da rentabilidade económica, mas deveria também ter em conta as necessidades colectivas dos seus cidadãos. Nesta mesma Resolução o Parlamento vem solicitar à Comissão que defina a noção de serviço público e de interesse geral, na sequência da criação do mercado interno e da evolução rumo à União económica e monetária.

Na sequência desta Resolução que, aparentemente fazia corresponder a noção de serviço público à noção de serviço de interesse

---

autorização , pág. 71 e ss. Já relacionando a matéria com algo próximo, mas distinto, a saber, o exercício de liberdades públicas, veja-se, em França, a obra de ANDRÉ DE LAUBADÈRE/JEAN-CLAUDE VENEZIA, *Traité de Droit Administratif,* tomo III, 5ª Edição, LGDC, Paris, 1993, pág. 20 e ss.

[141] Também publicada na RAP (espanhola), n.º 136, 1995.
[142] Resolução n.º B3 – 0216/93, JOCE série C. Especificamente a propósito da privatização de empresas públicas, é também interessante ver a recomendação n.º R (93)7, adoptada pelo Comité do Conselho de Ministros do Conselho da Europa em 18 de Outubro de 1993.

geral, veio ainda o Parlamento em 6 de Maio de 1994 adoptar a Resolução A3-0254/94, sobre Empresas Públicas Privatizações e Serviços Públicos[142]. Nesta Resolução, e considerando desde logo que *"as empresas públicas se destinam, pela sua própria natureza a garantir as intervenções necessárias a um desenvolvimento harmonioso da economia e da sociedade, na medida em que contribuem para a realização dos objectivos prosseguidos pelos poderes públicos na defesa dos interesses da colectividade"*, o Parlamento continuava assim a registar uma certa apreensão pelo facto de ainda não haver definição dos conceitos de serviço público e de serviço de interesse geral. Segundo o Parlamento, este facto era tanto mais importante porquanto se havia instituído um mercado comum onde era suposto imperarem as regras da livre concorrência. Não obstante, e quanto a este último aspecto referente à concorrência, assumia o Parlamento que esta e as restantes políticas respeitantes ao mercado interno, deveriam ser harmonizadas de acordo com o *"reconhecimento do interesse público e com o direito dos cidadãos a serviços públicos acessíveis e regidos por padrões homogéneos de prestação, inclusivamente com o objectivo de garantir uma igualdade efectiva entre os cidadãos europeus"*. Apesar disto, a verdade é que a definição solicitada pelo Parlamento ainda não havia sido formulada. Essa mesma solicitação foi também apresentada pelo Comité das Regiões, no seu Parecer sobre as Pessoas Colectivas Territoriais Regionais e Locais na prestação de serviços públicos, de 16 de Janeiro de 1997[143].

Este parecer é posterior à primeira das Comunicações da Comissão sobre esta matéria dos serviços de interesse geral[144], a qual data de 11 de Setembro de 1996, onde efectivamente vem apresentar as definições que já lhe haviam sido solicitadas pelo Parlamento. Não

---

[143] Parecer n.º 97/C116/07, JOCE série C.

[144] Comunicação COM 96/443. Posteriormente a Comissão emanou uma nova Comunicação a este propósito, a COM580/2000, tendo sido ambas publicadas na série C do JOCE. Nesta última Comunicação a Comissão não avança muito mais do que se encontra vertido na primeira, de 1996. E o mesmo panorama se mantém no recente Livro Verde dos Serviços de Interesse Geral, também da autoria da Comissão Europeia, COM (2003) 270 final, de 21 de Maio de 2003. Para uma análise geral (que transcende os aspectos conceptuais) e crítica da abordagem das instituições comunitárias a esta matéria, veja-se TONY PROSSER, *The Limits...*, cit., pág. 161 a 173.

obstante, e como veremos seguidamente, a verdade é que essas definições pouco ou nada clarificam, operando apenas um desdobramento do conceito de Serviços de Interesse Geral sem que, todavia, corresponda efectivamente a cada um dos desdobramentos um conteúdo próprio e verdadeiramente distinto dos demais[145]. No entanto, desde essa primeira Comunicação, a Comissão continuou a dedicar-se com afinco à questão dos Serviços de Interesse Geral, continuando também a trabalhar para estabelecer uma distinção clara entre os conceitos referidos. Prova disso são, designadamente, as posteriores Comunicações que a esse propósito foram emanadas, as quais evidenciam a importância fundamental que a problemática dos serviços de interesse geral tem vindo a adquirir no âmbito comunitário.

Assim, após a Comunicação de 1996, outra se seguiu, impulsionada pela Agenda de Lisboa, a Comunicação 2000/0580[146]. Em 2001, a Comissão também dedicou a sua atenção à matéria, como se vê no Relatório apresentado no âmbito do Concelho Europeu de Laeken[147]. Seguiu-se em 2002, a publicação de uma Comunicação destinada a avaliar o grau de eficiência dos serviços de interesse geral[148], e em 2003 a Comissão publicou o seu Livro Verde sobre os Serviços de Interesse Geral[149]. Finalmente, em 2004, referiu-se novamente à questão, no Livro Branco[150] que então publicou. Fica então mais que patente o interesse que a matéria do serviço público, ainda que redenominado ao estilo europeu, desempenha no próprio projecto de construção europeia.

Porém, no que tange à construção conceptual de cada uma das noções: serviço de interesse geral por um lado e, serviços de interesse económico geral, por outro, os avanços foram muito escassos. Apesar

---

[145] Em sentido oposto, veja-se RODRIGO GOUVEIA, *Os Serviços de Interesse Geral em Portugal*, Coimbra Editora, 2001, pág. 20 a 26.

[146] Datada de 20 de Setembro de 2000.

[147] Relatório para o Concelho Europeu de Laeken: Serviços de Interesse Geral, COM (2001) 598, datado de 17 de Outubro de 2001, publicado no JOCE 364, de 18 de Dezembro de 2001.

[148] *Nota Metodológica para a Avaliação Horizontal dos Serviços de Interesse Geral*, COM(2002)331 final, datada de 18 de Junho de 2002.

[149] COM (2003)270 final, de 21 de Maio de 2003.

[150] Livro Branco sobre os Serviços de Interesse Geral, COM (2004) 374, de 12 de Maio de 2004.

de se ter pensado avançar com uma lista de actividades consideradas económicas e outras consideradas não económicas, o facto é que tal acabou por não suceder, na medida em que a Comissão considerou no seu Livro Verde, que uma definição abstracta, e respectiva catalogação, seriam sempre postas em causa pela constante evolução que afecta esta área dos serviços de interesse geral[150-a]. Independentemente disso, e não obstante seja verdade que uma tal separação não é fácil, também não o é menos que a sua inexistência não ajuda à construção autónoma daquilo que se entendam ser serviços de interesse geral e de serviços de interesse económico geral.

Ainda assim, dedicou-se especial atenção a tal distinção no referido Livro Verde, considerando-se aí que os serviços de interesse geral corresponderiam a um conceito amplo, aplicável tanto às actividades económicas, como às não económicas, consideradas pelos Estados membros como revestindo interesse geral, estando por isso sujeitas a obrigações de serviço público. Já os serviços de interesse económico geral constituiriam actividades de natureza económica, sujeitas a específicas obrigações de serviço público em virtude de serem também elas consideradas como actividades de interesse geral. Como se vê, esta é uma definição que pouco ou nada acrescenta àquela que resultava já da primeira Comunicação de 1996. A necessidade de traçar uma distinção clara a propósito desta matéria ressalta novamente do texto do Livro Branco a propósito do tema, no qual a Comissão, apesar de cautelosa, sublinhou novamente a necessidade de se estabelecer uma fronteira mais clara entre os dois conceitos, ao mesmo tempo em que fazia notar a necessidade de respeitar a diversidade de actividades que se albergavam sob o conceito de serviço de interesse geral, tornando-se assim essencial atender à especificidade que separa os serviços sociais por um lado, dos serviços de rede, por outro[150b].

Nos pontos que se seguem não analisaremos cada uma destas importantes Comunicações, pois isso implicaria uma dispersão relativamente ao tema central que nos ocupa. Tentaremos apenas, com base nos elementos mais relevantes, analisar o conteúdo de cada um

---

[150-a] Livro Verde, pág. 14 e ss.
[150b] Livro Branco, pág. 11 e 17.

dos conceitos que orbitam em torno da problemática dos serviços de interesse geral.

## 1.2 – Serviço de Interesse Económico Geral

Conforme já referimos *supra* as definições propostas pela Comissão nas Comunicações apresentadas a propósito desta matéria não nos parecem suficientes para clarificar o conceito de que ora cuidamos como algo de absolutamente distinto da noção de serviço público que avançamos atrás.

Não obstante, pela análise possível das mesmas, podemos definir os serviços de interesse geral como sendo actividades de serviço, comerciais, económicas, ou não, consideradas de interesse geral pelas autoridades públicas dos Estados membros, e estando por via dessa consideração sujeitas a obrigações de serviço público. Esta noção engloba quer as actividades de serviço não económico, tais como a escolaridade obrigatória, a saúde e a protecção social, por exemplo, mas também aquelas a que se costuma chamar de "actividades realengas", ou seja, ligadas ao poder soberano dos Estados, tais como a segurança e a justiça.

Nestes serviços de interesse geral podemos ainda definir uma outra categoria, mais específica, a dos **serviços de interesse económico geral**, ou seja aquelas actividades consideradas como verdadeiramente económicas, na medida em que se destinam a criar *outputs* colocados num mercado, sendo por isso alvo de um "processo de comercialização", sendo assim fornecidas mediante determinado preço, o qual também é uma característica das mesmas, na medida em que terá de ser sempre um preço acessível a todos. Definidas como serviços de interesse económico geral[151] encontram-se hoje as seguintes actividades, já assim qualificadas na predita comunicação apresentada em 1997 pela Comissão:

---

[151] A propósito desta matéria, especificamente no que tange às telecomunicações e aos serviços postais, veja-se a obra colectiva organizada por GEORGES HAIBACH, *Services of General Interest in the EU: Reconciling Competition and Social Responsibility*, European Institute of Public Administration, 1999.

- Transportes
- Energia
- Comunicações
- Serviços Postais

Esta classificação é também mantida pela Comissão no seu recente Livro Verde dos Serviços de Interesse Geral. Neste Livro é visível, como se disse no ponto anterior, a tentativa de aprofundar a distinção entre serviços de interesse geral e serviços de interesse económico geral, para além de se considerar que estes conceitos não deverão ser confundidos com os de serviço público, mas apenas com actividades que, por revestirem interesse geral estão sujeitos a obrigações de serviços público[152]. Não é porém este, já o dissemos, o nosso entendimento.

Tentando porém alcançar o cerne da referida distinção, parece-nos que a principal diferença a fazer no tocante a estes dois conceitos, parte desde logo do tipo de actividade exercida. Aquelas que se considerou revestirem carácter económico foram as primeiras a ser abertas ao regime de concorrência, sem todavia se libertarem os seus prestadores ou operadores (quando privados) das obrigações de serviço público que decorrem da natureza de tais actividades, ou seja, o facto de se revestirem do qualificativo de "interesse geral". Porém, como se verá, uma das principais dificuldades, até mesmo para determinar o âmbito de aplicação do direito da concorrência, é chegar à conclusão que uma determinada actividade possui natureza económica, sendo que essa dificuldade se agudiza no caso de a actividade em causa ser considerada como constituindo um serviço público[153].

Ora, esta imprecisão conceptual remete-nos para a distinção de regime, desde logo ao nível da concorrência, uma vez que quanto aos primeiros, ou seja os serviços de interesse geral que se prendem com actividades ditas não comerciais e com aquelas que decorrem da própria soberania nacional, não só não se aplicam a tais serviços as

---

[152] Para a análise e tentativa de distinção deste conceitos, veja-se a pág. 7 do Livro Verde, designadamente o disposto nos seus pontos 16 a 19. Para as obrigações de serviço público, veja-se também o anexo publicado com este Livro, para uma análise de tais obrigações a nível sectorial.

[153] Este problema será especificamente abordado ao longo do capítulo I da Secção III deste trabalho.

regras da concorrência, como além disso, tais matérias estão ainda à margem dos poderes das instâncias comunitárias[154]; enquanto que naquelas em que existe um interesse económico geral já se considera que devem estar tendencialmente submetidas a essas mesmas regras da concorrência, ainda que com especificidades como veremos (ainda que de forma muito breve)[155]. Mas novamente, esta distinção não satisfaz, desde logo porque o elenco dos serviços considerados de interesse económico geral especifica como actividades características desse conceito as tradicionais indústrias de rede, abrindo-se porém a possibilidade de se referirem a qualquer outra actividade sujeita a obrigações de serviço público, o que poderá acabar por inviabilizar, na prática, a distinção entre serviços de interesse geral por um lado, e serviços de interesse económico geral por outro, atendendo à dificuldade suscitada pelo qualificativo "económico"[155a].

---

[154] Assim o refere expressamente a Comissão no seu Livro Branco já aqui referido, considerando que os serviços ligados ao bem-estar e à protecção social claramente como um assunto de responsabilidade de cada um dos Estados membros. Não obstante, e apesar desta constatação, não deixa de ser interessante que a Comissão neste seu Livro tenha referido a necessidade de se promover uma coordenação e co-organização a propósito destas áreas a nível comunitário. O interesse das instâncias comunitárias sobre as áreas do não económico torna-se então cada vez mais evidente, chegando mesmo a considerar a necessidade de identificar as especificidades deste tipo de serviços por forma a construir uma moldura comum sob a qual os mesmos deveriam vir a ser prestados. Livro Branco, COM 2004/374, final, de 12 de Maio de 2004, designadamente a partir da sua pág. 17.

[155] É o que decorre do artigo 86º n.º 1 e 2 do Tratado CE. A este propósito veja-se, entre nós, ANA MARIA MARTINS, *A Emergência de um Novo Direito Comunitário da Concorrência – As Concessões de Serviços Públicos*, in Revista da Faculdade de Direito de Lisboa, vol. XLII n.º 1, 2001, pág. 80 e ss..

[155a] Acresce ainda que, de acordo com o Parecer do Comité Económico e Social sobre o projecto de decisão da Comissão relativo, designadamente, à aplicação das disposições do artigo 86º do Tratado a certas empresas encarregues da gestão de serviços de interesse económico geral, vem novamente chamar a atenção para a necessidade de se distinguir melhor os conceitos a que fizemos referência no texto, tal como se pode verificar na pág. 5, ponto 3.7 do citado parecer, publicado no JOCE n.º C 157, de 28 de Junho de 2005, disponível no *site* www.europa.eu.int.

## 1.3 – *Serviço Universal*

Trata-se de um conceito desenvolvido pelas instituições da Comunidade[156] e que define um conjunto de exigências de interesse geral a que devem obedecer, em toda a Comunidade, as actividades de telecomunicações ou de correio, por exemplo. Tais actividades caracterizam-se sobretudo pela sua essencialidade e importância na vida hodierna, pelo que se considera que devem ser garantidas a todos os cidadãos, em todo o território, sem qualquer tipo de discriminação, e mediante um preço que a todos seja acessível. Novamente, quando se procura encontrar um significado específico para este conceito, que possibilite a sua distinção quer em face dos serviços de interesse económico (e não económico) geral, quer em face do conceito de serviço público, a verdade é que ela não resulta possível, muito embora se tenha ensaiado para esse efeito uma "definição" que assenta em três notas "características", a saber[157]:

a) trata-se de um conjunto mínimo de serviços ou prestações de uma determinada categoria ou qualidade;
b) prestados a todos os utilizadores, independentemente da sua situação geográfica;
c) a um preço acessível, baseado nos princípios da igualdade e continuidade, por forma a permitir esse acesso a todos os usuários, elemento que constituirá uma obrigação imposta

---

[156] Este conceito foi desenvolvido sobretudo à custa do tratamento sectorial que lhe dedicaram as instituições comunitárias, e parece encontrar as suas raízes no direito americano, tal como refere Nicolas Thirion, ob. cit. Pág. 309, onde é possível encontrar bibliografia a esse propósito. Tem sido um conceito especificamente aplicado, no espaço comunitário, ao caso das telecomunicações e dos transportes.

[157] Dizemos "definição" e "características" utilizando ostensivamente aspas, uma vez que, como dizemos no texto, não consideramos as notas apontadas como específicas e suficientemente distintivas deste conceito de serviço universal. Diga-se além disso que, estas três "características" utilizadas para definir o conceito de serviço universal, foram retiradas da resolução do Conselho n.º 94/C 48/01, de 7 de Fevereiro, relativa às telecomunicações, e n.º 94/CE 48/02, referente aos serviços postais. É também com base nestas comunicações e utilizando exactamente estas mesmas "notas definidoras", que outros autores abordam a noção de serviço universal. Assim, Nicolas Thirion, ob. cit., pág. 310, o qual cita várias outras resoluções e directivas, bem como José Maria Suavirón Morenilla, ob. cit., pág. 605.

aos agentes prestadores de tais serviços e que, por isso poderá dar lugar a compensações financeiras calculadas com base nos custos suportados em relação ao efectivo custo do serviço.

Perguntamos: afinal a lógica dos serviços públicos não é exactamente a mesma?

Parece-nos efectivamente que sim, razão pela qual não conseguimos encontrar autonomia conceptual bastante entre os conceitos aqui enunciados de serviço público, serviço de interesse geral e serviço universal[158]. Efectivamente, quando a Comissão, nas suas várias comunicações se referia ao serviço universal, habitualmente ligava-lhe duas noções como se lhe fossem específicas, a saber: o seu carácter intrinsecamente progressivo e evolutivo. Com tais qualificativos, a Comissão pretendia fazer passar a ideia segundo a qual a construção deste conceito deveria atender a este carácter progressivo, no sentido em que a sua elaboração seria necessariamente contínua, resultante quer das características estruturais e técnicas de cada sector, quer ainda das mutações tecnológicas, das novas exigências do interesse geral e das necessidades dos utilizadores[159]. Não conseguimos porém, ainda assim, vislumbrar a diferença entre estas características e aqueles que, tanto ontem como hoje, informaram e informam o conceito de serviço público, entendido este quer no seu sentido tradicional, quer no seu sentido "actualizado", como já aqui foi referido.

---

[158] Nesse sentido, também NICOLAS THIRION, ob. cit., pág. 315; JOSÉ MARIA SAUVIRÓN MORENILLA, ob. cit., pág. 607, 610 e 620 a 622; JUAN JOSÉ DE LA CUÉTARA MARTÍNEZ, *Três Postulados para el Nuevo Servicio Publico;* ARIÑO ORTÍZ, *Significado Actual de la Noción de Servicio Públicos,* estas duas últimas obras, ambas in *El Nuevo Servicio Público,* cit., págs. 147 e ss. e 24, respectivamente. Conclusão: triunfa a concepção objectivista ou finalista de serviço público, na qual deixa de ser necessária a titularidade pública sobre a actividade para que esta se qualifique como serviço público.

[159] É o caso da Internet enquanto meio de acesso rápido e eficaz às mais variadas informações, bens e serviços, mecanismo que certamente se tornará em breve imprescindível como forma de integração e participação dos cidadãos numa sociedade que é cada vez mais uma "sociedade da informação". Neste sentido deverá mesmo questionar-se se não será necessário, num futuro próximo, garantir-se um serviço de "Internet mínima garantida" que permita o acesso da generalidade dos cidadãos à *world wide web,* sob pena de, assim não sendo, se promover uma discrepância social e cultural entre os informaticamente incluídos e os informaticamente excluídos... Veja-se a este propósito RODRIGO GOUVEIA, cit., pág. 127 a 129, onde considera mesmo a Internet como *"um serviço de interesse geral em fase embrionária".*

Ainda assim, e antes de prosseguirmos para o ponto seguinte, refira-se que as actividades que actualmente se encontram "catalogadas"[160] enquanto serviços universais, são as seguintes:

– Telecomunicações;
– Correios;
– Transportes;
– Electricidade;
– Rádio e televisão.

A propósito desta catalogação pronunciou-se o Comité Económico e Social num parecer de 29 de Maio de 1997, considerando que a saúde pública e a educação são também actividades que

---

[160] Catalogação esta que não podia ser mais discutível. Nesse sentido, e a título de exemplo, veja-se Comité Económico e Social num parecer de 29 de Maio do mesmo ano (parecer n.º 97/C287/18 *in* JOCE série C (287/85) de 22/9/97),considerando que a saúde pública e a educação são também actividades que devem considerar-se de interesse geral, o que não consta da referida comunicação. Além disso, e comprovando o facto de as definições atrás focadas não oferecerem conteúdo suficientemente distinto entre si, o Comité neste seu parecer interroga-se também acerca da pertinência da distinção feita pela Comissão entre Serviços de Interesse Geral por um lado, e Serviço Universal por outro. Da Comunicação referida retirar-se-ía apenas o facto de aos primeiros corresponderem as actividades dos correios e telecomunicações, e aos últimos as actividades de rádio, televisão e transportes. Mais, o Comité refere ainda que esta distinção poderá não ser essencial, além de que o termo "serviço universal"não é suficientemente explícito e não clarifica o conceito nem o critério de aplicação do mesmo na União. Esta mesma advertência no sentido de clarificar estes termos, havia já sido dirigida pelo Comité num parecer anterior sobre as obrigações de serviço público no mercado interno da energia (parecer n.º 97/C56/16 *in* JOCE série C n.º 56/83 de 24/2/97). O Comité acaba no entanto por considerar e aceitar a distinção que entende feita pela Comissão relativamente a estes conceitos, ou seja, serviço de interesse geral corresponderia a um sentido literal do termo, enquanto serviço universal se aferiria a um conceito mais amplo, abrangente e, sobretudo, evolutivo. Veja-se por exemplo, e mais recentemente o Relatório do Parlamento Europeu sobre a Comunicação da Comissão intitulada "Serviços de interesse geral na Europa", COM(2000) 580 C5-0399/2001 - 2001/ 2157/COS; final A5/0361/2001. Relator: Werner Langen 17.10.2001. Na tentativa de encontrar um significado específico para a locução "serviço universal", alguns autores consideram que a mesma tem um propósito específico que permite distingui-la do serviço público: especificamente o facto de se pretender salientar que a sua prestação não está confiada (necessariamente) a cargo dos poderes públicos. Neste sentido, Y. POULLET/ F. VAN DER MENSBRUGGHE, com a colaboração de outros autores, *Service Universel ou Public dans la Politique Européene des Telecomunications*, in *Vers un Service Public Européen...*, cit., pág. 358.

devem considerar-se de interesse geral, o que não consta da referida comunicação[161].

**1.4 – Serviço Público**

Focando o entendimento comunitário a propósito deste conceito, cumpre dizer que, segundo a Comissão, o mesmo apresenta um duplo sentido, ou seja, tanto pode referir-se ao organismo que assegura o serviço, como também pode referir-se à missão que a esse mesmo organismo foi confiada[162]. Já em termos doutrinais[163], o conceito de

---

[161] Posição que continua a manter, referindo-se agora não apenas à área da saúde, mas também à da protecção dos consumidores, no seu recente parecer que recolhemos no JOCE n.º C 157, de 28 de Junho de 2005, a págs. 0048 a 0052. Fazemos referência aqui especificamente ao ponto 3.7, da página 5 do citado parecer.

[162] Vejam-se a propósito das obrigações de serviço público aplicadas, designadamente ao sector dos transportes, a proposta de regulamento elaborada pelo Parlamento Europeu e pelo Conselho, COM (2000), 7 final, publicada no JOCE C 365E de 19 de Dezembro de 2000, e JOCE C 221 de 7 de Agosto de 2001. Neste sentido, não haverá diferença entre as ideias de "obrigação de serviço público" e "missão de serviço público", no fundo, esta última determinará a configuração das primeiras. Para efeitos de saber como determinar a existência ou não da referida "missão de serviço público", veja-se o contributo aportado por CLAUDE HENRY, *Concurrence et Services Publics dans l' Union Européene*, Económica, PUF, Paris, 1997, pág. 6. O autor aborda também neste livro alguns dos sectores especificamente considerados pelas Comunicações acima referidas como sendo de Interesse Económico Geral designadamente: electricidade, caminhos-de-ferro, serviços postais e telecomunicações. A propósito também da necessidade de identificar especificamente o que se considere ser "missão de serviço público", CLAUDE HENRY identifica duas categorias principais, a saber: " 1/ *Celles qui contribuent à la cohesion económique et sociale en particulier à la lute contre l'exclusion. 2/ Celles qui favorisent une utilisation efficace et équilibrée – dans l'espace et dans le temps – du territoire et des resources communes à une société, que ce soit au niveau nationale ou européen.*", *Services Publics: Passions et Arguments*, in L' Idée de service Public..., cit., pág. 254.

[163] A esse propósito já se referiram nas páginas antecedentes a tentativa de construir os conceitos comunitários aqui referidos como algo distinto da noção de serviço público. A esse propósito também já tornamos clara a nossa posição. A propósito da concepção de serviço público, entre nós, veja-se, por todos, PEDRO GONÇALVES, *A Concessão de Serviços Públicos*, cit., pág. 25 a 28; a págs. 35 a 38, nas quais o Autor propõe uma definição de serviço público, colocando o acento tónico na actividade administrativa de prestação. Também a propósito do conceito de serviço público aplicado ao sector da energia eléctrica e às telecomunicações, RUI MACHETE, *A Evolução do Conceito de Serviço Público e a Natureza das Relações entre Concessionário ou Autorizado e o Utente*, in *Estudos Jurídicos e Económicos em Homenagem ao Professor João Lumbrales*, Revista da Faculdade de Direito da Universidade de Lisboa, Coimbra Editora, 2000, pág. 1011 e ss..

serviço público apresenta-se como controverso, mas continua vivo e operante entre nós[164], obrigando (de acordo com o nosso entendimento) os poderes públicos a uma efectiva actividade de prestação e não apenas de fiscalização das actividades de interesse geral (não obstante se possa afirmar que as últimas apresentam uma efectiva tendência para sobrelevar as primeiras).

Mas aquilo que importa realçar é que, tanto nos serviços públicos como nos serviços de interesse (económico ou não) geral, a missão que se lhes reconhece e atribui é sempre, inequivocamente, a mesma: a prossecução de um serviço de interesse geral que acaba por redundar na noção de serviço público tal como a conhecemos no direito interno, e que corresponde em grande medida à actividade de prestação de bens ou serviços com vista à satisfação de necessidades gerais, ou de interesse geral ou colectivo da população, independentemente de ser público ou privado o sujeito prestador. E será talvez esta última nota que se poderá considerar como a alteração mais relevante introduzida ao conceito de serviço público sob impulso comunitário. Na verdade, a secundarização da titularidade pública do serviço em causa, foi o elemento bastante para a construção de um conceito de serviço público em sentido objectivo, facto que nos parece apresentar duas virtudes: por um lado abre possibilidades para recriar um conceito cuja manutenção e existência pareciam ameaçadas; por outro, a sua afirmação não implica, de modo algum, que a secundarização do carácter público do sujeito prestador seja entendida como um "livre trânsito" para os poderes públicos abandonarem as suas responsabilidades relativamente a áreas de serviço público que sejam consideradas como essenciais.

Significa isto que, o serviço público actual não deixa de comprometer os sujeitos públicos na responsabilização e prestação efectiva de boa parte das actividades reconduzíveis a essa noção. A questão que o mercado único europeu vem levantar é que, como sabemos, para estimular a competitividade e crescimento económico, não podem subsistir sectores que se encontrem completa e totalmente alheados

---

[164] Como demonstra por exemplo, a Lei n.º 23/96 de 26 de Julho, que introduziu entre nós o conceito de serviços públicos essenciais, aplicando-o às actividades de fornecimento de água, energia eléctrica, gás e telefone, actividades estas que se deverão considerar como reconduzíveis à noção de serviço de interesse (económico) geral.

das regras da concorrência instituídas pelo Tratado. Contudo esse facto não tem de ser lido como implicando o abandono da actuação pública enquanto prestadora de serviços públicos. Precisamente por isso, o enquadramento normativo e tratamento técnico-jurídico a aplicar à problemática do serviço público ganha em relevo e complexidade, na medida em que hoje, a definição do que se entende serem as actividades consideradas de interesse geral podem implicar a aplicabilidade de um regime específico, aplicabilidade essa que tem de ser muito criteriosa, uma vez que dela pode resultar uma efectiva derrogação, ou mesmo exclusão, da aplicação das preditas regras de concorrência sempre que a missão de interesse geral atribuída às empresas encarregadas de gerir tais serviços, saia efectivamente comprometida ou impossibilitada em razão da aplicação dessas regras[165].

## 2 – Serviço Público e Serviço de Interesse Geral: Autonomia Conceptual (?)

De tudo o que antecede, parece-nos efectivamente que a noção clássica de serviço público, apesar das evoluções apresentadas, não surge como radicalmente distinta do conceito comunitário de "serviço de interesse geral", muito embora tenhamos de admitir que não é esta a posição assumida por parte das Instituições Comunitárias, nem por parte da Doutrina[166].

---

[165] Foi exactamente com este argumento que o Tribunal de Justiça da Comunidade veio a resolver inúmeros casos referentes à aplicação das regras da concorrência. Pioneiros nesta rota de decisões foram os Acórdãos Corbeau e Almelo, o primeiro de 19 de Maio de 1993, e o segundo, de 27 de Abril de 1994, cujo conteúdo exporemos sumariamente mais adiante. Na sequência da posição aí adoptada, outros arestos se seguiram, mantendo-se fiéis à mesma orientação de salvaguarda dos serviços de interesse geral. Veja-se por exemplo os arestos referidos por ANA MARIA MARTINS, in A Emergência..., cit., pág. 82. Recentemente o Tribunal de Justiça emitiu um novo aresto onde se analisa a relevância destes serviços no mercado único, veja-se a este propósito o Acórdão Altmark de 24 de Julho de 2003, Processo C-280/00.

[166] Esta questão coloca-se com especial relevância na ordem jurídica francesa, onde a própria crise do serviço público foi alvo de grande atenção. Neste sentido, e sublinhando a diferença existente entre os conceitos de serviço de interesse económico geral, serviço universal e serviço público (muito especialmente na área dos serviços públicos económicos e ou industriais), MICHÈLE VOISSET, Le Service Public Autrement, in RFDA, n.º 11, Março-Abril

Esta matéria é evidentemente controversa, dado que contrapõe uma noção clássica a conceitos novos construídos de acordo com o pulsar de uma nova realidade que é a construção da União Europeia. Porém, a falta de autonomia que defendemos existir entre, por um lado, o serviço público que obriga o Estado à prestação e à garantia de prestação de bens e serviços essenciais ao bem-estar da população e, por outro, o serviço de interesse geral (no qual incluímos o de cariz económico), não implica que não seja construída e trabalhada como categorias distintas, que é aliás o que actualmente sucede. Porém, parece-nos efectivamente que há determinados dados incontornáveis que implicam que consideremos, de facto, a falta de autonomia bastante entre o conceito de serviço público e o conceito de serviço de interesse geral, designadamente:

1º) Na definição dada de serviço de interesse geral, bem como na de serviço universal, as diferenças são de tal modo ténues quando comparadas com a noção de serviço público que rapidamente se passa a considerar o regime jurídico específico aplicável a estas actividades. Note-se que os princípios orientadores das actividades de interesse geral não diferem dos princípios basilares desde sempre apontados como característicos do serviço Público[167], ou seja: a acessibilidade, a continuidade, a universalidade, entre outros. Por isso, parece-nos claro que a pretendida autonomia entre estes conceitos, na prática, não colhe.

---

de 1995, págs. 304 e ss., e especificamente, pág. 312. Na ordem jurídica italiana, tentando também distinguir estes conceitos entre si, veja-se GIUSEPPE TELESE, *Servizio di Interesse Económico Generale e Servizio Universale nella Giurisprudenza e nella Normativa Comunitária*, in JUS, Rivista di Scienze Giuridiche, ano XLVI, 1999, pág. 946 e ss..

[167] São pois características clássicas e imprescindíveis para a qualificação de uma actividade como sendo serviço público, daí que constituam uma base comum de tal modo forte, que torna muitíssimo difícil a distinção viável sob o ponto de vista de efeitos práticos, para sustentar a distinção entre estes conceitos. A propósito das características da acessibilidade e continuidade, veja-se, entre outros, MARCELO CAETANO, ob. cit. pág. 551, acentuando, ainda que indirectamente a importância do poder público enquanto prestador destes bens ou serviços: *" Assim, são serviços públicos os de abastecimento de água e de fornecimento de energia eléctrica, de transportes colectivos, de correios (...). Todos estes serviços traduzem actividades cujo funcionamento regular e contínuo importa à própria normalidade da vida social dos nossos dias, dispensando os indivíduos de proverem por si próprios às necessidades a que elas correspondem."*

2°) A apontada falta de autonomia implica porém que se considere que o actual conceito de serviço público cresça em volume e em importância. Ancorado num regime específico proveniente das suas características próprias, o serviço público, seja assim denominado ou não, desempenha um importante papel na coesão social. Daí que as responsabilidades do Estado enquanto prestador, devam continuar a afirmar-se, ainda que em moldes diversos em termos de sectores e extensão, não se bastando apenas e só com a fobia privatizadora que se generalizou nesta matéria.

3°) A referida falta de autonomia, acarreta por outro lado, uma importância acrescida desempenhada pelo parâmetro do regime jurídico aplicável a uma dada actividade, em termos tais que, por essa via, ela venha a qualificar-se como actividade de serviço público. Não nos parece porém adequado – dada a complexidade da matéria – definir-se o conceito de serviço público apenas e só como sendo um regime jurídico específico aplicável a uma dada actividade. Tal implicaria, a nosso ver, o abandono da actividade prestadora do Estado nestas matérias, o que não se nos afigura adequado, como já referimos. Não deixa por outro lado de ser verdade que efectivamente o serviço público se "emancipou", se "externalizou", ou seja, deixou de ser "pertença" de um sujeito específico, como os sujeitos públicos. Todavia, esse facto resulta não como uma característica do conceito, mas sim como uma consequência da necessidade de se envolverem sujeitos públicos e privados na prestação de actividades consideradas de interesse básico e ou geral para a população. Deste modo, o regime específico aplicável à actividade de serviço público converte-se num parâmetro qualificativo de grande importância mas, por si só insuficiente para a qualificação de uma actividade como sendo de serviço público. Afirmá-lo, garante e fortalece, segundo cremos, a permanência da ligação que se deve manter entre actividade de serviço público e prestação pública dessa mesma actividade.

As referências efectuadas *supra*, são elementos de ligação entre serviço público e serviços de interesse geral, negando assim a efectiva autonomia entre eles. E apesar de ser essa a nossa opinião, não poderíamos todavia deixar de chamar a atenção para um aspecto em que a pretendida autonomia conceptual pode ter relevância. Trata-se da distinção que separa os serviços públicos prestados em condições de mercado, dos outros que o não são.

Sem esquecer que, em todo o caso, falamos de serviços públicos, é um facto que a inserção na Comunidade Europeia por um lado, e a modificação sofrida pelo papel que o Estado é chamado a desempenhar junto dos cidadãos por outro, determinou a diminuição da intervenção deste último enquanto prestador de bens e serviços públicos, até então todos (ou na sua grande maioria) considerados de titularidade exclusiva dos poderes públicos.

Assim, o fenómeno de *"despublicatio"* de determinadas actividades económicas que dá origem a uma feição de privatização – liberalização dessas actividades (implicando desse modo e por consequência que os sectores afectados sejam retirados dos até então vedados à iniciativa económica privada), vem por seu turno trazer à ordem do dia uma nova abordagem da questão dos modos de prestação das actividades de serviço público. Interligando com aquilo que anteriormente vínhamos a referir, podemos então afirmar que neste ponto específico, a distinção entre serviços públicos por um lado, e serviços de interesse geral, por outro, ganhará alguma importância, se perspectivada do seguinte modo:

1) no conceito amplo de serviço público, que não nos parece distinto do conceito de serviço de interesse geral, e dadas as transformações por este sofridas e já apontadas, deveremos distinguir aquelas actividades que foram liberalizadas e retiradas da iniciativa económica pública exclusiva, daquelas outras que, muito embora desempenhadas por particulares, continuem a entender-se como integradas nessa iniciativa pública (naturalmente, agora não exclusiva). Nestas últimas, poderemos sub-distinguir entre, por um lado, a) as actividades de cariz eminentemente económico; b) as actividades de cariz eminentemente social.

Aplicando agora a terminologia comunitária, e dentro do conceito amplo acima referido teremos que:

2) Ao serviço público que se traduz no exercício de actividades económicas, tenham estas sido ou não totalmente liberalizadas, será aplicável a noção de serviço de interesse económico geral, ou seja, actividades de serviço público que podem ser prestadas em condições normais de mercado e, em princípio, totalmente sujeitas às regras comunitárias da concorrência e igualdade entre operadores públicos e privados. Inserem-se neste grupo as actividades desde cedo qualificadas pela Comissão como sendo de interesse económico geral, ou seja: transportes, correio e telecomunicações, etc.;

3) Já no caso de serviços públicos de cariz eminentemente social, e nos quais pode e deve haver actividade prestadora pública[168], e poderá ou não haver actividade prestadora privada, esses corresponderão então aos serviços de interesse geral, na parte referente a actividades não realengas, pois o que está aqui em causa é a prestação de bens e serviços públicos de cariz diferente daqueles que ostentam os que

---

[168] Dizemos que pode e deve haver actividade pública atendendo à concepção e leitura que atribuímos à cláusula de bem-estar prevista na nossa Lei Fundamental, compatibilizada com o pendor dos direitos sociais como a saúde e a educação, enquanto direito fundamentais. Para lá desta nossa afirmação ficará naturalmente por determinar se a esse propósito a iniciativa pública deve ou não ocupar lugar de destaque, no sentido de "ocupar" mais espaço de mercado quando comparada com a iniciativa privada. Mas não era esse, como se viu, o problema sobre o qual pretendíamos reflectir, desde logo porque se trata de uma questão eminentemente política. Ainda assim, sempre se poderá dizer que o essencial é afirmar a complementaridade, neste domínio, entre iniciativa pública e iniciativa privada, razão pela qual aqui não se afirma o Princípio da Subsidiariedade nos termos em que pode suceder nas actividades de serviço público de cariz eminentemente económico, no âmbito das quais adquirirá maior fulgor. Cremos que este nosso entendimento surge confirmado com a realidade: são vários os estabelecimentos de ensino privados existentes (muitos deles concentrados na mesma área geográfica), e nem por isso se fecharam os estabelecimentos públicos aí existentes (muito embora tanto se fale da necessidade de conter a despesa pública...)! Neste sentido, a considerar a complementaridade da iniciativa privada e da iniciativa pública, ANDRÉ DE LAUBADÈRE/ JEAN-CLAUDE VENEZIA, *Droit Administratif...*, cit., pág. 38. Na mesma obra é também possível encontrar tratamento específico da iniciativa pública e privada em campos sociais específicos, como o da saúde, e do ensino e educação, a págs. 227 a 275, e 309 a 387, respectivamente.

provêm das funções de *autorictas* do Estado (ordem, justiça e segurança), não se reconduzindo também, por outro lado, àqueles outros serviços a que nos referíamos no ponto anterior.

É porém neste último grupo de serviços públicos/ serviços de interesse geral não realengos, ou para os efeitos em que aqui utilizamos a expressão, serviços públicos sociais, que se colocam as maiores questões a propósito dos modos e formas de prestação que os mesmos devem assumir quando desempenhados por poderes públicos, designadamente pelo Estado.

Entronca aqui portanto, todo o cerne do presente trabalho, dado que o maior desafio, para alem de reflectir sobre a nova configuração do sector empresarial do Estado, é saber, dentro dele, aquilo que pode e deve ou, pela negativa, não pode, nem deve, dar lugar à criação de empresas prestadoras de serviço público, ou de serviço de interesse geral, definindo designadamente as formas jurídicas, de entre as várias possíveis, que as mesmas deverão, legitimamente, adoptar.

Concluindo: de um ponto de vista prático, ao qual o Direito deve atenção, não nos parece afigurarem-se razões suficientes que impliquem a consideração do serviço público actual como algo absolutamente distinto do serviço de interesse geral. A distinção sugerida, por um lado, entre serviço de interesse geral e, por outro, serviço de interesse económico geral, poderá todavia ser útil para determinar a aplicabilidade ou não de algumas das regras do Tratado, designadamente as da concorrência, o que implicará, no caso dos serviços de interesse económico geral, que se esteja perante actividades de interesse público de carácter eminentemente económico e prestadas em regime de mercado. Verificadas estas condicionantes, é útil então fazer equivaler a noção de serviço público económico, ao serviço de interesse económico geral, deixando de fora os serviços públicos de interesse eminentemente social para corresponderem ao serviço de interesse geral de carácter não realengo, o mesmo é dizer àquilo que se entende ser serviços públicos sociais[169].

---

[169] A definição das áreas que se entendam reconductíveis à noção de serviços sociais que confiram aos potenciais utilizadores um direito subjectivo à sua prestação nem sempre é fácil, assim o constata, na realidade espanhola, GREGÓRIO RODRIGUEZ CABRERO, *El Estado de Bienestar...*, cit., pág. 192. De todo o modo, já o dissemos, foi exactamente este o sector de actividade em que mais rapidamente se constaram as dificuldades sentidas na manutenção

A distinção sobre a qual estivemos a reflectir não é absolutamente teórica, nem indiferente. De facto, com base nela é possível estabelecer uma outra, designadamente se a interligarmos com a problemática que se levanta hoje a propósito da actividade prestadora do Estado e da necessidade de a tornar mais eficaz. Nesse sentido, uma das soluções mais insistentemente avançadas para solucionar o problema tem sido a de empresarializar os mais diversos serviços públicos. Ora, atendendo ao que ficou dito atrás, facilmente se percepciona que, com base na distinção efectuada, é hoje não só possível, mas sobretudo adequado, efectuar uma outra distinção: aquela que separa dentro das empresas públicas em sentido amplo, as que se dedicam ao exercício de actividades económicas; daquelas outras, também empresas públicas, mas dedicadas a actividades de serviço público, nas quais podemos encontrar aquelas que se dedicam à prestação de serviços de interesse económico geral, e ainda outras mais específicas, às quais pode ser confiada a prossecução de serviços públicos sociais.

Porém, como se verá, a escolha do mecanismo empresarial não pode ser perspectivada como sendo inócua, razão pela qual se levantam muitas questões a esse propósito e sobre as quais quisemos reflectir neste trabalho. Dessas questões destacamos sobretudo a problemática resultante da amplitude de figuras jurídicas potencialmente aplicáveis ao exercício da actividade prestadora do Estado: desde as tipicamente administrativas, como o Instituto Público, passando pelas

---

do *Welfare State,* e que por isso deu lugar ao aparecimento do denominado "Terceiro Sector", nem público, nem privado. Neste sector, tratado sobretudo pelos cultores das ciências económicas, é possível encontrar uma vasta gama de actividades, reconduzida no geral aquilo que se começa a denominar como "serviços pessoais", dos quais se destacam como clássicos que deram início ao sector: : educação e saúde, tal como refere, RALPH M. KRAMER (...), in *Privatization in Four...,* cit., pág. 6. Mais recentemente, é possível encontrar uma enorme diversidade de actividades acopladas neste sector, desde as creches, às agências para procura de emprego, à assistência a idosos e doentes mentais, etc., todas reunidas sob a designação de "serviços pessoais", e que parecem dar lugar à ideia de "empresa social". A propósito da emergência deste conceito, JACQUES DEFOURNY, *From the Third Sector to Social Enterprise,* Routledge, Londres, 2001, pág. 1 e ss.. Em qualquer caso, não deixa de ser curioso notar que este sector começou por surgir através da iniciativas de organizações não lucrativas, as quais até hoje ocupam boa parte (se não a maioria) das organizações dedicadas à sua prestação, tal como se refere na obra que acabamos de citar, a págs. 4 a 6.

empresariais *latu sensu* (ou seja, das tradicionais EPs, hoje EPEs, até às sociedades comerciais). Deparamo-nos assim com uma multiplicidade de alternativas possíveis sem que, todavia, se vislumbrem quaisquer critérios que possam orientar essa mesma (e não irrelevante) escolha.

A totalidade das consequências e alcance concretos do fenómeno da "multiplicidade de formas organizativas", propiciador de uma espécie de "escolha à *la carte*", estão ainda por determinar. Porém, algo parece ser certo: a necessidade de reflectir sobre um tema que promete alterar substancialmente não apenas a configuração do actual sector empresarial do Estado, mas também, num plano mais abrangente, a própria configuração do sector público em geral.

## 3 – Regime Jurídico Aplicável às Actividades de Serviço Público / de Interesse Geral: Construção de um Regime Jurídico Comum?

A matéria do serviço público ou de interesse geral, pelo papel essencial que desempenha ao nível da coesão social, cria enormes desafios quando se procura compatibilizar a eficácia da prestação, submetida à concorrência aplicável à generalidade das actividades, com a necessidade de garantir essa mesma prestação em moldes fiéis àqueles que determinaram a construção de um regime específico próprio do serviço público.

Assim, num cenário de "emagrecimento do Estado", no qual a prestação pública é cada vez mais substituída pela privada, uma forma de garantir a prestação de serviços públicos passa pela aplicabilidade de um regime específico, o qual parece ancorar-se cada vez mais na técnica da implementação de obrigações de serviço público. Esta expressão "obrigações de serviço público", parece também encontrar as suas origens no direito comunitário[170], e surgiu desde logo, em matéria de transportes, no artigo 77º do Tratado. A partir daí,

---

[170] Assim, José Maria Sauvirón Morenilla, ob. cit., pág. 586 e ss. É porém discutível se a origem do conceito é mesmo de raiz comunitária, ou designadamente, de origem francesa. Neste último sentido, Auby/Ducos/Auder, *Grands Services Publics et Entreprises Nationales,* PUF, Paris, 1969, pág. 28 e ss., *apud* Sauvirón Morenilla, ob. cit., pág. 587.

converteu-se numa técnica aplicada em vários campos sectoriais anteriormente correspondentes ao monopólio dos mais importantes serviços públicos, actualmente denominados, como se disse já, serviços de interesse económico geral. Antes de abordarmos aquelas obrigações de serviço público, cumpre ter presente algumas questões terminológicas.

Assim, quando se estuda a problemática do serviço público, é usual deparamo-nos com diversas expressões, tais como: "missão de serviço público", "carga de serviço público", "obrigação de serviço público". Novamente, também aqui se levanta a questão de saber se tais expressões têm ou não um conteúdo específico que permita diferenciá-las entre si[171]. Não entraremos agora na análise de tal problema. Diremos apenas, para efeitos da análise do presente ponto, que qualquer uma das expressões tem como consequência a aplicabilidade de um regime jurídico específico, próprio das actividades de serviço público. Agora, para além das questões terminológicas apontadas, verdadeiramente relevante é saber em que é que se traduzem essas obrigações de serviço público.

A utilização de tal conceito parece ter ocorrido em 1969, quando o Conselho adoptou o regulamento n.º 1191/69, a propósito da aplicação do actual artigo 73º do Tratado CE (anterior artigo 77º). Aí, relativamente à actuação dos Estados membros no tocante às actividades de transporte, definiu-se a noção assim: *"par obligations de service public, il faut entendre les obligations que, si elle considérait son propre intérêt commercial, l'entreprise de transport n'assumerait pas ou n'assumerait pas dans la même mesure ni dans les mêmes conditions"*[172].

A técnica das obrigações de serviço público implica então a construção de regimes jurídicos específicos, tributários do direito público, pois que se destinam a garantir a manutenção dos traços essenciais que têm caracterizado a prestação do serviço público, ao mesmo

---

[171] Assim, tentando distinguir o conceito de obrigação de serviço público por um lado e de carga de serviço público por outro, JOSÉ LUIS SUAVIRÓN MORENILLA, ob. cit., pág. 592 e 593, especialmente, nota 192 desta última página.

[172] *Apud* NICOLAS THIRION, ob. cit., pág. 302. Nas páginas seguintes o autor refere muitos outros regulamentos e directivas das quais resultam obrigações de serviço público, aplicáveis a actividades consideradas de interesse económico geral, designadamente, transportes aéreos e telecomunicações, obrigações essas que mantêm o mesmo conteúdo e significado que acabamos de referir no texto.

tempo que consistem no resultado do triunfo da concepção objectiva deste último. Ou seja, tendo presente que perante a liberalização de diversas actividades anteriormente consideradas de titularidade pública exclusiva, os operadores privados se dedicariam àquelas que lhes permitissem alcançar resultados positivos (normalmente, lucrativos) com o exercício de tal actividade, a imposição destas obrigações específicas permite conciliar o objectivo de "emagrecer o Estado", aliviando-o de muita da sua actividade de prestação, ao mesmo tempo que pretendem garantir que o serviço em causa continua a ser prestador como sempre o foi, no sentido de ser universal, contínuo e acessível a todos[173].

A introdução desta técnica, se por um lado se pode encarar como correspondendo a uma consequência da afirmação do serviço público em sentido objectivo, por outro pode também colocar a questão de saber se então a intervenção pública não será dispensável, atendendo ao facto de ser possível alcançar os mesmos resultados, no tocante à prestação da actividade (pois este não se altera, continua a tratar-se de um fornecimento regular, contínuo, universal e acessível). Por outro lado, a aplicabilidade desta técnica, implica a construção de um regime jurídico que abstrai da qualidade do sujeito prestador, podendo assim considerar-se que, por esta via, a "externalização" do serviço público, implicaria que todos aqueles que prestassem determinada actividade sob um mesmo regime jurídico, e submetidos ao cumprimento das mesmas obrigações (de serviço público), estivessem, de facto, submetidos a um regime jurídico comum. Centrando-nos agora nesta última questão, parece-nos efectivamente que a construção deste regime comum pode contribuir de forma bastante positiva, a diversos níveis, no âmbito desta matéria.

Assim, esta disciplina jurídica comum, aplicável então a todas as actividades de serviço público, e independentemente da natureza pública ou privada do sujeito prestador, poderia funcionar como factor de unificação numa matéria em que a diversidade de formas e mecanismos de actuação é mais a regra que a excepção. No fundo, esta técnica das obrigações de serviço público, mais não é do que um

---

[173] Nesse sentido, J.L. MARTÍNEZ-LÓPEZ MUÑIZ, *La Regulación Económica en España*, in *El Nuevo Servicio Público*, cit., pág. 247 a 249. Também assim, JOSÉ MARIA SAUVIRÓN MORENILLA, ob. cit., pág. 585.

instrumento daquele que se parece assumir como um novo ramo do Direito público, o direito da regulação, resultante da inter-penetração entre público e privado, visando a preservação dos princípios específicos que regem a actividade de serviço público, mesmo quando a sua prestação seja efectuada sob as regras da concorrência[174].

Afirmar a existência deste regime jurídico comum, susceptível de, de algum modo, unificar a actividade dos diversos operadores de serviço público, sejam eles públicos ou privados, sob a égide de princípios fundamentais da actuação pública, ainda que com graduações e de forma diversa, permite evidenciar a funcionalização existente entre actividade de serviço público e prossecução do interesse público ou interesse geral, no fundo do bem-estar que se pretende implementar com o Estado Social e com o modelo social europeu. Mas para além disso, parece-nos ainda que a afirmação deste regime comum poderá ter outros reflexos positivos.

Por exemplo, a aplicação deste regime jurídico comum, independentemente da natureza pública ou privada do sujeito prestador, permite ainda contribuir para uma hipotética e mais eficaz separação das actividades pelos vários sectores. Note-se que, se por um lado este regime comum, pretende sobretudo implementar formas de conciliar o interesse geral com a concorrência, por outro lado, convém não esquecer as virtualidades que pode apresentar como elemento unificador, mas também diferenciador das várias actividades de serviço público. Assim, se o grosso deste direito comum se pode considerar aplicável aos serviços públicos económicos, ou serviços de interesse económico geral, por outro lado, uma vez informado e baseado em princípios inspiradores e fundamentais da actividade pública, ele pode também ser aplicado aos outros serviços públicos, os de interesse geral, especificamente aos serviços públicos sociais. Ter em consideração os diferentes tipos de serviço público, e o referido regime jurídico comum, permite por outro lado contribuir para a sua inserção sectorial de forma mais clara no âmbito do sector público quando o prestador é público, seja em sentido material, seja em sentido formal, conduzindo então os serviços públicos de interesse

---

[174] Neste sentido, JUAN MIGUEL DE LA CUÉTARA MARTÍNEZ, *Aproximación a la Regulación de Servicio Publico como Nuevo Paradigma para la prestación de Servicios Económicos, in El Nuevo servicio Público*, ob. cit., pág. 102 e ss..

económico geral, para o sector empresarial, na medida em que, em princípio, a estrutura que os suporta será verdadeiramente uma empresa; e os outros serviços públicos, de interesse geral, para o sector administrativo. Este último grupo, ao não estar inserido no sector empresarial, não estaria também sujeito às regras da concorrência[175], mas estaria sim submetido a princípios de actuação comuns, porque essenciais a esta actividade onde sobreleva eminentemente o interesse público da sua prestação. É o que sucede, ou deveria suceder, quanto a nós, nas actividades de prestação de cuidados de saúde ou de ensino, onde se verifica tanto prestação pública como prestação privada. E as origens dessa disciplina jurídica comum, construída em função da importância da actividade em causa, qualificada pelo legislador como sendo serviço público, baseiam-se nos mais elementares princípios que se aplicam ao exercício da actividade administrativa enquanto promotora do interesse público e do bem-estar. Nessa medida, é importante ter em conta que as características do regime específico dos serviços públicos, hoje materializadas em diversas obrigações de serviço público, baseiam-se em princípios tão fundamentais como sejam os da defesa do interesse público, da igualdade e não discriminação, dos direitos fundamentais, os quais se materializam no direito à prestação de serviços essenciais.

Evidentemente que a aplicação deste regime comum não poderia, todavia, aplicar-se da mesma forma, grau e intensidade a todos

---

[175] Na medida em que não seriam actividades desenvolvidas através de uma empresa, em sentido técnico-jurídico, estando além disso sujeitas a um Princípio de Solidariedade na prestação da actividade, o qual não é característico nem tão pouco compatível com a actividade empresarial, na medida em que poderia comprometer a sua finalidade reditícia. Mais adiante referiremos estas questões. Antes de terminar, porém, note-se aliás que também não terá sido por acaso que a sujeição das empresas públicas, enquanto operadores económicos que realmente são, às regras da concorrência, tenha sido apontada por alguma doutrina como um elemento de contraposição entre, por um lado as empresas públicas (que deveriam ser operadores económicos a actuarem em concorrência com os demais e que deveriam buscar, naturalmente, a obtenção de rentabilidade da sua actuação) e, por outro a sua actividade de prestação de serviço público (na qual a finalidade de obter rentabilidade não é, obviamente, a que preside à actuação da organização que a suporta). Neste sentido, veja-se THIRION, ob. cit., pág. 275 e ss., que aponta como consequência dessa contraposição o facto de se ter admitido a prestação de outras actividades por parte das empresas públicas para além das actividades de serviço público, por forma a tornar possível a sustentabilidade da empresa em si. O resultado foi a afirmação de uma forma diversa de entender o princípio da especialidade aplicável à actuação daquelas empresas públicas.

os operadores de serviço público. Neste caso, os princípios fundamentais da actividade administrativa, como sejam o Princípio da Igualdade, da Vinculação ao Interesse Público, da Defesa e Respeito pelos Direitos Fundamentais, entre outros, materializados nas diversas normas especificamente delineadas para os vários sectores, e constitutivas das obrigações de serviço público a que já nos referimos, acabariam por conduzir a uma aplicação diferenciada destes princípios fundamentais: assistiríamos então a uma aplicação automática, caso o sujeito ou ente prestador fosse um sujeito público, ainda que utilizando forma jurídica privada; e a uma outra aplicação, diferida, por via da sua materialização na norma específica que institui a obrigação de serviço público, no caso de se tratar de um verdadeiro sujeito privado, uma vez que aquelas são, no fundo, também elas, tributárias daqueles princípios fundamentais que informam a actividade administrativa, aplicáveis neste caso, não em função da natureza do sujeito prestador, mas sim em função da natureza materialmente administrativa das actividades em causa[176]. Tratar-se-ía aí tam-

---

[176] Quando nos referimos a estas actividades de serviço público enquanto forma de promover o bem-estar e as denominamos de "actividades materialmente administrativas", não o fazemos porque consideremos que sobre elas ainda se mantenha (necessariamente e enquanto parâmetro qualificativo) a titularidade pública que até há pouco tempo as caracterizava enquanto serviços públicos. Queremos apenas dizer que, independentemente de se continuar a afirmar a existência ou não dessa titularidade pública, o essencial é não esquecer, enquanto se submete o Estado a este processo de "emagrecimento" necessário, que aquele, bem como a Administração Pública em geral, estão por natureza, irrenunciávelmente ligados à promoção do interesse público e do bem comum. Daí que não se devam afastar de forma absoluta a existência de algum grau de actividade prestadora no âmbito dos serviços públicos. Quando dizemos "alguma actividade prestadora" estamos naturalmente a pretender referir a necessidade de redimensionar a amplitude das actividades consideradas como serviço público e, dentro dessas definir aquilo que possa ser entendido como serviço público essencial, ou básico, sendo que, pelo menos nesta franja do conceito, devido à sua essencialidade, se deve continuar a defender a existência de actividade de prestação pública. Daí utilizarmos a expressão "actividades materialmente administrativas" para que não se esqueça que são de facto os poderes públicos aqueles que, nas palavras de JUAN MÍGUEL DE LA CUÉTARA MARTÍNEZ, carregam " (...)a irrenunciable atención al bien común efectivo, a la garantia de lo exigido por la dignidad de todo ser humano",entendimento este que nos permite concluir, que ao nível da intervenção económica pública, esta deverá ser encarada à luz de um Princípio da Subsidiariedade não absoluto, mas sim proporcional e adequado às funções do Estado Social de Direito, o que implicará a manutenção de algum grau de actividade prestadora pública, como dizíamos. A propósito da questão da titularidade pública e dos seus inconvenientes, da necessidade de redimensionar o serviço público para encontrar

bém, de uma forma de regular uma actividade de interesse geral que pode estar inserida tanto no sector público, como no privado[177].

Por via então, deste regime comum, seria também possível suplantar a eterna distinção que separa a gestão pública da gestão privada, evidenciando também que na prestação de actividades de serviço público não seria necessário atender a tal distinção no caso de o prestador da actividade ser, de facto ou de direito, sujeito público, na medida em que aqui a óptica deverá ser, em qualquer um dos

o seu núcleo duro e torná-lo efectivamente exigível, veja-se JUAN MIGUEL DE LA CUÉTARA MARTÍNEZ, *Aproximación a la Regulacion de Servicio Público como Nuevo Paradigma para la Prestacion de Servicios Económicos, in El Nuevo Servicio Público,* cit., pág. 98,99 e 147 e ss., e 150 e ss.. Em sentido oposto, considerando a visão de DE DA CUÉTARA (assim como de ARIÑO ORTÍZ), longe da realidade e subvalorizadora do elemento da titularidade pública, J. L. MARTÍNEZ LOPEZ-MUÑIZ, *La Regulación Económica en España, in El Nuevo Servicio Público,* cit., pág. 167 e ss.. Este autor mantém e defende a concepção subjectiva de serviço público chamando à atenção para a influência que, designadamente a este nível, a prática exerce sobre o jurídico: " *La verdad es que es tal la adherencia semântica subjectiva que en qualquier caso retiene entre nosotros – como en Francia –la noción de servicio público, que resulta difícil, si no imposible, tratar de depurar-la de esa significación más o menos difusa que siempre le ha acompañado. No se olvide, por ejemplo, que en lenguage vulgar – que siempre pressiona sobre el técnico-jurídico – es corriente tener por servicios públicos todas las actividades de los Poderes públicos que comportan algun tipo de prestación, aunque esta consista en funciones públicas propriamente dichas, tanto uti singuli como incluso uti universi, tales como la Justicia, la Defensa la Seguridad ciudadana, la Protección diplomática (...), o aunque se trate de actividades prestacionales no reservadas hoy al poder público, pêro asumidas en gran medida por él, como la enseñanza por parte de los colégios, institutos o universidades de titularidad pública, la asistencia sanitária en hospitales igualmente públicos, etc. Pero lo más importante de esa connotación pública significativa de los términos servicios público radica en que comporta la idea , más o menos precisa, según los usos, de que las correspondientes actividades incumben principalmente y como por naturaleza, al Estado, al Poder público, son próprias de este y solo son realizadas por los particulares a título de colaboradores suyos, por uno o otro título.(...) Subyace a esta generalizada comprensión de las cosas la idea de que el interés general y el bien común son cosa del Estado, de las entidades públicas(...)".* Ob. cit., pág. 188 e 189.

[177] Tendo ainda presente que hoje, além de se afirmar com grande veemência a existência de um terceiro sector, híbrido, nem público nem privado, o qual desempenha um importante papel ao nível dos serviços públicos, designadamente os sociais. Por outro lado, como se verá, também o recurso insistente e até algo desmesurado por parte dos poderes públicos aos mecanismos de direito privado para as mais diversas actividades, acarreta um fenómeno de transformação da própria composição e estrutura do sector público, no âmbito do qual é hoje possível encontrar um sector privado, que afinal é, materialmente, público. Esse problema será tratado mais adiante no presente trabalho. Para lá remetemos, portanto.

casos, como melhor demonstraremos mais adiante, a da construção e implementação de uma Boa Gestão, baseada em Princípios comuns, decorrentes de um regime comum, aplicável à actividade em causa, independentemente da natureza jurídico-formal do sujeito prestador. Ou seja, por esta via, tanto as entidades públicas sobre forma pública, como as entidades públicas sob forma privada, acabariam por estar, em termos amplos, sujeitas a um regime comum, tornando-se então mais perceptível que a gestão privada não é, de *per si*, garantia de eficácia ou eficiência na prestação de um determinado serviço ou actividade[178]. Concomitantemente, deste modo, chamar-se-ia ainda a atenção para a necessária relativização do valor atribuído à personalidade colectiva para efeitos de qualificação da natureza jurídica de um determinado ente, a qual não seria sequer relevante para efeitos de aplicação deste regime jurídico comum. Dizemos ente, propositadamente, em concreto, para escapar à definição de "sujeito", a qual pressuporia a correspondente personalidade jurídica[179].

No sentido da suplantação da primeira distinção – gestão pública/ gestão privada –, poderemos apontar os contributos de autores dedicados sobretudo à ciência da administração, e para os quais a

---

[178] Ou seja, não é por ser privada que a gestão será necessariamente boa, nem por ser pública que há-de ser necessariamente má. A provar isto mesmo, surge o já referido sector, nem público nem privado, mas híbrido, precisamente por se constatar que quer o público quer o privado não constituíam por si só garantias de eficiência na prestação. O tema é já à algum tempo alvo de grande atenção por parte das Ciências Económicas, e existe já extensa bibliografia a esse propósito.

[179] Salvo no caso do direito comunitário que, sendo um ordenamento jurídico jovem e pragmático, frequentemente suplanta a exigibilidade de personalidade jurídica, tal como sucede no conceito que adopta de empresa pública ou de organismos de direito público. A exigibilidade de personalidade jurídica para a qualificação de uma determinada organização como empresa no sentido subjectivo do termo, é também relativizada em outras ordens jurídicas, tal como sucede no caso do direito italiano, com os *enti pubblici economici*, considerados como empresas públicas, ainda que na modalidade de empresas-órgão. A esse propósito veja-se THIRION, ob. cit.,pág. 37. Em sentido oposto e considerando a elemento da personalidade jurídica como essencial à qualificação da empresa pública, veja-se o mesmo autor citado, quando reflecte a esse propósito no âmbito do direito francês, ob. cit., pág. 77. O autor refere também algumas sentenças dos tribunais franceses em sentido oposto aquele se entende como tradicional na doutrina francesa, veja-se designadamente a pág. 80 e ss., ponto 57. No direito belga, o autor relata que a tendência maioritária vai também no sentido de prescindir da personalidade jurídica como elemento essencial da empresa pública, *vide*, ob. cit., pág. 85 a 87.

actividade pública se reveste de especificidades que determinam a aplicação de mecanismos específicos, não sendo por isso viável aplicar-se, qual panaceia universal, os mecanismos de gestão e actuação privadas para obter garantias de eficácia e eficiência ao nível dos resultados pretendidos. Afirmando essa diferença fundamental, tais autores inclinam-se assim para a busca de soluções organizativas que respeitem as especificidades[180] aludidas, bem como (acrescentamos nós), o estatuto específico da actuação administrativa, e que, simultaneamente permitam atingir a qualidade, eficácia e eficiência que hoje se parece atribuir em exclusivo ao sector e à gestão privadas, *maxime* quando desenvolvidas sobre formas e mecanismos empresariais.

Ora, essa suplantação decorre do valor acrescido que terá de se atribuir ao regime aplicável a todos os operadores de actividades de serviço público, base sobre a qual se podem lançar os fundamentos para o aparecimento de um "direito" comum aplicável a tais actividades. Citando MONTOYA MARTÍN, *"Todo servicio público, cualquiera que sea su modo de organización, el ha la característica de estar sometido a un régimen jurídico especial"*[181]. Assim, o serviço público, ao afirmar-se sobretudo pelo regime jurídico específico que em função da actividade em causa, e da sua especificidade, lhe é aplicável, acaba por levar alguns autores a afirmarem mesmo a superação da divisão clássica entre direito público e direito privado, atendendo por um lado, quer à "publificação" do privado, quer, por outro, à "privatização" do público[182].

Independentemente de se admitir ou não essa total superação entre direito público e direito privado no âmbito das matérias que temos vindo a estudar, a verdade é que não se podem negar elementos objectivos como, por um lado, as alterações sofridas na noção de serviço público – das quais se destaca a sua "externalização" –, bem como o pendor acrescido que na sua definição assume a aplicabilidade de um regime jurídico específico e ainda, por outro lado, as modifi-

---

[180] Nesse sentido, expressamente, J. A. OLIVEIRA ROCHA, *Modelos de Gestão Pública*, RAPP, n.º 1,2000. pág. 2; JOÃO BILHIM, *Reduzir o Insustentável Peso do Estado para Aumentar a Leveza da Administração*, RAPP, n.º 1, 2000, pág. 30-31.
[181] Ob. cit., pág. 145.
[182] Neste sentido, FARJAT, *Droit Económique, Paris, PUF, 1971*, apud MONTOYA MARTÍN, ob. cit., pág. 145, nota, 187.

cações no modo dos poderes públicos actuarem enquanto prestadores na área dos serviços públicos, ou, na terminologia que entendemos equivalente mas mais recente, nos serviços de interesse geral.

### 3.1 – *Princípios Caracterizadores*

Os serviços de que ora cuidamos apresentam segundo a Comissão, o Parlamento e os Comités Económico e Social e também das Regiões, um objectivo e estratégia que lhe são próprios e desempenham um papel de cabal importância ao nível da própria União[183]. Esse papel é nada mais do que contribuir para a coesão económica e social e para o desempenho económico, tornando-se assim imprescindíveis para a alcançar os objectivos gerais da União Europeia.

Assim, por se reconhecer o seu importante papel mesmo ao nível do estabelecimento de uma identidade de valores supranacionais comuns aos Estados membros, desde a sua primeira Comunicação a este propósito, a Comissão coloca a proposta da sua consagração expressa no próprio Tratado da União, o que veio a suceder também na Constituição Europeia, nos seus artigos III-122º e III-166º, 2. Desta forma, decorrendo dos tais valores comuns, estes serviços reger-se-ão também eles por Princípios que os caracterizam, e que orientam a missão das empresas encarregadas da sua gestão ou exploração. É pois uma sumária exposição desses Princípios que se seguirá no presente[184].

---

[183] Recordem- se as comunicações, resoluções e pareceres que já aqui referimos. A manter a coerência das posições assumidas, veja-se ainda o recente Parecer do Comité das Regiões sobre a Comunicação da Comissão sobre os Serviços de Interesse Geral, *in* JOCE n.º C 164 de 5 de Julho de 2005, pág. 0055 – 0058.

[184] Para maiores desenvolvimentos, veja-se, entre outros, RODRIGO GOUVEIA, cit.; Livro Verde da Comissão, cit., pág. 37 e ss., e também o Livro Branco já citado. Para este efeito, será também útil o Relatório apresentado pela Comissão ao Conselho Europeu de Laeken, COM 2001/598, final, de 17 de Outubro de 2001, publicado no JOCE 364, de 18 de Dezembro de 2001.

### 3.1.1 – Princípio da Continuidade

A essencialidade de que se revestem estes serviços para a vida hodierna, impede a sua caracterização como serviços normais e dependentes apenas dos mecanismos de mercado, da oferta e da procura. Assim, estes serviços são desde logo garantidos pelo Estado e assumidos como expressões do interesse público comum a todos os cidadãos. Daí os monopólios comerciais em que tais serviços eram tradicionalmente explorados.

Desta forma, estes serviços são sempre e ininterruptamente garantidos aos cidadãos a partir do momento em que são colocados ao seu dispor[185]. São serviços que não dependem pois da maior ou menor procura por parte dos consumidores, desde logo porque fazem parte integrante das suas vidas, não se prefigurando sequer a hipótese de prescindir dos mesmos. Assim se destaca, novamente, a vertente tributária do Princípio da Dignidade da Pessoa Humana, deste modo materialmente concretizado e protegido, em alguma medida pelo Princípio da Proibição do Retrocesso Social, a que já fizemos referência no primeiro capítulo do presente trabalho.

### 3.1.2 – Princípio da Igualdade

Decorrente do que acima se afirmou, estes serviços são colocados ao dispor dos cidadãos com base num critério de igualdade entre eles, não dependendo o seu fornecimento da classe económica ou social do seu destinatário.

O princípio de que ora cuidamos é também um objectivo assumido por estes serviços, já que eles se destinam a promover a coesão económica e social da forma mais equitativa possível e sem descriminações entre os cidadãos. São serviços que são fornecidos aos cidadãos nos mesmos termos e condições, independentemente das possi-

---

[185] Sendo certo que esta característica dos serviços públicos colocava (e coloca ainda) problemas de resolução difícil, como seja por exemplo o de compatibilizar este princípio com o direito à greve por parte dos trabalhadores que os prestam. Sobre este Princípio da Continuidade, veja-se RENÉ CHAPUS, *Droit Administratif Général,* tomo I, 7ª edição, Editorial Montchrestien, Paris, 1993, pág. 493 e 495, com indicações bibliográficas úteis.

bilidades económicas destes últimos[186]. A energia é fornecida sob o mesmo custo quer aos cidadãos abastados, quer aos menos abastados, por exemplo (não obstante seja comum o fornecimento a custo inferior no caso das actividades industriais).

### 3.1.3 – *Princípio da Universalidade*

Destinados, como já se disse, a promover a igualdade entre os cidadãos, estes serviços são garantidos a todos, nas mesmas condições, e em todo o território. Ou pelo menos, assim deveriam ser, já que não devemos esquecer que ainda existem muitos locais onde a energia e a água corrente não chegam. Este princípio visa sobretudo garantir e aproximar um nível de qualidade de vida mínimo e compatível com a dignidade humana a todos os cidadãos europeus.

### 3.1.4 – *Princípio da Participação*

Desde cedo a União preocupou-se em proteger o mais possível os direitos dos seus cidadãos enquanto tal, mas também enquanto consumidores. Assim, sendo estes serviços de que hoje cuidamos, considerados por muitos não apenas como serviços, mas também como direitos sociais de que todos devem gozar, pretende a União chamar os cidadãos a participar na promoção do interesse social europeu exercendo a sua cidadania e exigindo os direitos sociais que lhe correspondem.

### 3.1.5 – *Princípio da Acessibilidade e Qualidade*

Sendo estes serviços considerados por muitos não apenas enquanto tal, mas também enquanto verdadeiros direitos sociais, impõe este princípio que tais serviços sejam fornecidos com um nível de

---

[186] A propósito deste princípio da igualdade e da sua importância e operatividade nos serviços públicos, veja-se, com imensas indicações jurisprudenciais, RENÉ CHAPUS, ob. cit., pág. 494 e ss..

qualidade garantida e satisfatória, e em condições de acesso que sejam iguais para todos mediante um preço também acessível a todos. Acaba assim este princípio por ser uma concretização mais apurada do princípio da igualdade aferido agora à relação qualidade-preço existente no fornecimento destes serviços, sem esquecer que a primeira nunca pode ser determinada na mesma razão da segunda.

## 4 – O Valor Comunitário e Supranacional dos Serviços Públicos/ de Interesse Geral

De acordo com o que ficou dito nos pontos antecedentes, facilmente se constata a importância que ao nível comunitário se tem vindo a atribuir aos serviços de interesse geral. De facto, a visão comunitária a este propósito está hoje bastante longe daquela com que inicialmente se encarava a matéria. Partindo de uma abordagem marcadamente económica ou economicista dos serviços de interesse geral, sublinhando essencialmente a sua vertente económica como forma de implementar a aplicabilidade das regras da concorrência ao maior número de actividades possível, chegamos hoje à superação do vector económico para se encarar de frente a essencialidade do problema: o facto de os serviços de interesse geral corresponderem, na sua essência, a actividades de serviço público, e ainda, a evidência que estas possuem um papel determinante e fundamental ao nível do relacionamento estabelecido entre os poderes públicos e os cidadãos.

Deste modo, os serviços de interesse geral passam cada vez mais a ser encarados como incontornáveis no processo de construção comunitária. Assim, segundo as várias instâncias comunitárias, desde o Parlamento, aos Comités, até à Comissão, estes serviços correspondem a necessidades essenciais e comuns a todos os cidadãos da União. Por isso, a função que desempenham enquanto "cimento" da sociedade europeia, extravasará o mero plano das preocupações materiais, extrapolando assim a perspectiva que até aqui imperava quando se pensava em serviços de interesse geral: uma espécie de "nicho" de actividades "incómodas", porque passíveis de se furtarem à aplicabilidade das regras da concorrência, mas cuja prestação em moldes específicos se mantém tão essencial hoje, como ontem, aquando do advento do Estado de Bem-Estar. Ou seja, a perspectiva comunitária actual a propósito desta matéria assume-se hodiernamente como mais coerente, mais ampla e mais harmoniosa, assumindo claramente a essencialidade da matéria e a necessidade de se reconhecer o importante papel destes serviços, os quais não devem ser perspectivados apenas em função de uma lógica de mercado, uma vez que é patente que um tal entendimento os remetia para um papel secundário, quase residual, como que condenados a funcionarem apenas e só para corrigir os desequilíbrios desse mesmo mercado.

Desta forma, a partir da introdução do artigo 7 D no Tratado de Amesterdão, actual artigo 16º do Tratado da União[187], iniciou-se um caminho que ainda hoje se percorre, mas que permite já afirmar que actualmente se pode considerar consolidada a visão que reconhece aos serviços de interesse geral uma dimensão simbólica de crucial importância: constituem efectivamente uma das bases que oferece pontos de referência à colectividade, construindo por essa via um vínculo de pertença dos cidadãos europeus[188] relativamente à União que a cada dia se constrói, consistindo por isso um elemento de identidade cultural para todos os países e povos europeus.

Esta mesma leitura foi desde cedo assumida quer pelo Parlamento, quer pelo Comité Económico e Social que, perante a importância reconhecida e atribuída aos mesmos, desde cedo pugnaram pelo estabelecimento, ao nível comunitário, de uma espécie de quadro normativo geral que abrangesse esta matéria e lhe conferisse assim alguma unidade substancial[189], não se bastando com o entendimento até essa

---

[187] Reforçado pela Declaração n.º 13 anexa ao próprio Tratado.

[188] A problemática a propósito dos conceitos de cidadania europeia, bem como de povo europeu, é intensa, controversa, muitíssimo interessante, mas extrapola o presente trabalho. Ainda assim, meramente a título de exemplo, veja-se, entre outros: FAUSTO DE QUADROS, *Direito da União Europeia*, Almedina, Coimbra, 2004, pág. 115 e ss.; CRUZ VILAÇA, *A Protecção dos Direitos dos Cidadãos no Espaço Comunitário* in Valores da Europa, Identidade e Legitimidade, Lisboa, pág. 51 e ss.; MARIA LUÍSA DUARTE, *A Cidadania da União e a Responsabilidade dos Estados por Violação do Direito Comunitário*, Lex, Lisboa, 1994. Já no sentido de reconhecer os serviços de interesse geral como um pilar na construção europeia, designadamente no desenvolvimento da noção de cidadania, vejam-se as várias Comunicações da Comissão, já indicadas, em especial o seu Livro Verde.

[189] Esse entendimento, já referido em pontos anteriores e aí exemplificado, não cessou desde então, tal como o comprova a Resolução do Parlamento datada de 13 de Novembro de 2001, na qual se incitava à criação de uma Directiva Europeia a propósito dos serviços de interesse geral, publicada no JOCE 140, 13 de Junho de 2002. Neste mesmo sentido, também o Comité das Regiões, conforme se constata a págs. 3, ponto 1.8 do seu último Parecer atrás referenciado.

data preconizado pela Comissão, segundo o qual, atendendo ao Princípio da Subsidiariedade, caberia a cada um dos Estados membros definir aquilo que entendiam constituir serviços de interesse geral. A caminhada no sentido do crescente reconhecimento dos serviços de interesse geral conheceu ainda outro ponto de especial relevo: o facto de terem sido expressamente introduzidos na carta dos Direitos Fundamentais da União Europeia, mais propriamente no seu artigo 36°. Com base neste preceito tornou-se então possível considerar que o entendimento comunitário a propósito da questão se tinha alterado de forma profunda. Da mesma forma que do *"homo economicus"* se passou ao conceito de cidadão europeu, também em matéria de serviços de interesse geral se extrapolou a sua economicidade para se reconhecer a sua substancialidade e materialidade enquanto direitos fundamentais[190], reconhecidos e respeitados ao nível europeu. A partir daqui, conjugando este significado específico da carta dos Direitos Fundamentais, e atendendo às diversas iniciativas e diferentes abordagens que a Comissão veio a adoptar a propósito desta matéria, com a sua inserção no texto da Constituição Europeia, parece-nos inequívoco afirmar que os serviços de interesse geral possuem hoje um valor supra-nacional passível de unir os diversos países da União em torno de uma certa ideia de constitucionalidade material[191], independentemente do momento difícil que actualmente paira sobre o processo de construção europeia.

---

[190] A propósito da importância que a protecção dos direitos fundamentais tem vindo a assumir no espaço comunitário, veja-se, entre variadíssimos autores, a titulo exemplificativo, designadamente os seguintes:
ANA MARIA GUERRA MARTINS, *Curso de Direito Constitucional...*, cit., pág. 89 e ss., e 225 e ss.; FAUSTO DE QUADROS, *Direito da União...*, cit., pág. 127 e ss.; MIGUEL GORJÃO HENRIQUES, *A Evolução da Protecção dos Direitos Fundamentais no Espaço Comunitário, in Carta de Direitos Fundamentais da União Europeia*, Coimbra Editora, 2001, pág. 17 e ss.; VITAL MOREIRA, *A Tutela dos Direitos Fundamentais na União Europeia, in Carta dos Direitos Fundamentais da União Europeia*, Coimbra Editora, 2001, pág. 75 e ss.; MARIA LUÍSA DUARTE, A União Europeia e os Direitos Fundamentais – Métodos de Protecção –, Studia Iurídica n.° 40, Separata, Coimbra, 1999; KOEN LENAERTS, *Respect for Fundamental Rights as a Constitutional Principle of the European Union*, in The Columbia Journal of European Law, 6, 1999, entre muitos, muitos outros.

[191] Neste sentido, e sublinhando a importância da matéria enquanto verdadeiros Princípios Constitucionais da União, veja-se ANA MARIA GUERRA MARTINS, *Curso de Direito Constitucional...*, cit., pág. 225 e ss..

Desta forma, o valor supranacional que se deve reconhecer aos serviços de interesse geral contribui para a construção do modelo social europeu, ao mesmo tempo que permite revitalizar a ideia de Estado de Bem-Estar, na medida em que consiste numa noção que encontra as suas fundações em serviços considerados como essenciais e básicos, atendendo àquilo que se considera hoje ser um padrão de compatibilidade com a dignidade da pessoa humana e da qualidade de vida que a deverá acompanhar. A supranacionalidade que os reveste consiste assim num factor de unificação do tratamento a dispensar a esta matéria, permitindo-nos por isso qualificá-los como verdadeiros princípios supranacionais, princípios esses que não só contribuem para a coesão económica e social da União, mas sobretudo, desempenham um papel determinante na implementação, cada vez mais concretizada, de um conceito de cidadania europeia.

## 5 – Os Serviços Públicos ou de Interesse Geral como Parte da Concretização da Cláusula Constitucional de Bem-Estar

Aqui chegados, não nos resta mais que concluir, em coerência com o que dissemos nos pontos anteriores, que actualmente nos parece essencial o papel desempenhado pelos serviços públicos na concretização da cláusula constitucional de bem-estar.

Assim, enquanto que no plano comunitário esta matéria desempenha a função de coesão necessária para a construção do projecto europeu e consolidação do seu modelo social, já a nível a interno esse reflexo comunitário há-de espelhar-se também no papel específico dos serviços públicos na concretização do bem-estar que os poderes públicos estão constitucionalmente obrigados a servir. Assim, mais do que encarar a prestação de serviços públicos por parte do Estado como matérias residuais, destinadas a cobrir falhas de mercado[192], urge reconhecer que a importância da matéria transcende o cariz economicista e mercantilista que à mesma se pode reconhecer. Parece-nos efectivamente que, enquadrado deste modo o problema em

---

[192] O que implicará, naturalmente, reconhecer os limites que a esse nível pode desempenhar o mercado e a concorrência, tal como sublinha TONY PROSSER in *The Limits of Competition Law,* cit., pág. 38.

análise se pode concluir pela necessidade de encontrar formas de garantir a prestação de serviços públicos, designadamente aqueles passíveis de concretizarem direitos fundamentais constitucionalmente reconhecidos, ao mesmo tempo que se torna imperativo ponderar a necessidade de manter um grau variável, mas existente, de prestação pública de tais actividades de concretização do interesse geral e dos direitos fundamentais[193].

Assente o entendimento de fundo que perfilhamos a este propósito, tentaremos agora, na secção seguinte, abordar a problemática das formas de prestação aplicáveis às actividades de serviço público quando o prestador em causa é também ele público. Em concreto, analisaremos a adequação de aplicar mecanismos de direito privado e empresarial à prestação pública de actividades de serviço público.

## II SECÇÃO
## Bem-Estar e Intervenção Económico-Empresarial

Como temos vindo a demonstrar ao longo do presente trabalho, intervenção económica pública e bem-estar são, desde o advento do Estado Social de Direito, realidades indissociáveis. Ainda assim, e não obstante seja recorrente a qualificação deste modelo de Estado como sendo um Estado de Bem-Estar, vimos também que este se encontra actualmente em crise[194], e até ameaçado de extinção. Admi-

---

[193] Ideia esta que resulta do entendimento segundo o qual é o Estado o "portador natural" da conceito de solidariedade social e promotor do bem-estar, juntamente com o facto de nem sempre se poder prestar eficaz e convenientemente serviços públicos mediante as regras de mercado e de concorrência. Neste sentido, chamando a atenção para os problemas que podem derivar de uma abordagem aos serviços públicos baseada nos imperativos do mercado e da concorrência, vejam-se os exemplos referidos por TONY PROSSER, *The Limits of Competition Law...*, cit., pág. 22 e 28 a 33, estas últimas analisando o problema da compatibilização da lógica dos direitos com a lógica dos mercados.

[194] A propósito do problema, e de um ponto de vista eminentemente sociológico e económico, veja-se a obra colectiva organizada por STEFAN SVALLFORS/PETER TAYLOR-GOOBY, *The End of Welfare State? Responses to State Retrenchment*, Routledge/ESA Studies in European Society, 1999, Londres. Nesta obra é possível encontrar a análise do problema em vários países, dos quais destacamos especialmente os países do Norte da Europa,

tir tal realidade é sobretudo entrar em linha de conta não com o problema de saber se o Estado deve ou não cumprir as suas funções de bem-estar[195], mas sim e sobretudo, até que ponto está preparado para assumir os respectivos custos. Por isso, a relação entre bem--estar e intervenção económica[196] não pode jamais sair de perspectiva quando se pretende reflectir sobre a actividade prestadora do Estado em geral, e do seu sector empresarial em especial.

**1 – Bem-Estar, Intervenção Económica e Intervenção Empresarial: enquadramento e distinção**

Como se constatou, a elevada dependência entre o desenvolvimento económico e as possibilidades de promoção e concretização do bem-estar das populações, coloca dificuldades e desafios que obrigam a repensar as formas de actuação pública.

---

designadamente, o "modelo escandinavo", também designado por *"Service State"*, na medida em que se caracteriza sobretudo, deste ponto de vista, pelo importante papel desempenhado pelos poderes públicos no fornecimento de serviços sociais e de saúde a todos os seus habitantes. Especificamente sobre este "modelo escandinavo", e analisando a sua "especialidade", outra obra colectiva de relevo é a organizada por MIKKO KAUTTO/JOHAN FRITZELL/ BJORN HVINDEN/JOHN KVIST/HANNU UUSITALO, *Nordic Welfare States in European Context*, Routlegde, Londres, 2001. Para uma abordagem mais ampla no tocante aos fundamentos do *Welfare State*, PAUL SPICKER, *The Welfare State. A general Theory*, SAGE Publications, Londres, 2000.

[195] Parece-nos que isto é uma evidência: uma vez perspectivado o Estado como uma entidade com obrigação de promover o bem-estar dos seus cidadãos, não haverá volta atrás. Trata-se portanto, mais do que um problema económico, de um verdadeiro problema político e também por isso, essencialmente jurídico, atento o papel desempenhado pela consagração constitucional dos direitos sociais como direitos fundamentais. A opção portanto, não passa pelo desmantelamento do *Welfare State*, mas sim pela sua reformulação. A este propósito e nesse sentido, GREGORIO RODRIGUEZ CABRERO, *El Estado de Bienestar en España: debates, desarrollo y retos*, Editorial Fundamentos, 1ª Edição, Madrid, 2004, pág. 21.

[196] Vários são os autores das áreas económicas que reflectem sobre o problema. A conclusão, adoptando naturalmente fundamentos e caminhos diversos, parte sempre daquilo que é evidente: a ligação entre economia e bem-estar que tem vindo a determinar alterações nos modelos de Estado que se encontram comprometidos com este objectivo. A esse propósito, só a título de exemplo, e percorrendo o problema na Suécia, no Reino-Unido, no Japão e nos Estados Unidos, HIROTO TSUKADA, *Economic Globalization and Citizens' Welfare State*, Ashgate Publishing Limited, Inglaterra, 2002.

Assim, estando o Estado constitucionalmente comprometido com a já aqui tão referida cláusula de bem-estar, a pergunta sacramental transcende, quanto a nós, o problema de saber se está ou não obrigado a prestar, mas centra-se sobretudo no problema de saber qual a melhor forma de prestar. Desse modo, e na busca de soluções possíveis, e sobretudo eficazes, o Estado descobriu as possibilidades de actuar como um operador de mercado, e assim deu asas ao exercício da iniciativa económica pública. Esta porém, ao contrário do que possa parecer, não tem necessariamente de ser unicamente identificada com a sua actuação empresarial. Pelo contrário: esta última é apenas uma parte específica que se pode encontrar quando se começa a analisar a primeira.

Daí que, para se compreender a importância do sector empresarial do Estado seja desde logo essencial atender à distinção que é possível fazer entre actividade económica por um lado, e actividade empresarial por outro. Esta última, pautar-se-á por especificidades que permitem distingui-la de entre as várias actuações públicas em que se traduz o exercício da iniciativa económica amplamente considerada. Tentemos por isso, proceder à distinção a que acabamos de aludir para que se possa expor com maior clareza as questões em análise, as quais nos permitirão compreender melhor este fenómeno de privatização-empresarialização de boa parte dos serviços públicos. Este aspecto não poderia deixar de ser abordado no presente trabalho, uma vez que o espírito desta reforma vem implementar a aplicação de critérios de gestão empresarial, critérios esses que passam não apenas pela aplicação do direito privado à actuação de entidades públicas (uma vez que isto já sucedia em todas as empresas públicas tradicionais), mas também pela modificação de muitas das estruturas que até agora assumiam a configuração de pessoas colectivas de direito público[197].

---

[197] É o que sucede presentemente com os Hospitais SA, entidades que ao assumirem a forma societária, deverão considerar-se, pelo menos do ponto de vista formal, pessoas colectivas de direito privado, muito embora a sua natureza enquanto tal não se assuma tão linear quanto isso. A este ponto voltaremos mais à frente. De todo o modo, não poderemos ignorar a alteração anunciada a propósito deste assunto, transformando-se os hospitais SA em EPEs.

Consideramos porém essencial chamar a atenção para o seguinte: é que o tão falado movimento "empresarializador" da Administração Pública, é um fenómeno que, a ser implementado, actuará transversalmente em todas as suas estruturas, razão pela qual será necessário desde já "separar as águas" neste trabalho, onde se analisará preferencialmente esse "vento de mudança" e as suas consequências sobretudo no campo empresarial e não já no administrativo. Note-se porém que, também aqui as distinções não serão fáceis nem líquidas, uma vez que, se se pretende empresarializar a Administração Pública e se, para tanto se seguir, por exemplo, o modelo britânico,[198] a transformação a implementar será, de facto, de grande monta. Tendo em atenção este facto, tomamos então consciência da delicadeza do tema e da dificuldade de traçar fronteiras estanques entre um sector público administrativo que se pretende empresarializar, e um sector público empresarial que se pretende dinamizar. Em ambos os casos, a utilização do direito privado, é patente, daí o ponto comum que poderá aproximar os dois domínios, tornando-se assim possível estudar o tema num quadro geral, aplicável a ambos, mas que não se pretende reconduzir *in totum* ao estudo da temática da "fuga para o direito privado" por parte da Administração Pública.

Tal como já referimos, esse assunto já conhece tratamento brilhante entre nós, tratamento esse a que muito recorremos no presente

---

[198] A traços largos, é possível caracterizar este modelo destacando a criação de várias e pequenas agências descentralizadas e desconcentradas pelo país, as quais garantiam o desempenho de funções de serviços públicos adoptando para o efeito uma dinâmica empresarial e assumindo claramente uma postura concorrencial entre si. A seguir este exemplo, isso significará certamente a total metamorfose da feição do sector público administrativo nacional, o qual passará a integrar também estruturas cuja natureza se aproximará mais de uma empresa do que de um puro serviço de carácter administrativo. Para um olhar recente sobre este modelo britânico, focando especificamente a problemática dos serviços públicos, ou de interesse geral e o direito da concorrência, veja-se TONY PROSSER, *The Limits of Competition Law...*, cit., pág. 39 e ss.. Também a propósito do tema, e numa perspectiva comparativa entre a realidade espanhola e a britânica, veja-se FRANCISCO JOSÉ VILLAR ROJAS, *Privatización de Servicios Públicos. La experiencia española a la luz del modelo británico*, Editorial Tecnos, Madrid, 1993. Entre nós, para um olhar mais breve sobre esta matéria, JOAQUIM FILIPE FERRAZ ESTEVES DE ARAÚJO, *Continuidade e Mudança nas Organizações Públicas: A Experiência da Reforma do Reino Unido*, in Fórum 2000. Renovar a Administração. Reformar a Administração Pública: Um Imperativo, Instituto de Ciências Sociais e Políticas, Lisboa, 2000, pág. 71 a 82.

trabalho, mas que, não obstante, não constituirá o cerne da nossa investigação. Pretendemos essencialmente lançar um novo olhar sobre a nova feição que o Estado vem a assumir nos diversos campos em que intervém, com especial destaque para o campo empresarial e para a sua expansão a outros domínios, designadamente ao tipicamente administrativo. Deste modo, e com este "pano de fundo", torna-se evidente que no cenário actual, tudo parece encaminhar-se para a profunda alteração do sector público em geral, tornando-se então mais difícil conceber com rigor e certeza as actividades que se enquadrarão no sector público administrativo, e aquelas outras que se situarão no sector público empresarial. Um exemplo actual é o caso dos já aqui referidos Hospitais SA, ou EPE: esta actividade de prestação de cuidados de saúde era tradicionalmente prosseguida por entidades enquadradas no sector público administrativo e não no sector público empresarial. Por outro lado, a aplicabilidade da figura jurídico-económica que é a empresa a este tipo de actividade, até aqui tradicionalmente enquadrada no sector administrativo, levanta outro tipo de questões como seja desde logo a de saber qual é o efeito útil desta "movimentação sectorial". É que, como se sabe, o sector público empresarial pauta-se por normas distintas, designadamente ao nível contabilístico[199]. Por outro lado, não se esqueça também que este sector é amplamente identificado com o exercício da iniciativa económica pública[200], sobre a qual recai, em regra, a restrição do Princípio da Subsidiariedade, como já se referiu, o que significaria então que este sector tenderia a diminuir e não a aumentar.

---

[199] Tal como resulta da Lei n.º 91/2001 de 20 de Agosto que exclui do seu controlo as empresas públicas, facto este em muito justificado pela circunstância de se esperar que, ao exercerem uma actividade económica, actuando nos mercados, estas alcançassem resultados positivos ou pelo menos neutros, no sentido de permitirem a sua auto-sustentabilidade, não onerando assim o orçamento público e as gerações futuras. Ora, longe de ser essa a realidade do próprio sector público empresarial nacional, o qual subiste, como se verá, "sem rei nem roque", dificilmente se compreende esta manobra de permitir o seu alargamento... Voltaremos a este ponto do descontrolo e abandono em que caiu o sector empresarial nacional no último capítulo deste trabalho.

[200] Aqui referida no seu sentido estrito, ou seja, dedicada a actividades económicas que, ainda revestindo interesse público, não constituam, em sentido próprio, actividades de serviço público e não dando por isso azo ao aparecimento das empresas públicas de serviço público, mas apenas a empresas públicas de mercado.

Facto que realmente vem a suceder quando nele se incluem um importante e não pequeno grupo de empresas, as quais, diga-se, em nada contribuem para a missão[201] que o RGSEE atribui à generalidade das empresas públicas, tal como resulta do seu artigo 4º...

### 1.1 – Da Natureza Empresarial de uma Actividade Económica

Definir aquilo que se deva entender por "actividade económica" não é, de todo, tarefa fácil. Mas é no entanto essencial estar atento não só à importância técnico-jurídica do conceito, como também à especificidade que se pode encontrar quando se qualifica uma actividade económica que, além disso, é também uma actividade de natureza empresarial.

Como se sabe, dentro das actividades económicas é usual distinguir-se três sectores: o primário, composto pela agricultura, pesca, caça, pecuária e silvicultura; o secundário, pela industria, podendo entender-se esta como reportada a actividades transformadoras; e o terciário, integrado pelas actividades latamente aferidas ao comércio e aos serviços. Por outro lado, se olharmos para a intervenção económica pública, constataremos que o Estado, ao longo do tempo, tem vindo a fazer sentir a sua presença, em maior ou menor medida, em todos estes grupos de actividades. A forma como o tem vindo a fazer, no entanto, e apesar de ultimamente se ancorar massivamente na utilização da figura da sociedade anónima, nem sempre foi assim tão "linear". E não foi, precisamente porque, na procura de formas jurídicas aplicáveis à actuação económica pública, se constatou que nem todas as actividades económicas assumiam necessariamente carácter empresarial, sendo por isso hoje pertinente questionar da aplicação sistemática da sociedade comercial, entendida esta como uma

---

[201] Missão essa bem importante, e que não é demais relembrar, até para que a afirmação do texto resulte mais clara. Reza então assim o artigo 4º do RGSEE: *"A actividade das empresas públicas e o sector empresarial do Estado devem orientar-se no sentido de contribuir para o equilíbrio económico e financeiro do conjunto do sector público e para a obtenção de níveis adequados de satisfação das necessidades da colectividade".*

forma específica de organização da empresa[202], a actividades que poderão não assumir essa dita natureza empresarial.

Qual será então o entendimento a dar ao conceito de actividade económica de natureza empresarial? Haverá alguma especificidade nesta última?

Parece efectivamente que sim, tal como há muito fazia notar GIANNINI quando afirmava que *"(...) son muchas y no desdeñables, las actividades económicas públicas en forma privada que no dan lugar a una orgnización empresarial y a actividades empresariales"*[203]. Vejamos então quais os elementos que nos podem ajudar a perceber a diferença. Não obstante, advertimos desde já para o facto de, apesar de o Direito ser uma ciência intrinsecamente argumentativa, ser comum, ainda assim, assistirmos à utilização de alguns vocábulos que exprimem conceitos técnico – jurídicos, sem que exista sempre a devida adequação às realidades a que se aplicam. Este mesmo facto foi já apontado por COUTINHO DE ABREU[204] quando tentava descobrir a definição de empresa pública, mas também da própria noção de empresa, tal como já aqui referimos De modo análogo, deparamo-nos agora com a questão de saber, de entre as várias actividades económicas, quais serão aquelas que revelam um carácter ou natureza empresariais, e que, por isso, podem dar lugar à criação de verdadeiras empresas, isto sem que se desvirtue tanto este conceito de base, como a própria forma jurídica que se lhe venha a aplicar (actualmente, sociedade comercial ou EPE, se atendermos apenas ao texto do RGSEE).

Tentemos então, sem sobrancerias nem pré-conceitos, reflectir um pouco sobre esta questão da natureza empresarial de uma dada actividade económica exercida pelo Estado[205]. Quais são, afinal, os

---

[202] A este propósito é importante ter em atenção que apesar de se referir usualmente o relacionamento entre a empresa e a sociedade comercial como sendo a primeira matéria, e a segunda forma, não é isento de críticas. Neste sentido, COUTINHO DE ABREU considera que é mais rigoroso ver cada um dos conceitos como dois fenómenos distintos, na medida em que a cada um correspondem conteúdos próprios, por isso será mais exacto considerar que " (...) a sociedade é, em alguma medida, organização da empresa – mas não só: é organização que transcende a empresa"., in Da Empresarialidade...., cit., pág. 216 e ss.

[203] In Actividades Económicas Públicas y Formas Jurídicas Privadas, cit., pág. 106.

[204] In Definição de Empresa Pública, Coimbra, 1990, pág. 38 e ss..

[205] Para melhor enquadrar o problema, efectuando as devidas adaptações, será porventura útil recorrer ao estudo de HANS WÜRDINGER, *Poteri Pubblici ed Impresa*, in Rivista delle Società, ano 21º, Novembro-Dezembro de 1976, pág. 1105 e ss..

índices qualificativos, os critérios ou os elementos através dos quais podemos aferir da natureza empresarial de uma dada actividade?

Esta é, verdadeiramente a questão, cuja resolução pressupõe que se pergunte desde logo se é ou não possível dissociar e autonomizar o conceito jurídico de empresa, da definição do que seja efectivamente a "natureza empresarial" de uma determinada actividade económica. Esta é uma questão prévia que não poderia deixar de se colocar, dado que, caso o não fizéssemos arriscaríamos comprometer toda análise com deambulações e raciocínios circulares sobre o tema. Deste modo, na análise que se segue, tentaremos averiguar se é ou não possível e sobretudo juridicamente útil, autonomizar o conceito jurídico de empresa, da noção de actividade económica de natureza empresarial, designadamente para determinar se é ou não viável aplicar a figura da empresa a toda e qualquer actividade económica.

Vejamos, então:

Para começar, diremos que, se é verdade que toda a empresa prossegue uma actividade económica, pelo contrário, o inverso nem sempre se verifica, uma vez que, nem toda a actividade económica se revela passível de ser exercida ou prosseguida através de uma empresa. Assim, um primeiro índice de que estaremos perante uma actividade económica que revele também natureza empresarial, será exactamente o facto de existir uma estrutura organizada de factores através da qual essa actividade seja efectivamente prosseguida de forma estável. Desta forma, evidente se torna que não poderemos chegar a conclusão alguma a propósito da natureza empresarial de uma actividade económica sem abordarmos directa (ainda que sumariamente) a figura da empresa[206], em particular, e dado o objectivo da nossa investigação, a pública. Como tal, e para efeitos da análise que

---

[206] Atente-se porém que a problemática da empresa pode ser e é abordada sob diferentes perspectivas, às quais corresponderão assim diferentes noções de empresa, por exemplo, a empresa como objecto, mas também como sujeito, como órgão, como organização, etc. Não abordaremos esta problemática quando nos referirmos à empresa. O sentido com que utilizaremos o conceito resultará do próprio texto. Ainda assim, para uma abordagem a propósito deste inesgotável ponto de reflexão, veja-se, entre outros, COUTINHO DE ABREU, *Definição...*, cit., pág. 25 a 93; *Da Empresarialidade...*, cit.; *Curso de Direito Comercial...* vol. II, cit., pág. 189 e ss.; OLIVEIRA ASCENSÃO, *Direito Comercial,* vol. I, Lisboa, 1998/99, pág. 141.

se seguirá, partiremos dos elementos retirados da definição de empresa pública avançada por Coutinho de Abreu, tendo em conta, como é evidente, as modificações que o RGSEE introduziu a esse propósito. Assim, de acordo com o Autor citado, empresa pública poderá definir-se como sendo *"(...) organizações de meios, dotadas de personalidade jurídica e com denominação parcialmente taxativo-exclusiva, criadas pelo Estado – ao qual ficam a pertencer, e sob cuja superintendência e tutela actuam – com capitais públicos (atribuídos por ele e/ou por outras entidades públicas), produtoras de bens destinados a uma troca propiciadora de receitas que, pelo menos, cubram os custos da produção, e tendo em conta a consecução de finalidades públicas"*[207].

Apesar de o RGSEE haver revogado o Dec.-Lei n.º 260/76, no qual se baseava a definição *supra* mencionada, parece-nos que ela encontra ainda hoje total valia enquanto conceito definidor abstracto, aplicável a todas as formas jurídicas que hoje a empresa pública possa assumir, ressalvando-se porém os controlos públicos da tutela e da superintendência, os quais formalmente, só se aplicarão hoje a uma espécie de empresa pública, a EPE. Outra definição importante a ter em conta para efeitos da presente análise, é a de empresa em sentido objectivo, por forma a assentar a análise do carácter empresarial de uma dada actividade económica em alicerces suficientemente resistentes à já constatada polissemia que circunda a realidade "empresa". Continuando ainda na companhia do Autor que acabamos de citar, poderemos então considerar que empresa em sentido objectivo vem a ser, *"(...) a unidade jurídica fundada em organização de meios que constitui um instrumento de exercício relativamente estável e autónomo de uma actividade de produção para a troca"*[208].

Deste modo, a actividade económica só revelará verdadeira natureza empresarial se assentar na estrutura específica que é a empresa, e se reger por uma forma de actuação também ela específica, imbuída de uma mecânica própria, correspondente àquilo que se

---

[207] *In Definição...*, cit., pág. 207.
[208] in, *Empresarialidade...*, cit., pág. 304. Veja-se também, a propósito do conceito de empresa, Oliveira Ascensão, *Direito Comercial*, volume I, Lisboa, 1998/99, pág. 137 e ss., criticando porém a concepção de empresa em sentido objectivo, avançada por Coutinho de Abreu, a págs. 150.

designa por "critérios de actuação empresarial". Propomos então que se faça um pequeno "teste" para que melhor se percepcione a diferença que separa a actividade económica daquela outra que, além de o ser, é também empresarial. Para tanto propomos os seguintes parâmetros de análise:

- organização estruturada;
- produção/distribuição de bens e /ou serviços;
- satisfação de necessidades humanas;
- colocação desses bens no mercado, contra um preço;
- existência de um risco específico no exercício da actividade ;
- objectivo de obtenção de um ganho.

Testemos então a verificação destes índices:

**1 – A actividade económica em causa desenvolve-se apoiada numa organização estruturada?**

Se sim, este será um índice de existência de empresa em sentido objectivo, ou melhor, em sentido técnico, o qual não será porém suficiente, por si só, para aferir da natureza empresarial da actividade em causa. Por exemplo, os serviços de benemerência e voluntariado no apoio a pessoas necessitadas, apesar de organizados, não parecem dar origem a uma actividade considerada como empresarial. Neste sentido, GARCÍA TREVIJANO-FOS[209] qualifica tal actividade, quando exercida pelos poderes públicos, como um serviço público, de carácter social e não económico, factor este que afastaria a sua qualificação como actividade empresarial, na medida em que uma tal estrutura não se dedicaria a uma actividade económica. Mais adiante abordaremos esta distinção, que como desde já se adivinha, ainda hoje não se afigura fácil nem pacífica[210]. Aquilo que é importante reter agora, é

---

[209] *In Concepción Unitária del Sector Público, in La Empresa Pública,* Studia Albornotiana, cit. pág. 72.

[210] A propósito do que se afirmou no texto, no sentido de os serviços públicos sociais não serem considerados como actividades económicas, recorde-se que se por um lado essa distinção é já antiga, por outro ela conhece hoje uma enormíssima importância, despertando cada vez mais o interesse da Comissão Europeia que, nas suas várias intervenções no

que a simples existência de empresa em sentido objectivo será suficiente mas não bastante para se considerar que poderemos estar perante o exercício de uma actividade económica.

**2 – A actividade em causa resulta na produção de bens ou serviços?**

Este parâmetro é insuficiente para a qualificação da actividade como sendo empresarial. Diz–nos apenas, como já referimos, que a actividade em causa será de natureza económica, em sentido amplo.

**3 – A actividade em causa destina-se à satisfação de necessidades humanas?**

Tal como no ponto anterior, este parâmetro é também insuficiente, mais ainda que o seu antecessor, dado que, em princípio, todas as actividades económicas se destinam à satisfação de necessidades humanas. Novamente, este parâmetro só nos indica que estaremos, em princípio, perante uma actividade económica.

**4 – A actividade em causa, tem por objectivo colocar os bens ou serviços produzidos ou distribuídos, no mercado, e de forma onerosa?**

Se sim, este é já um elemento que permitirá qualificar a actividade em causa como tendo natureza empresarial. A onerosidade referida resultará da aplicação de um preço ao bem ou produto, preço esse que será fixado com base no custo da produção, e que não deverá ser, por regra, inferior a esse custo[211]. Deste modo, qualquer actividade

---

âmbito dos serviços de interesse geral tem vindo a chamar a atenção para a dificuldade, mas também para a necessidade, de se distinguir de modo mais claro as actividades económicas das sociais, desde logo porque o direito da concorrência só se aplicaria às primeiras, até porque, só estas dariam lugar à existência de empresas, e, como se sabe, o conceito comunitário do que sejam estas últimas é bem mais eclético, pragmático e abrangente do que aquele técnico-jurídico utilizado no âmbito nacional. Para ilustrar a dificuldade de distinguir actividade económica de actividade social, agudizada porque é necessário admitir que também no sector dos serviços temos verdadeira actividade económica, veja-se COUTINHO DE ABREU, *Definição...*, cit., em particular, pág. 114 a 119.

[211] A fixação do preço deverá cobrir, no mínimo, os custos de produção sob pena de se claudicar a própria viabilidade da empresa em si, que ao não proceder assim acabará por

económica, produzida através de uma estrutura de factores organizados, cujo produto seja lançado no mercado contra um preço, evidenciará já algum índice de empresarialidade. Aproximamo-nos assim, do conceito específico de actividade económica de natureza empresarial.

## 5 – A actividade em causa implica a assunção de um risco decorrente do seu exercício ou exploração?

Este é um parâmetro que desde cedo se utilizou na doutrina de modo a definir o conceito de empresário[212]. E apesar de se discutir a eventual existência de empresa sem empresário[213], a verdade é que, em princípio, a interligação entre os dois conceitos é muito estreita,

---

ficar deficitária, comprometendo assim as suas hipóteses de sustentabilidade e manutenção no activo. Algumas ressalvas terão de se efectuar no caso das empresas públicas, em especial, as de serviço público, no âmbito das quais a fixação de um preço inferior ao do custo surge justificada pelo facto de não ser possível cobrar ao utente do serviço o verdadeiro preço de custo do mesmo. Logo por aqui se começa a vislumbrar a tão questionada compatibilidade entre a forma e o conceito de empresa, e o de serviço público. A propósito do problema e efectuando a ressalva apontada nesta nota, veja-se COUTINHO DE ABREU, *Definição...*, cit., pág. 148. A propósito da relação preço-fornecimento do bem ou serviço no âmbito dos serviços públicos e das empresas públicas, é também interessante ver a forma como este elemento, tratado do ponto de vista do financiamento, foi utilizado para distinguir o serviço público da empresa pública, numa época em que as duas realidades eram muitas vezes tratadas como se fossem conceitos incompatíveis. Assim, (antigo mas útil), CÉSAR ALBIÑANA GARCIA-QUINTANA, *Empresa Pública y Servicio Público. La Contabilidad de las Empresas Públicas en España*, in Studia Albornotiana..., cit., pág. 473 e ss., especificamente, pág. 484 e ss.

[212] veja-se COUTINHO DE ABREU, in *Empresarialidade...*, cit., pág. 114.

[213] Assim sucedia em 1955, posição defendida por CASANOVA, *Le Imprese Commerciali*, Torino, pág. 162, apud ARENA, ob. cit., pág. 121. Trata-se porém de uma problemática que parece hoje ultrapassada e que será mesmo irrelevante, a não ser para quem admita, a este nível, a existência de direitos sem sujeito, posição que não parece de sufragar, como defende OLIVEIRA ASCENSÃO, in *Direito Civil Teoria Geral*, vol. III, Coimbra Editora, 2002, pág. 81. a 84. Evidentemente que o problema é aí tratado no âmbito do direito subjectivo. No nosso caso, o problema pode colocar-se ao encararmos a empresa em sentido objectivo e como objecto de negócio jurídico, perguntando-se aí se seria viável entendê-la como subsistindo sem o seu sujeito natural, o empresário, entendido este como titular ou proprietário daquela estrutura. A propósito da importância do empresário na empresa pública, interessante o estudo de FRANCESCO GALGANO, *Sobre la Estructura Técnico-jurídica del Concepto de Empresário Público*, in Studia Albornotiana..., cit., pág. 247 e ss., em especial, pág. 258 e ss..

sendo este o sujeito daquela, razão pela qual, este índice "risco" desempenha uma função, quanto a nós essencial, para qualificar a natureza de uma dada actividade como sendo empresarial[214]. Porém, o modo como o risco é assumido quando o sujeito que exerce ou explora, directa ou indirectamente, uma determinada actividade económica seja o Estado, coloca interrogações várias quanto ao seu preenchimento. É que o Estado, mais propriamente, as suas empresas (sejam elas de que tipo forem), não suporta o risco da exploração da actividade do mesmo modo que sucede com os particulares. Enquanto estes têm de fazer face às várias flutuações da economia e ao impacto financeiro que devido àquelas se reflecte na sua actividade, e até eventualmente no seu património, vendo-se por isso obrigados a adoptar uma gestão necessariamente prudente e avisada (caso não queiram ver repercutirem-se, directa ou indirectamente, na sua esfera jurídica as consequências nefastas que daí possam advir), pelo contrário, já as empresas do Estado, orientam a sua actividade quase à margem de critérios de risco, dado que, no que a muitas delas tange, quase lidam com uma actividade exercida a fundo perdido, no sentido em que, de uma forma ou de outra, deficitariamente ou não, a sua actividade continua a ser exercida, não estando desde logo sujeitas ao regime de falências[215].

Por outro lado, e além disto, as empresas do Estado, dado ser ele a entidade titular, têm maior facilidade em fazer face às situações economicamente difíceis, seja através de injecções de capital por aquele efectuadas com vista ao aumento do capital social daquelas, seja através de ajudas financeiras, indemnizações compensatórias, ou até mesmo na atribuição de crédito. Deste modo, todos estes factores

---

[214] Interrogando-se sobre esta mesma questão, COUTINHO DE ABREU, in *Definição...*, cit., pág. 69, nota 155.

[215] Designadamente se forem constituídas como EPEs, tal como expressamente prevê o RGSEE no seu artigo 34º. Saber porém se as empresas públicas constituídas como sociedades comerciais estão ou não sujeitas ao regime de falências poderá ser delicado. Apesar de em termos formais se impor como natural uma resposta positiva, em termos materiais poderão subsistir dúvidas e dificuldades, não apenas porque estas sociedades públicas acabarem por ser, na maioria dos casos, em tudo semelhantes na sua actuação a uma qualquer EPE, mas também porque, se aplicadas aos serviços públicos de interesse geral, a aplicabilidade do instituto da falência poderá bem contender com o Princípio da Continuidade que caracteriza esse mesmo serviço...

impõem que a leitura do parâmetro risco na qualificação de uma actividade como tendo natureza empresarial, tenha necessariamente de atender à qualidade pública ou privada do sujeito que a exerce, pois, como se viu, preenchem-se de forma muito diferente. De todo o modo, ainda que diversa seja a forma de preenchimento do elemento risco, consideramos que a sua existência é essencial para a qualificação de uma actividade como tendo natureza empresarial[216].

**6 – Com o exercício da actividade económica, pretende-se obter algum tipo de ganho?**

Naturalmente que a resposta a esta questão implica que se defina desde logo aquilo que entendemos por ganho[217]. Com a expressão utilizada, intencionalmente muito ampla, pretendemos trazer à reflexão presente, os contributos dos vários autores que se interrogaram a propósito de saber se as empresas teriam, necessariamente, para o serem de facto e de direito, fim lucrativo[218]. Contudo, também a noção de fim lucrativo, conhece diferentes significações. Desde a ideia de poupança de despesa, defendida actualmente por PINTO FURTADO[219],

---

[216] Desde logo porque o factor risco decorre não apenas das flutuações do mercado (campo natural da actuação empresarial), mas também porque a sua intensidade dependerá também da concorrência existente no sector ou actividade em causa, sendo por outro lado a concorrência uma forma normal e desejável de funcionamento dos mercados.

[217] Esta era a expressão utilizada por ORLANDO DE CARVALHO, para abordar a questão da essencialidade ou não da obtenção de lucro no conceito de empresa. Veja-se para sobre este ponto, do Autor citado, *Direito das Empresas (Introdução)*, texto dactilografado, Coimbra, 1977, pag. 6, *apud* COUTINHO DE ABREU, *Definição...*, cit., pág. 139, nota 338.

[218] Actualmente parece que tal entendimento terá sido, de algum modo, ultrapassado, tal como refere COUTINHO DE ABREU, *in Definição...*, cit., pág. 138 a 146, aí indicando vasta Doutrina, nacional (não tão vasta) e estrangeira, a esse propósito, e também *in A Empresarialidade...*, . Todavia, como se verá, o objectivo lucrativo como finalidade da actividade empresarial (logo da empresa) é, em regra, co-natural à mesma, daí considerarmos que se não é essencial será, no mínimo, tendencial para o preenchimento do conceito, sendo porém que já se nos afigura essencial para efeitos de escolha da forma jurídica aplicável à empresa em questão. Acresce que, o problema passará ainda por saber qual a noção de "lucro" que aplicamos quando estamos a preencher este elemento. No texto avançamos já algumas pistas sobre a matéria, sendo certo que a retomaremos mais adiante, quando nos referirmos às sociedades comerciais.

[219] *In Curso de Direito das Sociedades*, 3ª edição, Almedina, Coimbra, 2000, pág. 140. Note-se porém que esta ideia resulta já do entendimento preconizado por FERRER CORREIA, quando considerava que a noção de lucro não é essencial ao conceito de sociedade comercial.

até à noção segundo a qual o conceito de lucro deverá implicar um acréscimo patrimonial ou pecuniário resultante da actividade exercida, após dedução dos respectivos custos[220], também aqui são várias as *nuances* e colorações que o conceito adquire. Novamente, a este propósito, é indispensável a consulta da obra de COUTINHO DE ABREU[221], onde se reflecte longamente sobre o problema de saber se o intuito lucrativo é essencial ou não ao conceito de empresa. O autor citado, acaba por concluir que não o é. Porém, apesar de próximo, o problema que nos ocupa é saber se tal elemento pode servir como índice qualificativo da natureza empresarial de uma determinada actividade económica, entendida aqui esta "natureza empresarial" como o elemento de ligação entre a actividade económica em sentido amplo, e aquela que é exercida através da empresa em sentido objectivo, que pressupõe a assunção de verdadeiros riscos presentes em todo o processo produtivo, e que por isso é desenvolvida com vista à obtenção de um determinado e específico resultado. Note-se que não se trata de um paradoxo, nem de um raciocínio circular: é perfeitamente possível considerarmos a existência de uma empresa em sentido objectivo, para a qual não seja essencial (para efeitos de preenchimento conceptual) o elemento lucrativo, sem que essa mesma empresa desenvolva uma actividade económica em termos empresariais *próprio sensu*, na medida em que funcionará como uma mera técnica de produção do bem ou serviço. Pense-se por exemplo, no caso cada vez mais raro, das empresas em regime de monopólio, as quais podem todavia ser substituídas por empresas em regime de exclusividade[222].

---

Essencial seria apenas que estas exercessem uma actividade económica, " (...) *tendo em mira realizar o proveito económico dos sócios por qualquer modo que seja*", in Lições de Direito Comercial, vol. II, Universidade de Coimbra, 1968, pág. 23.

[220] Nesse sentido, COUTINHO DE ABREU, *Definição...*, cit., pág. 47, e 71 e mais desenvolvidamente, abordando vasta Doutrina italiana a esse propósito, pág 67 a 73. Nas páginas seguintes, o problema é também analisado noutras ordens jurídicas, como a alemã a inglesa e a espanhola; *Direito das Sociedades Comerciais*, cit., pág. 14 e ss. Defendendo também uma noção mais restrita do que seja o lucro nas sociedades comerciais, OLIVEIRA ASCENSÃO, *Direito Comercial*, vol. IV, Lisboa, 1998/99, pág. 33

[221] A questão é referida em diferentes momentos da obra, mas é sobretudo focada nas págs. 138 a 146, da *Definição...*, cit., tal como já se referiu na nota 196 do presente trabalho.

[222] Referimo-nos à expressão utilizada no artigo 86º n.º 1 do Tratado CE. A propósito deste tema e da sua compatibilização com as restantes normas do Tratado, designadamente,

Admitir isto, porém, implica que se considere existir uma dupla vertente quando se analisa a natureza empresarial de uma determinada actividade económica: por um lado o seu aspecto de actividade empresarial em sentido amplo, por outro no seu sentido restrito. Isto porque, consideramos que para aferir da natureza empresarial de uma actividade económica é necessário atender não apenas à forma como ela é desenvolvida, mas também à finalidade com que é desenvolvida. Assim, os "índices de empresarialidade" que aqui tentamos enunciar, prencher-se-ão de modo distinto no caso de estarmos perante uma actividade de natureza empresarial em sentido amplo, ou perante uma actividade empresarial em sentido estrito. Por exemplo, o objectivo de alcançar um ganho com a actividade desenvolvida através da empresa é um elemento relevante para aferir da natureza empresarial da actividade económica desempenhada.

Assim, e especificamente a propósito do próprio conceito de empresa, COUTINHO DE ABREU levantava a questão de saber como distinguir a empresa da não-empresa, se se admitisse a aplicação da figura a toda e qualquer actividade económica, especialmente àquelas que se sabe serem sempre deficitárias, na medida em que os custos de produção não são, não serão, nem se espera que venham a ser, cobertos com o preço ao qual o bem ou serviço é lançado no mercado. Deste modo, ressalvando os casos muito excepcionais que determinem o funcionamento de empresas em permanente défice (designadamente por prestarem serviços públicos), entendia o Autor que *"A actividade – globalmente considerada – a exercer pelas EPs não pode ser por essência (necessariamente, por natureza – ontológica ou outra –, estruturalmente) deficitária."*[223]. Seguidamente, ilustrava esta afirmação com alguns exemplos de organizações produtivas estaduais que tinham por objectivo satisfazer necessidades passivas, indicando para o efeito a actividade de defesa do território, e outras

---

dos seus artigos 12º, 81º e 89º, bem como com a problemática dos serviços de interesse geral, veja-se ANA MARIA GUERRA MARTINS, *a Emergência de um Novo Direito Comunitário...*, cit., e também, mais recentemente, *in Curso de Direito Constitucional da União Europeia*, Almedina, Coimbra, 2004, pág. 575 e ss.. O exemplo é avançado no texto para ilustrar o seguinte: estas empresas, designadamente se dedicadas à produção de um bem ou serviço essencial, podem funcionar como meras estruturas técnicas de produção, sem que no entanto assegurem a cobertura dos seus custos com o resultado da actividade exercida.

[223] *In Definição...*, cit., pág. 148.

que apesar de satisfazerem também necessidades activas, não o faziam porém contra o pagamento de um preço. Exemplificando com o ensino básico, o Autor concluía que estas actividades não poderiam ser prestadas através de empresas, desde logo porque *"(...) a possibilidade de tais organizações serem criadas como (ou transformadas em) «empresas públicas» significaria, em última análise, a completa desfiguração ou descaracterização da realidade empresarial. Toda e qualquer organização produtiva do Estado poderia ser EP: qual então o critério, o sinal distintivo da empresa; substancial e objectivamente, como se distinguiria ela da não-empresa?..."*[224].

A partir desta interrogação, mantém-se então a pertinência a questão que nos propusemos analisar: como distinguir, dentro do campo das actividades económicas, as de natureza empresarial, das que a não possuam? Como entender o significado de "natureza empresarial" de uma actividade económica?

– **Conclusão deste "teste":**

Terminamos assim a abordagem dos parâmetros que fixamos para aferir da natureza empresarial de uma determinada actividade económica. Aqui chegados, acreditamos que é pois precisamente neste ponto específico *supra* mencionado, da distinção entre empresa e não-empresa, que podemos encontrar um elemento relevante para responder a tal questão, construindo para o efeito parâmetros que se assumam como "índices" que permitam aferir da natureza empresarial de uma dada actividade. Entendemos que esses "índices de empresarialidade" serão, no mínimo, três, os quais deverão estar preenchidos para que se considere que uma actividade económica assume natureza empresarial, a saber:

1°) assentar numa estrutura organizada e estável entendida como empresa em sentido objectivo;
2°) implicar a assunção de riscos a suportar pelo sujeito titular da mesma, durante o processo produtivo;

---

[224] Ob. e loc. cits. na nota anterior.

3°) lançar o produto resultante do processo produtivo, no mercado, a um preço que cubra, no mínimo, os custos da sua produção.

Sintetizando: a natureza empresarial de uma actividade económica pressupõe a confluência de três elementos que denominamos de "índices de empresarialidade", os quais retiramos dos parâmetros 4° a 6° que seleccionamos para este efeito, a saber: empresa em sentido objectivo, risco e mercado. O primeiro, preencher-se-á, como se viu, para além de outros, com a observância do princípio da racionalidade económica[225] entendido no sentido de auto-sustentabilidade da estrutura de forma a garantir o processo (re)produtivo; o segundo e o terceiro, implicarão já que só se considere existir actividade de natureza verdadeiramente empresarial, num ambiente de mercado, sujeito às regras da livre concorrência, ressalvando-se porém os casos especiais como os que envolvem a prestação de serviços públicos ou de interesse geral. São pois estes, os três elementos que, a estarem reunidos, nos conferem base factual bastante para qualificar uma determinada actividade económica no sentido de a considerarmos empresarial.

Como se viu, nos índices apontados não incluímos o objectivo ou finalidade lucrativa como elemento da natureza empresarial de uma qualquer actividade económica, mas é todavia importante reconhecer-lhe o seu verdadeiro peso nesta matéria. É que, efectivamente, quando se fala em "empresa" e em "actividade empresarial", faz parte integrante do significado comum atribuído a estes conceitos, essa mesma finalidade lucrativa. Nesse sentido, e para tornar mais clara a questão sem obnubilar a importância relativa de cada um dos factores, importa sud-distinguir, dentro da actividade empresarial, dois grupos ou planos: por um lado a actividade empresarial considerada de forma ampla, na qual a empresa actuará para garantir a sua auto-sustentabilidade, assim enfrentando o mercado, delineando opções de gestão que lhe permitam controlar os riscos a suportar com vista a garantir este específico objectivo de preservação da estrutura; por

---

[225] A propósito do princípio da racionalidade económica é possível encontrar extensa bibliografia, designadamente ao nível da economia. Mas a esse propósito, entre nós e para efeitos da concretização da sua importância no âmbito empresarial, veja-se, por todos, COUTINHO DE ABREU, *Definição*..., cit. , págs. 153 e ss., bem como a bibliografia aí indicada.

outro, a actividade empresarial no seu sentido estrito, no âmbito da qual a empresa tentará não apenas assegurar a sua auto-sustentabilidade, mas também promover a obtenção de um resultado positivo que premeie os riscos assumidos e a concorrência enfrentada, razão pela qual esse resultado tenderá, normalmente, a ser superior (e não apenas a cobrir) os custos de produção.

Porém, é necessário ter em atenção que a articulação destes "índices de empresarialidade" variará consoante se considere estarmos perante uma actividade de natureza empresarial em sentido amplo ou, pelo contrário, em sentido estrito. A propósito do significado a atribuir a essa "natureza empresarial", dissemos que a mesma será aferida não apenas pela forma aplicada, mas também pela finalidade que através dessa forma se pretenda prosseguir. Nesse sentido, enquanto que nas actividades empresariais em sentido amplo poderemos considerar que releva o critério da forma ou da estrutura, no sentido de se bastarem, no essencial, com a existência de empresa em sentido objectivo, colocando os bens produzidos no mercado com vista a garantirem a sua auto-sustentabilidade; já no caso da actividade empresarial em sentido estrito, relevará o critério da finalidade sobre o da forma ou estrutura. Ou seja, neste caso, para além da existência de empresa em sentido objectivo, assumem especial relevância os factores risco por um lado, e concorrência por outro, razão pela qual, aqui, a finalidade a alcançar será não apenas a garantia da auto-sustentabilidade da estrutura, mas também a criação de um diferencial positivo que exceda a mera cobertura dos custos de produção.

Em ambos os casos a actividade continua a ser considerada como empresarial, porquanto a actuação desenvolvida é sempre pautada pelo princípio da racionalidade económica. A diferença encontrar-se-á já ao nível da intensidade com que este princípio é aplicado, influenciando assim os resultados obtidos com a actividade desenvolvida. Deste modo, enquanto que no primeiro caso, na actividade empresarial em sentido amplo, basta que a empresa afecte os recursos ao seu dispor de forma a garantir a sua auto-sustentabilidade e reprodução do processo produtivo, assim se preenchendo a ideia de racionalidade económica[226]; já no segundo caso, procura-se a obtenção

---

[226] Preenchida *in casu*, com base na noção de Princípio da Economia de Meios que consiste numa das dimensões através da qual se pode concretizar a observância do princípio da racionalidade económica. Assim, COUTINHO DE ABREU, *Definição...*, cit., pág. 153.

daquele resultado positivo, porque aqui o princípio da racionalidade económica determinará, atenta a finalidade pretendida, que se procure uma produção que além de eficaz, seja eficiente, isto é, possa ser produzida com o mínimo de afectação de recursos, para a obtenção do máximo resultado possível[227]. E é precisamente esta última dimensão que generalizadamente se aponta como característica da actuação empresarial[228], razão pela qual consideramos que lhe deve ser dado mais relevo.

Centrando-nos então na distinção da actividade económica, daquela que apresenta natureza empresarial, diremos que o intuito lucrativo apresenta nesta última um papel importante, na medida em que acaba por ser a consequência de se actuar num mercado sujeito a riscos resultantes do seu próprio funcionamento e flutuações, bem como da concorrência entre os vários operadores. Nessa medida, o intuito lucrativo é relevante para aferir da natureza empresarial em sentido estrito de uma actividade económica. E dizemos em sentido estrito, porque por um lado já se constatou que tal intuito não é essencial para o preenchimento do conceito em sentido amplo, mas também, por outro, porque esta é uma finalidade que orienta uma boa parte do vasto universo empresarial, todo ele dedicado à exploração e prossecução de actividades económicas, sem que no entanto todas elas tenham esta mesma finalidade[229]. Parece-nos assim inegá-

---

[227] Neste caso, o princípio da racionalidade económica encontra a sua plena concretização, na medida em que deste modo se preenchem as suas duas vertentes: não apenas da que determina a observância do princípio da economia de meios, mas também aquela que atende ao princípio do máximo resultado. A este propósito, mas não no exacto sentido referido no texto, COUTINHO DE ABREU, *Definição...*, ob. e loc. cits. na nota anterior.

[228] Ainda que, não obstante, se possa considerar que esta ideia generalizada é resultante da "(...) *típica empresa privada capitalista*", como ressalva COUTINHO DE ABREU in *Definição...*, cit., pág. 155, especificamente, nota n.º 373. Todavia, parece-nos hoje relativamente seguro afirmar que se esta ideia se generalizou, tal resulta por outro lado, do facto de o caminho adoptado no âmbito de uma economia de mercado como aquela em que nos movimentamos hoje, estar mais próximo dos ideais do capitalismo (ainda que, felizmente, não feroz ), do que dos do marxismo... Mas já agora, é interessante verificar o papel que as empresas públicas assumiam na URSS. Para tanto, veja-se do mesmo autor aqui citado, *Empresas Estaduais e Mistas na URSS*, in Boletim de Ciências Económicas, Coimbra,, vol. 34, 1991, pág. 259 e ss..

[229] Não é difícil exemplificar esta afirmação. Pense-se nos casos das cooperativas, ou das associações que desenvolvam uma actividade económica e empresarial não obstante esta

vel, ainda que efectuadas as devidas ressalvas como a que acabamos de enunciar, que o intuito lucrativo é o resultado pretendido, o prémio, e o estímulo natural que preside ao desenvolvimento da actividade empresarial, entendida esta como algo que transcende a necessidade de garantir a continuidade do processo produtivo.

Deste modo, a utilidade desta distinção que separa, no seio da actividade empresarial, um plano amplo e um plano restrito como forma de tornar mais evidente a sua especificidade relativamente à actividade económica, reside essencialmente em reconhecer e atribuir a devida importância a um elemento que, de uma ou outra forma sempre acompanhou a caracterização que dela se tem vindo a fazer, desde o ponto de vista económico, ao social e até ao jurídico. Assim, sendo esta uma evidência, cumpre tentar enquadrar esse mesmo elemento, designadamente para desmistificar conceitos aprioristicos, mas também para reconhecer, por outro lado, o peso, conteúdo e aproximação que, de uma ou outra forma sempre transparece no tratamento que a esse propósito se efectua, verificando-se assim que aquele se assume como natural e desejável, quase ao ponto de se considerar "típico" de uma actividade económica que apresente natureza empresarial.

Afirmar esta natureza empresarial das actividades económicas, preenchendo-a deste modo, permite também não apenas contribuir para uma distinção que, como se vê é nebulosa e difícil, mas, ao mesmo tempo, permite melhor seleccionar as actividades que deverão ou não dar lugar à criação de verdadeiras empresas. Estas, estruturas específicas em que se ancora o exercício da actividade económica de natureza empresarial, funcionariam como o denominador comum que ao mesmo tempo permitiria distinguir entre actividade empresarial em sentido amplo, e actividade empresarial em sentido restrito. No primeiro grupo, correspondente às actividades empresariais em senti-

---

não tenha uma finalidade lucrativa. Também no âmbito do sector público, já se viu que o exercício de uma actividade económica não tem forçosamente de ser desempenhado por uma estrutura de natureza empresarial. É o caso dos Institutos Públicos, os quais podem, não obstante, para além de serem aplicados a actividades de produção de bens e prestação de serviços, ser titulares de empresas, designadamente através da susceptibilidade, reconhecida por lei de deterem participações sociais, tal como resulta do disposto nos artigos 8º n.º 1 e 13º n.º 1, 2ª parte da actual Lei n.º 3/2004 de 15 de Janeiro.

do amplo, encontraríamos todas as actividades económicas que se desenvolvessem através da estrutura empresa; no segundo grupo, das actividades empresariais em sentido estrito, encontraríamos já somente as actividades económicas que, desenvolvendo-se através da estrutura da empresa, teriam por objectivo alcançar um resultado positivo decorrente da sua actividade, criando assim um excedente patrimonial ou pecuniário relativamente aos custos de produção.

A vantagem que nos parece resultar desta distinção, é que talvez assim se possa mais facilmente separar os problemas que, como já referimos e melhor analisaremos, são suscitados pela difícil distinção que opõe as actividades económicas às actividades sociais, uma vez que, como se viu, todas as actividades são reconduzíveis ao conceito de actividade económica. Superada tal distinção será então mais fácil determinar a que conjunto de actividades se aplicará a figura da empresa, e em concreto, que forma deverá revestir essa empresa, passando então a fazer-se a distinção para tal efeito entre actividades económicas com natureza empresarial, e actividades económicas sem natureza empresarial, reservando a sua aplicação para as primeiras, deixando de fora as segundas, tudo isto quando o prestador de tais actividades seja o Estado, que, como já se referiu, possui diversas opções ao nível da forma organizativa a aplicar na sua actividade de prestação.

Esta aproximação à realidade económico-empresarial actual, torna-se hoje tanto mais relevante quando se constata que no campo das opções organizativas a implementar no âmbito da Administração Pública somos confrontados com um fenómeno de "escolha *a la carte"*, em muito propiciado pelo actual RGSEE, bem como por muitas das convicções generalizadas e apriorísticas a propósito das virtudes evidenciadas pela aplicabilidade do direito privado e das formas que lhe são típicas. Se não traçarmos esta distinção entre as diversas actividades que podem adequadamente ser prestadas em moldes empresariais daquelas outras que o não podem (ou melhor, não devem), arriscamos a perder toda a noção de fronteira conceptual e dogmática, porquanto já se constatou há muito que *"a empresarialidade exige especificidades organizatórias e de funcionamento não transplantáveis para as organizações não empresariais"*[230]. Acresce

---

[230] Assim o afirmava COUTINHO DE ABREU, in *Definição...*, cit., pág. 154.

que, subdividir as actividades económicas que revelem natureza empresarial nestes dois planos, não apresenta inconvenientes para efeitos de caracterização da actuação empresarial como específica no âmbito da iniciativa económica, na medida em que, em ambos os planos apontados, procurar-se-á implementar no seu funcionamento princípios de gestão específicos, propiciadores do aproveitamento óptimo dos diversos factores. Esta optimização dos factores produtivos poderá, contudo, verificar-se de forma diversa, tendo em atenção os dois grupos (amplo e restrito) em que dividimos a actividade empresarial: no primeiro grupo alcançar-se-á a eficácia e a eficiência se a estrutura garantir não apenas a produção do bem ou serviço, mas também a sua auto-sustentabilidade; no segundo, essa eficácia e eficiência serão alcançadas se além de se garantir a produção do bem ou serviço, e a auto-sustentabilidade da estrutura, se promover também a obtenção de resultados positivos decorrentes da actividade exercida. Assim se compreende que, apesar de o intuito lucrativo não ser essencial para o preenchimento do conceito de empresa ou de actividade empresarial, seja ainda assim usual e natural que com aquelas realidades seja identificado, pelo que, atendendo a este facto, chegaremos então facilmente à conclusão de que o espírito e lógicas empresariais buscam, naturalmente, a obtenção desse referido lucro. Será este específico fim, que orientará e fundamentará, na generalidade dos casos, esses específicos critérios de gestão, agora tão propalados como soluções mágicas para os problemas da ineficiência e improdutividade das estruturas da Administração Pública.

Do "teste" que efectuamos, resulta também que assumimos a possibilidade de dissociar a realidade económico-jurídica que é a empresa, da natureza empresarial que uma actividade económica possa apresentar. A utilidade da distinção foi já referida nas páginas que antecedem, mas que aqui consideramos pertinente relembrar: o facto de permitir suplantar a distinção entre actividades económicas e sociais, considerando-as a todas, em termos amplos, económicas, passando porém a valorizar a natureza empresarial das mesmas por forma a implementar uma actuação verdadeiramente empresarial nas diversas actividades económicas. Construímos assim aquilo que denominamos como "índices de empresarialidade" para aferir dessa específica natureza empresarial de entre as várias actividades económicas. Preenchidos tais índices será então possível sustentar de forma coerente e ponderada, não apenas a aplicação da figura económico-jurídica da empresa, mas também determinar a forma jurídica que a mesma deverá assumir. É pois neste sentido e para este efeito que a dissociação operada entre empresa, actividade económica e actividade económica de natureza empresarial, poderá revelar-se útil quando reflectimos sobre a actuação do Estado enquanto prestador de bens e serviços, tornando-se assim patente que está ao seu alcance optar por actuar de forma empresarial ou não.

Deste modo, é pois necessário ter sempre presente que a dissociação que estamos a levar a cabo estará sempre funcionalizada a este objectivo específico, e dentro do âmbito que temos vindo a expor. É evidente que, na prática, e na grande maioria das situações, estas realidades coincidem. Porém, quando se pretende proceder à empresarialização dos serviços públicos e até da Administração Pública, ou parte dela, (com especial enfoque na sua actividade prestadora), um dos caminhos possíveis para descobrir se essa será uma opção viável ou não, é procurar a natureza específica das actividades em causa. E dado que a empresarialização pressuporá, de acordo com o entendimento aqui expendido, a natureza empresarial da actividade a que se destina, então teremos necessariamente de averiguar se essa natureza se verifica ou não. Verificando-se, evidente se torna, que a forma de exercer a actividade em causa deverá dar lugar a uma empresa, pelo menos em sentido objectivo, tendo porém em atenção que a mera existência deste parâmetro não será por si só suficiente para que se chegue à conclusão de que a actividade em causa revela natureza empresarial. Admiti-lo seria caminhar para a total indefinição entre a empresa e a não empresa, o que não é desejável.

A indefinição a que aludimos reflecte-se essencialmente na prestação de actividades de serviço público, por isso neste caso poderá ser útil distinguir: se se admitisse que a existência de uma estrutura qualificável como empresa em sentido objectivo seria o bastante para aferir da natureza empresarial da actividade económica assim exercida, então diríamos que tal actividade apresentaria natureza empresarial em sentido impróprio, na medida em que a mera existência do suporte organizacional da empresa não será o suficiente para o preenchimento daquilo que consideramos constituir uma actividade económica de natureza empresarial. É que, como se viu, para que esta se afirme, seja no plano amplo, seja no estrito, será necessário que os três índices de empresarialidade indicados se preencham, independentemente da assinalável diferença que os separa, pois enquanto que no primeiro sobreleva o critério da estrutura sobre o da finalidade, já no segundo sucede o oposto, sobrepondo-se já o critério da finalidade ao da estrutura.

Admitir uma tal classificação, permite perceber melhor que a figura da empresa, designadamente quando é aplicada pelo Estado às *supra* referidas actividades de serviço público, só o será adequadamente se no mínimo, com a sua actuação conseguir cobrir os custos da sua produção[231]. Caso tal não suceda, nem se espere, razoavelmente, que venha a suceder, será porventura mais adequado colocar a hipótese de tal actividade ser preferencialmente desenvolvida através de outras figuras também aptas para desenvolver actividades de prestação, mas que não se consideram, ainda assim, estruturas de tipo empresarial[232]. Tornar-se-á assim talvez mais fácil fazer corresponder a forma aplicada ao exercício das várias actividades, à respectiva substância das mesmas, ao mesmo tempo que a figura técnico-jurídica da empresa se torna mais exigente, mais adequada, diminuindo-se então, de algum modo, a sua assinalada polissemia, bem como os

---

[231] Já assinalamos a importância deste elemento na aferição da natureza empresarial de uma actividade económica. Só para ilustrar a noção, referimos agora um exemplo avançado por COUTINHO DE ABREU, mas que continua a manter toda a actualidade e pertinência, designadamente se pensarmos no movimento empresarializador que varre a prestação pública de cuidados de saúde. Assim, ao tentar lançar alguma luz na confusão que reinava (e reina) a propósito do que seja racionalidade económica, empresarialidade e gestão empresarial, o autor utilizava para o efeito o artigo 7° n.° 1 do DL 19/88 de 21 de Janeiro, ainda hoje aplicável aos Hospitais inseridos no Serviço Nacional de Saúde que não assumam forma empresarial. O citado artigo referia que os hospitais deveriam ser organizados e administrados *"em termos de gestão empresarial"*. A esse propósito dizia então o referido autor: *"Mas os hospitais do SNS («universal, geral e gratuito» (...)não são empresas! Não são equiparáveis às EPs nem, muito menos, às empresas privadas. Não é sua finalidade conseguir receitas que cubram as despesas nem, muito menos, alcançar lucros. Não há qualquer fixação de preços em função dos custos. Quaisquer que tenham de ser os custos, os hospitais têm sempre de funcionar. Para quê, pois, falar de «gestão empresarial»?"*, in *Definição...,* cit., pág. 154.

[232] Criando para o efeito, por exemplo, institutos públicos, como já se referiu. Também neste sentido, COUTINHO DE ABREU, considerando ilegítima a criação de uma empresa pública quando se sabe *"(...) de antemão que está destinada, «condenada» a actuar permanentemente em défice.(...) Então, em vez de EP, poderá criar-se, isso sim, um Instituto Público."*, in *Definição...,* cit., pág. 150-151.

inconvenientes que daí resultam. De facto, como já se demonstrou, utilizar os conceitos de "actividade empresarial" e "empresa" numa acepção tão ampla como a da existência de uma estrutura de factores humanos e materiais com os quais se desenvolve uma actividade económica de forma organizada, implicaria, em última análise, considerar que todos os serviços da administração pública (prestadora) se deveriam considerar como empresas. E se uma tal conclusão se pode afirmar como viável, do ponto de vista da economia, da sociologia, ou mesmo para a área das ciências da administração[233], já em termos de ciência jurídica a sua utilidade é muito relativa. Desde as dificuldades conceptuais, até às de inserção sectorial das diversas actividades de prestação por parte dos poderes públicos, e consequente tratamento jurídico, seriam mais as desvantagens do que as vantagens que daí resultariam[234].

E se é verdade que o Direito tem necessariamente de acompanhar as várias transformações da realidade sócio-económica, não é por outro lado menos verdade que, para tal, necessita também de tempo suficiente para maturar e construir categorias dogmáticas adequadas a essa mesma realidade. A construção jurídico-científica não se basta nem se compadece com "modas", apesar de ter de estar permanentemente atenta às diversas solicitações que a realidade lhe coloca. Neste sentido, o jurista tem então de ser especialmente cuidadoso e levar em linha de conta as particularidades da área sobre a qual reflecte. E numa "arena" tão problemática quanto a do sector público, tais cuidados terão de ser redobrados, designadamente quando além de tudo o mais, nele encontramos subsectores específicos,

---

[233] Não obstante com base nos contributos daquelas áreas científicas se comece a falar de "empresa social". Nesse sentido, J. DEFOURNY, *From the Third Sector to Social Enterprise*, in *The Emergence of Social Enterprise*, Routledge Publishing, Londres, 2001, pág. 1 e ss..

[234] Daí que se nos afigure mais adequado chamar aqui à colacção a distinção empresa e estabelecimento, para dizer que, se o exercício de toda a actividade económica pressupõe uma estrutura organizada de diversos meios funcionalizados à produção do bem ou serviço, tal significará que estaremos perante um estabelecimento, o que será diferente de estarmos perante uma empresa. Deste modo, torna-se possível afirmar que, se toda a empresa pressupõe, ou assenta, como base objectiva, num estabelecimento, havendo aqui uma certa identidade entre este conceito e o de empresa em sentido objectivo, já pelo contrário, nem todo o estabelecimento pressuporá necessariamente a existência de uma empresa.

disciplinados de forma diferenciada entre si. Deste modo, a preservação da autonomia e distinção entre o sector público administrativo e o sector público empresarial, pressupõe que se verifiquem não só os específicos objectivos a alcançar no desenvolvimento de uma actividade enquadrada nas atribuições constitucionalmente confiadas ao Estado, mas também a sua aptidão para dar lugar à criação de uma verdadeira empresa, enquanto instrumento em que se baseia o exercício da actividade em causa.

Assim se fecha então o ciclo: da constatação de que hoje, tudo assume um pendor mais ou menos económico, passamos à constatação de que nem todo o económico pode ser alvo de tratamento empresarial. Para alcançar o equilíbrio entre a substância e a forma, será então necessário que se proceda a um ponderado juízo de adequação que tenha em conta os índices específicos, tanto da realidade substancial, como da realidade formal. Chegar-se-á desse modo à conclusão da ilegitimidade que resulta da aplicação de estruturas, formas e critérios empresariais a actividades que não manifestam os "índices de empresarialidade" que tais mecanismos pressupõem.

Apesar de nos referirmos aqui a matérias muito concretas e não a conceitos indeterminados, afigura-se útil invocar a este propósito as palavras de LARENZ, quando dizia que *" O problema que subsequentemente se põe na formação de conceitos "desarraigados", isto é, "abstractos", é o de saber quais as propriedades dos objectos a "classificar" que devem ser consideradas como "essenciais" para o respectivo conceito; e portanto acolhidas na definição como "notas", e quais as que podem ser omitidas como "indiferentes", isto é, como desprovidas de interesse. A escolha dos elementos que hão-de integrar o conceito é determinada fundamentalmente – como já* RICKERT *notou, servindo-se até da ciência para o mostrar – pelo fim que, precisamente através dessa classificação, em cada caso seja prosseguido pela ciência considerada, ou pela lei se se tratar de um conceito utilizado por esta"*[235].

Deste modo, baseando-se uma ciência argumentativa como é a do Direito na construção dos vários conceitos que cria e a que dá forma, resulta patente o imperativo segundo o qual a forma deve

---

[235] *In Metodologia da Ciência e do Direito,* tradução portuguesa da 2ª edição alemã, Lisboa, 1978, pág. 508, *apud* COUTINHO DE ABREU, *Definição...,* cit., pág. 133, nota 319.

corresponder à substância. Assim, ao proceder à qualificação de uma actividade como tendo natureza empresarial – o que pressuporá que a mesma se exerça através da estrutura empresa – a Ciência do Direito terá como fim não apenas construir um conceito, mas também um regime jurídico que especificamente se lhe aplique. Cabe à Ciência Jurídica delimitar os conceitos, fazendo-os corresponder às realidades a que se destinam, o que implica que a correspondência entre forma e substância seja uma tarefa irrenunciável ao eterno *devir* em que aquela consiste, tendo sempre presente que à estabilidade conceptual corresponderá também a estabilidade e a segurança que se pretende reine em todo o ordenamento jurídico.

Expostas as questões de natureza conceptual, cumpre agora averiguar quais as actividades passíveis de serem exploradas sob forma de empresas e, dentro destas, indagar quais as formas jurídicas que estas devem revestir.

### 1.2 – *Intervenção Económica e Intervenção Empresarial do Estado. Pontos Comuns e Diferenças*

Do que ficou dito no ponto que antecede, facilmente se constata a diferença que separa a actuação económica *latu senu* considerada, da actuação empresarial, *maxime*, quando o sujeito em causa é o Estado. Mas para que essa distinção se torne mais evidente, designadamente quando o sujeito prestador é o Estado, será útil atender a alguns conselhos que podemos colher junto dos cultores das ciências económicas. Assim, ao trabalharmos com noções de ganhos, custos, *inputs* e *outputs* no âmbito do exercício da actividade empresarial, temos de atender não apenas à sua dupla vertente, mas também à circunstância de estes elementos adquirirem diferentes colorações consoante sejam aplicados ao sector público ou ao sector privado. Assim, se pretendemos contribuir de algum modo para a solução dos problemas a este nível encontrados no sector público, nem sempre a imitação da actuação privada poderá fornecer respostas adequadas.

Atente-se desde logo que, no tocante ao exercício da actividade empresarial privada, o "motor de arranque" que a sustenta e a impulsiona é ainda hoje, por regra, a procura de obtenção de lucro[236]. É evidente também, que uma tal constatação poderá remeter o tratamento do problema para uma lógica de actuação segundo a óptica capitalista. Não obstante, destacando-nos dessa questão, parece-nos por demais evidente que é esse objectivo específico, condenado ou aplaudido (é indiferente para o que aqui nos interessa), que impulsiona ainda hoje a actuação da maioria dos sujeitos privados que decidam exercer uma actividade económica que manifeste um cariz empresarial em sentido estrito. Exactamente por isto é que se generalizou, como se disse já, a convicção de que a actuação privada era capaz de gerar com mais facilidade resultados positivos[237] do ponto de vista quer da sua eficácia[238], quer da sua eficiência[239], daí que, perante as

---

[236] Não nos parecem por isso tão distantes as reflexões de THORSTEIN VEBLEN quando constatava que: *"The motive of business is pecuniary gain, the method is essentially, purchase and sale. The aim and usual outcome is an accumulation of wealth. Men whose aim is not increase of possesions do not go into business (...), in The Theory of Business Enterprise,* Transaction Books, New Jersey, 1978, pág. 20 (a obra original data de 1904, a presente citação foi todavia retirada de uma reimpressão com a data atrás indicada).

[237] Note-se que é necessário ter em atenção que um do aspectos que influencia a actuação privada no sentido de alcançar resultados positivos, é, na maioria dos casos, a "relação" de propriedade, muito embora se possa também referir a importância da relação de controlo que deu lugar à emergência da importância dos *managers*. A dissociação existente entre controlo e propriedade atribui-se a ADOLF BERLE e GARDINER MEANS, *The Modern Corporation and Private Property,* Nova Iorque, 1932. Não é porém esse o ponto que pretendemos focar agora, muito embora pudesse ser interessante reflectir a propósito dos custos que comporta a titularidade da propriedade de uma empresa relativamente à eficácia da mesma; para tanto veja-se a obra de HENRY HANSMANN, *The Ownership of Enterprise,* Harvard University Press, Londres, 1996. O que é importante salientar neste momento, é a importância do vector propriedade na determinação da busca da eficácia e eficiência tão características como naturais, da maior parte das actuações privadas empresariais. Ligado ao vector propriedade, encontra-se o vector risco, sendo por isso essencial o papel do vector lucro como "motor" ou "leme" da actuação privada, na medida em que acaba por ser a "recompensa" do individuo que arriscou a sua propriedade, seja de bens ou de capital. Salientando este mesmo aspecto, BURTON A. WEISBROD, *The Nonprofit Economy,* Harvard University Press, Londres, 1988, pág. 18.

[238] Novamente é importante perceber a diferença entre eficácia e eficiência. Assim, a primeira pode ser definida como a obtenção do objectivo previamente definido, ou seja, a criação de resultado pretendido, a produção de *output* através do processo de produção. Não se pense porém que este é um conceito privativo das "arenas" económicas. Muito pelo contrário. A esse propósito, abordando especificamente a noção no âmbito da Administração Pública e confrontando-a com a actuação privada, veja-se a obra de FELIO J. BAUZÁ MARTORELL, *La Desadministración Pública,* Marcial Pons, Madrid, 2001, pág. 38 e ss..

dificuldades sentidas pelo sector público, o Estado prestador tente buscar soluções e inspiração no *modus operandi* que, de modo geral

---

No entendimento deste autor, a noção de eficácia, para lá de ter de ser preenchida de forma diferente no caso da actuação pública, é, para todos os efeitos, considerada como vector de legitimação da existência da própria Administração Pública, daí que o grande desafio não seja o de tornar a Administração Pública eficaz, mas sim o de a tornar o mais eficaz possível, tal como expressamente refere o autor citado, a págs. 40 da referida obra. Por outro lado, o problema da eficácia e da sua aferição quando aplicável à actuação pública resulta sobretudo da dificuldade de concretizar o que seja aí, uma actuação verdadeiramente eficaz, tal como refere o autor a págs. 43 e ss.

[239] Este é já um conceito mais específico do que o da "mera" eficácia, na medida em que o que se pretende com qualquer processo produtivo, e muito particularmente quando se trata do sector público que vive à custa de dinheiros públicos, é que mais do que eficaz, seja um processo eficiente. A eficiência é pois uma relação que se estabelece entre a produção como *out-put*, e o custo dos *in-puts* envolvidos. Assim, a actuação das empresas privadas é geralmente mais eficiente porque procura satisfazer as necessidades do público com o menor custo possível. Porém, novamente, há que adaptar o conceito ao sector público, na medida em que aí não são apenas os custos que estão em causa, muito embora sejam uma substancial parte do problema. A verdade contudo, é que, novamente se admite a aplicação do conceito eficiência "importado" do sector privado e aplicado ao sector público sem ter em conta a necessidade de o adaptar devidamente. A esse propósito e neste sentido, BAUZÁ MARTORELL, ob. cit., pág. 41, afirmando, a pág. 43 o seguinte: "*Urge insistir en la especialidade de lo público y matizar la confianza ciega en las técnicas de modernización de la empresa privada. Si en esta última la eficácia – cumplimiento de los objectivos – incorpora la eficiência – cumplimiento de los objectivos al menor coste – en las Administraciones Públicas la primera puede operar en detrimento de la segunda al considerar un servicio público esencial para la comunidad que no resulte rentable: no será más eficaz la Administración educativa o la sanitária por suprimir sus centros en poblaciones dispersas al no resultar rentables*". A dificultar o problema acresce o facto de, também aqui não ser possível assentar de modo pacífico o que seja uma actuação eficiente, sendo certo porém que este é um dos argumentos mais utilizados para recorrer às formas e técnicas de actuação do Direito privado. Constatando a dificuldade a que acabamos de aludir, BURTON A. WEISBROD, *The Nonprofit...*, cit., pág. 18 e 19: "*(...) Despite reseracher's preocupation with the relative efficiency of institutions, the definition of efficiency is seldom examined carefully. Whether one form of institution is more efficient than another - in the sense of producing the same output at lower real cost – depends on the nature of outputs.(...) Thus, the social choice is seldom between using one or another form of institution to provide a particular, homogeneous, output to a specific group of consumers; it is, rather, the choice between providing diferent outputs or providing the same outputs to different people.*" A propósito dos vários conceitos e leituras atribuídas a esta noção de "eficiência" vejam-se as diversas indicações bibliográficas que se podem encontrar em KWONG-LEUNG TANG, *Efficience du Secteur Privé dans les Services Publics: une analyse critique,* RISA, 4, 1997, pág. 539 e ss., concretamente a págs. 542 e 543. Trata-se na verdade de um estudo muito interessante que reflecte sobre outros estudos efectuados nos Estados Unidos, na Dinamarca,

se pode encontrar nas actuações privadas. A esse propósito é elucidativa a ideia cada vez mais difundida segundo a qual é possível aplicar a lógica dos negócios *(business)*, à lógica dos serviços *(services)*[240], generalização esta que ignora a essencial diferença que separa, hoje, como ontem, o agir público do agir privado[241], e que

---

entre outros, onde se aborda precisamente a questão de saber se os serviços públicos prestados pelo sector privado acabavam ou não por o ser de modo mais eficaz. O autor conclui claramente que " *Les études comparatives sur la fournitures publique et privée dês services publics fournissent des résultats éclairants: les études empiriques sur les services publics n'ont pás réussi à établir la suprématie du secteur prive, dans le cadre de l'évaluation de l'efficience."*, pág. 552. Já agora, para fechar esta nota que já vai longa, refira-se ainda que também a utilização das sociedades anónimas como forma de estruturar as *holdings* públicas, designadametne para efeitos da construção de infra-estruturas, é também muito questionável. A negar a regra da eficiência acrescida destas estruturas, veja-se o estudo de MICHEL KERF, *Do State Holding Companies Facilitate Private Participation in the Water Sector? Evidence from Cote d' Ivoire, the Gambia, Guinea and Senegal,* Working Paper n.º 2513, from The Private Sector Development and Infrastructure Vice Presidency of the World Bank, disponível e recolhido a 30 de Junho de 2005 no *site* www.worldbank. org/research/workingpapers, designadamente as págs. 14 e ss.., e 29, concretamente para os efeitos aqui pretendidos, ponto 69.

[240] Assim, referindo-se às considerações tecidas por WOODROW WILSON a propósito do pensamento de DOUGLAS YEATS, *in Bureaucratic Democracy,* 1982, EDWARD T. JENNINGS JR. afirma: *"As Yeats notes, it matters not weather Wilson was indeed so naïve as to believe that administration was empirically distinct from politics. The important point is that he provided a normative model asserting that it ought to be.* **Government administration should be like business administration. It should seek to accomplish his purposes "with the utmost possible efficiency and the best possible cost either of money or energy."** (negrito nosso), *in Public Choice and Privatization of Government: Implications for Public Administration, in* Public Management. The Essential Readings, org. J. STEVEN OTT/ALBERT C. HYDE/ JAY M. SHAFRITZ, Lyceum books, Nelson-Hall Publications, Chicago, 1991, pág. 120, (negrito nosso). A ideia de aplicar esta lógica do *"business"* como forma de tornar a Administração Pública mais eficaz é muito comum nos Estados Unidos, e a partir daí parece ter-se difundido na Europa (cremos que a abertura do mercado e aplicação da concorrência a boa parte dos serviços públicos acaba por ser um reflexo disso, ressalvando-se apesar de tudo, as devidas diferenças). A propósito dessa matéria, veja-se a obra conjunta de DAVID OSBORNE/TED GAEBLER, *Reinventing Government. How the enterpreneurial spirit is transforming the public sector,* Addison-Wesley Publishing Company, Inc., USA, 4ª edição, 1992, especificamente, pág. 195 e ss..

[241] A resposta a dar a esta diferença não é, de modo algum fácil. De todo o modo, algumas diferenças concretas podem ser encontradas entre os cultores da Ciência da Administração e do *Management,* veja-se assim, DOUGLAS YEATS, JR., *Management in Public and Private Organizations: Similarities and Differences, in* Public Management, The Essencial …, cit., pág. 39 e ss.. Para uma abordagem mais jurídica a propósito do tema, BAUZÁ MARTORELL, ob. cit., pág. 41 e ss..

por isso motiva a crescente aplicação de processos e formas de privatização. Este fenómeno pode ser ilustrado tanto com a privatização material como com a privatização formal, quer das estruturas, quer da actuação pública em geral, assim se caminhando para uma verdadeira transformação da Administração Pública alterando substancialmente a sua feição, tal como até agora a conhecíamos[242]. E de facto, parece-nos que a generalização destas convicções e mimetismos residem exactamente no facto de não se analisarem devidamente as especificidades do público em face do privado, por um lado, e, por outro, de não se ter em conta que eficácia e eficiência são conceitos distintos, e que não dependem necessariamente da forma jurídica ou económica aplicada à prestação deste ou daquele bem ou serviço. Se é verdade que a actuação privada é reputadamente mais proveitosa e eficaz, a questão está em saber não apenas de que forma tal sucede, mas desde logo porque é que sucede. Ter isto presente permitiria então não confundir o inconfundível: o facto de a diferente natureza dos sujeitos e do seu modo de actuação não poder ser transponível, sem mais, para uma realidade que é bastante diferente, não bastando por isso imitar o privado, tornando-se pelo contrário essencial revitalizar o público.

Com o que antecede não pretendemos afirmar a absoluta impossibilidade de se aplicarem "processos de privatização"[243] ao agir público como forma de o tornar mais e eficaz e eficiente. Queremos sim, pelo contrário, apenas e só, questionar conceitos que parecem dar-se como adquiridos quando se tenta alcançar soluções para o problema,

---

[242] A esse propósito, numa síntese que analisa o Processo de Reforma da Administração Pública em Portugal, veja-se ISABEL CÔRTE-REAL *in, Administrations in Transition. Modernasation of Public Administration in Four Countries: Portugal, the Netherlands, Ireland and France,* European Institute of Public Administration, 2000, pág. 1 a 26.

[243] Utilizamos as aspas porque não queremos dar à expressão aquele que seria o seu significado normal e próprio. Com a expressão em causa referimo-nos à tendência actual de aplicar formas e mecanismos típicos do direito privado à actuação pública no âmbito da prestação das mais diversas actividades, designadamente de serviços públicos. Note-se porém que esta não é uma tendência necessariamente negativa, uma vez que ao nível da organização das estruturas, é possível colher da experiência privada apontamentos que se revelem úteis à actuação das organizações públicas. Aquilo que é de facto negativo é a circunstância de se recorrer a este tipo de aproximação como se de uma "moda de estação" se tratasse.

muito particularmente quando se recorre massivamente a várias (e até à data) injustificadas privatizações formais, utilizando sempre o mesmo argumento, sem todavia o demonstrar com dados suficientemente concretos[244]. Daí que, mais importante do que tecer considerações sobre a possibilidade ou não de recorrer a tais mecanismos – as quais se arriscariam aliás a consideraram-se como inúteis atendendo à realidade actual –, é sobretudo importante saber se essa se deve considerar como uma possibilidade adequada ou não, e se sim, quais as suas consequências práticas, designadamente, do ponto de vista jurídico. De todo o modo, e independentemente da conclusão a que se venha a chegar a propósito do juízo de adequação a tecer sobre a matéria, uma conclusão impõe-se: em termos jurídicos, os conceitos e estruturas sofrerão mudanças assinaláveis. Foi esta, essencialmente, a pedra de toque que motivou a presente investigação.

A partir do que antecede, torna-se agora mais perceptível a diferença existente não apenas entre actuação pública e actuação privada, mas também entre actuação pública económica e actuação pública empresarial. Entre estas últimas é evidentemente possível encontrar pontos comuns, ou não fosse esta parte específica da daquela. Assim, através dos parâmetros que utilizamos para traçar a diferença entre ambas, através dos "índices de empresarialidade" apontados, chegamos à conclusão que o denominador comum mais importante entre estes dois campos acaba por ser o facto de tanto num como noutro

---

[244] Sendo certo que o ónus da prova corre por conta de quem advoga tais transformações… A esse propósito, analisando alguns dos inconvenientes das privatizações materiais, CHARLES SAMPFORD afirma: " *None of these cautions suggest 'never privatise'. That would be an ideological assumption rather then a logical conclusion. But they do suggest that a positive burden of proof is placed upon those who wish to privatise; indeed, transaction costs alone impose that burden. It is common to ask: 'Why should the government own an airline, or a bank, or…?' (…) However, the central questions are: Why should we decide to sell the service?(…) In a world of real transaction costs, the burden of proof must be on those who demand the transaction. This should be a burden that the privatisation proponents should be more than happy to accept. If either we or they do not believe that they can discharge that burden, one wonders why they should be listened to at all.*", *Cautionary Reflections on Privatiation Push*, in *Who Benefits from Privatisation?…*, cit., pág. 260. Acrescentemos: o Autor refere-se, na verdade, às privatizações materiais. Porém, cremos que nada obsta a aplicar este raciocínio, até por um argumento de maioria de razão, às privatizações formais, as quais se nos afiguram bem mais problemáticas do que aquelas, atendendo aos problemas jurídicos, de estrutura e organização que levantam.

estarmos no âmbito de um processo produtivo ou distributivo de bens ou serviços com vista à satisfação de necessidades humanas. Tratam-se pois de actividades de prestação nas quais o Estado assume importante papel, designadamente ao nível daquelas que se qualifiquem como serviços públicos. Já o ponto de diferença mais notório entre a actividade económica e a empresarial, será então a estrutura em que assenta o seu desenvolvimento, e também, normalmente, o específico modo de gestão aplicado, determinado com base nas finalidades a prosseguir.

Assim, quando qualificamos uma actividade económica à qual reconhecemos também natureza empresarial, verificamos que aí se reúnem três factores essenciais: empresa, risco e mercado. Trata-se pois de uma actividade de prestação orientada não apenas pelo objectivo de produzir o *output* seleccionado, mas sobretudo, produzi-lo de acordo com uma actuação específica: a actuação empresarial. É esta que distingue com maior clareza, para além da estrutura da empresa, a actividade económica da empresarial, na medida em que nesta última está em causa não apenas a produção do *output* mas também a garantia de manutenção da estrutura empresarial em si e do processo reprodutivo. Precisamente por isso é que os factores risco e mercado influenciam determinantemente o modo de actuação ou gestão empresarial: porque são variáveis que podem influenciar o desempenho da actividade, variáveis não controláveis, a não ser através da implementação de uma actuação eficaz e eficiente, a qual se traduz, na maioria dos casos, pela busca de um resultado positivo decorrente da actividade prosseguida que permita pelo menos cobrir os custos de produção mas, preferencialmente excedê-los, criando-se assim um *superavit* ou um acréscimo patrimonial que mais do que um ganho, será efectivamente em boa parte dos casos, lucro. É pois com base nesta característica que leva a considerar que a óptica empresarial é a óptica do *business,* não do *service.* Vimos também, todavia, que a actividade empresarial, para o ser, não tem sempre, necessariamente, de prosseguir o objectivo *profit*. Mas referimos também, contudo, que se trata de um objectivo que, a não ser essencial, é porém tão natural que é percepcionado como "típico" da actuação empresarial, razão pela qual a sua importância deverá ser levada na devida linha de conta quando analisamos a natureza empresarial de uma actividade económica. O problema foi já analisado no ponto anterior. Neste, traçamos agora de modo mais claro e sintetizado as diferenças que separam a actividade económica da empresarial, ambas aferidas porém à actuação pública.

Aplicando agora o resultado desta análise ao Estado, verificamos assim que, quando este constata a necessidade de actuar de modo mais eficaz e célere, desenvolve estruturas adequadas para o efeito, normalmente integradas na administração pública indirecta[245]. Porém, também aqui, e apesar de tão nobre objectivo, o problema da ineficácia da Administração Pública se faz sentir. Por isso, como se viu, procuram-se soluções com a implementação de instrumentos e modos de actuação tipicamente privados. Por outro lado e apesar disso, constata-se a existência de um "nicho" de actividades muito peculiar e cujos problemas não parecem resolver-se apenas com a abordagem económica ou empresarial, e com a tentativa de lhes aplicar as regras de funcionamento do mercado. Referimo-nos aos serviços públicos relativamente aos quais não se podem aplicar simplesmente as regras da concorrência[246]. Uma das formas de resolver o problema tem sido aplicar à prestação destes serviços a figura da empresa pública. Actualmente, como se sabe, desde o RGSEE, esta figura conhece essencialmente duas formas distintas, e, dentro delas, a tendência prática e generalizada tem sido a de recorrer à forma societária[247].

---

[245] Dizemos "normalmente integradas na Administração Pública" na medida em que temos de entrar em linha de conta com o problema de saber se as empresas públicas constituídas sob forma comercial integram ou não a Administração Pública Indirecta, tal como indubitavelmente sucede no caso de assumirem uma forma jurídico-pública, como a actual EPE. Este é um problema que tem gerado imensa controvérsia e sobre o qual a Doutrina espanhola tem reflectido longamente, desde logo porque a entrada em vigor da LOFAGE e o próprio conceito de *sociedades estatales* (Ley de organización e Funcionamento de la Administración General del Estado, assim o exigiam. A esse propósito, negando que as sociedades de capitais públicos sejam Administração Pública Indirecta, na terminologia castelhana, *Administración Institucional*, BAUZÁ MARTORELL, ob. cit., pág. 124, denominando-as como "pessoas interpostas" que são da Administração mas que não são Administração.

[246] De facto, por esta altura, a crença no mercado e na concorrência como forma de tornar a prestação de serviços públicos mais eficaz, conhece já, felizmente limites necessários. A esse propósito, desenvolvendo precisamente esses limites de algo que até há pouco tempo era encarado como uma espécie de "panaceia universal", veja-se a obra de TONY PROSSER, *The Limites of Competition Law: markets and public service*, Oxford University Press, 2005.

[247] Seguindo-se assim, à falta de argumentos bastantes, a "moda da estação" ao estilo de uma verdadeira *fashion victim*...

Ora, tendo em conta tudo o que se afirmou no ponto anterior, cumpre agora analisar, especificamente no âmbito dos serviços públicos, se uma tal opção se afigura como a mais adequada, designadamente porque o artigo 4º do actual RGSEE, mantendo, neste sentido, alguma da tónica do antigo Decreto-Lei n.º 260/76[248], atribui, nos termos do seu artigo 4º, uma missão específica a desempenhar pelas empresas públicas. Assim, tendo em atenção não apenas o objectivo de equilíbrio económico e financeiro claramente assumido por tal norma, mas também o facto de o Estado não poder orientar a sua acção apenas e só com base em critérios económico-empresariais, torna-se então necessário distinguir, das actividades em que o Estado actua como prestador de bens ou serviços, aquelas que se reconduzem ao exercício da iniciativa económica e empresarial *tout court,* designadamente em concorrência com os particulares, daquelas outras em que essa intervenção é motivada pela prestação de serviços públicos. Depois desta distinção, será então necessário saber quais serão as actividades que deverão ser prestadas por empresas públicas, por um Estado – Empresário, e aquelas outras que, não obstante de cariz económico, devam antes ser prestadas noutros moldes, designadamente administrativos, por um Estado-Administrador. Novamente se constata assim, como afirmava Coutinho de Abreu *"... que actividade económica, lembre-se, não é o mesmo que actividade empresarial...)"*[249], como aliás julgamos já haver demonstrado. Finalmente, depois de explicitadas todas estas questões, caberá então questionar-mo-nos a propósito de saber qual será a forma jurídica mais adequada ao exercício destas actividades de prestação, das quais ressaltamos as que assumem carácter de serviço público.

---

[248] No sentido em que aquele atribuía às empresas públicas de então uma especial missão, a qual constava aliás da definição do conceito, não obstante as críticas a esse propósito formuladas, e que consistia na " *(...) construção e desenvolvimento de uma sociedade democrática e de uma economia socialista"*, tal como resultava do seu artigo 1º n.º 1. A este propósito, evidenciando a polémica suscitada pela inserção desta "missão" das antigas EPs, Coutinho de Abreu, *Definição...,* cit., pág. 133 e ss.

[249] *In Definição...,* cit., pág. 114.

## 1.3 – *Segue: Intervenção Económica e Intervenção Empresarial, maxime no âmbito dos Serviços Públicos/ de Interesse Geral*

Quando nos referimos ao actual significado a atribuir ao conceito de serviço público, defendemos, como princípio, a sua equiparação ao conceito de serviço de interesse geral. De qualquer modo, e porque a prestação de tais actividades envolverá um determinado *quantum* de exercício da iniciativa económica pública, cumpre agora saber se o modo pelo qual aquela se expressa deverá ser, especificamente, empresarial.

Para responder a esta questão não é possível ignorar a influência que o Direito Comunitário exerceu a esse propósito, a qual se pode subsumir, no essencial, à tendência de submeter a prestação desses serviços, como todas as actividades económicas em geral, às regras da concorrência. Constatando porém a evidência de que nem todos os serviços públicos podem ser efectiva e eficazmente prestados numa base concorrencial, construíram-se então regras específicas aplicadas à categoria, também específica, dos serviços de interesse económico geral e às empresas que os exploram ou prestam.

Ganha assim novamente sentido, a este propósito, distinguir a actuação económica, mais ampla, daquela que já vimos é mais específica, a empresarial, designadamente porque, como se verá, é entendimento pacífico na jurisprudência comunitária, que a aplicação das regras do Direito da Concorrência dependem, desde logo, da existência ou não de uma estrutura que se possa qualificar como sendo empresa[250], sendo que esta é, como se viu, uma estrutura específica que só deverá ser aplicada como regra, às actividades económicas que revelem a aludida "natureza empresarial" a que fizemos já referência. Também para este efeito, ganha relevo proceder a uma outra distinção: empresas públicas de mercado por um lado e, empresas públicas de serviço público[251], por outro. Para tanto, será importante

---

[250] Não obstante seja verdade que a noção comunitária a propósito do conceito "empresa" seja bem mais ampla e eclética do que aquela que vigora nos vários Estados membros. Abordaremos este ponto específico no último capítulo deste trabalho.

[251] A distinção referida no texto corresponde ao reconhecimento da diversidade de situações abrangidas pela iniciativa empresarial pública conjugada com os imperativos comunitários do mercado concorrencial. Nessa medida, nas empresas públicas de mercado

também considerar, dentro das actividades de serviço público, as que se reconduzam àquilo que se pode denominar como serviço económico, daqueloutras que se entenda reconduzirem-se à noção de serviço social, sendo certo porém que esta última é uma distinção que, em muitos casos se torna inviável para não dizer impossível. Não obstante, a sua relevância é ainda hoje bem actual, pelo que deverá abordar-se conjugadamente com as demais distinções, sendo a ponderação da globalidade das mesmas absolutamente essencial para efeitos de determinação da estrutura concreta a aplicar na sua prestação.

São pois estas as condicionantes que teremos de ter presentes no tratamento da presente matéria.

## 2 – Os Qualificativos "Económico" e "Social", a sua Importância nas Actividades de Serviço Público e o Contributo da Jurisprudência Comunitária

Nos pontos que antecedem o presente, referimo-nos às actividades de serviço público, considerando que, na medida em que estas possam corresponder à concretização de direitos fundamentais e à promoção do bem-estar, o Estado estaria por isso vinculado a manter um determinado nível de prestação pública na medida em que é ele o portador e guardião desse bem-estar recondutível à ideia de interesse público e interesse geral[252].

---

consideramos que se devem incluir todas aquelas que desenvolvem actividades em perfeita concorrência com os outros operadores privados, ao passo que as empresas públicas de serviço público, corresponderiam a todas aquelas a quem incumbisse a prestação de um serviço público, eventualmente salvaguardadas da aplicabilidade das regras da concorrência, não obstante, por princípio estejam a elas sujeitas, desde logo, pelo simples facto de serem empresas.

[252] Para uma abordagem mais pormenorizada a propósito da importância do conceito de interesse geral, veja-se FRANÇOIS RANGEON, *L'Idéologie de l'Intérêt Général*, Económica, Paris, 1986, onde, ao referir-se ao Estado como o "garante último do interesse geral", ressalta a importância e operatividade do conceito, designadamente como critério orientador da actuação daquele, destacando-lhe simultaneamente a sua "tripla função política" na medida em que *:" (...) l' intérêt général constituant le fondement, le but, et le limite du pouvoir d' Etat."*, ob. cit., pág. 22.

Contudo, as dificuldades actualmente sentidas e atribuídas ao peso dessa função de bem-estar assumida pelo Estado Social, obrigam a que se procure implementar as melhores formas de actuação possíveis, não sendo a prestação de serviços públicos excepção. Assim, na qualificação da noção actual de serviço público vimos que tem vindo a "ganhar terreno" a sua faceta económica, muito embora não se desconsidere a faceta social dos mesmos. A questão que agora colocamos é pois a de saber de que modo podem estes qualificativos referentes ao carácter "económico" ou ao "social" dos serviços públicos actuar como elementos relevantes no momento de proceder à opção organizativa a aplicar na sua prestação quando o operador é o Estado. A este nível, a prática corrente tem vindo a demonstrar a predilecção pela aplicabilidade das formas jurídicas privadas para este efeito, incrementando-se assim uma gestão indirecta pública através de mecanismos privados Não é porém nossa intenção analisar o problema e as suas consequências neste ponto, mas tão só evidenciar em que medida é que o carácter económico ou social de uma determinada actividade que se considere serviço público, pode ou não influenciar na escolha da forma organizativa aplicável.

Apesar de ser comum distinguir, no âmbito dos serviços públicos, aqueles que se consideram económicos, dos outros, entendidos como sociais, a verdade é que não tem sido dedicada muita atenção a estes últimos, acabando mesmo por serem definidos pela negativa relativamente aos primeiros. Este desinteresse, eventualmente fruto da sua menor atractividade para efeitos de concessões[253], está todavia a mudar, tal como o comprova a crescente atenção do sector privado na área da saúde, por exemplo. Parece-nos todavia que o verdadeiro motivo pelo qual não têm sido tratados de forma exaustiva os serviços públicos sociais deve-se ao facto de estes colocarem questões mais delicadas, como seja, por exemplo, a susceptibilidade de o Estado se poder desvincular ou não relativamente à sua prestação. Por outro lado, a prestação dos serviços públicos sociais tem sido garantida até ao momento presente, entre nós e ressalvando o caso recente dos hospitais-empresas, através de estruturas de carácter não empresarial.

---

[253] Assim o sugere PEDRO GONÇALVES, in A Concessão de Serviços Públicos..., cit., pág. 38.

Acresce ainda que no desenho traçado pelo actual RGSEE não resulta qualquer menção à prestação de actividades sociais, e se não se mencionam as económicas é porque se dá por adquirido que tal sector, sendo empresarial, a elas se dedicará naturalmente. Mas curiosamente, a menção ao exercício de actividades sociais já surgia na anterior noção de empresa pública, de uma forma tão ambígua que parecia encará-las como sinónimas da actividade económica[254].

Não entraremos novamente na análise conceptual do significado a atribuir à noção de actividade económica. Já o fizeram melhor antes de nós, pelo que para aí remetemos[255]. Aquilo que importa sublinhar a este propósito é que, de entre os poucos juristas que se dedicaram a este tipo de exercício, desde lá para cá, não surgiram, segundo nos parece, grandes avanços[256]. Não obstante, a distinção

---

[254] Criticando este aspecto inserido no anterior conceito de empresa pública, COUTINHO DE ABREU, *Definição...*, cit., pág. 106 e ss..

[255] Veja-se a esse propósito, COUTINHO DE ABREU que recolheu de entre vários economistas, de diferentes escolas, importantes informações a propósito do significado que nessa área científica se atribuía à noção. Porém, surpreendentemente, para além de constatar que esse significado não é o mesmo no âmbito da economia e no âmbito do direito, evidenciou também que, mesmo dentro dos cultores das ciências económicas não se encontra verdadeiro consenso a esse mesmo propósito. Tudo isto, *in Definição...*, cit., pág. 107 e ss.. Ainda assim, não será essa dificuldade motivo bastante para renunciar à utilidade do conceito para efeitos de criação jurídico-dogmática na qual assentam várias figuras e regimes jurídicos. Essencial será para tanto que se reconheça que o Direito não cria os fenómenos, limita-se "apenas" a regulá-los, razão pela qual se deverá utilizar o conceito da forma mais aproximada possível àquela em que ele o é na sua área de origem, sob pena de se criar um autismo que corta a harmonia que deve existir entre a realidade e o tratamento jurídico que se lhe destina. Nesse sentido, a propósito da utilização de outros conceitos, como os de empresa e empresário, designadamente quando aplicados ao Estado no desenvolvimento de actividades sociais, ARENA dizia claramente: " *Las inexactitudes de nomenclatura, cuando no observadas por los juristas, provocan a su vez inexactitudes conceptuales y todas contribuyen a la confusión de ideas. De este modo, los problemas más simples se hacen complejos y las soluciones que deberían ser pacíficas se hacen inalcanzables.(...) La empresa en sentido económico, es definitiva de distinto modo que la empresa en sentido jurídico.Sin embargo, la diversidad de definición no puede ni debe hacer olvidar que la empresa es una sola realidad tanto para el economista como para el jurista. La formulación jurídica, cualquiera que sea, no puede inventar, contra la verdad, una empresa diversa de la que existe en la economía. El derecho no cría los fenómenos, sino que los disciplina.*", in *Contribución a la Sistematización Jurídica de los Entes Públicos que ejercen una actividad económica, in La Empresa Pública*, Studia Albornotiana..., cit., pág. 120 e 129.

[256] Tentamos efectivamente encontrar a este propósito algo de novo. Mas sem sucesso. Surpreendeu-nos porém o esforço de NICOLAS THIRION que ao tentar encontrar o significado

adquire hoje outro nível de relevância, designadamente por força do direito comunitário, o qual faz depender a aplicação de diversas normas do facto de uma determinada estrutura se dedicar ou não ao exercício de uma actividade económica, conceito essencial, designadamente para efeitos do preenchimento da noção de empresa. Torna-se então evidente que não é irrelevante saber em que é que consiste uma actividade económica por um lado, nem tão pouco as opções organizativas a aplicar no âmbito das actividades de prestação desenvolvidas pelo Estado. De todo o modo, a importância que os qualificativos indicados assumem actualmente no âmbito das actividades de serviço público é essencialmente ressaltada quando se coloca o problema de saber qual a forma organizativa a aplicar para a sua prestação[257]. É pois precisamente nesse domínio que é possível encontrar alguns contributos recentes na jurisprudência comunitária, que seguidamente expomos, tendo porém desde já em atenção que o tratamento que nesta sede é dispensado a esta matéria interliga as noções de empresa e de actividade económica no sentido de a última ser condição para considerar a efectiva existência da primeira.

Assim, para saber se temos empresa – designadamente para efeitos de aplicabilidade do direito da concorrência – tudo começa por saber se determinada entidade desenvolve ou não uma actividade económica, sendo que esta se define por contraposição àquilo que se entenda ser uma actividade de natureza ou cariz social.

---

de actividades que se considerassem, por natureza, não económicas diz adoptar a esse propósito uma "concepção existencialista", a qual se traduzirá no seguinte: *(...) est économique, l'activité que l'ordre juridique entend apprénender comme telle"*, ob. cit., pág. 69. Ora, como se vê, o esforço expendido pelo Autor não parece ter sido coroado com o devido êxito

[257] Problema este em muito impulsionado pelo próprio direito comunitário, na medida em que, para alcançar os objectivos propostos pela construção de uma Europa Unida, acabou por implementar uma abordagem económica aplicável à generalidade das actividades de prestação, nas quais se incluíam, naturalmente, os próprios serviços públicos. Assim, no tocante a estes últimos, as concepções tradicionais, segundo as quais só os serviços de índole económica permitiriam uma abordagem empresarial, acabaram por ser paulatinamente questionados, o que não significa contudo que já se tenha chegado a conclusões seguras a propósito de muitas das matérias que envolvem a problemática dos serviços públicos, designadamente esta. Daí que consideremos que para este específico efeito, talvez seja preferível substituir a clássica distinção, serviço económico *versus* serviço social, pela que enunciamos no ponto anterior: actividade de natureza empresarial *versus* actividade de natureza não empresarial.

Haverá então empresa sempre que se exerça uma actividade económica, e isto independentemente do seu estatuto jurídico ou modo de financiamento. Tal é a jurisprudência constante e pacífica que a este propósito se tem vindo a construir[258]. Um aresto de referência nesta matéria é o Acórdão *Poucet et Pistre*, de 17 de Fevereiro de 1993. O problema envolvia dois particulares, o Senhor Poucet e o Senhor Pistre que, em processos autónomos se defrontavam contra entidades que actuavam na área dos seguros de doença e de maternidade de trabalhadores não assalariados das profissões não agrícolas, mais propriamente, a *Caisse Mutuelle Régionale de Languedoc – Roussillon*, a *Assurances Génerales de France* (que era uma convencionada da primeira), e ainda a *Caisse Autonome Nationale de Compensation de l' Assurance Vieillesse des Artisans de Clermont – Ferrand*.

No litígio em causa, tanto o Senhor Poucet, como o Senhor Pistre haviam sido notificados pelas referidas Caixas Mutualistas no âmbito de uma execução que estas lhes haviam instaurado para o pagamento das contribuições de segurança social que àquelas eram devidas. Sem questionarem o sistema obrigatório de inscrição na Segurança Social, os particulares em causa consideravam que deveriam ter o direito de se dirigir livremente a qualquer companhia de seguros privada, sem terem a obrigatoriedade de se inscreverem naquelas Caixas que, no seu entender, gozavam de uma posição dominante contrária às regras estabelecidas pelo Tratado. Neste caso, a solução a que o Tribunal acabou por chegar, passou desde logo por determinar se estes organismos – Caixas de Segurança Social – deveriam ou não ser considerados como empresa, dado que só assim se colocaria o problema de saber se a sua actividade infringia ou não o disposto nos artigos 85º e 86º do Tratado. E note-se que, mesmo para um direito tão jovem e pragmático quanto o direito comunitário, o Tribunal acabou por considerar que, apesar de para efeitos de direito

---

[258] As bases a este propósito foram lançadas com o Acórdão Hoefner e Elser, de 23 de Abril de 1991, Proc. C – 41/ 90, Colectânea, Pág. I – 1979. Este entendimento foi mantido também Acórdão Poucet et Pistre, de 17 de Fevereiro de 1993, Proc. C – 159/91 e C – 160 – 91, Colectânea, 1993, pág. I – 00637. Também assim, mais tarde, no Acórdão Associetés d' Assurance, de 16 de Novembro de 1995, Proc. C – 224/94, Colectânea, pág. I – 04013.

da concorrência, se entender a noção de empresa como abrangendo qualquer entidade que desenvolva uma qualquer actividade económica independentemente do seu estatuto jurídico ou modo de financiamento, tal não sucedia com estas Caixas. Isto porque, no entender do Tribunal, as Caixas em causa *"(...) ou os organismos que contribuem para a gestão do serviço público de segurança social desempenham uma função de carácter exclusivamente social. Essa actividade é, com efeito, baseada no princípio da solidariedade nacional e desprovida de qualquer fim lucrativo. As prestações pagas são prestações legais, independentemente do montante das contribuições. Daqui resulta que essa actividade não é uma actividade económica e que, por isso, os organismos que dela são encarregados não constituem empresas, na acepção dos artigos 85º e 86º do Tratado."*

Note-se que, para chegar à conclusão de que os organismos de gestão de serviços de segurança social como os descritos no caso, não constituíam verdadeiras empresas, foi essencial ter em conta a diferente lógica que os distinguia. Estes não constituiriam verdadeiras empresas, desde logo, porque pautavam a sua actuação pela observância do princípio da solidariedade, facto este com efeitos pragmáticos e aptos a distinguir estes organismos de uma qualquer empresa. Desse denominado princípio da solidariedade, resulta desde logo que as Caixas em causa no aresto tinham como objectivo *"(...) assegurar ao conjunto das pessoas por eles abrangidas uma cobertura dos riscos de doença, velhice, morte e invalidez, independentemente da sua condição económica e do seu estado de saúde aquando da sua inscrição"*[259].

Ora, deste último ponto resulta claro e inequívoco que as Caixas em causa não são nem actuam como verdadeiras empresas, na medida em que se limitam a exercer uma função – serviço público de carácter essencial –, obrigatória nos termos da lei, sem ponderar qualquer estratégia de risco aportado pela inscrição de novos beneficiários, logo, sem pautar a sua conduta pela óptica do custo – benefício que é conatural a qualquer empresa, tal como já referimos. Neste sentido, o princípio da solidariedade acaba por se converter num aspecto essencial para distinguir aquilo que se entenda ser acti-

---

[259] Ac. cit, ponto 9. Negrito nosso.

vidade económica, daquilo que se entenda ser actividade social. Por outro lado, o referido Princípio assume-se também como factor determinante para qualificar a forma organizacional como esta ou aquela actividade é exercida, erigindo-se assim como uma espécie de fronteira entre aquilo que pode ser ou não considerado como empresa.

Neste sentido, conjugando o Princípio da Solidariedade[260], com o carácter público do sujeito prestador, acabamos por chegar à conclusão que quando uma actividade é assim exercida, com este objectivo e em cumprimento de disposições legais, não poderemos considerar que a sua prestação será melhor garantida através de mecanismos e estruturas empresariais, pois que estas, são estranhas à natureza e objectivo prosseguido por aquelas. É também importante notar, que o facto de as Caixas Mutualistas em causa exercerem a sua actividade em cumprimento da lei, foi um factor essencial para o Tribunal considerar que estas desenvolviam uma actividade vinculada, não tendo por isso qualquer possibilidade de exercer uma qualquer "influência dominante" na prestação do serviço em causa. Outro elemento relevante para o Tribunal, ainda que o não tivesse evidenciado de forma directa, foi a circunstância de a actividade das Caixas não ter qualquer finalidade lucrativa, a qual surge novamente ligada, de modo natural, àquilo que se considere ser uma actividade económica, *maxime*, empresarial[261].

Em termos gerais, no tocante à distinção efectuada pelo Tribunal entre actividades sociais e actividades económicas, que afastam a qualificação do organismo prestador como sendo uma empresa no caso das primeiras, o essencial da posição traçada pelo aresto que acabamos de referir mantém-se. No entanto, a propósito da finalidade

---

[260] Para melhor constatar os aspectos práticos em que se traduz este princípio, vejam-se os pontos 10 a 12 do acórdão citado, dos quais resulta a constatação de que a actividade em causa, desenvolvida pelas Caixas em questão, não daria nunca lugar ao desenvolvimento de uma actividade empresarial.

[261] A relevância da finalidade lucrativa na consideração de que as Caixas não poderiam ser consideradas empresas resulta porém mais evidente no encadeamento dos pontos 18 e 19 do Acórdão, sendo o primeiro particularmente expressivo a este propósito: *"(...) as caixas de doença ou os organismos que contribuem para a gestão do serviço público de segurança social desempenham uma função de **carácter exclusivamente social**. Essa actividade é, com efeito baseada no **princípio da solidariedade nacional e desprovida de qualquer fim lucrativo**."* (negrito nosso).

lucrativa como elemento relevante para considerar a entidade prestadora como empresa, já a posição assumida noutros casos não coincide com aquele a que acabamos de nos referir. Assim, no Acórdão *Féderation Française de Societés d'Assurance*[262], de 16 de Novembro de 1995, no qual se veio a desenvolver um pouco mais a ideia do princípio da solidariedade, por oposição ao princípio da capitalização, desconsiderou-se claramente esse aspecto, não obstante não tenha sido esse o entendimento defendido pelo *Conseil d'État*.

A matéria objecto de análise continua no âmbito da protecção da segurança social. A diferença é que agora nos deparamos com uma entidade que, ao gerir um sistema de seguro de velhice como complemento ao regime obrigatório instituído por lei, e regida por um princípio de capitalização, levaram o Tribunal a concluir que, nesse caso, tal entidade constituía de facto uma empresa nos termos e para os efeitos dos artigos 85° e 86° do Tratado. O critério essencial foi, neste caso, não a finalidade lucrativa (ou a sua ausência) prosseguida pela Caixa em causa, mas resultou sim da verificação de dois elementos determinantes: por um lado o facto de a inscrição na Caixa em causa ser meramente facultativa, dado que através dela se institui um regime complementar e, por outro, o facto de esse regime funcionar segundo o Princípio da Capitalização, ou seja, as prestações às quais conferia direito baseavam-se unicamente no montante das contribuições pagas pelos seus beneficiários, bem como dos investimentos efectuados pelo organismo gestor, não existindo aqui uma finalidade redistributiva como aquela que se assinala às actividades sociais regidas pelo princípio da solidariedade.

O Tribunal não deixou porém de referir a existência efectiva de alguns elementos tributários deste último na actuação desta entidade. A questão é que esse princípio, no caso concreto, teria *"(...) um alcance extremamente limitado, que deriva da natureza facultativa do regime"*[263]. Neste sentido, o Tribunal acabou então por concluir que, existindo embora alguma influência do princípio da solidariedade na actividade exercida por esta entidade, a intensidade com que o mesmo se fazia sentir não obnubilava o carácter verdadeiramente económico da actividade desenvolvida, facto este determinante para

---

[262] Proc. C – 244/94, *in* Colectânea de 1995, pág. I – 04013.
[263] Ponto 19, *in fine,* do Acórdão citado.

considerar aquele organismo como empresa para efeitos de aplicação do artigo 85º e 86º do Tratado, a qual concorria efectivamente com as companhias de seguros de vida nesse sector específico..

Esta questão continuou a ser objecto de atenção por parte do Tribunal, que em aresto de 21 de Setembro de 1999[264], foi novamente chamado a apreciar a compatibilidade da inscrição obrigatória em regimes legais de segurança social com as regras do Tratado, designadamente, no tocante a saber se as entidades que desenvolviam tais actividades deveriam ou não ser consideradas como empresas, nos termos e para os efeitos já aqui descritos. Neste caso, ancorado em muito nas conclusões a que a este propósito já se havia chegado nos arestos que também aqui já referimos, o Tribunal foi porém mais longe nos esforços de precisar quando estaríamos perante uma verdadeira empresa.

Foram essencialmente dois os elementos utilizados para este efeito: por um lado a verificação sobre a finalidade com que o Fundo actuava, no sentido de saber se era lucrativa ou não; por outro, a abrangência e influência projectada pelo princípio da solidariedade na prestação da actividade em causa. No que toca ao primeiro aspecto, verificou-se que de facto, o fundo de pensões em causa demonstrava uma efectiva ausência de finalidade lucrativa, tendo mesmo tal elemento acabado por ser considerado como específico do exercício de uma actividade social, sendo até considerado como um elemento característico desse tipo de actividade e que se deveria preservar[265].
No tocante ao Princípio da Solidariedade, este aresto foi mais específico, tendo concretizado com dados objectivos os elementos através dos quais se constatava tal solidariedade, considerando que esta:
*"(...) manifesta-se pela obrigação de aceitar todos os trabalhadores sem exame médico prévio, pela continuação da constituição da pensão com dispensa de pagamento de contribuições em caso de incapacidade para o trabalho, pela tomada a cargo pelo fundo das contribuições atrasadas devidas pela entidade patronal em caso de falência desta última, bem como pela indexação do montante das pensões a fim de manter o seu valor. O Princípio da Solidariedade resulta também da ausência de equivalência a nível individual entre*

---

[264] Processo C – 67/96, *Albany International*, publicado na Colectânea de 1999, I-05751.
[265] Acórdão citado, ponto 74.

*a contribuição paga, que é uma contribuição média e independente dos riscos e os direitos a pensão, para cuja determinação é tomado em conta um salário médio"*[266].

Porém, e surpreendentemente, tendo em atenção a linha de argumentação que vinha a ser desenvolvida, o Tribunal acabou por considerar que estes elementos não se faziam sentir, no caso concreto, com a intensidade suficiente para daí afastar a consideração daquela entidade como uma verdadeira empresa. Para tanto, parece ter contribuído o facto de ser o próprio fundo de pensões a determinar o montante das contribuições e das prestações, bem como o facto de este organismo funcionar sobretudo, de acordo com o Princípio da Capitalização. Assim, neste caso concreto, o juízo do Tribunal assentou numa ponderação concreta dos factores essenciais para determinar se temos ou não empresa, isto é, o facto de se exercer uma actividade económica e o facto de se actuar segundo o princípio da capitalização. Estes elementos, acabaram neste caso por se fazer sentir com mais intensidade do que os outros que levariam à conclusão de que a actividade em causa não estaria a ser prosseguida por uma empresa. Neste caso, o facto de se exercer uma actividade sem finalidade lucrativa, orientada também pelo princípio da solidariedade característico das actividades sociais, não se assumia aqui como elemento suficientemente ponderoso quando comparado com a operatividade do princípio da capitalização. Convém notar que neste caso, ao contrário do sucedido no Acórdão *Poucet et Pistre*, a inscrição obrigatória neste fundo de pensões sectorial não foi valorizada da mesma forma que tinha sido naquele outro aresto, razão que também contribuiu, a par dos outros parâmetros referidos, para levar o Tribunal a concluir que *"(...) um fundo de pensões sectorial como o que está em causa no processo principal, exerce uma actividade económica em concorrência com as companhias de seguros"*, sublinhando ainda que *"nestas condições, a ausência de fins lucrativos bem como os elementos de solidariedade avançados pelo Fundo e pelos Governos intervenientes não são suficientes para retirar ao fundo de pensões*

---

[266] Acórdão citado, ponto 75. Note-se que neste ponto o Tribunal referiu a importância do factor risco como relevante para efeitos de qualificação da entidade prestadora do serviço em causa como constituindo uma empresa, tal como também nós já sugerimos para aferir da natureza empresarial de uma actividade económica.

*sectorial a sua qualidade de empresa na acepção das regras de concorrência do Tratado"*[267].

Dos elementos vertidos no aresto referido não parece no entanto resultar uma diversidade substancial entre este caso e aquele outro tratado no Acórdão *Poucet et Pistre*, afigurando-se-nos que esta decisão enferma de pouca clareza e fraca coerência interna na argumentação expendida, facto este visível até pela evidência (assumida), da semelhança dos factos: a obrigatoriedade da inscrição sem medir o grau de risco aportado por cada pessoa inscrita, o funcionamento segundo o princípio da solidariedade, a ausência de fins lucrativos. Tudo isto se verificava no Acórdão *Poucet et Pistre,* e verifica-se também neste. A única diferença, é que aqui o Tribunal afirma que a solidariedade encontrada no funcionamento do organismo não se afigura como suficiente para retirar ao exercício da actividade desenvolvida o carácter de actividade económica. Porém, esta afirmação não surge depois suficientemente fundamentada nem apoiada nos factos do caso concreto. Pouco ou nada diz. Limita-se a afirmar uma insuficiência sem todavia demonstrar como é se que chegou a tal conclusão. Trata-se pois de uma decisão que não contribui para a clareza da matéria, quebrando assim em alguma medida o entendimento que se vinha a afirmando a este propósito.

Como se vê, a distinção que opõe o social ao económico, na qualificação de uma qualquer actividade e a sua influência na determinação do carácter empresarial da estrutura prestadora, tem vindo a merecer bastante atenção em sede comunitária. Para além das questões reconductíveis ao campo da segurança social, é também possível encontrar outros exemplos, designadamente num sector de actividade que se encontra hoje, entre nós, submetido a uma alteração estrutural. Referimo-nos à prestação pública de cuidados de saúde, no âmbito da qual se coloca o problema de saber se determinadas unidades hospitalares deverão ou não ser consideradas como empresas, naturalmente, para efeitos de as submeter ou não ao direito da concorrência. Entre nós, tratando-se de hospitais que assumam a forma de sociedade comercial ou de EPE, é inequívoco que serão considerados, pelo menos em termos formais, como empresas, estando por isso sujeitos às regras da concorrência, tal como decorre do artigo 8º do

---

[267] Acórdão citado, pontos 84 e 85.

RGSEE. Contudo, em sede comunitária, não foi o problema da forma jurídica assumida pela entidade prestadora de cuidados de saúde que suscitou a questão, mas sim a sua forma de actuação e interacção com outros agentes económicos, a qual fornece importantes indícios a propósito do entendimento comunitário do significado a atribuir à noção de "actividade económica".

Assim, em aresto de 4 de Março de 2003[268], colocava-se o seguinte problema: A Federação Nacional de Empresas de Instrumentação Científica, Técnica, Médica e Dentária (FENIM), recorreu para o Tribunal contra a decisão tomada pela Comissão no âmbito de uma denúncia efectuada por aquela, por alegado abuso de posição dominante por parte das 26 entidades[269] às quais estava confiada a gestão do Sistema Nacional de Saúde (SNS). De acordo com a FENIM, o abuso de posição dominante praticado pelas entidades inseridas no SNS, materializava-se sobretudo no facto de estas atrasarem sistematicamente os pagamentos devidos por fornecimento de material sanitário, atraso esse que orçava numa média de 330 dias, uma vez que aqueles organismos possuíam, no entender da FENIM, uma posição dominante no mercado espanhol de produtos sanitários, o que lhes conferia a possibilidade de atrasar o pagamento daquelas dívidas sem que os respectivos credores pudessem exercer qualquer pressão comercial no sentido de obstarem a essa actuação.

A Comissão, porém, recusou a denúncia da FENIM, baseando-se para tal em dois argumentos essenciais: por um lado, os 26 organismos inseridos no SNS e encarregues da gestão desses mesmos serviços não seriam, verdadeiramente, empresas. Logo, também não poderiam exercer no mercado uma posição dominante, razão pela qual a Comissão entendeu que, ao não estar presente no caso em apreço um dos pressupostos essenciais para a aplicabilidade do disposto no artigo 82º CE, não seria necessário analisar os demais elementos invocados pela denunciante.

---

[268] Processo T – 319/99; publicado na Colectânea de 2003, II – 00357. Desta decisão foi interposto competente Recurso pela FENIM contra a Comissão, em concreto o Recurso C – 405/03, o qual, de acordo com a consulta por nós efectuada ao *site* do Tribunal de Justiça (www.curia.eu.int), no dia 7 de Setembro pelas 16.45 horas, encontrava-se ainda pendente e por isso indisponível.

[269] Estas entidades eram organismos e ministérios integrados na Administração Pública Espanhola, tal como se refere no ponto 3 do acórdão citado.

De acordo com a jurisprudência fixada no Acórdão *Poucet et Pistre*, elemento essencial para afastar a aplicabilidade das regras da concorrência por não existir verdadeira empresa, é o facto de uma determinada actividade ser exercida em função do princípio da solidariedade nacional. Assim, este critério funcional implica que se analise atentamente o carácter da actividade concretamente exercida – e não o da entidade que a exerce – para se chegar à conclusão de saber se temos ou não empresa. Por isso, baseada a actividade naquele princípio da solidariedade nacional, qualificar-se-á como actividade social e não económica, razão pela qual a entidade prestadora não seria considerada empresa nos termos e para os efeitos previstos no Tratado. E aqui percepciona-se bem a relevância de qualificar uma actividade como económica ou social, tendo em atenção as consequências que daí podem resultar, como se demonstra neste caso[270].

Para dirimir este conflito, o Tribunal começou então por analisar o carácter da actividade exercida pelas entidades inseridas no SNS espanhol, no sentido de saber se a sua actividade era de considerar como económica ou como meramente social. Para tanto invocou jurisprudência anterior[271], para acabar por adoptar o entendimento da Comissão, nos termos do qual, para saber se uma determinada actividade se deverá considerar económica ou não, não bastará verificar se existe o exercício de uma actividade de produção, distribuição ou prestação de bens ou serviços destinados a um mercado. Será ainda necessário não dissociar a *"(...) actividade de compra de um produto, da utilização ulterior do produto adquirido pelo comprador para efeitos de apreciar a natureza desta última actividade* (leia-se de compra ou de aquisição do produto em causa). Neste sentido, o Tribunal entendeu que: "*Cabe, por conseguinte, considerar que o carácter económico ou não da utilização ulterior do produto*

---

[270] A este propósito é expressiva a consideração da FENIM quando afirma: " *Em qualquer caso, é inadmissível que a Comissão se baseie no princípio da solidariedade para permitir abusos de posição dominante por parte do SNS, (...) que consistem na falta de pagamento sistemático de certas dívidas num prazo razoável"*, ponto 22 do Acórdão.

[271] Acórdão Comissão/Itália, de 18 de Junho de 1998, *in* Colectânea, pág. I – 3851, ponto 36; Acórdão Consiglio Nazionale degli Spedizionieri Doganali/ Comissão, de 30 de Março de 2000, *in* Colectânea, pág. II – 1807, n.º 36, ambos citados pelo aresto que ora referimos no texto, nos seus pontos 36 e 37.

*comprado determina necessariamente o carácter da actividade de compra. Por conseguinte, sempre que uma entidade compra um produto, mesmo quando o faz em grande quantidade, não para oferecer bens ou serviços no âmbito de uma actividade económica, mas para o usar no âmbito de uma outra actividade, por exemplo, uma actividade de natureza puramente social, essa entidade não actua como empresa pela sua simples qualidade de comprador num mercado."*[272].

Deste modo, o Tribunal acabou por negar provimento à pretensão da FENIM, uma vez que considerou que aquelas entidades do SNS espanhol não poderiam ser consideradas como empresas, uma vez que, além de não exercerem uma actividade económica, *"(...) é pacífico que o SNS, gerido pelos ministérios e outras entidades visadas na denúncia apresentada pela recorrente, funciona em conformidade com o princípio da solidariedade nacional quanto ao seu modo de financiamento através de contribuições sociais e de outras contribuições estatais e quanto à prestação gratuita de serviços aos seus beneficiários com base na cobertura universal. Assim, esses organismos não actuam como empresas na sua actividade de gestão do SNS".*

Como se vê, esta referência jurisprudencial evidencia claramente a importância do qualificativo "económico" ou "social", o qual aplicado a actividades consideradas de serviço público, poderá melhor ilustrar a relevância, oportunidade e utilidade de se definirem de modo mais claro qual a melhor forma organizativa a aplicar à prestação pública das mesmas. Consideramos por isso que esta é uma referência de grande importância e actualidade para a realidade nacional. De facto, a circunstância de terem sido introduzidos no SEE, vários hospitais transformados em empresas[273], coloca com inegável acuidade a questão de saber como é que se devem aplicar as regras da concorrência ao exercício da actividade em causa, sendo certo que neste caso a resposta positiva por parte do Tribunal estaria facili-

---

[272] Acórdão citado, pontos 36 e 37.
[273] Inicialmente com a forma de sociedade anónima, agora a retransformar em EPE, tal como anunciou o Governo logo no início do mandato, e hoje já constante do Decreto-Lei n.º 93/2005 de 7 de Junho.

tada pelo argumento formal, pela circunstância desses hospitais serem constituídos como empresas. Por outro lado, resulta do aresto citado que esse problema já não se coloca no caso dos hospitais inseridos no sector público administrativo, o que nos permite reforçar o entendimento que temos vindo a defender: que a falta de adequação entre forma e substância, ou seja, entre actividade e figura jurídica aplicável, acaba por colocar problemas de difícil resolução e que transcendem em muito os apaixonantes debates teóricos e doutrinais que a esse propósito se possam suscitar.

Todo este excurso pela jurisprudência comunitária permitiu tornar mais evidente a importância da distinção entre a natureza económica e a natureza social de uma determinada actividade, a qual está longe de ser meramente teórica, ou irrelevante. Dela depende a qualificação de uma estrutura organizacional como sendo uma empresa, o que posteriormente determina a aplicabilidade das regras da concorrência à actividade assim desenvolvida. Por outro lado constatamos também que as aproximações ao problema pressupuseram sempre a equação de questões clássicas, como aquelas que ligam a ideia de empresa à finalidade lucrativa, o que evidencia a força que ainda hoje este entendimento possui, podendo por isso extrair-se daí um argumento relevante para aferir da natureza empresarial revelada por uma actividade económica, tal como fizemos atrás.

Neste sentido, e de acordo com o advogado geral F. G. JACOBS[274], o derradeiro teste para determinar o carácter económico de uma determinada actividade consiste desde logo em procurar saber se essa mesma actividade teria a potencialidade de ser exercida por uma empresa particular com fins lucrativos. Em caso negativo, não haveria então razão para sujeitar tal actividade à aplicabilidade das regras da concorrência. Este ponto adquire para nós uma dupla importância: por um lado torna claro que o intuito lucrativo a alcançar com o exercício de uma determinada actividade é importante e deve ser utilizado de forma tendencial como critério finalístico e funcional no sentido de averiguar se a mesma pode ou não ser desenvolvida

---

[274] Ponto 27 das conclusões que apresentou em 22 de Maio de 2003 e que se referiam também aos Acórdãos aqui citados, disponíveis no *site* http://cúria.eu.int/jurisp, recolhidas no dia 24 de Setembro de 2004.

através de organizações de factores produtivos que se considerem verdadeiras empresas. Por outro, e consequentemente, essa finalidade específica deverá operar como elemento relevante na construção de critérios para determinar qual a forma jurídica a aplicar no exercício de actividades que correspondem ao desempenho de tarefas essenciais e irrenunciáveis por parte do Estado. Longe de preciosismos puramente teóricos, estamos convencidos de que este ponto é absolutamente essencial para a preservação da coerência do sistema.

Como se vê, apesar de ser extremamente difícil distinguir o que sejam actividades económicas, e actividades sociais, a noção do que sejam as primeiras acaba por ser a base sobre a qual se construirão muitos outros conceitos, cuja operatividade e força jus-normativa não libertam o jurista do esforço concretizador e interpretativo do significado e conteúdo que revelam. Neste sentido, o carácter "económico" reconhecido a uma determinada actividade deverá desempenhar um papel de relevo na construção de conceitos e quadros jurídico-normativos, contribuindo para determinar qual é o "índice qualificativo do tipo" em função do qual se desenhará o respectivo regime jurídico aplicável à realidade em questão[275]. Deste modo, constatar o óbvio, ou seja, que tudo assume em maior ou menor medida um cariz ou conteúdo económico, não significa aniquilar o pendor social das actividades em questão. É na descoberta da maior ou menor preponderância de tais elementos que poderemos reconduzir uma determinada actividade a uma de tipo social, ou a uma outra de tipo económico. Poderemos então, delineado o tipo, construir o respectivo regime jurídico aplicável, desde a criação do conceito, à respectiva operatividade normativa. Preferimos então, e invertendo os factores, afirmar que hoje, por necessidades que os tempos constatam e a evolução impõe, todo o social é alvo de tratamento económico, que se deverá considerar imperativamente racional, sem-

---

[275] A este propósito, veja-se entre nós, por todos, PEDRO PAIS DE VASCONCELOS, *Contratos Atípicos,* Coimbra, Almedina, 1995, pág. 113 e ss.., e também, para uma abordagem mais sintetizada, do mesmo autor, *Teoria Geral do Direito Civil,* 2ª Edição, Almedina, 2003, pág. 402 e ss., em particular, a propósito dos índices do tipo, pág. 406. Advirta-se porém, para obstar a qualquer confusão ou mal entendido, que a expressão utilizada no texto não corresponde inteiramente à do autor, que refere os "índices do tipo". Entendemos contudo ser mais ilustrativo da ideia que pretendíamos transmitir inserir aí o termo "qualificativos".

pre que o operador ou prestador em causa seja o próprio Estado. Fica assim demonstrado a utilidade de superar esta distinção pela que atrás propusemos, passando então a estabelecer-se a fronteira entre as actividades de natureza empresarial e as que a não revelassem. Utilizando estas premissas como "pano de fundo", chegamos ao momento de analisar a intervenção económica pública no âmbito dos serviços públicos, tendo presente, como se viu (e utilizando agora a terminologia tradicional), que a dimensão económica do serviço, não aniquila o pendor social do mesmo, devendo assim analisar-se atentamente as opções organizativas aplicáveis à prestação pública de tais actividades.

## III SECÇÃO
### Serviços Públicos e Intervenção Empresarial

**1 – Formas Jurídicas de Prestação Estadual de Serviços Públicos/ de Interesse Geral: a viabilidade dos mecanismos empresariais**

As coordenadas essenciais deste problema resultam já de toda a análise precedente. Releva agora, em concreto, e dado que o objecto da nossa análise versa essencialmente sobre o sector empresarial do Estado, reflectir sobre os modos e formas juridicamente mais adequados à prestação de actividades de serviço público/ de interesse geral, numa dupla vertente, a saber:

– Primeiro: importa definir o que é que se deve entender e como se deve concretizar, em particular no desempenho das actividades supra mencionadas, a ideia de "gestão empresarial";
– Segundo: concretizado este último conceito, teremos depois de saber quais as formas jurídicas mais adequadas à prestação de actividades de serviço público organizadas em termos empresariais.

Será pois em torno destes dois pólos que se estruturará a abordagem que dedicamos ao problema neste ponto do trabalho.

## 1.1 – Serviços Públicos e Gestão Empresarial:

De acordo com o artigo 4º do actual RGSEE, o legislador atribuiu expressamente ao sector empresarial do Estado e às empresas públicas em particular, uma missão específica: a de "contribuir para o equilíbrio económico e financeiro do conjunto do sector público", bem como obter "níveis adequados de satisfação das necessidades da colectividade". Assim, o actual regime jurídico do sector empresarial do Estado não deixa de atribuir às empresas públicas um objectivo específico, convertendo-as assim em "estruturas de missão" especialmente funcionalizadas à obtenção de resultados positivos na sua actuação como forma mediata de realização do interesse público.

Porém, de acordo com alguns estudiosos das matérias das ciências das organizações, este valor de "missão" deverá ser relativizado, dado que esse mesmo vector acaba por ser a razão de existir de qualquer instituição: é com base nela que se adoptam e definem as estratégias a seguir e os objectivos a alcançar[276]. Porém, a ideia de "missão" quando aplicada às actividades de serviço público estará necessariamente ligada à missão da própria administração pública, a qual em termos organizacionais, poderá ser entendida como o conjunto de factores especificamente ordenados para a prossecução de actividades promotoras do interesse público e do bem comum. Assim, de acordo com ISABEL CORTE REAL[277], na missão da administração pública encontramos diferentes dimensões, designadamente: a satisfação de necessidades colectivas (através dos serviços públicos), e o aprofundamento dos valores essenciais do Estado de Direito. Neste sentido, e evidenciada a diferente natureza da actividade a prosseguir pela administração pública quando comparada com o móbil que generalizadamente orienta a actividade dos sujeitos e da gestão privada (no sentido tradicional do termo), a grande questão que hoje se coloca é a de saber, desde logo, se é possível aplicar com sucesso à actividade da administração pública enquanto prestadora de serviços públicos, as ditas técnicas de gestão privada e de natureza empresarial[278].

---

[276] Neste sentido, por exemplo, JOÃO BILHIM, *Reduzir o Insustentável peso do Estado para Aumentar a Leveza da Administração*, RAPP, vol. I, n.º 1, 2000, pág. 33 e ss..

[277] *In Cidadão, Administração e Poder*, II volume, Lisboa, 1995, pág. 154-155.

[278] Colocando o problema nestes termos e analisando-o frontalmente, CARLOS ALBERTO MENDES LOPES, *Estratégias de Gestão Empresarial na Administração Pública*,

Trata-se de um tema que se encontra na ordem do dia e que se pode considerar mesmo como um dos resultados da já aqui referida privatização formal da administração. De acordo com esta que se pode considerar como a tendência actual para solucionar os problemas de ineficácia da estruturas públicas, facilmente se constata a confiança depositada no direito privado, nos seus mecanismos e figuras jurídicas, para tornar a administração pública, e portanto o Estado, mais eficaz. Porém, esta panaceia em que generalizadamente parece acreditar-se, é bastante questionada, ou pelo menos relativizada, por vários autores. Neste sentido, por exemplo, JOÃO BILHIM sustenta que nas matérias de serviço público – dado que hoje este não tem necessariamente de se identificar, em exclusivo com um prestador público –, o caminho estará na descoberta e implementação de uma ciência da administração aplicável quer ao sector público, quer ao privado, quando ambos actuem como prestadores de serviço público[279]. Na base desta ideia encontra-se a constatação de dois factores objectivos e incontornáveis: por um lado, as alterações sofridas pela noção de serviço público[280]; e, por outro, a existência de dife-

---

*in* Reformar a Administração Pública: Um Imperativo, Fórum 2000, Renovar a Administração, ISCP, Lisboa, 2000, pág. 129 e ss..Também aborda o tema, mas numa perspectiva de análise crítica das correntes do *new public management* e do *reinventing government,* ELISABETE REIS DE CARVALHO, *Reengenharia na Administração Pública. A Procura de Novos Modelos de Gestão,* Universidade Técnica de Lisboa, Instituto Superior de Ciências Sociais e Políticas, Lisboa, 2001, pág. 44 e ss. A págs. 153 e ss. a autora testa a viabilidade de aplicar o denominado "processo de reengenharia" à Administração Pública para a tornar mais eficaz, processo esse que pressupõe a aplicação de várias técnicas de gestão empresarial.

[279] *In Teoria Organizacional,* ISCSP, Lisboa, 1996, pág. 28 e ss., e 131.

[280] As quais já aqui abordamos, altura em que tivemos a oportunidade de destacar, a esse propósito a crescente importância económica que tem vindo a ser atribuída aos serviços públicos. Especificamente a propósito deste último aspecto, e de acordo com o Autor citado, hoje é incontornável atender-se à concepção económica de serviço público, a qual define como sendo a satisfação de necessidades colectivas individualmente sentidas, através do fornecimento de bens e serviços abaixo do seu custo. O autor refere também a existência de assincronias e contradições existentes entre o espírito empresarial que se pretende aplicar aos serviços públicos e o discurso constitucional, ponto que, infelizmente não desenvolve. Tudo isto *in Reduzir o Insustentável ...,* cit., pág. 29 e ss., entendimento este que volta a reforçar, *in A Administração Reguladora e Prestadora de Serviços,* Reformar a Administração Pública: Um Imperativo..., onde, além disso afirma claramente a págs. 168, que " *Em Portugal e por assento constitucional, o Estado está vinculado à prestação de serviços públicos ligados à satisfação de direitos fundamentais dos cidadãos".*

renças incontornáveis entre os sectores e lógicas de actuação públicas e privadas, o que, no seu entender, condicionará, ou mesmo desvirtuará a aplicabilidade de conceitos e técnicas do sector privado quando inseridas no sector público[281]. Acompanhando o raciocínio deste autor, também OLIVEIRA ROCHA[282] desmistifica e relativiza a gestão privada e empresarial como solução viável para a prestação de serviços públicos, ao mesmo tempo que chama a atenção para os efeitos negativos decorrentes de algumas privatizações, sobretudo das que não passam de privatizações formais. Esta tendência de relativizar aquilo que se pretende ser solução quase absoluta, tem também vozes de apoio além fronteiras, nesse sentido se inclinam nomes como WALTER KIKERT[283], GIANDOMENICO MAJONE[284], METCALFE[285], MINTZBERG[286]. Neste mesmo sentido da desmistificação das virtudes reconhecidas ao direito privado para alcançar tão ambiciosos e necessários objectivos, é contundente e explícito o entendimento que tem vindo a afirmar-se, por exemplo, no país vizinho. Aí, a voz de BAUZÁ MARTORELL[287] é especialmente esclarecedora a este propósito quando afirma que a doutrina que defende a "fuga para o direito privado" por parte dos entes públicos, incorre em diversos equívocos, como por exemplo, confundir o regime jurídico com a gestão, a eficácia com a agilidade, a flexibilidade com a discricionariedade.

---

[281] Ob. e loc. cits. na nota anterior.

[282] *In Modelos de Gestão Pública*, RAPP, vol. I, n.º 1, 2000, 13, 14 e 15.

[283] *Public Management Reforms*, in Conferência sobre a Administração Pública no Limiar do Século XXI, 1999, INA, Lisboa, 1999, *apud* OLIVEIRA ROCHA, *Modelos de Gestão Pública*, RAPP, vol. I, n.º 1, 2000.

[284] *From the Positive to the Regulatory State: Causes and Consequences of Change in the Mode of Governance*, Journal of Public Policy, n.º 17, 2, 1997, pág. 139 e ss., *apud* OLIVEIRA ROCHA, *Modelos de Gestão Pública*, RAPP, vol. I, n.º 1, 2000

[285] *Public Management: from imitation to inovation*, Australian Journal of Public Administration, 52, 1993, pág. 292 e ss., *apud* OLIVEIRA ROCHA, *Modelos de Gestão Pública*, RAPP, vol. I, n.º 1, 2000.

[286] *Managing Government, Governing Management*, Harvard Business Review, vol. 74, n.º 3, 1996, pág. 75 – 83, *apud* OLIVEIRA ROCHA, *Modelos de Gestão Pública*, RAPP, vol. I, n.º 1, 2000.

[287] Esta ideia de que o recurso ao direito privado e aos seus mecanismos não consiste na solução adequada para resolver os problemas com que se depara o Estado de hoje perpassa toda a obra o autor, tal como tivemos já oportunidade de referir em momento anterior. São ainda assim, especialmente significativas as considerações expendidas nas págs. 57 a 59, 62 e 63, 99 a 102, 193 e 199.

Relativizado o valor da gestão privada e empresarial aplicada a actividades materialmente administrativas como o são os serviços públicos[288], cumpre agora concretizar os vectores em que se traduz e se torna palpável essa gestão de tipo empresarial. Este esforço de concretização assume importância desde logo para clarificar esse "chavão" tido como verdade inatacada, que a gestão privada e empresarial é sempre mais eficaz que a gestão pública. Para além disso, revelar-se-á também útil para efeitos de saber se, para a aplicação deste tipo de gestão empresarial se torna absolutamente necessário ou não aplicar formas jurídicas de direito privado na prossecução de actividades de serviço público. Das conclusões a que chegarmos neste ponto, dependerá o juízo a fazer da conveniência e legitimidade da inserção de actividades materialmente administrativas no sector empresarial do Estado, sendo a este propósito hoje o melhor exemplo disso, o caso dos hospitais SA ( em transição para EPE).

### 1.2 – Segue: Técnicas de Gestão Empresarial

Quando nos estudos jurídicos se referem as virtualidades das técnicas da gestão empresarial como forma de optimizar a qualidade e eficiência dos serviços públicos, não é usual concretizar-se exactamente em que se traduzem tais técnicas. Indagamos por isso noutras sedes científicas – designadamente na área das ciências da administração – onde acabamos por descobrir alguns vectores concretos para que se analisem realisticamente e sem apriorismos, as virtualidades das ditas técnicas[289].

Descobrimos então que são quatro os principais instrumentos que, aplicados a uma dada organização, implementarão uma gestão de tipo empresarial, são eles:
 – "*downsizing*";
 – "*core – competence*";

---

[288] Pelo menos os que tenham carácter essencial ou básico no sentido da concretização de direitos fundamentais constitucionalmente reconhecidos aos cidadãos, designadamente, saúde e educação, ensino e cultura, e segurança social.

[289] Seguimos aqui o elenco de técnicas apontado por CARLOS ALBERTO OLIVEIRA MARQUES, *in Estratégias de gestão...*, cit., pág. 134 e ss.

– *"out – sourcing";*
– *benchmarking".*

Afinal, em que consistem todos estes anglicismos?

Traduzamos:

Por *"downsizing"* entende-se a distribuição dos centros de poder e das competências por várias pequenas unidades que prosseguem o objectivo que lhes foi fixado por uma instância superior. Ou seja, tanto pode resultar em tácticas de descentralização como de mera desconcentração[290] das competências legalmente prosseguidas pela Administração Pública, sendo certo porém que o grau de autonomia e independência reconhecido às entidades descentralizadas poderá melhor garantir a efectiva redução dos centros intermédios de decisão[291]. O objectivo no *"downsizing"* acaba então por não ser diferente daquele que se pretende alcançar com aquelas tácticas de desconcentração e descentralização, na medida em que o fim visado acaba por ser diminuir os níveis intermédios existentes nas organizações por forma a tornar o processo decisório mais concentrado, mais rápido e mais flexível. A Grã – Bretanha foi a precursora deste modelo, ao criar várias *agencies* prestadoras de *utilities,* o conceito mais aproximado que conhecem ao de serviço público[292].

Por *"core – competence"* entende-se a limitação da actuação daquelas pequenas unidades apenas e só ao desenvolvimento das suas competências fundamentais, evitando-se assim dispersão com

---

[290] Sobre a descentralização e desconcentração administrativas, veja-se FREITAS DO AMARAL, *Curso...,* cit., pág. 567 e ss.; MARCELO REBELO DE SOUSA, Lições de Direito Administrativo, Lisboa, 1994, 95, pág. 290 e ss.; JOÃO CAUPERS, *A Administração Periférica do Estado. Estudo de Ciência da Administração,* Lisboa, 1993, pág. Pág. 229 e ss., em particular, pág. 256.

[291] Como sucede, por exemplo, no caso dos Institutos Públicos. A este propósito, além da bibliografia indicada na nota anterior, veja-se também ANA FERNANDA NEVES, *Os Institutos Públicos e a Descentralização Administrativa, in Estudos em Homenagem ao Professor Doutor Inocêncio Galvão Telles,* vol. V, Almedina, 2003, pág. 495 e ss..

[292] A este propósito, JOAQUIM FILIPE FERRAZ ESTEVES DE ARAÚJO, *Continuidade e Mudança nas Organizações Públicas: A Experiência de Reforma no Reino Unido, in* Reformar a Administração Pública..., cit., pág. 71 e ss.; e, para uma problematização mais extensa e aprofundada do tema, FRANCISCO JOSÉ VILLAR ROJAS *Privatización de Servicios Públicos. La Experiencia Española a la luz del Modelo Britânico,* Editorial Tecnos, Madrid, 1993.

actividades meramente conexas ou instrumentais, o que pressupõe, por sua vez, o recurso àquilo que se designa por *"outsourcing"*[293], ou seja, a contratualização com outras entidades exteriores à unidade em causa de todas as actividades instrumentais que aquela deixou de desenvolver devido à implementação da *"core – competence"*. Note-se porém que a técnica do *outsourcing*, também designada por *contracting-out*, não se confina de forma alguma às actividades instrumentais que acabamos de referir. Muito pelo contrário, ela consiste numa táctica de privatização que tanto pode acarretar a transferência para o sector privado da gestão de um determinado serviço público através do mecanismo da sub-contratação[294]; como pode também consistir na celebração de contratos de fornecimento de determinados bens ou serviços que um determinado ente público deixou de prestar porque implementou a táctica do *core-competence*[295]. Finalmente, o *"benchmarking"* consistirá na observação e adaptação das melhores práticas concorrenciais, o que poderia justificar a criação de instâncias de observação da prestação efectuada, com vista à implementação das melhores estratégias de acção e produção por forma a optimizar o resultado obtido através do aplicação da técnica de *" core competence"*

São então estas algumas das técnicas de gestão empresarial que possibilitam uma actuação mais eficaz e mais eficiente. Mas se assim é, é desde logo importante perguntar: em que medida é que estas mesmas técnicas se encontram umbilicalmente ligadas ao direito privado e aos seus mecanismos e formas jurídicas? Porque é que é

---

[293] Sobre esta "técnica" e das suas virtudes nas *"utilities"*, veja-se AVELINO ABREU AGUIAR, *"Outsourcing" – um instrumento de planeamento e de gestão, in Estratégia e Planeamento na Gestão e Administração Pública,* Instituto Superior de Ciências Sociais e Políticas, Lisboa, 1996, pág. 103 e ss..

[294] Sobre o recurso ao *contracting-out* por parte das empresas públicas, veja-se JAIME RODRIGUEZ-ARANA, *La Privatización de la Empresa Pública,* Editorial Montecorvo, Madrid, 1991, pág. 170 e ss., nas quais fornece variadíssimos exemplos. Acrescente-se ainda que, entendendo este mecanismo como uma transferência da gestão de um determinado serviço público, ele não consiste, na verdade, nada de novo, podendo muito bem ser implementado por via dos contratos de concessão, muito embora possam subsistir algumas diferenças entre os dois mecanismos. A propósito deste último tema, ver entre nós, por todos, PEDRO GONÇALVES, *Contratos de Concessão...,* cit., em especial pág. 147 e ss.

[295] De acordo com a máxima característica da gestão empresarial: *" do what you do best, outsource the rest".*

necessário que os entes públicos passem a aplicar formas de direito privado para implementarem estas mesmas técnicas de gestão? Será que não é possível fazê-lo mantendo as formas públicas? Vejamos:

Pensemos num hospital público, integrado no serviço nacional de saúde. A actividade principal desse hospital será a prestação de vários cuidados de saúde (que vão desde as consultas em urgência, a alguns exames específicos, tratamentos vários, cirurgias, internamentos, etc.). Aqui, a aplicação do *"core-competence"* pressuporia que se delimitasse a actividade principal a desenvolver pelos hospitais, reservando-lhes designadamente a prestação dos cuidados secundários, mas já não os primários. Ora, isto tem vindo a ser tentado, designadamente com a implementação de vários centros de saúde distribuídos pelo País, iniciativa que pode até ser reconduzida à ideia de *"downsizing"*. O problema de ineficácia dos hospitais resultará por isso muitas vezes da ineficácia dos próprios centros de saúde, o que não significa que, por um lado se não possa aplicar aos hospitais públicos as técnicas de *"core-competence"* e, por outro, que o recurso a formas jurídicas como a sociedade anónima venha tornar essa aplicação mais fácil e garantida. Também o *outsourcing* é uma técnica já bastante utilizada pela administração pública, e muito concretamente pelos hospitais, pense-se por exemplo, na contratualização do fornecimento de refeições, ou na prestação de serviços de limpeza, de lavandaria, etc.

Como se vê, a aplicabilidade destes instrumentos através dos quais se materializam e concretizam algumas das virtudes da gestão empresarial, afinal pode e até deverá ser aplicada nas actuais estruturas da administração pública, sem que para tanto tenhamos de a submeter a processos de metamorfose (em alguns casos mais aparente do que real), através daquilo que aqui designamos por privatizações formais.

Mas então, se é possível chegar a esta conclusão, uma outra se impõe: é que afinal de contas, a aplicabilidade desta ou daquela técnica de gestão não depende nem do estatuto, nem da forma, nem tão pouco do regime jurídico que a estas últimas se associe. Neste sentido, tem pois inteira razão BAUZÁ MARTORELL quando afirma que quem defende a fuga para o direito privado à giza de alcançar a eficiência perdida, quase privativa desse ramo de direito, acaba por confundir regime jurídico e mecanismos de gestão. É que estes, para serem implementados, não dependem, em absoluto, do primeiro, muito embora seja verdade que os Princípios informadores do Direito privado[296], necessariamente distintos dos de Direito Público, possam facilitar o alcance daquele objectivo. Deste modo, fica então demonstrado que assiste inteira razão ao autor que acabamos de citar, quando afirma que *"(...) suponer que las organizaciones privadas son más eficazes que las públicas no deja de ser eso, una mera suposición. A mayor abundamiento, pensar que las organizaciones privadas explican su nível de eficácia en el Derecho que las regula es otra afirmacion gratuita"*[297].

Chegados a esta conclusão, permitimo-nos inferir uma outra: afinal, a gestão empresarial não é sinónimo nem atributo exclusivo da gestão privada, motivo pelo qual se impõe agora que pensemos se a "empresarialização" da actuação pública na prestação de actividades materialmente administrativas (como o são os serviços públicos a que temos vindo a fazer referência), tem de pressupor necessariamente a aplicação de figuras jurídicas de direito privado. No fundo, queremos demonstrar o seguinte: lógica e actuação empresariais são elementos tendencialmente presentes na actuação e gestão privadas, mas não exclusivos desta. Neste sentido, tornar-se-á então desnecessário não só o recurso às formas privadas para este efeito, mas também, nesta sede, a manutenção do binómio distintivo gestão pública *versus* gestão privada, isto porque as formas de gestão são algo de diferente das formas jurídicas que dão estrutura e caracterizam as várias organizações, sejam elas públicas ou privadas. Ou seja, torna-se hoje claro que não é adequado manter-se a ideia de que a gestão privada pressupõe sempre uma gestão de tipo empresarial, ou pelo

---

[296] Dos quais sobressai desde logo o da autonomia privada, da qual se retira uma regra de liberdade do agir privado, apenas limitado pela Lei, pela ordem pública e pelos bons costumes, ou seja, pelos padrões normais de licitude. Já o Direito Público, diferentemente, além de impor aos sujeitos que nele se movem este mesmo padrão, acrescenta outros Princípios Fundamentais que delimitam a margem de actuação pública, como seja desde logo o Princípio da Legalidade, o Princípio da Hierarquia e o Princípio da Competência, para já não referir outros. Todavia, se o Direito Público se afirma como mais constritor no que tange à margem de actuação concedida, é precisamente porque este foi um direito que se construiu com o objectivo de limitar o exercício do poder, por isso se desenvolveu tanto a sua vertente garantista. Neste mesmo sentido, e de modo muito expressivo, BAUZÁ MARTORELL, ob. cit., pág. 194 e 195.

[297] Ob. cit., pág. 62.

contrário, que uma gestão empresarial pressupõe sempre uma actuação com base em modelos e figuras privadas. Por isso o "teste" que hoje terá de ser feito pressupõe que se pergunte:

1º) Será que a gestão de tipo empresarial, com recurso a tácticas de gestão empresarial pode ser aplicada às actividades materialmente administrativas, ou de serviço público tal como o temos vindo a referir no presente trabalho?

2º) Ou será que, pelo contrário, independentemente do carácter "empresarial" ou não, o problema está sim em aplicar uma boa gestão na prestação destas mesmas actividades?

É que, do que antecede, fica demonstrado que as técnicas qualificadas como de "gestão empresarial", não são mecanismos exclusivos do direito privado, o que significa que a aplicabilidade deste e das suas formas jurídicas não é necessária para implementar essas mesmas técnicas[298]. Não obstante, uma das mais tradicionais formas de implementar a gestão empresarial entendida como gestão privada, tem sido a aplicabilidade do direito privado à actividade desenvolvida por vários entes públicos. As empresas e os institutos públicos têm sido os exemplos mais correntes e reveladores dessa tendência. Hoje, evoluiu-se desse estádio para um outro mais acabado, aparentemente mais coerente, que é o da aplicação não só do direito privado, mas também das figuras jurídicas que lhe são próprias, com especial destaque para o direito privado das empresas, e para as empresas mais relevantes no Direito, as sociedades comerciais e o correspondente direito societário e comercial.

E aqui sim, é que nos parece que a interrogação ganha maior relevo: agora a questão não passa apenas por determinar a aplicabilidade do direito privado, mas também, e antes disso, saber se as formas jurídicas aplicadas e o direito que lhes corresponde se adequam à realidade a que se destinam. Ou seja, o mesmo é saber: qual a viabilidade da aplicação de um direito e figuras jurídicas de tipo empresarial às actividades de serviço público a que nos temos vindo

---

[298] Assim, BAUZÁ MARTORELL, ob. cit., pág. 194: " (...) *la eficácia en toda su extensión es en la gestion pública, de manera que la misma gestión – sometida a derecho público o privado –será igual de eficaz o ineficaz, sin que un régimen o otro varie un ápice la efectividad de una función o servicio público*".

a referir? Se quisermos ser mais directos: a saúde, o ensino, a cultura e a educação, serão actividades regidas por uma lógica empresarial quando o prestador é o Estado?

Aqui chegados relembremos, antes de avançar, o seguinte: tal como atrás dissemos, nem todas as actividades económicas são passíveis de tratamento e abordagens empresariais... Quando nos debruçámos sobre o conceito de serviço público e sobre a sua autonomia ou não relativamente ao serviço de interesse geral, apesar de a negarmos, acabamos por reconhecer que a dicotomia existente entre serviço de interesse económico geral e serviço de interesse geral ou universal por outro, se revelava não obstante útil para efeitos de saber quais dessas actividades é que estariam sujeitas às regras da concorrência. Acabamos por concluir que aquelas que se enquadravam na noção de serviço de interesse económico geral estariam *grosso modo,* submetidas a tais regras. Ora esse ponto é importante porque nos permite distinguir entre serviços públicos concorrenciais dos que não o são[299]. E não são exactamente porque não são competitivos, não são apelativos para todos os operadores económicos – desde logo os privados – na medida em que o custo envolvido na sua produção só muito dificilmente será suplantado pelo preço a que tais bens são disponibilizados ao mercado. Daí que essas actividades acabem por ser marcadamente deficitárias em termos de resultados, na medida em que, por responderem a necessidades de serviço público, não é possível cobrar o valor real da prestação em causa, designadamente por razões de índole social às quais a própria natureza de serviço público não é alheia, tal como se constata pelos princípios essenciais que o informam, como seja, desde logo, o Princípio da Acessibilidade. O facto de existirem então estes serviços públicos não concorrenciais, acaba por tornar premente, em alguma medida, a manutenção do Estado como prestador de tais actividades[300].

---

[299] Assim o faz também, falando a esse propósito em "desintegração vertical", GASPAR ARIÑO ORTÍZ, *Sobre el Significado Actual de la Noción de Servicio Público y su Régimen Jurídico (hacia un nuevo modelo de regulación), in* El Nuevo Servicio Público..., cit., pág. 26 e ss..

[300] O que não pressupõe, de acordo com o nosso entendimento, que o Estado tenha aí de assumir um lugar de prestador isolado, uma vez que, já o dissemos, não é hoje essencial ao conceito de serviço público a titularidade pública exclusiva do mesmo, o que significa que, mesmo neste caso dos serviços não competitivos ou não concorrenciais, nada impedirá

Assim sendo, perguntamos, afinal actividades não concorrenciais poderão dar origem à sua prestação em moldes empresariais? Existirá alguma lógica empresarial neste tipo de prestação? Se não, como aplicar as figuras e o direito das empresas a actividades cuja lógica acaba por ser não empresarial? Antes de tentar responder, reflictamos para já sobre essa lógica empresarial, procurando saber se de algum modo ela se poderá aplicar às actividades de serviço público a que temos vindo a fazer referência.

### 1.3 – Segue: Gestão Empresarial e "Lógica Empresarial"

Como temos vindo a demonstrar, quando se entra no "mar dos conceitos" e se buscam definições científicas, a tarefa do jurista alcança outro nível de complexidade e dificuldade. Não obstante, sendo o Direito uma ciência argumentativa que não sobrevive sem este esforço de definição e conceptualização, não poderá ser a dificuldade da matéria a determinar a falta de reflexão sobre a mesma.

Muito especificamente no que tange ao domínio das empresas, entre nós, e a este propósito do aludido esforço a que temos vindo a fazer referência, ORLANDO DE CARVALHO, desbravou muito do caminho que ainda hoje continua a ser percorrido na área jurídico – empresarial. Assim, analisando a empresa nas suas várias facetas[301], o Autor reflecte sobre o conceito tendo em conta as suas várias vertentes, destacando sobretudo a empresa como mecanismo, inserida no processo produtivo, a empresa como estrutura, a empresa como empreendimento, e ainda a empresa como estabelecimento. A partir daqui foi então possível reflectir sobre esse conceito de "lógica empresarial", reflexões essas nas quais nos apoiaremos para testar a sua aplicabilidade aos serviços públicos a que temos vindo a fazer referência.

Assim, de acordo com o Autor citado, a empresa, seja ela perspectivada como processo, como mecanismo, ou como estrutura,

---

o aparecimento de operadores privados. A este propósito, mas sem assumir a obrigatoriedade de prestação pública no domínio dos serviços não concorrenciais, GASPAR ARIÑO ORTIZ, *Sobre el Significado Actual...*, cit., pág. 30 e ss.

[301] *Empresa e Lógica Empresarial*, in *Estudos em Homenagem ao Professor Doutor Ferrer – Correia*, tomo IV, Coimbra, 1997, pág. 3 e ss.

obedece a uma lógica que lhe é própria, intrínseca e que a define distinguindo-a das demais realidades organizacionais. Trata-se de uma lógica eminentemente económica, que nasce da iniciativa de um sujeito, orientada por critérios económicos, no sentido de produzir determinado bem ou serviço para um mercado que se pretende competitivo e concorrencial. Por isso, faz parte dessa lógica específica a prestação de bens ou serviços com vista à obtenção de um determinado ganho, na medida em que, nas palavras do Autor, *"(...) a lógica empresarial não é, como dissemos, a de uma mera gestão equilibrada, antes supõe necessariamente um ganho que garanta não só a auto – reprodução do processo como o estímulo a essa auto – reprodução"*[302].

E de facto, compreende-se que assim seja. Note-se que da mesma maneira que a empresa só existe verdadeiramente em condições de mercado, ou seja, pressupõe porque lhe é co-natural, a ideia de concorrência, também não é menos verdade que a iniciativa empresarial é também ela indissociável da ideia de risco[303]. Risco esse conscientemente assumido, mas que impele a que a empresa desenvolva a sua actividade de forma a garantir não apenas a sua auto–sustentabilidade, mas também de forma a compensar aquela iniciativa económica livre, consciente, mas arriscada porque falível[304]. Daí à equiparação entre actividade económica, empresa, eficiência e lucro, vai uma grande distância, a qual todavia não foi impeditivo suficientemente forte para obstar à sua disseminação....

No ponto anterior vimos em que é que se traduziam as técnicas de gestão empresarial. Agora constatamos que elas parecem integrar uma lógica específica: a lógica empresarial que acaba no fundo por consistir no *modus operandi* tipicamente adoptado pelas estruturas

---

[302] Ob. cit., pág. 21.

[303] Tal como já o dissemos atrás, quando analisamos a natureza empresarial das actividades económicas, e distinguimos, dentro das primeiras, duas vertentes, a ampla e a estrita.

[304] São pois estes os elementos que propiciam a eficácia da empresa privada quando comparada com a pública, o mesmo se dizendo da actuação privada quando comparada com a pública, e não já, como também já o referimos, o direito aplicável, não havendo por isso qualquer primazia do direito privado sobre o público a este propósito. Neste sentido, SÍLVIA DEL SAZ, *Desarrollo y Crisis del Derecho Administrativo, Su Reserva Constitucional*, in *Nuevas perspectivas del Derecho Administrativo. Tres Estudios*, Civitas, Madrid, 1993, pág. 177.

produtivas que se qualifiquem como empresas. Deste modo, a questão a colocar agora é a de saber se as técnicas atrás referidas são ou não exclusivas de uma estrutura organizacional específica como é a empresa. A resposta a dar a esta questão, já a avançamos no ponto que antecede, e vai no sentido negativo. De facto, aquelas técnicas de gestão, apesar de se encontrarem tipicamente nas estruturas empresariais, não são exclusivas desta, uma vez que podem perfeitamente encontrar-se em qualquer tipo de gestão, seja ela pública, privada, empresarial ou não. O facto porém, de tais técnicas se encontrarem com mais frequência nas estruturas empresariais, conduz à possibilidade de optimizar os seus resultados, ao mesmo tempo que permite que se fale numa "lógica empresarial" para caracterizar uma forma de actuação típica da empresa, porém, não exclusiva da mesma.

Contudo, isto não significa que, existindo empresa, a mesma possa optar por uma actuação que se afaste desta "lógica empresarial". Não porque tenha sobre ela uma qualquer relação de domínio, mas sim porque as condicionantes em que a mesma se move, assim o impõem. Daí que a "lógica empresarial" seja sobretudo uma forma de funcionamento que se caracteriza essencialmente pela circunstância de ser necessariamente pautada pelo Princípio da Racionalidade Económica. Assim, "lógica empresarial", actuação empresarial, técnicas de gestão empresarial, acabam por ser o resultado da conjugação de diversos factores: estruturais, organizacionais, competitivos e concorrenciais, que impelem naturalmente a uma actuação eficaz, auto-sustentada, na maior parte dos casos até rentável, mas sempre, necessariamente racional, objectiva e pragmática.

Assim sendo, a empresa assume-se então como a estrutura jurídico-económica que apresenta uma relação de indissociabilidade, com factores como o mercado, a concorrência e o risco. Factores esses imprescindíveis para o desenvolvimento da tal "lógica empresarial" em termos tais que conduzem à conclusão segundo a qual *"(...) só verdadeiramente na empresa e pela empresa se institui e se institucionaliza.*[305]*".* Assim, se é possível, como vimos, aplicar técnicas de gestão ditas empresariais a estruturas que não sejam, para o Direito, verdadeiras empresas, a verdade é que a inversa já não é

---

[305] Ob. cit., pág. 21.

possível, sob pena de descaracterizar o conceito desta última. Significa isto que a dita "lógica empresarial" é uma lógica económica, obrigatoriamente racional, que impõe a tomada de decisões com base na óptica do custo-benefício, sob pena de, não o fazendo, "minar" as suas próprias "fundações". Deste modo, não será sustentável defender a existência de (verdadeira) empresa sem lógica empresarial, sendo que, os elementos apontados e definidores dessa lógica impelem a empresa a desenvolver a sua actividade numa perspectiva que suplanta a mera gestão equilibrada. Para além disto, a lógica empresarial faz-se sentir durante todo o processo produtivo, e evidencia-se pela especificidade com que determina as decisões económicas várias que presidem à combinação e afectação dos vários factores produtivos.

Assim, da mesma forma que não há (verdadeira) empresa sem mercado e sem risco, também não haverá lógica empresarial (totalmente) alheada da ideia de tornar rentável, e no mínimo, auto-sustentável, a exploração prosseguida através daquela estrutura. Por isso é que também não haverá empresa que não se paute por critérios necessários e incontornáveis de eficiência e de racionalidade económica, os quais pressuporão, por seu turno, a afectação dos recursos empregues no processo produtivo por forma a alcançar excedentes, maximizando os ganhos e diminuindo os custos, assim se alcançando a optimização dos recursos e do processo produtivo.

Assim, como claramente assumia o Autor que temos vindo a citar, precisamente por essa mesma "lógica empresarial", que preferimos denominar como actuação empresarial, não se resumir a uma mera lógica técnica, mas consistir sobretudo uma lógica económica, é que implica que a coordenação dos vários factores se faça, na empresa, não apenas para garantir a prestação do bem produzido mas, sobretudo, para alcançar com essa produção *"(...) um empreendimento rendível e até o mais rendível que se possa"*. Daí que afirme que a esse nível *" não há verdadeiramente dois fins isoláveis – o fim técnico e o fim reditício – (...), mas um único fim em que se embrecham os aspectos técnicos e os aspectos económicos, vindo os primeiros a ser sobre determinados pelos segundos"*[306].

---

[306] Ob. cit., Pág. 27.

Por tudo isto, concluímos que a "lógica empresarial" é, sobretudo e antes de mais, uma lógica de mercado, uma lógica de competição, uma lógica de optimização de recursos, mas também de resultados. Assim, não nos parece que tenhamos verdadeira empresa quando a actividade levada a cabo por uma qualquer estrutura organizacional se contente com a mera produção de bens e serviços que disponibiliza a todos aqueles que nela estejam interessados ou dela necessitem. Sendo a parte da produção do bem ou serviço a esfera técnica desenvolvida pela empresa enquanto mecanismo inserido no processo produtivo, já a finalidade a obter através do desenvolvimento da produção se reconduz à empresa enquanto estrutura inserida no mercado. Daí que, não nos parece que a existência apenas da primeira vertente aqui referida – produção de bens ou serviços – seja o bastante para considerar que temos verdadeira empresa. A finalidade reditícia afigura-se-nos assim como o mínimo essencial para o conceito de empresa, e pressuporá o desenvolvimento de actuações que garantam efectivamente a auto–sustentabilidade dessa estrutura.

Assim, tendo em conta tudo o que antecede, ganha toda a pertinência colocar a questão de saber se o mecanismo jurídico da empresa se deve ou não considerar como forma adequada de abordar a problemática do serviço público quando o prestador do mesmo é o Estado. Urge então testar a viabilidade de tal aplicação.

### 1.4 – *Conclusão: Viabilidade e Adequação das Técnicas de Gestão Empresarial à Prestação Pública de Serviços Públicos/ de Interesse Geral*

Dada a delicadeza e dificuldade que o problema da empresarialização das actividades materialmente administrativas naturalmente suscita, temos vindo, ao longo do presente trabalho, a tentar clarificar alguns conceitos que se nos afiguram essenciais para o tratamento do problema.

Assim, reflectimos sobre as mutações sofridas pelo conceito de serviço público. Nesse sentido concluímos pela identificação, no essencial, entre serviço público e serviço de interesse geral de forma a delimitar, dentro deste último, os serviços públicos de carácter eminentemente económico, daqueles outros de carácter eminentemente social. Preocupamo-nos assumidamente com estes últimos, designadamente no tocante à sua empresarialização, e por isso reflectimos sobre o significado a atribuir a conceitos tão importantes quanto os de "actividade económica", "actividade empresarial", "empresa" e "lógica empresarial", de modo a testarmos a necessidade e a conveniência da empresarialização de tais serviços. É pois neste ponto que nos encontramos, e que carece agora de ser clarificado e esclarecido.

Não podemos porém esquecer que o presente estudo tem por base a actual configuração do Sector Empresarial do Estado. Sucede que, quando se pensa na possibilidade de empresarializar serviços públicos, aquilo que ocorre é efectivamente o alargamento desse sector empresarial, sobretudo quando esse processo se concretiza através das já referidas privatizações formais. Neste sentido, torna-se importante neste ponto de reflexão ter presente que, no tocante aos serviços públicos de carácter económico, ainda que com inegável relevância social (daí o seu qualificativo como essenciais ou de interesse geral), poderá afigurar-se adequada a sua exploração através de entidades empresariais, o que acarretará a sua inserção efectiva no SEE. Contudo, já no tocante aos serviços públicos sociais, e cuja essencialidade não se questiona, já tal forma de exploração não nos parece adequada.

Desde logo, e tal como expusemos, a actividade empresarial é informada por uma forma específica de actuação, a que também já fizemos referência. Essa actuação, também denominada de "lógica empresarial", é também ela informada por elementos específicos que a individualizam e distinguem de outras lógicas afins, como seja, desde logo a lógica administrativa. Esta última, própria da actuação dos poderes públicos, distingue-se designadamente da lógica empresarial, na medida em que os factores que a influenciam são assaz diferentes. Aqui, na lógica administrativa, preside uma ideia de serviço, não uma ideia de mercado. Ou seja, consideradas determinadas actividades como essenciais e garantida a obrigatoriedade da sua prestação por normas com dignidade constitucional, a actuação a desenvolver aqui será sobretudo uma actuação técnica, isto é, uma actuação que combine os diversos factores com vista à produção de bens ou serviços e sua disponibilização a todos quantos estejam interessados em aproveitar das suas utilidades. Logo, a produção de serviços públicos não tem de ser sempre influenciada por critérios de mercado, de competitividade, de concorrência ou de risco; mas, pelo contrário, já terá de ser sempre, impreterivelmente, influenciada por critérios de racionalidade, obrigatoriedade, necessidade de prestação, e garantia de prestação, porque são essenciais à concretização de direitos fundamentais constitucionalmente consagrados.

Neste sentido, na prestação de cuidados de saúde, no ensino, na educação e na cultura, aquilo que encontramos será, quando muito, uma "empresa" no sentido de estrutura organizada para a produção técnica de um determinado serviço. Não se tratará porém de verdadeira empresa, desde logo porque o serviço produzido não tem de ser escoado de acordo com as regras de mercado, não tem como pressuposto a indexação de um preço que garanta efectivamente a cobertura do custo de produção, e não terá certamente associada à sua prestação, qualquer ideia de risco, mas apenas e só (para não dizer sobretudo), uma ideia de obrigatoriedade de prestação por forma a concretizar normas constitucionais. Daí que nem todas as actividades de serviço público devam ser prestadas através de mecanismos empresariais, desde logo porque não é essa a sua função, nem tão pouco é também essa a sua natureza, razão pela qual, ao serem submetidas a tais mecanismos, acabarão por reflectir uma evidente desadequação entre forma e substância, acabando apenas por contribuir para adulterar noções e conceitos que delimitam e diferenciam as várias realidades entre si.

Nesta medida, no tocante às actividades de serviço público de natureza eminentemente económica e recondutíveis à ideia de serviço de interesse económico geral tal como definido em sede comunitária – relembremos: rádio, televisão, transportes, energia, telecomunicações –, será viável e potencialmente adequada a sua prestação através do exercício da iniciativa económica pública de natureza empresarial, sempre que possível em concorrência com os demais operadores de mercado. Sustentando-se mesmo, quanto a este tipo de actividade, a susceptibilidade de se promover a redução do pendor intervencionista estadual, de modo a conceder maior espaço de manobra para a concretização do direito fundamental de iniciativa económica privada. Não obstante, é sabido que muitos destes serviços, alicerçados em estruturas empresariais, funcionam em permanente défice. Seria portanto justo objectar à sua organização em moldes empresariais, atendendo ao que dissemos até aqui. Entendemos porém que nestes casos é necessário ter em conta que, na verdade, o preço ao qual muitos destes serviços são prestados ao público são efectivamente indexados com referência ao custo da sua produção, não obstante, por razões sociais, acabem por não os cobrir. Por isso, a diferença entre as situações que analisamos, encontrar-se-á precisamente aqui: neste caso, o facto de o serviço ser prestado contra um preço efectivamente indexado ao custo da respectiva produção é um indicador de empresarialidade, para além de economicidade da actividade em causa, razão pela qual neste caso é sustentável defender a sua organização através da estrutura empresa, independentemente de se poder sustentar a aplicabilidade de outras figuras, tal como também atrás se aludiu.

Já no que se refere às actividades de serviço público de cariz eminentemente social como aquelas a que nos temos vindo a referir, consideramos que a lógica que preside à sua prestação – tratando-se de um operador público – estará longe de ser uma verdadeira lógica empresarial. Será antes de mais uma efectiva lógica administrativa, de vinculação, de serviço e de cumprimento de tarefas essenciais cuja prestação está, por força da Constituição, confiada aos poderes públicos. Note-se porém que o facto de a lógica que preside à prestação destas actividades, apesar de não ser, como vimos, verdadeiramente empresarial mas sim administrativa, nem por isso deverá ser menos racional do ponto de vista da afectação de recursos disponíveis, nem menos comprometida com a obtenção da eficácia e eficiência que seja possível alcançar. É que, na realidade é uma obrigação do Estado e da Administração Pública actuar de modo necessariamente eficaz, e tão eficaz quanto possível[307]. Por isso, a circunstância

---

[307] Neste sentido, como vimos, BAUZÁ MARTORELL , ob. cit., pág. 38 e 40, ao mesmo tempo que aponta o artigo 103 da Constituição Espanhola para fundamentar tal exigência, ob. cit. pág. 46. Já ao nível da Constituição portuguesa, é possível concluir no mesmo sentido, invocando para tanto o disposto no artigo 266º, na medida em que a prossecução do interesse público pressupõe uma actuação eficaz; e também o artigo 267º, n.º 1, e 5, dos quais resulta a necessidade de implementar uma actuação racional e eficaz, exigência esta que veio a ser assumida como um dos principais objectivos a alcançar com a lei do procedimento administrativo, tal como a este propósito referem GOMES CANOTILHO/VITAL MOREIRA, *Constituição Anotada...,* cit., pág. 930 e 931 (especificamente, ponto IX. veja-se ainda, no sentido da exigibilidade de uma actuação administrativa eficaz, o ponto VII, da pág. 928). Este princípio da eficácia na actuação administrativa encontra-se também, naturalmente, consagrado

de se encarar o direito privado e as suas formas típicas como "tónicos essenciais" para resolver os principais problemas que o Estado tem demonstrado a este nível, é perfeitamente enganadora, acabando assim por confundir desnecessariamente dois problemas distintos: o da gestão, com o do regime e figuras jurídicas aplicáveis.

Nessa medida, entendendo-se então que o Estado tem de actuar de forma eficaz e eficiente, foca-se o problema naquele que é o plano devido: o da gestão pública, razão pela qual o objectivo a prosseguir é o de tornar esta gestão mais eficaz, sim, mas mantendo o seu cariz público, utilizando formas e mecanismos daquele que é o direito natural dos entes públicos[308], privilegiando-se assim aquilo que a actuação pública tem de ter como característica: uma actuação orientada para a promoção e salvaguarda do interesse público, pela garantia dos direitos dos cidadãos, e à qual deve presidir uma lógica de serviço, não uma lógica de negócio. O que não quer dizer que esteja, por outro lado, totalmente alheada do funcionamento dos mercados, nem tão pouco que, por ser uma lógica de serviço tenha de resultar numa actuação ineficaz e ineficiente. Quer apenas significar que é necessário fazer as devidas distinções quando se analisa a actuação dos entes públicos quando desempenham uma função de prestadores de bens e serviços: nem todos podem ser abordados da mesma forma, com os mesmos mecanismos e nas mesmas circunstâncias.

Há pois que respeitar a natureza objectiva e específica das várias actividades que se agrupam sob o largo espectro da intervenção pública, e perceber que, de entre elas, nem todas são passíveis de serem prestadas com base em mecanismos empresariais, nem tão

---

no CPA, designadamente nos seus artigos 10º, e 57º. Veja-se a esse propósito, MÁRIO ESTEVES DE OLIVEIRA/PEDRO COSTA GONÇALVES/J. PACHECO DE AMORIM, *Código do Procedimento Administrativo Comentado,* 2º Edição (4ª Reimpressão), Almedina, Coimbra, 2003, pág. 131, 132 e 311 a 313. Actualmente, esta vinculação da Administração Pública à eficácia e eficiência, encontra-se também expressamente plasmada como Princípio que deve necessariamente presidir à sua actuação, tal como resulta de todo o extenso artigo 3º da Lei n.º 4/2004 de 15 de Janeiro, que veio estabelecer precisamente os princípios e normas a que deve obedecer a organização da administração directa do Estado.

[308] Porque enquanto poderes públicos estão regulados por um estatuto específico que é comum a todos os tipos de entes, organizações e sujeitos que se considerem inseridos na Administração Pública. Mais tarde focaremos esse aspecto.

pouco necessitam deles para o serem de forma eficaz. Neste sentido, quando se aborda a problemática do serviço público, não é viável aplicar à sua prestação formas empresariais em toda e qualquer circunstância, uma vez que estas são mecanismos aptos a funcionar em condições de mercado, e quando tais condições não se verificam e não exigem a sua aplicação, então a mesma torna-se desnecessária, desadequada e problemática.

Consideramos assim que a lógica que deve presidir à prestação de serviços públicos deve primeiramente distinguir e respeitar a especificidade de cada um, e deve sobretudo passar pela implementação de uma ideia de boa gestão, de uma gestão adequada, racional, eficaz, sim senhor, sem que para isso tenha de ser uma gestão de tipo empresarial baseada em formas empresariais. Isto porque, cremos haver já demonstrado, as técnicas ditas de gestão empresarial são susceptíveis de serem aplicadas à prestação de serviços públicos, sem que para tanto tenhamos de empresarializar ou privatizar os ditos serviços, uma vez que, se não há verdadeira empresa sem lógica empresarial, já a inversa não é necessariamente verdadeira, na medida em que é perfeitamente possível colher da experiência empresarial diversas técnicas passíveis de serem aplicadas a organizações administrativas e não empresariais, como forma de estimular a prossecução da actividade com base em critérios de boa gestão. Esses sim, necessários, imprescindíveis e obrigatórios em toda e qualquer actividade que envolva bens, serviços e capitais públicos.

Neste sentido, no sector empresarial do Estado deverão incluir--se actividades de natureza económica – designadamente em áreas consideradas de interesse estratégico –, privilegiando-se sobretudo aquelas que sejam passíveis de contribuírem para o equilíbrio económico e financeiro do sector público em geral (cf., art. 4º RGSEE), o que implicaria desde logo o desenvolvimento de uma actuação empresarial eficaz, coerente, e efectiva.

Não é porém essa a realidade. Como constataremos, o Estado tem sido um mau empresário, relapso ao ponto até de não saber sequer quais são e quem são muitas das suas empresas. A total ausência de estratégia e de rumo que se constata neste sector assume-se quanto a nós como um impedimento real ao seu alargamento, *maxime,* quando tal alargamento se efectua através da inserção de actividades materialmente administrativas, com lógicas e natureza efectivamente administrativas e não empresariais. Não obstante, é essa a realidade nacional, facto que não pode ser esquecido, escamoteado, nem menosprezado. Torna-se por isso necessário analisar agora em que medida é que assiste ao Estado a liberdade de escolher as formas jurídicas a utilizar para realizar a sua actividade de prestador de serviços públicos. Será pois o tema do capítulo que se segue.

Antes porém, cumpre concluir o presente e assumir claramente, a fechar, o seguinte: o problema que rodeia a prestação pública e eficaz de serviços públicos, não está só, nem está essencialmente, nas estruturas ou nos modelos utilizados para o efeito. O problema está sim no gestor, assim como a solução está numa actuação que, em prol do interesse público deveria ser sempre, impreterivelmente, pautada por critérios de racionalidade, competência, mérito, diligência e excelência, sendo que a sua falta há-de imputar-se àquele gestor, e não à estrutura gerida. No fundo, o problema não se encontra essencialmente, como se tem tentado fazer crer, nem na titularidade pública, nem no carácter público do sujeito ou das figuras e regimes jurídicos aplicáveis. Assim, se é verdade que é importante e necessário optimizar os mecanismos em que se baseia a actuação pública – todos eles, desde os jurídicos aos económicos –, também não é menos verdade que é isso que as várias ciências sociais – de entre as quais a jurídica –, tem vindo a fazer ao longo do tempo. Prova disso é o próprio aparecimento, maturação e desenvolvimento do Direito Administrativo como direito natural dos poderes públicos.

Não compreendemos por isso como é que hoje parece admitir-se quase pacificamente que o problema está na forma e não na substância da estrutura pública. Assim como também não compreendemos que os próprios poderes públicos que hoje tão veementemente defendem a privatização formal de parte importante da Administração Pública se conformem tão bem com aquilo que na verdade isso parece significar, e que nada mais é senão constatar a incompetência e o insucesso das actuações públicas quando no terreno são chamadas a desempenhar actividades de prestação de carácter essencial.

Deste modo, e mais do que olhar para a evidência dos factos, aquilo que tem de se exigir à actuação pública é que esta dê respostas adequadas aos problemas. Até ao momento, aquela que tem sido apresentada com maior recorrência (a da privatização formal), não é, como se viu, "solução total", nem muito menos solução adequada. É pois com tristeza que verificamos uma vez mais a actualidade e veracidade dos apanágios populares aplicados ao Estado, o qual "acordou" um dia e quis ser, em tudo o que fazia, empresário... mas além de se ter esquecido que "não é o hábito que faz o monge", ainda não se apercebeu também que, apesar de ser "ferreiro" utiliza em demasia "espetos de pau"...

III CAPÍTULO
# Actividades Materialmente Administrativas e Liberdade de Escolha das Formas Jurídicas Aplicáveis

No presente trabalho temos vindo a reflectir sobre a empresarialização dos serviços públicos, enquadrando a problemática na intervenção económica e empresarial do Estado de modo a reflectir sobre a necessidade e adequação de tal medida. A esse propósito, as bases essenciais em que tal questão se coloca já foram analisadas nos capítulos precedentes.

Porém, e na medida em que a abordagem empresarial tem de se perspectivar como uma das soluções possíveis, e não "a solução", tendo em atenção que esse é um subsector específico dentro da amplitude que se reconhece ao sector público, no qual se inserem variadas formas organizacionais, cumpre agora abordar o problema sob o prisma da liberdade (ou não) de escolhas de formas jurídicas aplicáveis pela Administração. Será pois esse assunto o objecto do presente capítulo.

I SECÇÃO
## Enquadramento

### 1 – Da Liberdade de Escolha das Formas Jurídicas Aplicáveis e os Limites da Privatização da Administração Pública

É um facto conhecido e notório que o Estado veio efectivamente, ao longo do tempo, a assumir diversas responsabilidades e funções no sentido de promover e concretizar o bem-estar da população.

Nessa medida, atendendo à multiplicidade de tarefas e fins a que o Estado se propõe, os problemas que afectam o complexo organizacional que o sustentam adquirem crucial importância.

A esse nível, começa a ganhar relevo a Administração enquanto organização, colocando-se então a questão de saber se esta organização tem ou não, e se tem, até que ponto, o poder de tomar as opções organizativas que entenda necessárias e adequadas para melhor alcançar os seus objectivos. É este o quadro de fundo que hoje se coloca de forma cada vez mais premente. Urge então dar-lhe resposta adequada, cabível e suficiente. Vimos que uma das soluções mais "em voga", assenta na caminhada para a empresarialização de diversas funções e tarefas até aqui consideradas como típica e materialmente administrativas. Tal caminhada passa inequivocamente pela aplicabilidade de figuras jurídicas próprias do direito privado.

Ora, na medida em que este não é o direito natural da actuação pública, daí resultam diversos problemas, desde logo da determinabilidade da verdadeira natureza jurídica da entidade pública prestadora de um serviço público que para tanto assume forma privada, até ao de saber, em concreto, qual a base legitimadora de tal opção, sendo que é precisamente a esse propósito que se tem vindo a construir o Princípio da Liberdade de Escolha das Formas Jurídicas. Segundo este, a Administração Pública, enquanto organização, terá o poder de, *motu próprio,* definir e alterar, a cada momento, a estrutura e modo de prestação de determinadas actividades que prossegue. Nessa faculdade se traduziria então o denominado poder de auto-organização das instituições, até certo ponto necessário e indispensável para a prossecução dos fins e objectivos visados por qualquer estrutura organizacional.

Assim nasce o Princípio da Liberdade de Escolha da Forma Jurídica aplicável ao desenvolvimento da actividade administrativa[309]. Deste modo, o poder de auto-organização da Administração passou também a ser configurado como uma ferramenta apta a dar reposta, de forma célere e eficaz às várias matérias com que a Admi-

---

[309] Veja-se a este propósito, entre nós e para maiores desenvolvimentos, especificamente no âmbito do sector empresarial do Estado, PAULO OTERO, *Vinculação...,* cit., pág. 219 e ss.; numa abordagem mais ampla da questão, MARIA JOÃO ESTORNINHO, *A Fuga...,* cit., pág. 189 e ss..

nistração se ia confrontando. Esta é pois a base factual em que assenta o reconhecimento do Princípio de Liberdade de Escolha das Formas Jurídicas, o qual parte, como se viu, de um poder de auto-organização como instrumento operativo imprescindível a qualquer instituição.

Assim, e dado que este poder é, como se viu, funcionalizado à prossecução de um determinado objectivo, após o seu reconhecimento, logo se colocou a questão de saber qual a sua extensão e quais os seus limites, bem como a questão de determinar a quem cabia a sua titularidade: se ao poder legislativo ou, pelo contrário, ao poder executivo.

Nesta matéria, a doutrina alemã deu um importantíssimo contributo. Assim, admite-se de modo pacífico que este poder de auto-organização que assiste à Administração, deverá respeitar determinadas limitações legais. Neste sentido, FORSTHOFF[310] concebe o poder de auto-organização como uma função estruturadora dos poderes e organizações públicas, considerando em todo o caso, que tal poder estará desde logo limitado e conformado pela Lei, dado que reconhece que determinadas opções tomadas neste sede têm efectivamente consequências sobre a relação estabelecida entre Estado e cidadão, razão pela qual tais opções deveriam ser condicionadas, *ab initio*, pelo legislador. Não vai porém tão longe quanto RICHTER[311], segundo o qual a cada opção organizativa deveria corresponder uma Lei que a autorizasse, na medida em que, para este Autor, *"(...) toda variación de la organización estatal afecta siempre a la situación jurídica de los ciudadanos, en quanto que se trata de una rama de la actividad estatal que produce un efecto externo"*. Porém, um tal radicalismo importaria com toda a probabilidade uma efectiva paralisação da actividade administrativa, razão pela qual se tenta buscar uma posição de equilíbrio que concilie eficazmente a importância das matérias em questão.

Reflectindo sobre esta problemática, RICARDO RIVERO ORTEGA[312] expõe alguns dos mais actuais contributos da Doutrina a este propósito,

---

[310] *In Tratado de Derecho Administrativo,* 5ª edição, traduzida por GARRIDO FALLA/ LEGAZ LACAMBRA/GÓMES ORTEGA Y JUGER, Madrid, IEP, 1965, pág. 548 e ss, *apud* RIVERO ORTEGA, ob. cit.
[311] *In Die Organizationsgewalt,* 1963, *apud* FORSTHOFF, ob. cit., pág. 554.
[312] *In Administraciones Públicas y Derecho Privado,* Marcial Pons, Madrid, 1998, pág. 36 e ss..

com especial destaque, entre eles, para a Doutrina espanhola. Assim, de acordo com o autor citado, a Doutrina espanhola oferece diversas definições do entendimento a atribuir à *"potestade organizatoria"* enquanto elemento de interacção entre o poder legislativo e o poder executivo. Invoca assim PARADA VAZQUES, VILLAR PALASÍ, COSCULLELA MONTANER, mas também SANTAMARÍA PASTOR, RIVERO YSERN, GARCÍA TREVIJANO, entre outros, para chamar a atenção para o facto de o exercício do poder de auto-organização reconhecido à Administração ter implícito uma decisão sobre a concreta forma organizativa que o ente criado adoptará, designadamente ao nível do regime jurídico aplicável ao mesmo. Daí que, através do exercício desta faculdade se admita a possibilidade de a Administração, por acto próprio, determinar a alteração da configuração efectiva das estruturas orgânicas do Estado, o que determinará a partilha deste poder entre o legislativo e o executivo, tal como decorreria da leitura atenta do disposto no artigo 103º, n.º 2 da Constituição Espanhola de 1978.

Efectivamente, de acordo com o entendimento do Autor citado, do referido normativo resulta a existência de uma verdadeira reserva de lei que abarca as matérias referentes à organização administrativa, deixando por isso o poder de auto-organização reconhecido à Administração de se perspectivar apenas e só como uma *" potestade doméstica de la Administración"*[313]. Com base no artigo 103º n.º 2, o Autor considera que a reserva de lei estabelecida por esse preceito *"(...) se deriva de una responsabilidad del legislador estatal en la regulación de los aspectos esenciales de la organización de las entidades instrumentales sujetas al derecho privado"*[314]. Justificando este seu entendimento, crítica duramente a orientação segundo a qual o poder de auto-organização seria uma faculdade implícita ou decorrente do exercício da actividade administrativa confiada em exclusivo ao executivo. Considerando assim que tal visão está hoje muito longe da realidade, uma vez que *"En el modelo de Estado que contemplan muchas de las Constituciones europeas actuales, que asume un importante grado de intervencionismo, la organización se convierte en una de las herramientas más importantes para incidir en los terrenos económico y social. La adecuación de la organización administrativa*

---

[313] *In* ob. cit., pág. 50.
[314] *In* ob. cit., pág. 51.

*a las exigencias del Estado Social y Democrático de Derecho es una de las cuestiones más importantes que se nos presentan en el momento presente a los analistas del derecho administrativo, sobre todo cuando la Administración utiliza fórmulas organizativas innovadoras para intervenir en el campo de la economía. La creencia de que las decisiones organizativas no afectan a la relación Administración – ciudadano se ha demostrado falsa, especialmente en lo referido a los entes instrumentales, donde la decisión organizativa puede conllevar una decisión sobre el régimen jurídico que va a presidir algunas de las relaciones entre Administración y ciudadanos"*[315]. Assim, assumindo como base do seu raciocínio, esta "pedra angular", o autor citado defende a efectiva existência de reserva de lei relativa, no tocante à organização administrativa, a qual decorreria do já citado artigo 103º n.º 2 da CE, nos termos do qual *"los órganos de la administración del Estado son creados, regidos y coordinados de acuerdo con la Ley"*. Assim, com base neste normativo, o Autor considera que, dada a importância da matéria em causa, o legislador estará obrigado a pronunciar-se, pelo menos, sobre alguns dos aspectos referentes à configuração assumida pela organização administrativa, incidindo essa sua actuação precisamente sobre aquilo que se considere constituir "as linhas essenciais da organização administrativa"[316].

Trata-se porém de um entendimento minoritário na Doutrina espanhola, tal como aliás admite o próprio autor[317]. Não obstante, não é raro constatar que nem sempre a razão está com as maiorias, motivo pelo qual se impõe indagar se este entendimento apresenta ou não vantagem assinalável. Centrando agora a questão no âmbito nacional, cumpre então perguntar: será possível transpor um tal raciocínio para a nossa ordem jurídica?

Vejamos se a Constituição nos fornece alguns indícios a este propósito.

De acordo com o artigo 165º n.º 1, alínea t) da CRP, a reserva relativa da Assembleia da República integra as *"Bases do regime e âmbito da função pública"*, bem como, de acordo com a sua alínea u),

---

[315] Ob. cit., pág. 53.
[316] Ob. cit., pág. 55.
[317] Ob. cit., pág. 54, onde indica Doutrina em sentido oposto àquele que perfilha.

as *"Bases gerais do estatuto das empresas públicas e das fundações"*. Ora, entendendo-se como organização administrativa *"o modo de estruturação concreta que, em cada época, a lei dá à Administração Pública de cada país"*[318], e dado que as empresas públicas integram a Administração Pública Indirecta[319], parece ganhar terreno o entendimento segundo o qual o poder de auto-organização da Administração Pública não há-de ser configurado como um poder exclusivo que à mesma assista, devendo pelo contrário entender-se que a este propósito o legislador pretendeu estabelecer um poder partilhado entre esta e o Parlamento. Pode assim concluir-se que existe uma verdadeira reserva de lei a este propósito. Porém, o âmbito e extensão que dessa reserva resultam em termos de clarificar até onde vai a actuação do Parlamento, tem sido restringido entre nós, considerando-se que apenas lhe competiria fixar as bases gerais das empresas públicas, mas já não os estatutos específicos de cada uma delas. O entendimento restrito que a esse propósito se tem defendido, torna-se essencialmente visível quando se considera que as empresas públicas às quais se referia o anterior artigo 168º n.º 1, alínea x), actual alínea u) do artigo 165º, eram apenas as empresas públicas de base institucional, ou seja, aquelas que se denominavam como "empresas públicas em sentido próprio", isto é, abrangendo apenas as EPs, mas já não as que assumissem forma jurídica de direito privado[320].

Porém, dada a recente alteração sofrida pelo próprio conceito de empresa pública introduzido com o novo RGSEE, cumpre perguntar se um tal entendimento se mostra hoje como o mais adequado. Para tanto, será necessário reflectir sobre o significado a atribuir àquelas "bases gerais", designadamente para efeitos de determinar qual o seu grau de abrangência. Assim, no que concerne à primeira questão, parece-nos que o entendimento segundo o qual o estabelecimento daquelas bases gerais abrangeria apenas as empresas públicas em

---

[318] Assim a define FREITAS DO AMARAL, *Curso...*, cit., pág. 579.

[319] Mas note-se que a aplicação da forma de sociedade comercial às empresas públicas vem colocar dúvidas quanto à sua inserção no âmbito da Administração Pública Indirecta, ao passo que tal já não sucede com as EPE, continuadoras das tradicionais EPs.

[320] Neste sentido, GOMES CANOTILHO/ VITAL MOREIRA, *In Constituição Anotada...*, cit., pág. 677, nota XXIII, e também PAULO OTERO, *in Vinculação...*, cit., pág. 252 e ss..

"sentido próprio", o mesmo será, com todo o respeito, de rejeitar. Efectivamente, se à época em que tal entendimento foi propugnado se poderia "descortinar" uma razão substancial para o mesmo – designadamente dar maior preponderância a todas as actuações passíveis de darem "corpo" à operatividade da revogação do princípio da irreversibilidade das nacionalizações que abriu um largo caminho às reprivatizações de muitas das empresas públicas nacionalizadas –, hoje porém, tal razão já não subsiste. Inversamente, e porque caminhamos para uma crescente e desmesurada privatização de muitas das tarefas essenciais do Estado e dos seus modos de actuação, dever-se-á sustentar a defesa de um princípio de reserva de lei que pressuponha, analogamente ao defendido por RIVERO ORTEGA, um exercício partilhado entre executivo e legislativo no tocante à configuração a assumir em sede organizacional por parte dos poderes públicos.

Na verdade, basta olhar para a composição actual do SEE nacional para constatarmos que, sendo ele constituído na sua esmagadora maioria por empresas públicas que se poderiam outrora denominar "de sentido impróprio", para concluir que, por imperativos de ordem prática, não seria possível considerá-las fora da reserva relativa constitucionalmente confiada ao Parlamento. Tal terá sido o entendimento que presidiu ao actual RGSEE, o qual ao optar por unificar as várias formas de empresas sob um mesmo regime jurídico, o terá feito certamente por reconhecer a necessidade de legitimar a opção organizativa assim tomada na partilha efectiva de competência legal, distribuída neste domínio entre executivo e legislativo. Tal é o que resulta, naturalmente, da Lei n.º 47/99 de 16 de Junho.

A questão está todavia em saber com que grau de exigência se deverá ler essa partilha de competências entre executivo e legislativo no que concerne às matérias de estrutura e organização da Administração Pública[321]. Ora, quanto a este ponto, e na medida em que para

---

[321] Veja-se a este propósito, PAULO OTERO, Vinculação..., cit., pág. 230 e ss., onde reflecte precisamente sobre a questão de saber se a nossa Constituição consagra ou não um Princípio de Liberdade de Escolha das Formas, especialmente no âmbito do sector empresarial do Estado, e também, págs. 249 e ss., onde analisa o problema da reserva de lei e das formas de organização, concluindo pela não existência de reserva de lei no tocante às empresas públicas sob forma privada tal como se constata a págs. 253. É porém necessário

todos os efeitos se pode seguramente afirmar que o estatuto particular de cada empresa pública, em qualquer caso, se deverá conformar e subordinar ao preceituado no regime que estabelece as bases gerais daquelas, sempre se dirá que para tanto o legislador terá então de ser chamado a pronunciar-se naquele regime geral sobre matérias essenciais respeitantes às empresas públicas. E então, neste sentido, teremos de concluir que hoje, tão essencial é prever o modo de criação e extinção das empresas públicas, como também fixar os critérios a adoptar para aplicar esta ou aquela forma jurídica. É que ao contrário do que possa parecer, a forma jurídica concretamente aplicada não é, de todo, indiferente[322], e pressupõe mesmo o reconhecimento de uma margem de actuação diferenciada por parte da empresa em causa[323]. Razão pela qual se torna necessário exigir que o legislador intervenha a este nível, porquanto a fixação de critérios orientadores da escolha organizativa a efectuar fazem parte integrante daquilo que se deve entender como "bases gerais das empresas públicas", no sentido referido no artigo 165° alínea u) da CRP.

Perante o recurso sistemático e generalizado a que se tem vindo a assistir às formas de direito privado para o exercício das mais variadas actividades públicas, com o único argumento, já aqui des-

---

ter em conta a data da obra: ela é publica em 1998, no ano anterior ao actual RGSEE, daí que arrisquemos afirmar que, perante este último diploma, que vem precisamente uniformizar sob um mesmo regime, todas as empresas públicas, tanto as de forma privada como as de forma pública, talvez a conclusão deste Autor não fosse exactamente aquela que acabamos de citar.

[322] Neste sentido, MAURICE R. GARNER, *A Final Reckoning, in Government and Public Enterprise*, Essays in Honour of Professor V.V. Ramanadham, 1° Edição, Frank Cass and Company Limited, Londres, 1983, pág. 291, considerando que: *"(...) by separating the enterprises from the ordinary machine of state and alienating the power of direction, governments set themselves the problem of ensuring the enterprise's due regard for the government's view of the public interest.(...) This suggests that, in cases where the concerns of public policy are likely to predominate over the concern for ordinary commercial efficiency (...), it may be preferable that the enterprises be organised departmentally or quasi-departmentally, rather then as companies or corporations. (...) Relations with government are thus not independent of the form of organization of public enterprises, so that the form should be chosen, and revised from time to time, for each enterprise in the light of its particular circumstances".*

[323] Facto que determinou a alteração da forma jurídica dos hospitais constituídos como sociedade anónima, para EPEs, como se reconhece no preâmbulo do Dec.-Lei n.° 93/2005 de 7 de Junho.

mistificado, de que as mesmas garantem maiores níveis de eficácia e eficiência da prestação do bem ou serviço, sem que se assuma a responsabilidade de definir, de modo claro e congruente, os objectivos e motivações de uma tal opção, parece-nos que tal prática coloca o risco real de amanhã nos depararmos com um Estado quase totalmente estruturado sob forma de *holding*[324], sem que, para tanto, tenha havido qualquer revisão constitucional[325]! Este facto não seria tão grave se, por um lado, na definição de sector público o legislador não tivesse sido tão exigente quanto na realidade foi, como se constata no artigo 82º n.º 1 da CRP, nos termos do qual se exige que tanto a propriedade como o poder de gestão pertençam ao Estado ou a outras entidades públicas para se considerarem inseridos no sector

---

[324] Neste sentido, também claramente e sem rodeios, RIVERO ORTEGA afirma: " *Si todas las modalidades de entes instrumentales son aptas para la realización de todo tipo de funciones, es decir, si es totalmente aceptable un principio de intercambialidad de la forma jurídica, no existe ningún obstáculo para transformar gran parte de la Administración pública en un inmenso holding de sociedades anónimas. Desde luego, esta visión repudia una consideración correcta del Estado de Derecho y un entendimiento claro de la línea de separación intereses públicos – intereses privados, claves ambas de la ordenación constitucional de la Administración*", in ob. cit., pág. 58.

[325] Sendo certo que, de acordo com a posição que defendemos, a mesma sempre seria necessária, porquanto não consideramos que da CRP resulte uma qualquer *"regra implícita de preferência por formas privadas de organização"* no âmbito do sector empresarial do Estado, tal como entende PAULO OTERO que, baseado no Princípio da Eficiência do Sector Público, conclui pela existência de uma *"(...) regra de liberdade conformadora da forma de organização do sector empresarial do Estado"* chegando a admitir que a esse propósito se pode afirmar a existência de uma reserva constitucional de direito privado, tal como refere a págs. 234, 236, 297 e ss, *in Vinculação...*, cit. É porém necessário precisar o seguinte: quando o Autor defende a existência de uma reserva constitucional de direito privado, parece referir-se não à obrigatoriedade de se adoptarem formas jurídico-privadas, mas sim à necessidade de se recorrer ao direito privado, designadamente ao comercial, como sendo o direito normal e comum a todas as empresas, Não é aqui que discordamos do entendimento do autor, pois é evidente que no exercício das actividades económico-empresariais o direito comum que regula a actividade externa das empresas, sejam elas EPEs ou sociedades comerciais, é o direito privado, tal como expressamente prevê o artigo. 7º, n.º 1 RGSEE. O ponto que queremos enfatizar neste trabalho não é esse, mas sobretudo aquele que se prende com a utilização de formas jurídicas de direito privado quando existem outras alternativas em sede de direito público, as quais podem actuar sob o direito privado. Aqui, entendemos que não existe qualquer reserva constitucional que imponha a aplicação de formas de direito privado, da mesma forma que consideramos necessário revitalizar a reserva legislativa da Assembleia da República no tocante às bases gerais das Empresas públicas, nos exactos termos e sentido referidos no texto.

público dos meios de produção. Pelo contrário, para inserir determinado meio de produção no sector privado, basta que ou a propriedade ou a gestão pertença a um sujeito de direito privado. Esclareça-se desde já, que nada temos contra esta formulação, aliás propiciadora de alargar a possibilidade de concretizar o direito fundamental ao exercício da iniciativa económica privada. O problema está no seguinte: sendo a coexistência dos três sectores dos meios de produção, e logo a obrigatoriedade de manutenção de um sector público, imposta e garantida pela Constituição, até mesmo como limite material a impor à lei de revisão constitucional, a verdade é que, se não se fixarem critérios para optar entre empresas públicas de base societária – logo formalmente de direito privado –, e empresas públicas de base institucional – sempre de direito público –, a verdade é que tal estado de coisas pode efectivamente conduzir a um tendencial, mas real esvaziamento do sector público dos meios de produção. E isto quando a sua existência é imposta pela própria Constituição. Uma forma de ultrapassar este problema é admitir a existência de um sector privado no âmbito da Administração Pública[326], mas ainda assim, o essencial da questão subsiste

Pensamos então, que, pelo exposto, se deverá exigir ao legislador o efectivo exercício da sua competência para efeitos de fixação ou enunciação de princípios orientadores aplicáveis à concreta opção organizativa a tomar pelo executivo, assim se partilhando efectivamente todas as responsabilidades daí decorrentes. Deste modo, como critério base da actuação prévia do legislador, e dando corpo à referida reserva de lei nesta matéria, RIVERO ORTEGA refere a necessidade de aquele se pronunciar necessariamente a propósito da forma organizativa escolhida assumindo claramente que *"Los modos posibles de organización de los entes instrumentales deben estar recogidos en la Ley, y la misma Ley debe especificar los criterios para optar por una forma organizativa o otra. No se debe conceder una discrecionali-*

---

[326] Assim, de modo semelhante, o Professor PAULO OTERO, considera que actualmente existe no âmbito da Administração Pública, uma verdadeira *"«Administração paralela», sob forma privada"*, uma *"administração indirecta privada, integrando as sociedades de capitais públicos e as sociedades de capitais mistos maioritariamente titulados pelo Estado"*, o que naturalmente *" (...) acarreta uma inevitável reformulação do conceito orgânico-subjectivo de Administração Pública (...)".*, in Vinculação..., cit., pág. 228-229.

*dad total al ejecutivo a la hora de elegir el modelo organizativo, porque ello puede suponer un menoscabo de las garantías jurídicas de los ciudadanos en sus relaciones con la Administración. El legislador está obligado a anticipar-se a la decisión organizativa, especificando cuándo pueden utilizar-se unas o otras formas de entidades instrumentales. No basta con enumerar las formas organizativas utilizables, sino que es obligado precisar para qué y por qué no pueden emplearse éstas, especialmente las sujetas al derecho privado"*[327].

Esta é também a nossa posição, pois não conseguimos encontrar valia suficiente na afirmação de um Princípio de Liberdade de Escolha de Formas Jurídicas a exercer por um qualquer ente público, sem que este cuide de tornar claro o porquê da sua escolha. E efectivamente sempre estaria obrigado a fazê-lo, desde logo pelos mais elementares princípios que presidem a toda a actuação dos poderes públicos, designadamente o princípio de fundamentação da decisão administrativa, cuja relevância transcende em muito o âmbito procedimental. Note-se ainda que, afirmar que o Princípio de Liberdade de Escolha a que agora nos referimos se justifica por decorrer do poder de auto-organização que a todas as organizações assiste, é tão insuficiente como dizer que a aplicação de formas e mecanismos do direito privado garantem sempre melhores índices de eficácia e eficiência na prestação da actividade em causa. Consideramos então, na esteira do Autor que temos vindo a citar, que se deve efectivamente conferir verdadeira importância às matérias de organização administrativa – bem como de todas as que sejam passíveis de alterar a sua estrutura – na medida em que são temas cuja definição geral deve ser confiada ao órgão com legitimidade democrática bastante para tal efeito. Por isso, o Parlamento deveria ter uma palavra nestas questões, demasiado sensíveis para serem confiadas apenas e só ao executivo[328].

A importância da matéria, mas também as consequências que daí podem decorrer têm, quanto a nós, um tal peso, que não permi-

---

[327] *In* ob. cit., pág. 56.

[328] Pese embora a abertura conferida a esse propósito pelo artigo 199º, alínea g) da CRP, o qual, fora do âmbito da reserva de lei permitira ao " (...) *Governo fixar por via regulamentar critérios, pressupostos ou condições de escolha da forma privada de organização do sector empresarial do Estado (...)*", tal como refere PAULO OTERO, *in Vinculação...*, cit., pág. 255.

tem conceber a existência de um Princípio de Liberdade de Escolha neste ponto, sem que a responsabilidade daí decorrente não seja partilhada entre executivo e legislativo. Só com a intervenção deste último, designadamente na definição de critérios gerais, ainda que amplos, mas suficientemente claros, que possam orientar a escolha a tomar pelo executivo, é que teremos uma decisão com a devida e necessária base democrática para a tornar legítima. Não se verificando esta circunstância, como sucede actualmente, consideramos então que não é possível sustentar a existência de um Princípio de Liberdade de Escolha de Formas Jurídicas a exercer pelo Estado[329], seja no âmbito administrativo, seja no âmbito empresarial. Neste ponto, a omissão legislativa não equivale a permissão de actuação, razão pela qual as opções organizativas tomadas nesta sede, deverão considerar-se necessariamente limitadas a determinados parâmetros que analisaremos no ponto seguinte.

Afirmar isto, implica também colocar um travão nas manobras de "engenharia genética" que têm vindo a metamorfosear a Administração Pública, através de, nas palavras de RIVERO ORTEGA, *"(...) manipulación de la personalidad jurídica (...) como via de conseguir um regimen jurídico totalmente distinto al que preside a la actuación de toda Administracion"*[330]. Assim, a definição de critérios tornaria também mais credíveis e confiáveis as opções organizativas tomadas pelo executivo, ao mesmo tempo que permitiria restringir eventuais abusos, obscuridades ou faltas de transparência, além do que, sempre contribuiria para a implementação de um efectivo Princípio de Unidade da Administração[331]. Parece-nos assim a todos os títulos evidente, tal como a RIVERO ORTEGA que, *"De nada sirve desde la perspectiva de la seguridad juridica enunciar un elenco de diferentes formas organizativas si no existem critérios determinados que orientem la elección de una o otra fórmula. Al menos, como mínimo exigible,*

---

[329] Neste sentido, além de RIVERO ORTEGA, de modo indirecto, ob. cit., pág. 58 e 59, e também de forma muito clara, GASPAR ARIÑO ORTÍZ, *El Âmbito Privado del Sector Público*, XXIV Jornadas de Estúdio, 11, 12 e 13 de Dezembro de 2002, Valladolid, Ministério da Justiça, pág. 597.
[330] *In* ob. cit., pág. 57.
[331] A propósito deste Princípio no âmbito do sector empresarial do Estado, veja-se PAULO OTERO, *Vinculação...*, cit., pág. 306 e ss.; numa abordagem mais geral, *O Poder de Substituição...*, vol. II, 785 e ss..

*deberían estabelecerse parámetros de diferenciación de la opción por la forma jurídica pública o por la privada"*[332].

De tudo quanto antecede, resulta a necessidade de olhar para a complexidade da actuação estadual para, dentro da amplitude de tarefas e actuações que esta tem vindo a assumir, de acordo com a diferente natureza evidenciada por cada uma, construir uma moldura razoável que permita enquadrar devidamente o Princípio da Liberdade de Escolha das Formas Jurídicas, estabelecendo-lhe bases claras em termos de operatividade, limites e extensão. Concluimos assim com RIVERO ORTEGA que *"No es necesario encorsetar al maximo la elección de la forma jurídica, basta com señalar genéricamente cuáles son las actividades – y en que condiciones – que pueden ser realizadas mediante formas privadas de personificación y que tipo de tareas –y en qué situación – deben ser necesariamente desempeñadas en forma pública.*

A este propósito, e tal como sucede no ordenamento jurídico vizinho, também entre nós não existe qualquer indicação sobre esta matéria, o que significa que de facto vigora uma real e total discricionariedade na escolha das formas jurídicas aplicáveis à prossecução de actividades materialmente administrativas, ainda que concretizadoras de tarefas fundamentais que o Estado está obrigado a prosseguir...

## 2 – Limites ao Princípio de Liberdade de Escolha das Formas Jurídicas

Da análise que acabamos de efectuar resultam como elementos objectivos, os seguintes:

1º) A matéria de organização administrativa, designadamente no tocante às empresas públicas, está submetida à reserva relativa da Assembleia da República;
2º) Esta reserva atribui competência ao Parlamento para estabelecer as "bases gerais das empresas públicas";
3º) Atenta a actual configuração do sector empresarial do Estado, há-de entender-se que as empresas públicas sob forma privada também estão abrangidas por aquela reserva;

---
[332] Ob. cit., pág. 58.

4.º) Para que o comando constitucional que estabelece a reserva legislativa referida se concretize será necessário proceder ao estabelecimento de critérios que delimitem as opções organizativas formais a tomar pelo poder executivo.

Constata-se assim que não existe qualquer norma que reconheça um Princípio de Liberdade de Escolha de Formas Jurídicas, mas também não se afirma nenhuma que o afaste. Nesse sentido, reconhecendo à Administração Pública a sua vertente organizacional, sempre se dirá que esta, enquanto organização, deverá poder proceder à escolha das formas que entenda serem mais adequadas e convenientes à produção dos resultados a que se propõe. Não obstante, vimos também que consideramos necessário proceder ao estabelecimento de limites que possam orientar na escolha de cada uma das formas organizativas potencialmente aplicáveis, pelo que ganha agora todo o sentido analisar quais serão os limites a impor a esse nível e para esse efeito.

Assim, reflectir sobre os limites a impor ao Princípio de Liberdade de Escolha das Formas Jurídicas, acaba por ser afinal reflectir sobre os Limites da Privatização da Administração Pública. Tendo em conta este enquadramento, verifica-se que a aproximação que os diversos autores têm efectuado a este propósito, pressupõe que se assente as bases da discussão na separação do tipo de actividade pública a que nos reportamos, partindo do clássico vector *autorictas* ou *potestas.* Assim, de acordo com PAULO OTERO, não haverá qualquer liberdade de escolha no tocante à prestação de actividades que envolvam o exercício de poderes de soberania e de autoridade[333], pois que a celeridade e a eficácia na prestação não podem obter-se à custa da diminuição das garantias dos cidadãos em face dos poderes públicos. Assim, as forças de segurança, a polícia, os órgãos de investigação e acção criminal, mas também os Tribunais, enfim, todas as actividades realengas que o Estado tenha assumido prosseguir por forma a

---

[333] *In Vinculação...,* cit., pág. 237 e ss.; *Coordenadas Jurídicas da Privatização da Administração Pública,* Separata de *Os Caminhos da privatização da Administração Pública,* IV Colóquio Luso-Espanhol de Direito Administrativo, Studia Iuridica n.º 60, Coimbra Editora, 2000, especialmente pág. 53 e ss.; e ainda in *Tendências Actuales del Derecho Administrativo en Portugal,* Separata da Revista Documentación Administrativa n.º 257/258, Maio- Dezembro de 2000, pág. 35.

garantir a ordem e segurança, deverão ser sempre desenvolvidas invariável e necessariamente através de formas jurídicas de direito público.

Mas, e relativamente às demais actividades prosseguidas pelo Estado, designadamente as que envolvem a prestação de serviços públicos para concretização de direitos fundamentais? Quanto a estas, como é que se deve ler o poder de auto – organização da Administração? Quais serão os seus limites e fronteiras?

E aqui é que a dificuldade da matéria se agudiza. Efectivamente, temos de reconhecer que neste campo, alcançar o melhor nível de prestação dos bens e ou serviços em causa, é de facto o objectivo essencial. Por isso, aqui mais facilmente se afirma a prevalência de actuações e opções organizativas que permitam encontrar modos de actuação céleres, eficazes e flexíveis. Daí que a inclusão da prestação de algumas destas actividades no sector empresarial do Estado tenha também sido influenciada pelo facto de se considerar que a lógica que preside a este sub-sector público (diferente da que preside ao sub-sector administrativo), permitiria atingir mais facilmente esses objectivos, dado que, ao tratar-se de uma actuação gerida sobretudo por parâmetros de "lógica empresarial", estaria em princípio mais próxima e mais vinculada à observância de um Princípio de Eficácia que deveria presidir, *latu sensu,* a toda a actuação empresarial. Sendo certo porém, como já se referiu, que o Princípio da Eficácia deve ser um pressuposto de toda a actuação pública em geral, uma vez que é inerente ao próprio modelo do Estado de Bem-Estar[334].

Todavia, é necessário ter em conta que, se por um lado é inegável que foi com base e em torno da noção de *puissance publique* que se veio a construir o Direito Administrativo como um direito "constitucional materializado", designadamente ao nível da sua vertente garantista em face do poder público, também não é menos verdade que à medida que a Administração assumiu mais claramente a sua vertente prestadora, criou um vínculo mais estreito que passa agora a ligá-la ao cidadão a quem deve servir. Por isso, não será suficiente apontar-se como único critério para a determinação das fronteiras da

---

[334] Assim, PAULO OTERO, *Coordenadas Jurídicas...,* cit., pág. 48. Para mais desenvolvimentos a propósito desse princípio, veja-se também, do mesmo autor, *O Poder de Substituição...,* cit., vol. II, pág. 638 e ss..

forma jurídica aplicável no exercício da actividade administrativa o facto de esta envolver ou pressupor o exercício de poderes de autoridade. É que, apesar de diferente, a ligação estabelecida entre o cidadão e a Administração prestadora não é menos essencial nem menos importante do que o exercício da *autorictas* pública. Tratam-se de facetas diferentes de uma mesma realidade. Facetas essas que justificarão sem dúvida a existência ou não, de uma maior ou menor liberdade de escolha das formas jurídicas aplicáveis, designadamente ao nível daquela a que acabamos de nos referir. Neste sentido, para além de se constatar a necessidade de construir critérios orientadores da opção a tomar, de entre as várias formas jurídicas possíveis e disponíveis, verifica-se também que o suposto Princípio de Liberdade de Escolha das Formas Jurídicas não pode ser encarado de forma absoluta, mas pelo contrário, pressupõe limites. De acordo com PAULO OTERO, o estabelecimento e concretização desses limites deve partir da diferenciação de cada uma das áreas de actuação pública em questão. Para tanto o autor estabelece uma análise do tema com base na seguinte tripartição, a saber: os limites gerais; os limites específicos aplicáveis à área económica; e os limites específicos aplicáveis à área não económica[335].

Mas é ao nível da jurisprudência que melhor se pode percepcionar em que é que consiste a concretização de tais limites. A este propósito a jurisprudência constitucional espanhola fornece importantes pontos de reflexão. De acordo com o entendimento perfilhado a propósito do poder de auto-organização como uma *"potestade administrativa"*,esta instância jurisdicional enunciou a existência de um "Princípio Finalista",o qual deveria presidir ao exercício daquele poder, e nos termos do qual, sempre que a lei reconhece à administração um determinado poder ou faculdade, fá-lo com um objectivo

---

[335] In *Coordenadas Jurídicas...*, cit., pág. 54 e ss.. Note-se que o Autor não refere os limites indicados no texto expressamente à matéria do Princípio de Liberdade de Escolha de Formas Jurídicas, mas sim no âmbito mais geral do fenómeno da privatização da administração Pública. Não obstante, dado o recurso massivo que se tem vindo a efectuar entre nós às formas jurídicas de direito privado para os entes públicos procederem à prestação de actividades materialmente administrativas, consideramos possível aplicar os limites indicados pelo autor naquele âmbito mais geral, considerando que o ênfase dado à susceptibilidade de recorrer às formas jurídico-privadas acaba por ser um reflexo e uma consequência daquele fenómeno de privatização da Administração Pública.

específico, o que significa que o exercício desse poder de auto-organização há-de necessariamente respeitar a finalidades que presidiram à sua atribuição e reconhecimento, não podendo por isso exercer-se para lá dessas mesmas finalidades[336]. Deste modo, e não obstante se reconheça à Administração uma ampla discricionariedade no exercício desse poder de auto-organização, não será todavia viável encará-lo como um poder ilimitado, razão pela qual as instâncias jurisdicionais superiores do país vizinho tentaram estabelecer limites concretos ao poder de organização reconhecido à Administração.

A ideia chave a este propósito desenvolve-se ancorada em dois princípios: por um lado o princípio da Legalidade, por outro o Princípio da Adequação. Neste sentido, só será legítima a escolha de uma forma que, além de legalmente prevista, se revele, em concreto, ser a mais adequada à prestação da actividade em causa. Assim resulta, inequivocamente, da sentença do Tribunal Supremo datada de 20 de Fevereiro de 1981, nos termos da qual: *"la potestade organizatoria debe ser ejercida en benefício del servicio público, con exclusión de qualquier arbitrariedad infractora del ordenamiento jurídico"*[337]. Daí a importância do estabelecimento de princípios orientadores da opção a tomar em sede organizativa, porquanto só com uma opção devidamente fundamentada poderemos concluir se a mesma é ou não arbitrária, mas pelo contrário, efectivamente legítima. Esta ideia veio a ser retomada, com maiores desenvolvimentos, na sentença do Tribunal Supremo datada de 5 de Outubro de 1992[338] que, ao chamar a atenção para o facto de o exercício discricionário do poder de auto--organização que se reconhece à Administração não estar isento do respectivo controlo jurisdicional, claramente afirmava que: *«Desde el nacimiento del Derecho administrativo ... viene reconociéndose a la Administración la potestad de autoorganización. La concepción inicial del Estado de Derecho trató de limitar la actuación del poder ejecutivo "hacia fuera", dejando, sin embargo, en sus manos amplias facultades para organizarse. Hoy esta doctrina ha sido objeto de revisión – la organización administrativa puede afectar decisiva-*

---

[336] Referimo-nos à sentença do Tribunal Supremo, de 7 de Fevereiro de 1987, *apud* RIVERO ORTEGA, ob. cit., pág. 67.
[337] *Apud* RIVERO ORTEGA, ob. cit., pág. 69, nota 115.
[338] *Apud* RIVERO ORTEGA, cit., pág. 69.

*mente a terceros – bajo la óptica de que la indudable discrecionalidad que caracteriza la potestad organizatoria no significa en modo alguno exención del control jurisdiccional...»*

Mas, como controlar uma opção organizativa, tomada no legítimo exercício da discricionariedade reconhecida à Administração, se não se definem critérios orientadores dessa mesma opção? Neste sentido, e muito em especial no tocante ao exercício de actividades administrativas com recurso ao direito privado, RIVERO ORTEGA indica essencialmente três Princípios para fundamentar esta opção. Assim, e dado que toda a actuação administrativa – logo também as opções organizativas – estão necessariamente funcionalizadas à prossecução e defesa do interesse público, para efeitos de sustentar, de modo legítimo, a existência de um efectivo Princípio de Liberdade de Escolha de Formas, será necessário "testar", em cada caso, a compatibilidade entre a forma e a substância. Tornar-se-ão então requisitos de legitimidade e validade da opção organizativa, a verificação de que a forma escolhida é, de facto e em concreto, a mais adequada e a mais idónea para a prossecução do serviço a prestar. Ou seja, nas palavras de RIVERO ORTEGA[339], será necessário precisar que *"(...) las vantajas reales y legítimas ofrecidas por esta modalidad organizativa debem ser mayores que las que se observen en la forma pública."* Ou seja, será necessário estabelecer um juízo de comparação entre as várias formas jurídicas possíveis, tanto de direito público, como de direito privado – quando tal possibilidade esteja legalmente prevista –, para chegar à conclusão de qual delas será em concreto a mais adequada à prestação da actividade em causa[340].

---

[339] Ob. cit., pág. 70. O Autor acrescenta ainda a este propósito, na página seguinte: *"La Administración no debería dejarse influenciar por las modas que muchas veces parecen imperar a la hora de reestructurar los Entes instrumentales, pretendiendo emular la **presunta eficacia paradigmática del sector privado.**"*(negrito nosso).

[340] Note-se aliás que é só com base na constatação de que a forma privada é realmente adequada à prestação pública do bem ou serviço em causa é que alguns autores, como por exemplo GASPAR ARIÑO ORTÍZ, admitem a possibilidade de considerar a existência de um Princípio de Liberdade de Escolha das Formas Jurídicas o qual, em regra, rejeitam, tal como se constata na seguinte afirmação: *" Así pues, debemos rechazar el principio de libertad de elección de formas: el Estado no puede elegir, en aras de una pretendida eficácia, la forma que más cómoda le resulte para el ejercicio de sus funciones. Este es un planteamiento erróneo. Las "formas" elegidas para la realización de sus actividades deben adecuarse al*

E, acrescentamos nós, para o preenchimento deste princípio da adequação entre forma jurídica aplicável e actividade concretamente exercida, não bastará a invocação da presunção segundo a qual as formas e técnicas de direito privado são sempre mais eficazes do que as de direito público. Será necessário sobretudo verificar que a lógica de actuação que preside a umas e a outras é de facto compatível com a finalidade que se pretende alcançar, o que implica rejeitar chavões e apriorismos, mas obriga a observar seriamente o modo de actuação, a orgânica interna, os princípios que presidem, dão vida, e distinguem as várias formas jurídicas entre si, tudo isto de modo objectivo e pragmático, para então, e só então, optar por uma ou outra de entre as várias – públicas e/ou privadas – potencialmente aplicáveis.

Deste modo, de tudo quanto antecede, resulta imperativo estabelecerem-se os seguintes limites ao Princípio da Liberdade de Escolha da Forma Jurídica:

1) ***O Princípio da Legalidade***: terá necessariamente que existir previamente base legal que habilite a tomada de tal opção. Essa base legal deverá no entanto ser devidamente concretizada, não bastando a mera enunciação generalista de que a actividade da Administração terá de respeitar a Constituição e a Lei, reproduzindo-se então, mas não se concretizando realmente, o comando constitucional vertido no artigo 266º n.º 2 da CRP. Para que tal concretização proceda realmente, tornar-se-á necessário fixar na lei critérios orientadores suficientemente claros que permitam tornar perceptível a escolha desta ou daquela forma jurídica. Não basta por isso prever variadas formas jurídicas potencialmente aplicáveis ao exercício da actividade pública: é sobretudo necessário construir critérios legais que orientem a decisão de escolha da forma jurídica a aplicar.

---

*contenido de estas, sabiendo que, si la forma jurídico-mercantil (sociedades) impone un régimen jurídico de esa naturaleza, esta no deberá utilizarse cuando tales actividades hayan de estar sometidas a las exigências básicas del Derecho Público(...)", in El Âmbito Privado...,* cit., pág. 597, 598.

2) **Princípio da Adequação**: através deste princípio desenvolve-se e concretiza-se a habilitação legal referida no ponto anterior. Assim, como base do Princípio da Adequação, deverá encontrar-se um juízo de comparação e ponderação entre as vantagens e inconvenientes reais do recurso a esta ou àquela forma jurídica, tendo em atenção a área de actuação pública que em concreto se está a considerar. Assim, se se tratar de uma área ou de um sector em que o exercício da actividade pressupõe poderes de soberania ou de autoridade, já se viu que não assiste aqui qualquer tipo de opção jurídico-formal a considerar, pois a forma organizacional terá de ser necessariamente de direito público. Já nas actuações públicas de prestação de bens e serviços públicos, haverá que distinguir se estamos na área económico-empresarial ou não, e então, de acordo com a natureza da actividade em causa e com os circunstancialismos envolventes, que já consideramos nos capítulos anteriores, proceder à opção jurídico-formal que melhor permita responder às solicitações que determinam a prestação de tal serviço.
3) **Princípio da Fundamentação**: a decisão organizativa deverá em cada momento ser suficientemente fundamentada, tornando-se assim essencial tornar clara a motivação que presidiu à escolha tomada, para que essa decisão possa ser, desde logo, controlada na sua legalidade[341].

---

[341] Note-se que assim sucede ao nível autonómico no país vizinho. Tal como refere RIVERO ORTEGA, resulta da lei a obrigatoriedade de se instaurar um procedimento prévio à tomada da decisão organizativa, e do qual resulte a enunciação da motivação e objectivos que presidiram à decisão tomada. Veja-se a esse propósito os normativos citados pelo Autor *in* ob. cit., pág. 72 a 75. O autor fornece também um exemplo concreto no qual de facto se conseguiu tornar clara a opção organizativa tomada pela Administração. Trata-se da empresa "Serveis de Millora Agraria, S.A.", criada por Decreto da *Consejeria de Agricultura y Pesca Balear,* datado de 21 de Março de 1991, onde claramente se lê o seguinte: *"La adopción de la figura de sociedad anónima obedece, ademâs de venir establecida por la Ley, a que es el instrumento más adecuado para la prestación de servicios de asesoramiento técnico del sector, habida cuenta de que una de las finalidades que se pretenden es que el agricultor entre a formar parte de la sociedad como accionista, ya sea directamente o a través de sus acciones",* ob. cit., pág. 74, nota 127.

## II SECÇÃO
# Multiplicidade de Formas Jurídicas: escolha *"a la carte"*?

Na secção anterior traçamos o enquadramento geral referente à matéria da organização das estruturas da Administração Pública, em concreto, no sentido de saber se a esta seria cabível reconhecer ou não um princípio de liberdade de escolha das formas jurídicas a aplicar no exercício da sua actividade prestadora, especialmente, ao nível dos serviços públicos.

Caminhamos agora para o último capítulo do presente estudo, no qual "mergulharemos" no sector empresarial do Estado, onde passaremos a focar o tema desta investigação numa óptica mais privatista. Por isso, na secção que agora iniciamos, pretendemos focar alguns pontos que estabelecerão as bases para a análise das matérias que se vierem a abordar naquele capítulo. Daí que a matéria da multiplicidade de escolha de formas jurídicas vá agora ser abordada em estreita relação com aquele que é considerado ser o "estatuto constitucional específico" dos poderes públicos, para que melhor se possam apreender as consequências do fenómeno. Para tanto, começaremos por sublinhar novamente a imperiosa necessidade de construir critérios que orientem a escolha jurídico-formal a que nos temos vindo a referir.

## 1 – Necessidade de Fixar Critérios para a Determinação da Forma Jurídica Aplicável

Como se viu no ponto anterior, a problemática que envolve o Princípio da Liberdade de Escolha das Formas Jurídicas, conjugada com a actual tendência de massificado recurso às formas jurídico--privadas por parte dos entes públicos, acarreta uma substancial modificação orgânico-subjectiva[342] da actual Administração Pública.

---

[342] Assim o referem expressamente, ainda que com considerações diferentes a esse propósito, MARIA JOÃO ESTORNINHO, in *Fuga para o Direito Privado,* cit., pág. 80, e a final, pág. 377; e PAULO OTERO e *Vinculação e Liberdade,* cit., pág. 222 a 230 respectivamente.

Neste sentido, a disseminação de figuras constituídas sob forma de sociedade comercial, de titularidade exclusiva ou maioritariamente estadual, coloca em destaque o problema de saber ao certo como é que se constitui hoje a Administração Pública, sobretudo a indirecta.

Por outro lado, a utilização recorrente destas formas jurídicas coloca importantes questões de nível prático e para as quais nem sempre é possível encontrar respostas suficientes, e muito menos pacíficas. Concretizando um pouco mais o que acabamos de referir no parágrafo anterior, não será certamente exagero afirmar que a desvalorização das formas jurídico-públicas especificas em favor das formas jurídico-privadas das sociedades comerciais, cria problemas de enquadramento dogmático destas últimas, sendo desde logo muito discutível a sua natureza jurídica. Longe de ser apenas um problema rico em debate teórico, a natureza jurídica das sociedades anónimas de capitais públicos tem reflexos práticos muito relevantes, como por exemplo os que seguidamente expomos sob forma de interrogação[343], a saber:

1º) Em concreto, e não apenas de um ponto de vista formal, qual a natureza jurídica dos actos praticados pelas sociedades comerciais prestadoras de serviços públicos? Tratar-se-ão de meros actos de comércio, ou poderão estar mais próximos de actos administrativos?

2º) Consequentemente, qual a jurisdição competente para a apreciação de conflitos que as envolvam: a judicial comum, ou a específica administrativa?

3º) Como qualificar a capacidade jurídica destas sociedades, e como é que se delimita a margem legítima e exigível na sua actuação?

4º) Como é que se articula a cabal prossecução do interesse público quando confrontado com o próprio interesse social, ou interesse da sociedade?

---

[343] Assim o faz também ENCARNACIÓN MONTOYA MARTÍN, *Las Empresas Públicas Sometidas al Derecho Privado,* Marcial Pons, Madrid, 1996, pág. 144 e ss., colocando o problema ao nível da ordem jurídica belga. Não obstante, ao longo de toda a obra, estas e outras questões conexas são abordadas também, e sobretudo, na ordem jurídica espanhola, designadamente a partir das págs. 531 e ss..

5°) Qual é afinal o enquadramento sectorial em que se inserem estas sociedades: no sector público ou no privado? Dentro do público, no administrativo, atendendo à susceptibilidade de serem chamadas a prestar actividades de serviço público não económico, ou no empresarial?

Como se vê, todas estas questões decorrem da aplicação de uma figura jurídica que nasceu e se insere num ramo de Direito informado por interesses e princípios muito diversos daqueles que animam o direito público, especificamente o administrativo[344]. Assim, a aplicabilidade sistemática desta figura por parte dos poderes públicos carece de ver respondidas de forma cabal todas as questões suscitadas. Até lá, confrontados com o silêncio, somos levados a concluir que efectivamente estas figuras jurídicas complicam mais do que facilitam a resolução de muitos dos problemas suscitados no âmbito da Administração Pública, e mesmo especificamente no sector empresarial do Estado. Voltamos então a constatar novamente, agora através de argumentos de ordem prática, a absoluta necessidade de estabelecer critérios orientadores da opção a tomar na escolha da forma jurídica a aplicar.

Na secção anterior, defendemos a inexistência de um Princípio de Liberdade de Escolha de Formas Jurídicas concebido como "um poder doméstico" e ilimitado. Mas se assim é, será que constatar a inexistência de critérios de orientação na escolha da forma jurídica, a par da inexistência de verdadeira liberdade da Administração Pública nessa escolha, não implicará concluir que, em face ao disposto no artigo 165° n.° 1, alínea u) da CRP, se manifesta a este nível uma verdadeira inconstitucionalidade por omissão?

Num contexto em que se tenta reformular a Administração Pública e se parece acreditar que menos Estado é sempre melhor Estado, não será um risco demasiado grande confiar todo o processo à ânsia

---

[344] Aflorando um pouco esta diferença que separa o direito privado do direito público e da incapacidade do primeiro para garantir a defesa dos princípios fundamentais que informam este último e o convertem no direito apto a defender o interesse público e o bem comum, GASPAR ARIÑO ORTÍZ, *El Âmbito Privado...*, cit., pág. 596, 597; Também neste sentido, BAUZÁ MARTORELL, ob. cit.

de resultados do executivo[345]? Por outro lado, que sentido há em defender menos Estado e fazer proliferar entidades detidas totalmente ou quase por esse mesmo Estado? A forma societária que se lhes aplica não desvirtua a sua verdadeira natureza, a qual para nós é, no caso de capitais exclusivamente ou maioritariamente públicos, necessariamente pública[346].

Cumprimos deste modo o objectivo a que nos propusemos neste primeiro ponto da presente secção: reforçar a necessidade de estabelecer critérios de orientação na escolha das formas jurídicas a utilizar pelo Estado, designadamente na sua função de prestador de bens e serviços públicos. Não será possível contudo dar resposta a todas as questões de ordem prática que expusemos *supra* para melhor ilustrar a necessidade de estabelecer tais critérios. Tentaremos porém, dentro do possível, abordar algumas delas, com vista a contribuir para a

---

[345] Tenha-se ainda em atenção, a este propósito, que não é raro que a procura de um determinado resultado no âmbito da reforma e reestruturação que se pretende implementar na Administração Pública, nem sempre é motivada apenas e só pela busca desse resultado em si, acabando muitas vezes por ser determinada por objectivos que também têm um certo pendor eleitoralista. Diga-se aliás que este ultimo tem sido um factor muitas vezes apontado por vária Doutrina para ilustrar algumas das causas da ineficácia e ineficiência das empresas públicas. Nesse sentido, veja-se por exemplo, ÁLVARO CUERVO, *La Privatización de la Empresa Publica,* Ediciones Encuentro, Madrid, 1997, pág. 58.

[346] Já referimos aqui em pontos anteriores quais os critérios a ter em conta para qualificar uma determinada pessoa colectiva como sendo de direito público ou de direito privado, baseando-nos para tal efeito na posição de FREITAS DO AMARAL, pelo que acabamos por concluir no sentido referido no texto. Mas é também necessário ter em atenção que nem sempre esses critérios serão suficientes para aferir da natureza pública ou privada no caso específico de uma sociedade de capitais públicos, sobretudo quando na mesma se associam capitais privados. Nesse caso é útil entrar em linha de conta com a noção de controlo que para este efeito é utilizada, desde logo, pelo direito comunitário, como é possível notar na própria noção de empresa pública que este oferece. Assim, no tocante ao critério do controlo para aferir da natureza pública ou privada de uma determinada sociedade de capitais públicos, veja-se NICOLAS THIRION, ob. cit., pág. 120 e ss., em especial 141 e ss., *maxime* 188 e ss., onde também foca o problema das acções preferenciais, o que só por si é fonte de inúmeros debates em sede comunitária... Especificamente acerca deste último aspecto, veja-se PAULO CÂMARA: *The End of the "Golden" Age of Privatisations? – The Recent ECJ Decisions on Golden Shares, in* European Business Organization Law Review, 3, 2002, e também NUNO FILIPE ABRANTES LEAL DA CUNHA RODRIGUES, *"Golden Shares" – As Empresas Participadas e os Privilégios do Estado enquanto Accionista Minoritário,* Coimbra Editora, Coimbra, 2004. . Abordaremos novamente esta questão da natureza das sociedades de capitais públicos como pessoas colectivas de direito público no próximo capítulo.

construção dos critérios a que aludimos. Isto porque entendemos que a manutenção da desordem com base na multiplicidade de formas organizativas nestas circunstâncias, apenas contribui para a implementação de uma reformulação da Administração Pública que será então ostensivamente plástica, senão, veja-se: aquela, ao mascarar-se de sujeito privado (que jamais será), culminado no contra-senso resultante de efectuar afirmações insuficientemente consubstanciadas como aquelas que fazem equivaler, numa relação causa e efeito, um melhor Estado a um menor Estado; empenhadas em transmutar uma Administração Pública que passa a envergar roupagens privadas; nascendo assim como uma "administração pública sob forma privada", mas que na verdade nunca deixará de ser pública! E aqui temos novamente, o "monge" que insiste em mudar de "hábito"... sem se aperceber, pelos vistos, que continua igual a si próprio...

Assim, para melhor ilustrar que independentemente da forma jurídica utilizada, o Estado continuará sempre a ser Estado, passaremos agora a abordar no ponto que se segue, o estatuto constitucional especifico aplicável a todos os poderes públicos, e do qual poderá resultar com maior nitidez a relativização do direito privado como solução para os problemas evidenciados ao nível da actuação prestadora pública.

## 2 – O Estatuto Constitucional Específico dos Poderes Públicos

Ao longo das páginas que antecedem a presente, por inúmeras vezes nos referimos ao direito administrativo como constituindo o direito comum e naturalmente aplicável à actuação dos poderes públicos, referindo a esse propósito a sua vertente garantista e especialmente adequada para a promoção, defesa e prossecução do interesse público. Referíamo-nos então, de forma implícita, àqueles que se consideram ser os Princípios Fundamentais aplicáveis à actuação dos poderes públicos e que por isso, nessa medida, os submetem a um estatuto constitucional específico e comum.

Neste sentido, MARIA JOÃO ESTORNINHO[347] aponta a vinculação necessária da administração pública, independentemente da forma jurídica concreta que utilize, aos seguintes princípios:
- O Princípio da Prossecução do Interesse Público;
- O Princípio da Legalidade;
- A Vinculação aos Direitos Fundamentais;
- A Vinculação a Regras Procedimentais e a Sujeição à Jurisdição Administrativa;
- A Sujeição ao Controlo do Tribunal de Contas.

Porém, se é verdade que a Administração Pública deverá estar sujeita à observância destes Princípios Fundamentais que presidem a toda a actuação pública, perguntar-se-á então com maior acuidade: porquê recorrer ao direito privado e às suas formas jurídicas, se afinal sempre estará vinculada à observância destes princípios mesmo na actividade desenvolvida sob formas privadas? Não será este o momento oportuno para responder à questão. Para isso torna-se antes de mais necessário verificar de que forma é que aqueles Princípios influenciam a actuação dos poderes públicos quando estes decidem adoptar formas privadas. É portanto este o objectivo proposto para abordar os pontos que se seguem.

## 2.1 – *A Vinculação à Prossecução do Interesse Público*

No tocante ao Princípio da Prossecução do Interesse Público, já aqui aludimos às sábias palavras de PAULO OTERO[348] segundo quem a medida e o âmbito da intervenção pública na economia deverá ter

---

[347] *In A Fuga ...*, cit., pág. 167 e ss.. Todos estes pontos são tratados ao longo do capítulo III da obra referida, onde também se pode consultar a questão do Princípio da Liberdade de Escolha das Formas Jurídicas, ao qual a autora se dedica ao longo das págs. 189 a 222.

[348] Equacionando esta problemática especificamente no tocante aos sectores vedados à iniciativa económica privada, *Vinculação...*, cit., pág. 114 a 121, *maxime*, para este efeito a última página referida. Veja-se ainda quanto ao vector do interesse público como justificação para o princípio da liberdade de escolha da forma jurídica, págs. 126 a 131. Por último, também a propósito do interesse público como fundamento para a aplicabilidade do direito privado à actividade desenvolvida pelas empresas públicas, pág. 276 e 277.

sempre no interesse público o *"critério, o limite e o fundamento"* dessa mesma intervenção. De facto, tal como demonstra FREITAS DO AMARAL[349] a administração pública distingue-se da administração privada exactamente pelo objecto sobre o qual incide, bem como pelos fins que prossegue. Assim, enquanto a primeira incide sobre as necessidades sociais e colectivas, é, digamos assim, uma administração de todos para todos, acentuando-se também aqui a vertente participativa da democracia do Estado de Direito; já a administração privada atende sobretudo a necessidades individuais ou, mesmo que sejam referentes a um determinado grupo, o seu escopo e âmbito de incidência não se repercutirá directamente na colectividade em geral.

Já quanto ao fim, citamos aqui os ensinamentos do Autor que acabamos de referir, dada a transparência e clareza, que dispensam assim quaisquer outros esclarecimentos: *"(..) a administração pública tem necessariamente de prosseguir sempre um interesse público: o interesse público é o único fim que as entidades públicas e os serviços públicos podem legitimamente prosseguir, ao passo que a administração privada tem em vista, naturalmente, fins pessoais ou particulares"*. E é exactamente este sentido, da necessária vinculação dos poderes públicos ao interesse público, que é assumido como regra pela generalidade da Doutrina. Assim o diz claramente MARIA JOÃO ESTORNINHO[350]: *"na minha opinião, é fundamental afirmar, sem deixar margem para dúvidas, que o interesse público é indissociável de toda e qualquer actividade administrativa"*.

Porém, é importante referir que a definição do que seja o interesse público não se encontra na disponibilidade directa da administração. Tal definição resultará sempre da Lei[351], facto que nos levaria a equacionar aqui a relevância do Princípio da Legalidade[352] o que

---

[349] *Curso...*, cit., pág. 42.

[350] *A Fuga...*cit., pág. 167. Nas páginas seguintes, até à 173, a autora desenvolve especificamente este ponto da vinculação da administração à prossecução do interesse público.

[351] MARIA JOÃO ESTORNINHO, ob. cit., pág. 168. Nas páginas seguintes a autora aborda os principais corolários em que se traduz o Princípio da Prossecução do interesse público.

[352] *Idem, ibidem*, pág. 175 a 187. Também da mesma Autora, mas a propósito do Princípio da Legalidade aplicado aos contratos administrativos, *Princípio da Legalidade e Contratos da Administração*, Separata do BMJ n.º 368, Lisboa, 1987. Veja-se também a fundamental obra de ROGÉRIO SOARES, *Interesse Público, Legalidade e Mérito*, Coimbra, 1955.

porém não faremos dando-o sim como pressuposto que caracteriza o actual Direito Administrativo e o Estado de Direito. Mas a dificuldade maior estará, neste ponto em concreto, em determinar o que deve entender-se como "interesse público". É evidente que a definição, ainda em traços gerais, da realidade a que esse conceito indeterminado se reporta é, como se sabe, naturalmente mutável, sofrendo assim as oscilações dos vários momentos políticos, económicos, etc. Tudo isso é verdade, mas se não conseguimos concretizá-lo, ainda que em termos minimalistas, então o seu valor como *fundamento, princípio e norte de toda a actividade administrativa,* fica algo fragilizado...[353]. Ainda assim, a sua afirmação é absolutamente indispensável, e será especialmente útil no âmbito da actuação das entidades jurídico-privadas utilizadas pelo Estado para a prestação de bens e serviços públicos, uma vez que, como veremos, será especialmente neste domínio que se poderão colocar questões sensíveis e de difícil resolução entre a prossecução do interesse público e o interesse da sociedade. Voltaremos ao assunto no capítulo seguinte.

## 2.2 – A Vinculação aos Direitos Fundamentais

A propósito desta matéria[354] o artigo 18º nº 1 da CRP é claro: os preceitos referentes a direitos, liberdades e garantias, gozam de aplicabilidade directa e vinculam tanto as entidades públicas como as privadas.

No âmbito do sector empresarial do Estado, a questão da vinculação aos direitos fundamentais terá de relacionar-se imediatamente com o grau de vinculação das entidades privadas. Isto porque, como sabemos, boa parte do actual sector empresarial do Estado é composto por sujeitos de direito privado, as sociedades comerciais de mão pública, sendo certo que esta regra abrange todas as sociedades em que o Estado detenha uma posição dominante. Assim, se é verdade que o problema da vinculação aos direitos fundamentais será apesar de tudo, "facilmente" resolúvel no tocante às sociedades de capitais

---

[353] Assim o diz, também, RIVERO ORTEGA, ob, cit., pág. 126.

[354] Veja-se a este propósito, MARIA JOÃO ESTORNINHO, cit., pág. 233 a 241; PAULO OTERO, *A Vinculação...,* cit., pág. 244 e 245.

exclusivamente públicos, já o mesmo não sucederá de forma tão linear no caso das sociedades participadas. De todo o modo, para chegar a esta conclusão, será imprescindível determinar se estas sociedades fazem ou não parte integrante da Administração Pública[355]. Veja-se a relevância da questão: se entendermos no sentido afirmativo, no primeiro caso, na medida em que o detentor da globalidade das participações sociais é sempre uma entidade pública, naturalmente que não será defensável afirmar que esta sociedade não estará vinculada aos direitos fundamentais nos mesmos termos em que o estão todas as demais entidades públicas. Neste caso, sempre se poderá dizer que, não obstante a sociedade tenha uma personalidade jurídica de direito privado, ela não deixa de ser parte integrante do sector público, devendo por isso afirmar-se a igualdade de circunstâncias quanto a esta matéria fundamental para todas as entidades integrantes da Administração[356]. Antes de passarmos ao segundo caso, veja-se

---

[355] Tal foi o critério desde cedo utilizado pela jurisprudência alemã para solucionar um dos mais melindrosos problemas que suscita a utilização de formas jurídico-privadas por parte dos poderes públicos. Note-se que a utilização da forma jurídico-privada nestes casos coloca questões dificílimas quando relacionada com os direitos fundamentais, uma vez que, se por um lado se questiona o facto de estas estarem ou não vinculadas a respeitar aqueles direitos, por outro, na medida em que assumem forma privada, pode muito bem colocar-se o problema de saber se estas mesmas entidades não deverão, enquanto sujeitos jurídico-privados, ser protegidas em sede de direitos fundamentais em face do poder público. Assim coloca o problema, fornecendo bastantes exemplos ao nível da jurisprudência alemã e francesa, ALONSO UREBA, *La Empresa Pública...*, cit., pág. 179 e ss.. Para solucionar a questão, tal como refere o autor citado, a jurisprudência alemã utilizou precisamente o critério da inserção ou não das empresas públicas sob forma privada no âmbito da Administração Pública para determinar se estas se deveriam considerar ou não vinculadas à observância e respeito pelos direitos fundamentais, tal como se refere a págs. 183 e 184 da referida obra.

[356] Não obstante seja muito discutível se estas entidades integram ou não a Administração Pública Indirecta. Aqui está pois outro ponto nevrálgico suscitado pela utilização das formas de direito privado por parte dos poderes públicos. Negando claramente a inserção destas sociedades comerciais públicas na Administração Pública, BAUZÁ MARTORELL, que como já referimos, as qualifica de "pessoas interpostas, utilizadas pela administração, mas que não são administração", ob. cit., pág.104, onde se indica mais bibliografia nesse sentido; já em sentido oposto, considerando que estas sociedades comerciais são efectivamente parte integrante da Administração Pública Indirecta, ENCARNACIÓN MONTOYA MARTÍN, *La Empresa Pública...*, cit., pág. 531 e ss.; RIVERO ORTEGA, *Administraciones Públicas...*, cit., pág. 98 a 101, muito embora só o admita expressamente no caso das sociedades comerciais de capitais exclusivamente públicos; Uma posição intermédia pode encontrar-se entre nós, PAULO OTERO que refere a existência de uma *"administração paralela"*, a qual acaba por

como tudo depende da consideração a fazer a propósito da inserção ou não das sociedades comerciais de capitais públicos no âmbito da administração pública: é que se afastarmos o entendimento acima exposto, então não vemos de que modo é que se poderá defender a vinculação destas entidades à observância dos direitos fundamentais[357]!

---

considerar que constitui uma " *administração indirecta privada, integrando as sociedades de capitais públicos e de capitais mistos maioritariamente detidos pelo Estado*", e que no fundo acaba por considerar como parte integrante da Administração Pública, fruto da *"revolução silenciosa"* que transformou a nossa administração Pública, in *Tendências Recientes...*, cit., pág. 35 (tradução nossa).

[358] Neste sentido, ganharia relevo a consideração das empresas públicas, especialmente as societárias, na sua dimensão de operadores de mercado, enquanto subjectividades jurídicas que actuam no livre exercício da actividade económica como qualquer outro operador de mercado. Neste caso, o critério avançado pela jurisprudência francesa para saber se estas entidades estariam ou não obrigadas a respeitar os direitos fundamentais, afigura-se de grande utilidade. De acordo com ele será necessário distinguir a actuação das empresas da seguinte forma: de um lado, aquelas em que ganharia relevo na sua actuação a finalidade de interesse público a alcançar (por exemplo, no caso das empresas constituídas para a prestação de um serviço público), e de outro lado, aquelas outras em que, para além de existir, como sempre, um fim de interesse público, o essencial seria já desenvolver a sua actividade num mercado concorrencial e competitivo. O problema assim colocado demarca-se do critério da inserção ou não destas empresas na Administração Pública, para passar a ser considerado sob o prisma do modo concreto de actuação das mesmas. Assim, se estas actuassem em regime concorrencial, ganharia preponderância o exercício de uma actividade económica num regime de mercado pelo que, neste caso, a resposta a dar ao problema de saber se tais empresas estariam ou não vinculadas aos direitos fundamentais, acabaria por assumir uma concepção minimalista ou restritiva: estariam vinculadas à observância dos direitos fundamentais apenas nos casos em que as mesmas actuassem de forma abusiva ou arbitraria, ou seja, haveria como que uma equiparação entre os sujeitos privados em geral, e estas empresas públicas que, para este efeito, seriam considerados nos mesmos termos que aqueles privados. Veja-se a este propósito, ALONSO UREBA, ob. cit., pág. 185 a 188. Um outro entendimento, potencialmente mais equilibrado, poder-se-á encontrar na análise efectuada por TRONCOSO REIGADA, in *Privatización, Empresa Pública y Constitución,* Marcial Pons, Madrid, 1997, pág. 187 e ss., que, analisando também a jurisprudência alemã e espanhola defensora da menor vinculação aos direitos fundamentais, propõe uma outra solução. Assim, defendendo a total vinculação da Administração Pública que actua sob o direito privado aos direitos fundamentais, tal como se constata a págs. 199 e ss., desloca o problema da vinculação aos direitos fundamentais da área de inserção ou não das sociedades comerciais de capitais públicos na Administração Pública, para lhe dar resposta com base numa construção material ampla de Administração com base num dado formal: o do controlo da empresa pública por parte de um poder público. Deste modo chama a atenção para um facto do qual nem sempre se retiram as devidas consequências, mas para o qual também já nós

Contudo, já no caso das sociedades de capitais mistos, nem sempre será possível dar esta mesma resposta, muito embora se possa recorrer ao critério da influência dominante exercida pelo Estado para chegar à mesma conclusão. Ainda assim, o simples facto de existir presença de sujeitos privados[358], poderá fazer com que seja necessário adequar a intensidade da vinculação aos direitos fundamentais, a qual poderá então variar, não sendo por isso neste caso exactamente a mesma do que aquela que acabamos de referir. Poder-se-á então afirmar que neste domínio a vinculação aos direitos fundamentais será diferenciada em relação à natureza das entidades detentoras das participações sociais[359]? E admiti-lo, não implicará, em situações de limite, dificuldades ao nível das grandes opções de gestão da sociedade? Não causará isso entraves à eficácia desejável no exercício da actividade desenvolvida?

---

alertamos: a necessidade de se reconhecer a diferente natureza dos diversos operadores de mercado, tendo em atenção que, no caso do Estado, mesmo quando actua sob forma privada, não pode pretender actuar nos exactos termos e com a mesma margem de liberdade dos outros sujeitos privados, uma vez que, tal como refere o autor, *"(...) el Estado no tiene ningun asunto privado. Las empresas públicas que llevan a cabo una actividad económica del Estado en regímen de competência y sin prestar un servicio público no son las empresas privadas del gestor político. (...) Así, cuando la Administración realiza una actividad económica en regímen de derecho privado, aunque desde el punto de vista formal sea un particular, un sujeto de Derecho privado, desde el punto de vista substantivo, y sobre todo, desde el punto de vista constitucional es un poder público en sentido material cuya actividad está sometida a la vinculación fuerte a la Constitución y a los derechos fundamentales"*, ob. cit., pág. 216. A págs. 218 e ss., podemos também encontrar uma análise das posições mais recentes na doutrina alemã, que defende, tal como o autor, a total vinculação do Estado aos direitos fundamentais, independentemente da forma jurídica utilizada.

[358] A propósito da relação estabelecida entre os direitos fundamentais e o direito privado, veja-se CLAUS-WILHELM CANARIS, *Direitos Fundamentais e Direito Privado*, Almedina, Coimbra, 2003, traduzido por Ingo Wolfgang Sarlet e Paulo Mota Pinto.

[359] Nesse sentido, RIVERO ORTEGA propõe um critério misto para saber se as sociedades de capitais públicos são ou não Administração Pública, consideração que depois determinará a sua sujeição ou não aos direitos fundamentais. Assim, o autor considera que é necessário ter em atenção não apenas o montante de capital detido pelo Estado, elemento que lhe atribuirá "influência dominante", mas também o tipo de actividade desempenhada pela empresa em causa, a qual muitas vezes será " uma actividade de carácter claramente público". Para mais desenvolvimentos, colocados desde logo pela duvidosa natureza jurídica das sociedades de capitais integralmente e maioritariamente públicos, veja-se nesta obra as págs. 101 e ss..

A questão da vinculação das entidades privadas aos direitos fundamentais – especificamente aos direitos, liberdades e garantias, foi entre nós abordada por vários autores, tais como VASCO PEREIRA DE SILVA[360], VIEIRA DE ANDRADE[361], entre outros. A doutrina costuma abordar este problema no âmbito da eficácia externa dos direitos fundamentais, uma vez que historicamente, na sua génese, estes direitos surgem perspectivados como tendo por único sujeito passivo o Estado. Actualmente porém, no âmbito da nossa Lei Fundamental desmistificou-se essa questão, não obstante se continue a discutir a este propósito a medida da vinculação que estes direitos exercem no âmbito das relações jurídicas estabelecidas entre privados. A este propósito, assiste-se a uma divisão doutrinal onde de um lado se afirma uma corrente segundo a qual a medida da vinculação é absoluta, ou seja, vincula as entidades privadas nos mesmos termos em que vincula as entidades públicas[362], e uma outra, que defende a eficácia mediata destes direitos atendendo à especificidade quer dos sujeitos em questão, quer da própria natureza da situação[363].

De todo o modo, no tocante às sociedades comerciais de capitais exclusivamente públicos parece-nos que o problema se resolve da forma que enunciamos: sendo a totalidade das participações sociais detidas por poderes públicos, o facto de actuarem através de um sujeito de direito privado (a sociedade comercial), não desvirtua a natureza pública das entidades que lhe subjazem, nem tão pouco a da própria actividade exercida[364]. Se alguma questão mais melindrosa

---

[360] *A Vinculação das Entidades Privadas pelos Direitos, Liberdades e Garantias*, Separata da Revista de Direito e Estudos Sociais, ano XIX, II, 2ª Série, n.º 2, 1987, pág. 268.

[361] *Os Direitos Fundamentais na Constituição Portuguesa de 1976*, 2º Edição, Almedina, Novembro de 2001, pág. 237 a 273.

[362] GOMES CANOTILHO/VITAL MOREIRA, *Constituição Anotada....*, cit., pág. 147 e 148; GOMES CANOTILHO, *Direito Constitucional...*, cit., pág. 590 a 601. Nota-se porém que o Autor chama a atenção para a tendência actual que reclama a necessidade de soluções diferenciadas nesta matéria.

[363] VIEIRA DE ANDRADE, cit., pág. 256 e 257 e ss..; também JORGE MIRANDA, *Direito Constitucional...*, vol. IV, cit., pág. 284 a 290. Também a este propósito, salientando sobretudo a diferente vinculação das entidades públicas e das privadas aos direitos fundamentais, TRONCOSO REIGADA, *Privatización...*, cit., pág. 166 e ss..

[364] Seguimos aqui a posição defendida por MARIA JOÃO ESTORNINHO, ob. cit., pág. 239 e 240. A autora aborda também de forma desenvolvida o Princípio da vinculação aos direitos fundamentais nas páginas anteriores, designadamente desde a pág. 223 até à 240.

se colocasse a este propósito, seria caso para apelar aqui à teoria da desconsideração da personalidade jurídica da pessoa colectiva[365].

Estas são todavia, as coordenadas gerais nos termos das quais a questão é tradicionalmente colocada. Falta porém concretizar em que é que essa vinculação se traduz, tal como dizíamos no início deste ponto do presente trabalho. E confessamos que a esse propósito sentimos grandes dificuldades, porquanto não encontramos facilmente exemplos concretos que materializem esta vinculação, de tal modo que ela se torne verdadeiramente autónoma daquela que também se afirma relativamente a outros Princípios Fundamentais de Direito Público.

Ou seja, parece-nos que a questão da vinculação dos poderes públicos aos direitos fundamentais se encontra garantida se de facto se observar de modo efectivo e eficaz a vinculação daquelas sociedades comerciais aos princípios fundamentais de direito público, os quais são, também eles, enunciados para demonstrar que a vinculação aos mesmos não depende da forma jurídica utilizada tais poderes. Referimo-nos concretamente ao Princípio da Legalidade, ao Princípio da Igualdade e da Imparcialidade, e também ao Princípio da Subordinação do Poder Económico ao Poder Político Democrático, materializado na sujeição ao controlo do Tribunal de Contas. De todo o modo, será possível encontrar concretização desta vinculação sobretudo nos domínios da contratação em geral e na de pessoal em particular, âmbito onde os direitos fundamentais dos cidadãos estarão devidamente garantidos se forem devidamente observados os princípios da Igualdade e da Imparcialidade, traduzíveis desde logo na aplicabilidade das regras procedimentais do concurso público.

---

Também neste sentido, TRONCOSO REIGADA, *Privatización...*, cit., considerando que se deve afirmar uma total vinculação da Administração Pública aos Direitos Fundamentais, não só quando esta presta um serviço público, mas também em sede de actuação empresarial, ob. cit., pág. 199, 202 e 203 e ss.. ao longo das quais rebate os argumentos utilizados pela corrente que nega a vinculação aos direitos fundamentais quando o Estado actua sob forma privada. Entre nós, e nesta mesma linha, poderá citar-se o disposto no n.º 5 do artigo 2º do CPA.
[365] Neste sentido, ENCARNACIÓN MONTOYA MARTÍN, *La Empresa...*, cit., pág. 506 e ss.. Sobre o assunto, veja-se também TRONCOSO REIGADA, *Privatización...*, cit., pág. 425 e ss..

Acompanhamos aqui o entendimento de TRONCOSO REIGADA[366], autor que, segundo nos parece, concretiza a vinculação dos poderes públicos aos direitos fundamentais designadamente nos domínios supra referidos, defendendo a aplicabilidade de regras e procedimentos que tornem a actuação administrativa transparente e compreensível, tanto nos seus objectivos como nas suas motivações. Outro dos domínios onde é possível encontrar um concretização dessa vinculação aos direitos fundamentais, decorre da aplicabilidade de um regime jurídico específico no exercício de actividades de serviço público essencial ou de interesse geral, informadas, como se viu já por Princípios essenciais como o da acessibilidade, igualdade, continuidade, universalidade, etc., todos eles tendentes a dar concretização aos direitos fundamentais dos cidadãos. Outro exemplo que podemos ainda apontar como concretização da vinculação a que aludimos, poderá encontrar-se no artigo 22º do RGSEE, nos termos do qual se confere aos cidadãos a possibilidade de participarem *"na definição dos objectivos das empresas públicas encarregadas da gestão de serviços de interesse económico geral"*, pretendendo-se assim concretizar o princípio da democracia participativa. Nos termos do n.º 2 deste preceito, este direito de participação reconhecido aos cidadãos será regulamentado através de decreto – lei que, tanto quanto julgamos saber, ainda não existe. Note-se porém que não deixa de ser curioso que se preveja este direito quando se configura o actual SEE eminentemente baseado em estruturas jurídicas de base societária,

---

[366] Ob. cit., pág. 209-210 e ss., sob a máxima segundo a qual " *El Estado, estado se queda, como quiera que comparezca"*.Note-se que o autor não considera, como nós, que não assiste grande autonomia à vinculação aos direitos fundamentais como parâmetro de vinculação da administração pública sob forma privada aos princípios fundamentais de direito público. A conclusão que nós retiramos, nesse sentido, da obra do autor resulta do facto de, após uma defesa acérrima daquelas entidades, assim como de toda e qualquer administração pública, à vinculação dos direitos fundamentais, acabar por não dar mais exemplos do que aqueles que se extraem da violação do Princípio da igualdade, por exemplo, tal como se constata nas páginas acima indicadas. A operatividade dessa vinculação é também particularmente visível no caso da contratação de pessoal da Administração Pública, tema a propósito do qual o autor oferece exemplos, a págs. 304 e ss. Dos quais ressalta novamente a violação do princípio da igualdade, muito embora aqui sim, neste domínio específico, a vinculação aos direitos fundamentais seja mais notoriamente concretizada, tornando-se mais perceptível quando aferida aos direitos dos trabalhadores da Administração Pública, veja-se a este propósito, a ob. cit., pág. 306 e ss.".

colocando-se aqui em causa desde logo a legitimidade dos cidadãos para influenciarem na fixação de objectivos a prosseguir por estas empresas...

Mais adiante retomaremos este ponto. Para já apontemos mais um exemplo de concretização da vinculação aos direitos fundamentais. Trata-se daquele apontado por Coutinho de Abreu[367] quando se referia, no âmbito do anterior estatuto das empresas públicas, ao direito de participação dos trabalhadores nos órgãos de gestão das mesmas. Note-se que este raciocínio continua a manter total actualidade, muito embora o RGSEE não preveja normas análogas àquelas citadas pelo Autor no âmbito do antigo estatuto das EPs. Porém, a Lei Fundamental, também referida pelo Autor para este efeito e a este propósito, continua a manter a sua redacção agora no artigo 89º, o reconhecimento de um direito de participação efectiva dos trabalhadores na gestão das unidades de produção do sector público. Ora, parece-nos inegável que as empresas públicas, inseridas no processo produtivo, se deverão entender como constituindo efectivas unidades de produção, além de que se devem considerar, para todos os efeitos, como entidades inseridas no sector público dos meios de produção, tal como este vem previsto e plasmado no artigo 82º, n.º 2 da CRP. Assim, parece-nos que o citado artigo 89º, quando aplicado às empresas públicas – a todas as empresas públicas –, deverá ser visto como uma forma de concretizar a vinculação das entidades públicas aos direitos fundamentais, muito especificamente no âmbito do sector empresarial do Estado. Nesta medida, a ausência de previsão legal no actual RGSEE, poderá colocar a questão de saber se daí poderá resultar ou não uma verdadeira inconstitucionalidade por omissão[368].

Deste modo, por tudo quanto antecede, parece-nos efectivamente que, de facto e salvo excepções pontuais, o parâmetro da vinculação aos direitos fundamentais não assume relevância como elemento autónomo e não concretizado quando aplicado à actuação dos poderes públicos no domínio empresarial. Se e desde que, efectivamente asse-

---

[367] *Definição...*, cit., pág. 135 e 136.
[368] Acompanhamos assim o entendimento de COUTINHO DE ABREU a este propósito *in Privatização de Empresas Públicas e Empresarialização Pública, in* Miscelâneas n.º 3, Instituto de Direito das Empresas e do Trabalho, Almedina, Coimbra, 2004, pág. 72 e 73.

gurado o cabal cumprimento dos Princípios da Legalidade, da Igualdade, da Imparcialidade decorrentes, designadamente, da procedimentalização aplicável aos domínios referidos, parece-nos que os direitos fundamentais dos cidadãos estarão efectivamente acautelados na actuação dos poderes públicos neste domínio. Não consideramos assim necessária a sua invocação como parâmetro autónomo de vinculação da actuação pública aos princípios fundamentais de direito público a que nos temos vindo a referir. É sem dúvida um ponto importante, e importante é também a sua proclamação. Porém, como cremos haver demonstrado, quando se procura a sua concretização, esse ponto perde autonomia porque já encontra realização e poderá efectivamente ser garantido através da vinculação a outros princípios fundamentais de direito público, tais como o Princípio da Igualdade e o Princípio da Imparcialidade.

Assim, a aplicação do Princípio da Igualdade à actividade empresarial dos poderes públicos pressupõe que se proceda à clara distinção da dupla faceta que o Estado é chamado a desempenhar neste caso. Por um lado ele é Estado-Soberano, poder público a quem compete zelar pela eficiência do sector público dos meios de produção, mas também pela equilibrada concorrência entre as empresas, promovendo assim uma estável e sólida economia mista no âmbito de uma economia de mercado; por outro, ele é também o Estado-Empresário, que enquanto tal, competirá no mercado, ao lado dos demais operadores económicos (na sua grande maioria sujeitos de direito privado), pela optimização dos recursos que emprega numa determinada actividade com vista à melhor rentabilização possível dos resultados que dessa forma se propõe obter.

Deste modo, e também por força de imposições decorrentes do direito comunitário, o qual proclama como princípio a igualdade entre os vários agentes que operam no mercado único, a utilização do direito privado por parte do Estado no âmbito empresarial parece encontrar apoio não apenas no princípio da eficiência do sector público, mas também no princípio da igualdade entre os vários operadores do mercado por forma a estarem todos eles sujeitos (pelo menos de forma tendencial), às mesmas "regras do jogo"[369]. Desta forma, o

---

[369] Nesse sentido, PAULO OTERO, *Vinculação...*, cit., *pág.*

Estado-Empresário não poderá exercer, no desempenho dessa função, poderes de autoridade típicos do Estado soberano, sob pena de com isso acabar por se instrumentalizar o recurso ao direito privado com vista a verdadeiro desvio de poder[370]. Todavia, afirmar isto não basta. A concretização do princípio da igualdade como parâmetro de vinculação ao estatuto constitucional dos poderes públicos, aplicável independentemente da forma jurídica por estes assumida, imporá não apenas que se observem regras procedimentais no âmbito da contratação – tal como já sucede até por força de directivas comunitárias específicas[371] –, mas também que se estabeleçam os tais Princípios – Guia que temos vindo a defender, por forma a legitimar a aplicabilidade das formas e regimes jurídicos de direito privado por parte dos

---

[370] Neste sentido, PAULO OTERO, *Vinculação..*, cit., pág. 241. Nas páginas seguintes o autor refere também algumas limitações à liberdade de escolha da forma jurídica no sector empresarial do Estado mas decorrentes do direito comunitário.

[371] Neste sentido, COUTINHO DE ABREU quando se refere à problemática que envolve a empresarialização pública, in *Privatização de Empresas Públicas e Empresarialização Pública*, in Miscelâneas n.º 3, Instituto de Direito das Empresas e do Trabalho, Almedina, Coimbra, 2004, pág. 59 e ss., mais propriamente, pág. 68 e 69, onde destaca especialmente a Directiva 92/50/CEE de 18 de Junho de 1992, relativa à coordenação dos procedimentos de adjudicação dos contratos públicos de serviços; a Directiva 93/36/CEE, relativa aos procedimentos de adjudicação de contratos públicos de fornecimento), a Directiva 93/37/CEE, respeitante à coordenação dos procedimentos de adjudicação de empreitadas de obras públicas, e por fim, a Directiva 93/38/CEE, referente à coordenação dos procedimentos de celebração de contratos nos sectores da água, da energia, dos transportes e das telecomunicações, todas as três datadas de 14 de Junho de 1993. A este propósito desempenha grande importância o conceito de "organismos de direito público" avançado também pelas Directivas citadas como forma de tornar mais abrangente a sua aplicação, sendo certo que entre nós os Decretos-Leis que transpuseram as Directivas referidas tentaram afastar a aplicabilidade do procedimento aí previsto das empresas públicas, tal como refere COUTINHO DE ABREU, in ob. cit., pág. 70 e ss.. Actualmente, tal situação parece ter-se alterado, tal como resulta do Decreto-Lei 223/2001 de 9 de Agosto (designadamente do seu artigo 2º n.º 1 e n.º 2) e Decreto-Lei n.º 234/2004 de 15 de Dezembro, que estabelecem que a disciplina jurídica das aludidas directivas passa a aplicar-se também às empresas públicas, agora necessariamente entendidas na acepção do artigo 3º do RGSEE, tal como se refere no artigo 2º-A deste último diploma. A propósito deste conceito de "organismo de direito público" e da questão de saber se ele é ou não susceptível de abranger a empresa pública, veja-se para além de COUTINHO DE ABREU, ob. cit., pág. 71 e ss., ainda GUIDO GRECO, *Ente Publico, Impresa Publica, Organismo di Diritto Pubblico*, in Rivista Italiana di Diritto Pubblico Comunitário, ano X, n.º 3-4 de 2000, pág. 839 e ss.. Para uma análise mais alongada, focando os antecedentes destas Directivas, situando depois o problema na realidade espanhola, veja-se RIVERO ORTEGA, ob. cit., pág. 242 e ss..

poderes públicos. Este último ponto interliga-se com o princípio da igualdade, na medida em que esta faculdade que se reconhece ao Estado no sentido de se "metamorfosear", não assiste aos sujeitos privados. Dessa faculdade podem decorrer sérios danos para a certeza, segurança e estabilidade jurídica das relações encetadas pelos poderes públicos assim "transformados", e isto com grave prejuízo para os interesses dos particulares. Pense-se numa situação de responsabilidade por dívidas sociais: até que ponto será neste caso admissível derrogar o privilégio da responsabilidade limitada? Para além disso, qual será a jurisdição competente e mais adequada para analisar este e outros litígios?[372]

Problemas análogos poderão surgir no que toca à aplicação do direito das falências. Note-se porém que, propositadamente ou não, este aspecto não é suficientemente clarificado pelo actual RGSEE. Compare-se, a esse propósito o que sucede com as entidades públicas empresariais, com o previsto para as sociedades comerciais públicas. Enquanto que as primeiras, nos termos do artigo 34º n.º 2 do citado diploma são expressamente excluídas da aplicabilidade do direito falimentar, já o mesmo não sucede no que concerne às empresas públicas de base societária. Quanto a estas, o artigo 7º do RGSEE, apesar de se referir ao seu regime jurídico geral, nada diz quanto a este aspecto, o que significa que é legítimo que se coloque a questão, e até mesmo de saber se este ponto em concreto pode ser individualmente previsto, caso a caso nos estatutos específicos de cada empresa pública societária, e de que modo é que essa previsão deve articular-se com o actual RGSEE que, nesse ponto é, como se viu, omisso...

---

[372] Veja-se a este propósito ENCARNACIÓN MONTOYA MARTÍN, *La Empresa...*, cit, pág. 541 e ss.. Em particular, veja-se a análise efectuada pela autora no tocante à responsabilidade por dívidas sociais, considerando que, no tocante às sociedades públicas unipessoais pode de facto haver razões para afastar o privilégio da limitação da responsabilidade do sócio pelas dívidas sociais, mas defender sim uma responsabilidade solidária entre a sociedade comercial e o Estado, único accionista. Para ilustrar esta posição a autora descreve uma prática corrente na realidade espanhola e que consiste, tanto nas sociedades unipessoais, como nas mistas, em o accionista público efectua a sua obrigação de entrada através da afectação de bens do domínio público, o que acaba na prática por defraudar o direito dos credores de executarem o património da sociedade para ressarcirem os respectivos créditos!..., veja-se então a obra citada, especialmente a este propósito, págs. 541 e ss., *maxime* 545 e ss., em especial, pág. 548.

## 2.3 – A Subordinação do Poder Económico ao Poder Político Democrático

A invocação do princípio da subordinação do poder económico ao poder político desempenha também nesta matéria um importante papel, tornando-se sobretudo visível no exercício da tão polémica função accionista do Estado.

Vimos já que, em homenagem à prossecução do interesse público, o Estado poderá deter, mesmo enquanto accionista minoritário, poderes superiores àqueles que decorreriam da percentagem de capital detida[373]. Neste sentido, é usual falar-se da posição do Estado enquanto accionista privilegiado. É aliás o próprio CSC que dedica ao Estado um conjunto de normas das quais resulta a construção de uma posição privilegiada específica[374], algo distinta até daquela que já se dedica em termos de protecção de minorias, pelo que daqui se poderia concluir não apenas pela construção de um *direito comercial público ou publicizado,* mas também que com isso se pretenderia evitar que o Estado utilizasse o seu especial estatuto de poder público para introduzir outras alterações ao funcionamento do direito societário[375]. Além destes preceitos, pode ainda o Estado beneficiar de direitos especiais, que acabam assim por extrapolar aqueles que já decorreriam das normas do CSC, tal como sucede, designadamente ao abrigo do artigo 15º da Lei-Quadro das Privatizações.

Não entraremos agora na análise destas matérias, uma vez que as mesmas extrapolam largamente o objecto do presente trabalho[376]. Ainda assim, a traços largos, sempre se poderá dizer que se torna muito problemático reconhecer este tipo de prerrogativas a um Estado que acaba, porventura, por abusar das mesmas, ou então, paradoxalmente, nem sequer as utilizar, defraudando assim, não apenas o espí-

---

[373] Assim, PAULO OTERO, *Vinculação ...,* cit., pág. 209.

[374] Vejam-se por exemplo os seguintes artigos do CSC: 273º, 2;142º, n.º 1, alínea a); 464º, n.º 3; 384º, n.º 3; 392º, n.º 11; 403º, n.º 1, entre outros.

[375] Neste sentido, e efectuando uma análise detalhada daquelas normas de onde resulta esse "direito comercial publicizado", veja-se, NUNO FILIPE ABRANTES LEAL DA CUNHA RODRIGUES, " *Golden Shares"...,* cit., pág. 218 e ss..

[376] Veja-se para este efeito a bibliografia que indicamos na nota que antecede, mais precisamente, págs. 172 e ss., bem como, para uma abordagem mais resumida, colocando a questão especificamente no âmbito comunitário, PAULO CÂMARA, cit..

rito que levou o legislador a consagra-las, mas também, em concreto, os objectivos pelos quais deveria velar no consciente exercício da sua função de accionista[377]. Destacando-nos porém de tais matérias, cuja abordagem não se afigura possível no presente trabalho, sempre se dirá que, em termos gerais, e porque não se concebe que em democracia se permita a criação de quaisquer hegemonias – públicas ou privadas –, ou ditaduras dos mais fortes, eliminar se afigura essencial criar mecanismos que permitam a efectividade do comando constitucional contido no artigo 2º da CRP. Assim sucede quando se proclama o princípio que acabamos de referir, pese embora as perturbações que o menos regular exercício do mesmo possa eventualmente causar. Este facto abre assim toda a possibilidade para criticar as derrogações que muitas vezes se introduzem no direito privado aplicável a entidades do tipo a que nos temos vindo a referir, sem que a tais alterações esteja subjacente o fundamento material que as poderia legitimar.

É pois também devido a este facto que muitas são as vozes que, ao pronunciarem-se sobre a adopção de formas privadas, alteradas e adulteradas ao sabor das conveniências dos poderes públicos, falam numa efectiva fraude à lei[378], facto este tanto mais grave porque praticado por um poder público especialmente vinculado em todas as suas actuações à observância da legalidade...

## 3 – Aplicação Preferencial e Mais-Valia das Formas Jurídicas de Direito Público (na prestação pública de actividades de serviço público)

O movimento empresarializador que sopra actualmente sob boa parte da Administração Pública coloca diversas questões, muitas das

---

[377] Sendo certo porém que entre nós este é um comportamento demasiado frequente, como se verá no próximo capítulo, pelo que sempre se dirá que o não exercício da função accionista é neste âmbito o não exercício ilícito da função pública atribuída ao Governo para zelar pelo interesse público.

[378] Nesse sentido, RIVERO ORTEGA, ob. cit., pág. 30, onde indica mais Doutrina a este propósito e neste mesmo sentido, tal como MARTÍN REBOLLO, in *Las Nuevas Formas de Administración Autónoma, in Las Relaciones Interadministrativas de cooperación e de colaboración*, Barcelona, 1993, pág. 88 e ss..

quais tivemos já a oportunidade de abordar. Uma das mais importantes é, quanto a nós, saber onde, até que ponto, e em que medida, se deverá defender uma efectiva empresarialização das actividades materialmente administrativas. Nesse sentido, e uma vez que o nosso objectivo passa por determinar a forma jurídica mais adequada à prestação de determinados bens ou serviços de interesse geral quando o operador em causa é o Estado, coloca-se a questão de saber se, de facto e de direito, subsistem razões determinantes para defender a aplicabilidade preferencial das formas jurídicas de direito público na prossecução destas actividades em detrimento das formas jurídicas de direito privado.

Uma das principais razões apontadas pela Doutrina no sentido de privilegiar a aplicabilidade de formas jurídicas de direito público nos termos e para os efeitos em que as temos vindo a equacionar, passa desde logo por afirmar a existência de um estatuto constitucional específico, aplicável por força da lei à Administração Pública, mas cuja aplicação já suscita dúvidas no tocante à "administração privada". Queremos com esta última aludir à actuação da Administração Pública sob formas de direito privado, relativamente às quais se questiona se devem ou não considerar-se como inseridas na Administração Pública. Porém, a verdade é que, qualquer resposta implicará sempre a construção de novos conceitos e novas leituras a aplicar neste domínio, porquanto hoje mais do que nunca se tornou evidente que já não é mais possível delimitar "a régua e esquadro" o que sejam actuações, lógicas e tarefas a inserir quer no sector e Direito público, quer no sector e Direito privado. A coerência do sistema jurídico sofre, naturalmente, com a diversidade de situações e problemas introduzidos pelas novas vestes do Estado e da Administração Pública em geral. Daí que seja necessário introduzir critérios de definição que, sendo embora flexíveis e maleáveis, sejam porém e sobretudo rigorosos, verdadeiros, estáveis e seguros. Só assim se conseguirá alcançar alguma unidade na diversidade que a este propósito hoje se faz sentir, e tão lesiva se afigura da certeza, da segurança, e da estabilidade que se pretende sejam atributos efectivos de toda a ordem jurídica.

Cumpre então, de uma vez por todas, para além da sua proclamação, concretizar, de modo perceptível, em que é que se traduz a importância e utilidade de optar pelas formas jurídicas de direito público na prossecução de actividades materialmente administrativas como aquelas a que nos temos vindo a referir. Advertimos todavia desde já que a resposta avançada neste ponto não será ainda a resposta final, uma vez que deverá ser compatibilizada com aquilo que viermos a apurar no próximo capítulo.

Ainda assim, avançamos desde já que estamos convencidos que uma das principais vantagens aportadas pela forma jurídico-pública parte desde logo do facto de não se suscitarem quanto a esta qualquer tipo de problemas a propósito da sua submissão ao estatuto constitucional específico da Administração Pública. Desse modo, para além de não haver qualquer hesitação em sustentar a necessidade de tais entidades terem a obrigação de observar e respeitar no exercício da sua actividade os princípios fundamentais em que tal estatuto se baseia, permitem ainda por isso mesmo conciliar a necessidade de afirmar claramente esta vinculação jurídico-pública com a necessidade de actuar de forma célere, expedita e flexível, uma vez que, como é sabido, este tipo de subjectividade (EPE, Instituto Público) há muito que actua ao abrigo do direito privado. Deste modo, e lembrando (porque parece necessário lembrar...) que a actividade administrativa tem sido entendida como diferente, em génese, em natureza, em objectivos e em finalidades, da actividade privada, entendemos que essa diferença reflectirá necessariamente a sua influência nos modos de actuação, e também nas formas organizativas adoptadas para o exercício das respectivas funções, devendo por isso privilegiar-se em toda a actuação pública, como regra, a adopção da forma jurídico-pública legalmente prevista.

A especificidade da actuação pública, bem como o seu reconhecimento conduziu, nos sistemas legais de base francesa, à criação de um direito específico aplicável à actividade dessa administração pública. Assim nasceu o direito administrativo, bem como a jurisdição administrativa. Nesse sentido, é usual dizer-se que o direito administrativo é o direito comum da actuação da administração pública, do mesmo modo que se diz que o direito civil é o direito das pessoas comuns. Daí que, por força desta tradição que se encontra tão enraizada entre nós, seja difícil integrar novas realidades que ficam como que a "meio caminho" entre estes dois terrenos, fruto por um lado e como já se referiu, das novas tarefas assumidas pelo Estado e, por outro, da necessidade de as desempenhar o mais eficazmente possível com vista à implementação do bem-estar das populações. Cabe por isso neste cenário equacionar as vantagens da manutenção das formas jurídicas de direito público, aplicadas a actividades de prestação desenvolvidas por poderes públicos, com vista à concretização da cláusula constitucional de bem-estar já aqui referenciada.

Aqui, neste terreno difícil, porque híbrido, onde se encontram diversas influências de diversos quadrantes jurídicos, estamos como que "em terra de ninguém", onde quase tudo é novo e praticamente nada é dado adquirido. Daí que, para quem entende que a escolha das formas jurídicas deverá revestir-se de alguma razão de ser suficientemente substancial que justifique a manutenção e existência da diversidade actualmente existente, por oposição à total indiferença e "inter-mutabilidade" das diversas formas jurídicas, teremos então necessariamente de reflectir sobre as vantagens aportadas pela preferência a dar à aplicação, em determinados domínios, às formas jurídicas de direito público.

Neste domínio "movediço" contamos porém com duas certezas: por um lado, que toda a actividade dos poderes públicos que envolva o exercício de poderes de autoridade, deverá ser sempre efectuada através de formas jurídico-públicas e ao abrigo do direito público; por outro, que se afirma cada vez mais a tendência de aceitar com grande bonomia o recurso às formas jurídico-privadas e ao direito privado para o exercício das mais variadas actividades de prestação efectuada pelos poderes públicos. O problema coloca-se assim nesta última "certeza", uma vez que ainda não conseguimos encontrar argumentos com substância e valia suficientes para sustentar esta tendência. Reflectiremos especificamente sobre ela no próximo capítulo. Para já, no tocante ao exercício das actividades de prestação desempenhadas pelo Estado, designadamente no âmbito dos serviços públicos, entendemos que, tendo em atenção a importância, o fim e as características da própria actividade, a sua prestação deverá, em regra, efectuar-se sob forma jurídico-pública. Neste sentido, também o afirma expressamente TRONCOSO REIGADA, considerando a esse propósito que existe uma efectiva "reserva constitucional de Administração Pública" que transcende as actividades que envolvam poderes de autoridade e de soberania, mas que se aplica também a actividades que, por força de normas constitucionais, pressupõem a manutenção de uma prestação pública efectiva e contínua. Nesse sentido refere então a insusceptibilidade de existir privatização em três áreas específicas: segurança social, ensino e meios de comunicação social dependentes do Estado[379]. Entre nós, também PAULO OTERO vem assumir claramente a insusceptibilidade de erradicar a prestação pública de determinadas actividades de serviço público, como é o caso do ensino e da educação, relativamente às quais o Estado se deve também abster de utilizar mecanismos empresariais, neste caso, seja de direito público, seja de direito privado. Diz então assim o referido autor que: *"(...) importa sublinhar, por último, que a própria Constituição se mostra susceptível de afastar a intervenção empresarial como uma das modalidades possíveis de prossecução de um concreto interesse público, determinando antes que o Estado proceda à sua realização mediante um processo de intervenção de natureza não empresarial. Neste âmbito, verifica-se que quanto à actividade empresarial que tenha por objecto o ensino ou a educação, impondo a Constituição ao Estado um sistema público de educação pré-escolar e uma rede de estabelecimentos públicos de ensino, deve considerar-se excluída a possibilidade de o Estado criar entidades empresariais ou de participar no capital de entidades privadas com o intuito de aliar a prossecução de tais incumbências de natureza pública ao exercício de uma actividade empresarial"*[380].

Não podíamos estar mais de acordo. Mas perguntamos: e a saúde? Não existe também, nos termos da Constituição, uma obrigação por parte do Estado de manter um Serviço Nacional de Saúde geral,

---

[379] Duas chamadas de atenção: quando se refere à impossibilidade de existir privatização nestes domínios o autor sublinha que se refere apenas a uma "privatização substancial", e não a toda e qualquer forma de privatização, ou seja, pressupõe a existência e manutenção de um determinado grau, ainda que mínimo, de prestação pública nas áreas referidas; por outro lado, quando se refere ao ensino, fá-lo nos termos do artigo 27° da Constituição espanhola que, analogamente ao disposto no nosso artigo 74° n.° 2, alínea a) prevê a manutenção de um ensino básico universal, obrigatório e gratuito. Note-se porém que se por um lado o autor se refere às áreas elencadas como insusceptíveis de privatização, parece que o fundamento que utiliza para o efeito é de índole positivista, na medida em que não parece abrange-las na reserva constitucional de administração, como se conclui pelo que posteriormente vem a afirmar a págs. 282 e ss., o que significa que o critério utilizado depende unicamente da existência ou não de normas constitucionais que imponham uma prestação pública.

[380] *In Vinculação...*, cit., pág. 203 e 204; também assim *in Principales Tendências del derecho...*, cit., pág. 53, não obstante não se refira aqui em concreto à insusceptibilidade de empresarializar estas actividades.

universal e tendencialmente gratuito? E não sucede também o mesmo ao nível da segurança social? Então, se assim é, como justificar o movimento empresarializador que hoje se faz sentir no tocante aos hospitais?

Apesar de não se ter desmantelado, o mesmo sofreu todavia uma alteração de relevo, introduzida, como já se disse, por via do Decreto-Lei n.º 93/2005 de 6 de Julho. Não obstante, a modificação introduzida não foi ao ponto de afastar a prestação de cuidados de saúde (que aqui classificamos como actividade de serviço público de cariz social e não eminentemente económico), da área empresarial, uma vez que os hospitais que anteriormente assumiam a forma de sociedades anónimas, serão hoje EPEs. Uma virtude assiste porém a esta iniciativa: a de aplicar a forma jurídico-pública existente (ainda que não a consideremos como a mais adequada) à prestação pública da actividade de serviço público em causa.

Acresce ainda, como mais valia da utilização das formas jurídico-públicas, o valor simbólico que às mesmas assiste. Efectivamente, para além de ser possível afirmar com maior propriedade e linearidade os maiores poderes de controlo e orientação que assistem ao Estado na interacção com as subjectividades jurídico-públicas quando confrontados com as jurídico-privadas, não se deverá ainda subestimar o pendor simbólico da actuação pública através das formas de direito público. Estas, além de apresentarem uma relação de coerência com a globalidade da actuação pública, tornam mais difícil perspectivar a possibilidade de implementar processos de privatização material, do que sucede por exemplo quando se recorre a formas jurídico-privadas, cuja utilização pode muito bem ser justificada precisamente para implementar esses mesmos processos.

Sintetizemos então os principais aspectos que, quanto a nós, constituem uma efectiva mais-valia da utilização de formas jurídicas de direito público nas actividades a que nos temos vindo a referir:

1) Inquestionável integração na Administração Pública;
2) Submissão aos princípios fundamentais orientadores da actuação pública;
3) Possibilidade de utilizar, ainda assim, o Direito Privado;
4) Maior controlo do poder público sobre a actividade exercida;
5) Coerência com o sistema;
6) Valor simbólico.

Deste modo, enquadrada da forma que antecede o exercício da actividade prestadora pública, cumpre então perguntar qual o sentido e a utilidade que concretamente resultam para o Estado, operador económico, promotor do bem-estar, e prestador de serviços públicos concretizadores de direitos fundamentais, do recurso massivo à forma jus-privatisitica para o exercício de tais actividades... Quanto a nós, até ao momento presente, ainda não vislumbramos um início de resposta adequada a esta questão. Mas será precisamente esse o objectivo que fixamos para o próximo e último capítulo.

IV CAPÍTULO
# A Nova Configuração do Sector Empresarial do Estado

I SECÇÃO
## Aspectos Gerais

    Iniciamos agora o quarto e último capítulo deste trabalho. Chegamos pois ao problema que despoletou a presente investigação, e que consideramos carecido de análise. Ao longo das páginas anteriores já temos vindo a referir alguns dos aspectos da chamada *"revolução silenciosa"* que actualmente perpassa a nossa Administração Pública, designadamente no tocante às suas actividades de prestação.

    Cumpre agora, depois de termos abordado num quadro geral a intervenção económica e empresarial no Estado Português[381], focar a nossa atenção sobre o actual regime aplicável a esta última para, em conjunção com o panorama resultante das páginas que antecedem, reflectir sobre as consequências que daí poderão resultar para o próprio direito privado, para os seus mecanismos, para o seus conceitos. É portanto este o objectivo que nos propomos alcançar neste último capítulo que agora se inicia.

---

[381] Não foi possível neste nosso estudo efectuar uma abordagem de direito comparado a propósito da intervenção empresarial pública e respectiva configuração sectorial. Para tanto, veja-se TÂNIA CARDOSO SIMÕES, *Empresa Pública e Sector Empresarial do Estado: Breve Estudo de Direito Comparado*, in *Estudos Sobre o Novo Regime do Sector Empresarial do Estado,* organização de EDUARDO PAZ FERREIRA, Almedina, Coimbra, 2000, pág. 207 e ss..

## 1 – A Nova Configuração do Sector Empresarial Do Estado: Mera Fuga para o Direito Privado?

O problema da utilização do direito privado pela administração, sobretudo nas suas actividades de prestação, nas quais podemos englobar as de carácter empresarial, não é, como se viu, de todo recente. A doutrina alemã[382] já nos anos cinquenta defendia a aplicabilidade das formas jurídico-privadas no âmbito da actividade administrativa de protecção ou prestação, uma vez que se considerava que esta ainda não tinha desenvolvido as formas de actuação mais adequadas à actividade administrativa constitutiva. De acordo com MARIA JOÃO ESTORNINHO[383], serão estes os critérios que apontam para as vantagens de actuação pública segundo o direito privado, os quais sistematizamos aqui da seguinte forma:

1°) Maior facilidade de criação e extinção das instituições;
2°) Maior autonomia, descentralização e responsabilização dos entes criados ao abrigo do direito privado;
3°) Maior rapidez, eficácia e flexibilidade nos processos de decisão e actuação, uma vez que desta forma os entes públicos ficariam libertos das regras de procedimentalização características dos seus processos de actuação e decisão;
4°) Sujeição aos princípios típicos de uma economia de mercado e às regras da concorrência, o que propicia uma maior observância de critérios de rentabilidade e economicidade;
5°) Diversificação dos meios de financiamento (designadamente captando investimento privado), o que acaba por propiciar uma efectiva cooperação dos poderes públicos com a sociedade civil.

Contudo, não podemos ter em atenção apenas as vantagens que reputadamente rodeiam a adopção do direito privado para o exercício de actividades públicas. Assim o refere a autora que acabamos de citar, chamando a atenção para o facto de que muitas vezes a opção efectuada pela administração no sentido de exercer determinadas acti-

---

[382] Veja-se por todos, MARIA JOÃO ESTORNINHO, cit., pág. 58 e ss., *maxime* pág. 85 a 108 e 121 a 137.
[383] *Idem, ibidem,* pág. 59 a 67.

vidades ao abrigo do direito privado, poder ter como principal motivação libertar-se de algumas vinculações a que de outra forma estaria sujeita, tais como questões de competência, formas de organização e actuação, controlo hierárquico e responsabilidade, concluindo assim que *"(...) ao longo dos tempos, a Administração Pública acabou muitas vezes por passar de uma fuga que se poderia dizer quase «inocente» a uma fuga «consciente e perversa» para o direito privado"*[384].

Contudo, a verdade é que, em rigor, no que concerne ao sector empresarial do Estado, não se pode afirmar com toda a propriedade a existência de uma fuga para o direito privado[385]. Tal facto resulta não da circunstância de existir neste sector uma qualquer reserva de direito privado, que rejeitamos, mas sim da circunstância de, ao abrigo da lei, desde sempre se ter aplicado este ramo do direito ao exercício da actividade empresarial, sendo aliás a sua utilização elemento caracterizador de algumas das figuras integrantes da Administração Indirecta, como sucede com as actuais EPEs, continuadoras das antigas EPs.

Por isso, neste subsector específico, a questão da fuga para o direito privado não ocorre propriamente pela utilização do ramo de direito em si, mas sim sobretudo, pela utilização reiterada, injustificada e desadequada das formas jurídico-privadas quando o desenvolvimento da actividade em causa poderia, na maior parte dos casos, ser eficazmente efectuado através da forma jurídico-pública especifica e existente para esse mesmo efeito. Deste modo, no tocante ao SEE, o problema transcende o da fuga para o direito privado, mas passa a ser sobretudo o facto de ao implementar-se cada vez mais a utilização de formas jurídico-privadas se implementar concomitantemente um verdadeiro e sub-reptício processo de privatização da Administração Pública.

Por outro lado, para além desta metamorfose, e apesar de se constatar que não é absolutamente indiferente utilizar esta ou aquela forma para desempenhar as actividades de prestação públicas, facto é

---

[384] *Idem, ibidem*, pág. 68.
[385] Assim, PAULO OTERO quando afirma que *" A escolha de uma forma jurídico-privada de organização do sector empresarial do Estado nunca é, deste modo, um meio de «fuga» total às vinculações constitucionais da Administração ou um processo de diminuição dos direitos e garantias dos particulares (...)"Vinculação...,* cit. pág. 269.

que se verifica ainda que este movimento obriga a um esforço adaptativo da disciplina jurídica a aplicar àquelas formas organizacionais. E este último ponto é relevante, precisamente porque parece conduzir-nos ao seguinte paradoxo: por um lado admite-se quase sem reservas o recurso àquelas formas jurídico-privadas, e depois, quando se defende que em relação às mesmas se deverá admitir a existência de um Princípio de Respeito pela Forma Jurídica Escolhida para evitar derrogações convenientes àquela que é a disciplina normal daquelas entidades, rapidamente acaba por se constatar que tal não é possível, pelo que se passa imediatamente a considerar que aquelas figuras jurídicas deverão estar sujeitas a um "direito privado publicizado"[386] ou "constitucionalizado"[387]. E então, eis que surge o

---

[386] Neste sentido, entre nós, PAULO OTERO, quando lembra que *"Em boa verdade, importa salientar, a aplicação do Direito Privado pelas entidades integrantes do sector empresarial do Estado, além de ser diferente da aplicação do Direito Privado pelas entidades públicas também dele integrantes, é distinta da simples aplicabilidade normal do direito privado pelas entidades privadas que não integram o sector empresarial do Estado: estas últimas, ao invés das primeiras, além de uma mais debilitada vinculação aos direitos fundamentais, de nenhuma maneira se encontram adstritas a respeitar os princípios constitucionais sobre a actividade administrativa,"*, in ob. e loc. cits. supra. Note-se porém que o autor compatibiliza o grau de publicização do direito privado com o Princípio do Respeito pela Forma Jurídica Escolhida, por via da graduação do fenómeno de publicização, considerando por isso que as sociedades comerciais de capitais exclusiva ou maioritariamente públicos estarão submetidas a um " direito privado semi-publicizado", ao passo que as EPEs já estarão submetidas a um "direito privado publicizado", ob. cit., pág. 278.

[387] Assim, TRONCOSO REIGADA, in *Privatización...*, cit., pág. 257 e ss., retirando da própria Constituição a vinculação directa de todos os poderes públicos, e em particular das empresas públicas – assumam elas forma privada ou pública – aos princípios constitucionais e aos direitos fundamentais, razão pela qual distingue este "direito privado constitucionalizado" do direito privado administrativo, o qual iria, segundo o autor, retirar aquela vinculação aos Princípios Fundamentais de Direito Administrativo e não, como propõe, à própria Constituição. Diz então o autor: *" Por tanto, el parâmetro que rige la actuación de las empresas públicas no es el Derecho privado general, sino el Derecho privado constitucionalizado. Este és un Derecho privado reforzado y ampliado con los princípios constitucionales y los derechos fundamentales, que representa una modificación y, en algunos casos, una sustitución del Derecho privado general. Tiene como destinatários, como sujetos obligados, unicamente a aquellos que, actuando en régimen jurídico-privado , están sometidos a una vinculación más fuerte a la Constitución; es decir a las empresas públicas próprias e impróprias, a las que hemos denominado poderes públicos en sentido material. Los particulares no están sometidos a este Derecho privado constitucionalizado. Es importante destacar que este Derecho se aplica a los sujetos públicos que actúan en régimen de Derecho privado, con independência de si la actividad de*

paradoxo: afinal, se a aplicação da forma jurídico-privada pressupõe a sua submissão aos mais elementares e fundamentais princípios de Direito público, em que é que difere recorrer à sua utilização em detrimento da forma jurídico-pública[388], a qual ainda por cima utiliza o direito privado na sua actuação externa? Em concreto, o que é que distingue de forma tão notória o desempenho da actividade de prestação pública através de uma EPE, daquele que ocorre por intermédio de uma sociedade comercial de capitais exclusivamente públicos, cujo único accionista é o Estado? E a resposta é precisamente esta: nada, ou melhor... quase nada! Isto porque, se atendermos apenas ao desempenho da actividade em causa, verificaremos que o mesmo pode ser tão bem ou eventualmente até melhor assegurado por intermédio de uma EPE do que por uma sociedade comercial naquelas condições.

A questão parece pois prender-se com a margem de actuação que a cada uma destas entidades assiste, a qual, como se verá melhor no ponto seguinte, é mais ampla no caso das sociedades comerciais do que nas EPEs, às quais não assiste desde logo, de forma natural e

---

*estos es de servicio público, de suministro o de iniciativa empresarial libre en el mercado en competência con los particulares.(...) Así, se podría decir que, aun cuando la Administración renuncie a su derecho estatutário – al Derrecho administrativo – que es un derecho garantizador, estará siempre presente el derecho constitucional como otro derecho garantizador, que prevê unos princípios, unos derechos constitucionales y unos instrumentos de control que rigen para todos los poderes públicos. La Administración podrá huir del Derecho administrativo, pero del Derecho constitucional no podrá huir nunca.", in* ob. cit., págs. 261 e 265.

[388] Também coloca esta questão, designadamente ao nível da prestação de cuidados de saúde, BAUZÁ MARTORELL, ob. cit., pág. 184. Ao longo de toda a obra o autor dedica-se a desmistificar as vantagens permanentemente atribuídas à utilização do direito privado e das suas formas específicas, pelo que já antes havia avançado a sua posição nesta matéria, designadamente quando analisava a actual tendência do Estado em contratar a prestação de serviços, em vez de os prestar ele próprio, com a seguinte resposta: *"En definitiva, ni la eficiência ni la eficácia son argumentos para justificar la huida del Derecho administrativo por la via de la contratación. A mi juicio, el problema es de fondo: quien toma la decisión de contratar a una empresa para desempenhar una función pública es el titular de un órgano administrativo que, con freqüência, procede de la empresa privada y posee una formación empresarial antes que de gestión pública.",* ob. cit., pág. 89, raciocínio este que pode também servir de resposta para a questão que colocamos no texto, concluindo-se então que a solução e o problema não se encontram nas formas jurídicas utilizadas, mas concretamente na qualidade da gestão implementada...

como regra, a possibilidade de constituírem outras EPEs, nem tão pouco de participarem no capital de outras empresas (que não EPEs, porquanto estas não têm capital social susceptível de ser repartido em participações sociais). E este facto, por si só, já permitiria encarar o recurso às EPEs como preferível em todas as circunstâncias em que, além da prestação da actividade em si, não se prosseguissem outros objectivos. Isto porque, com base neste argumento facilmente se conclui que a actividade empresarial desenvolvida por uma EPE é susceptível de ser muito mais controlada do que aquela que se desempenhe através de uma sociedade comercial. Neste último caso, e sobretudo quando o Estado é o único accionista, verifica-se que, além de poder actuar como se de um suposto particular se tratasse, ainda que se diga que esta sociedade deve observar o tal "direito privado constitucionalizado", a verdade é que a utilização da forma societária não passará neste caso de uma mera instrumentalização desta figura jurídica[389], uma vez que o recurso à mesma não se encontra justificado.

Mas note-se aliás, que não é possível tecer estas mesmas considerações quando o Estado recorre à forma societária para se associar a accionistas privados, uma vez que neste caso, para além de existir uma justificação de fundo, como seja, por exemplo, aproveitar financiamento privado para o exercício de uma determinada actividade, é possível verificar que nesta situação a actuação do Estado é ela própria passível de ser melhor controlada porque terá de contar com o funcionamento do sistema interno da sociedade que fará com que as decisões tomadas sejam controladas entre os vários detentores do capital social devido ao funcionamento do processo decisório baseado nas participações sociais detidas por cada um deles[390].

---

[389] Neste sentido, RIVERO ORTEGA, alertando para as situações de abuso da utilização do direito privado, a qual ocorre quando o Estado escolhe como forma de organização uma sociedade comercial, e depois não assegura a sujeição real da sua actuação às regras do direito privado, o que sucede precisamente no caso das sociedades estaduais unipessoais que só aparentemente se regem pelo direito societário. Ob. cit., pág. 71 e 101 e ss.. Assim, quando se constata esta instrumentalização abusiva, o autor considera essencial negar expressamente a liberdade de escolha das formas jurídicas que normalmente se reconhece ao Estado. Entre nós, abordando a problemática das sociedades públicas unipessoais, veja-se COUTINHO DE ABREU, *Da Empresarialidade...*, cit., pág. 135 e ss..

[390] Veja-se também, neste sentido, sublinhando a necessidade de dar a devida atenção ao necessário equilíbrio entre interesses públicos e interesses privados dos vários accionistas

Resulta assim patente que no caso do SEE a promoção massiva da forma jurídico-privada e correlativa desvalorização da forma jurídico-pública, constitui um factor de perturbação do sistema e que, ao não ser acompanhado com a demonstração prática das tão propaladas vantagens que supostamente aporta, contribui apenas para o aprofundamento da falta de transparência e clareza que deveriam primar em sede de organização administrativa. Verifica-se então, que mais do que uma "mera" fuga para o direito privado, o recurso sistemático e não fundamentado às formas jus-privatísiticas traz consigo um verdadeiro fenómeno de instabilidade, incerteza, insegurança e falta de clareza que envolve, para todos os efeitos, a utilização de dinheiros públicos, promovendo ainda, uma efectiva privatização de parte importante da administração estadual indirecta em particular, e à qual não escapa o próprio direito administrativo em geral. Este passa então cada vez mais a ser um direito híbrido, que já não é nem tão público, nem tão comum no exercício das actuações públicas[391].

Acresce ainda, que este fenómeno de transformação-privatização da Administração Pública e do seu direito comum não seria tão grave se, pelo menos, se constatasse que o direito privado e as suas formas jurídicas apresentavam condições bastantes para assegurar a vinculação efectiva aos princípios fundamentais constitutivos daquele estatuto específico que abrange todos os entes integrados na Administração Pública[392]. O problema é que, apesar de se afirmar com

---

ou sócios, RIVERO ORTEGA, ob. cit., pág. 110 e ss. Este problema dos interesses a tutelar no âmbito das sociedades mistas colocam com maior acuidade e complexidade a determinação da natureza jurídica das mesmas, se pública, se privada. Apesar de se seguir para esse efeito a regra da detenção maioritária do capital social, nem sempre a solução é assim tão líquida. Para ilustrar o problema e ver o tratamento jurisprudencial que lhe tem sido dedicado, veja-se a mesma obra, especialmente págs. 107 a 109. Entre nós, veja-se designadamente, COUTINHO DE ABREU, *Da Empresarialidade...*, cit., pág. 151 e ss.

[391] Assim o entende BAUZÁ MARTORELL, ob. cit., pág. 30 e ss., e pág. 199 e ss..

[392] E a verdade é que não se reconhece pacificamente essa capacidade ao direito privado, sendo certo que se tal ocorresse então estaria aí um bom argumento para deitar por terra a clássica distinção entre direito privado e direito público, a qual, segundo MENEZES CORDEIRO deverá ser mantida, tal como refere *in Tratado de Direito Civil - Parte Geral*, tomo I, 3ª edição, Almedina, 2005, pág. 46 e ss.. Independentemente da manutenção ou não desta distinção, e a propósito da capacidade ou não reconhecida ao direito privado para assegurar a observância daqueles princípios fundamentais por parte dos poderes públicos quando estes actuam sob formas privadas, tem sido apontado como solução para esse efeito

maior vigor e intensidade a existência daquele "Direito privado constitucionalizado", mesmo assim a corrente doutrinal que sustenta a sua existência como solução para o problema atrás indicado, acaba na prática por se deparar com a sua necessária dispersão, dado que, apesar de partirem da vinculação aos princípios fundamentais de Direito público como parâmetro geral, esbarram muitas das vezes com previsões parcelares especiais, contidas nos estatutos de cada uma das sociedades comerciais de capitais públicos, as quais nem sempre permitem por isso aplicar com efectividade e rigor aqueles princípios gerais.

Nessa medida, assiste-se hoje a uma verdadeira revolução no seio da Administração Pública, a qual além de silenciosa é sobretudo sub-reptícia, pouco clara e nada transparente, e que por isso se constrói à margem dos mais elementares princípios que constitucionalmente vinculam toda a actuação pública. Não obstante, mais do que um problema teórico, a utilização das formas jurídico-privadas por parte dos poderes públicos implica efectivamente que se admita que hoje, para quem assim como nós o entende, é necessário reconhecer que o referido processo privatizador da administração pública, das suas estruturas, e em alguma medida, do seu Direito, implica que se assuma que actualmente a organização administrativa portuguesa, como muitas das suas congéneres europeias, além de ser um complexo organizacional multifacetado, agrega hoje estruturas públicas ao lado de estruturas privadas. O que impõe, em coerência, se reconheça dentro do sector público a existência de um sector privado, cuja disciplina jurídica apesar de ancorada na ideia de "direito privado publicizado" ou "constitucionalizado" está ainda em construção, e não permite por isso encarar o fenómeno com tranquilidade ou passividade, mas que pelo contrário, força o jurista a uma análise aturada e casuística que muitas vezes seria dispensada se se optasse pelas formas jurídico-públicas já existentes.

---

o próprio direito da concorrência, tal como sugere por exemplo GONZÁLEZ-VARAS IBAÑEZ in *Nuevas perspectivas Jurídicas a Respecto de la Actuación Económica de los Poderes Públicos,* REALA, n.º 261, 1994, pág. 62 e ss.. Para uma crítica a este entendimento, veja-se TRONCOSO REIGADA, *Privatización...,* cit., pág. 231 e ss., onde se verifica que, uma tal visão das coisas também não é recente, remontando a EMMERICH, na obra datada de 1970, e referida por aquele autor, nas notas n.º 393 e 395, a págs., 248 e 249.

De tudo isto resulta então, a existência efectiva de uma administração pública sob forma privada, o que implica o reconhecimento de um novo sub(sub)sector importante e em expansão dentro do sector empresarial público: o sector privado, o qual "publicizado" ou não, implica uma real privatização do sector público[393], o que além de evidenciar cada vez mais o esbatimento das necessárias fronteiras entre Direito público e Direito privado[394], aporta simultaneamente um elevado grau de incerteza e instabilidade jurídicas. Mas... deixemos as considerações e passemos aos factos que permitirão sustentar muito daquilo que temos vindo a afirmar. Vejamos como, nos pontos que se seguem.

## 2 – Retrato *"a retalho"* do Sector Empresarial do Estado

Antes de nos dedicarmos à análise do novo conceito de empresa pública implementado pelo RGSEE, cumpre tentar esboçar o quadro geral das entidades que se integram no sector empresarial público.

Porém, como desde cedo pudemos constatar, esta não é tarefa fácil, porquanto, por inacreditável que pareça, instada uma das entidades a quem incumbe o exercício da função fiscalizadora das empresas públicas estaduais[395], ou seja, a Inspecção Geral de Finanças,

---

[393] Veja-se a este propósito, GASPAR ARIÑO ORTÍZ, *El Âmbito Privado...*, cit., pág. 595 e ss.. Onde sublinha as consequências negativas dessa privatização, justificada com a eterna busca pela eficácia.

[394] Veja-se a este propósito MARIA JOÃO ESTORNINHO, ob. cit., pág. 139 a 159 e 333 a 353.

[395] Para além do controlo exercido pelo Tribunal de Contas, que actualmente abrange todas as empresas públicas, independentemente da forma adoptada, tal como decorre do disposto na Lei nº 98/97 de 26 de Agosto, nos seus artigos 2º, nº 2, alíneas b), c), d) e e) e nº 3, os quais vêm submeter ao controlo do Tribunal as empresas púbicas (hoje, entidades públicas empresariais), as sociedades de capitais públicos, as sociedades de capitais mistos cuja maioria do capital social seja detida por entidades públicas, assim como todas as sociedades mistas em que apesar de não existir uma participação pública maioritária, esta detenha, ainda assim, o controlo da respectiva gestão, não escapando também todas aquelas entidades em que se verifique uma mera participação de capitais públicos. Termina assim a anterior e incompreensível situação que permitia que as empresas de capitais públicos, constituídas sob forma privada, escapassem ao controlo deste Alto Tribunal. Veja-se também quanto a este aspecto MARIA JOÃO ESTORNINHO, cit., pág. 311 a 332. Para mais desenvolvimentos a este propósito, SÉRGIO GONÇALVES DO CABO, *A Fiscalização Financeira do*

tal como decorre do disposto no artigo 12º n.º 2 do RGSEE, organismo que, nessa qualidade, deveria estar na posse dos elementos que permitissem identificar as empresas públicas e as empresas participadas pelo Estado, verificamos, de facto, que tais elementos não existem.

Na verdade, em 2002, este organismo publicou um relatório intitulado *"Sector Empresarial do Estado. Evolução no Período de 1996 – 2001"*[396], o qual constitui o estudo mais desenvolvido e actualizado até ao presente momento sobre esta matéria, da autoria desta instituição. À medida que procurávamos elementos para este efeito, apercebemo-nos todavia (e infelizmente, dado a gravidade da situação), que esta não era uma dificuldade que só a nós afligisse. Efectivamente, já o Grupo de Trabalho Interministerial criado em 2 de Abril de 1996 através da Resolução do Conselho de Ministros n.º 32/96, para a análise e avaliação da situação e das perspectivas de evolução do sector empresarial do Estado[397], se deparou com esta mesma dificuldade, a qual foi também mais recentemente constatada pelo Tribunal de Contas, tal como consta do seu Relatório n.º 01/04, considerando mesmo este Tribunal que esta dificuldade se veio a avolumar devido à actual configuração do sector, resultante do actual RGSEE[398].

---

*Sector Empresarial do Estado por Tribunais de Contas ou Instituições Equivalentes*, Edição do Tribunal de Contas, Lisboa, 1993, bem como PAULO OTERO, *Vinculação...*, cit., pág. 335 e ss.. A propósito do controlo exercido pelo Tribunal de Contas sobre as empresas públicas, e considerando que aquele já abrangia tanto as empresas públicas de base societária como de base institucional, anteriormente à lei de 97, veja-se, para uma abordagem mais recente, o estudo de ANTÓNIO MANUEL CALEJO PINTO, *Análise das Repercussões do Regime Jurídico do Sector Empresarial do Estado e do Novo Regime das Parcerias Público-Privadas no Âmbito da Intervenção do Tribunal de Contas, Face ao Disposto nas Leis 14/96, de 20 de Abril, e n.º 98/97 de 26 de Agosto, in*, Revista do Tribunal de Contas, n.º 40, Julho-Dezembro de 2003, pág. 76 e ss.. Para mais desenvolvimentos a propósito do controlo exercido pelo Tribunal de Contas, veja-se também FERNANDO XAREPE SILVEIRO, *O Tribunal de Contas, as Sociedades Comerciais, e os Dinheiros Públicos. Contributo para o Estudo da Actividade de Controlo Financeiro*, Coimbra Editora, 2003.

[396] Da autoria da Secretaria de Estado do Tesouro e das Finanças, editado pela Direcção-Geral de Estudos e Previsão do Ministério das Finanças e datado de Março de 2002. Também disponível no *site* oficial: www.min-financas.pt.

[397] A quem se deve a autoria do *"Livro Branco do Sector Empresarial do Estado"*, Ministério das Finanças, Lisboa, 1998.

[398] Relatório da 2ª Secção, intitulado *"Sector Empresarial do Estado. Situação Financeira e Práticas de Bom Governo*, disponível no *site* oficial: www.Tcontas.pt.

Este facto exprime bem, quase pictoricamente, diríamos, a gravidade da situação, dado que torna patente o descontrolo em que caiu a actividade empresarial do Estado, a tal ponto de os próprios poderes públicos não saberem em concreto, quantas são, quem são e em que actividades se inserem, as empresas públicas que criou ou detém. Este facto não seria tão grave se o Estado não fosse pessoa colectiva de direito público que na sua actividade aplica dinheiros públicos arrecadados dos bolsos dos contribuintes... Refira-se também que a dificuldade sentida na identificação das entidades que se integram hoje no sector empresarial do Estado, levou a que o próprio Tribunal de Contas, no Relatório que apresentou a propósito deste tema, delimitasse o estudo realizado a apenas 48 empresas, nas quais a participação do Estado era ou absoluta, ou maioritária, e bem assim, em boa parte delas, era também uma participação de 1º grau, ou seja, directa, o que significa que ficam excluídas não apenas as empresas participadas em que o Estado seja accionista minoritário e sem poder de controlo (caso contrário seriam consideradas como empresas públicas, nos termos do artigo 2º e 3º do RGSEE), mas também boa parte daquelas que sejam detidas por *holdings* públicas, e nas quais se assiste ao chamado "efeito de cascata" que determina a desmultiplicação sistemática e sucessiva das várias participações sociais através da aquisição ou alienação de participações pelas várias empresas agrupadas em *holdings*, o que acaba por originar uma disseminação tal de participações, que dificulta ou inviabiliza a própria actividade de inventariação das mesmas, para já não falar do controlo jurisdicional, governamental e parlamentar a que deveriam estar sujeitas[399].

---

Referimo-nos à pág. 9 do citado Relatório, que constituirá o estudo que mais de perto seguiremos na exposição da matéria referente ao presente ponto deste trabalho.

[399] Sobre os três tipos de controlo a exercer sobre as empresas públicas, veja-se entre nós, por todos, PAULO OTERO, *Vinculação...*, cit., pág. 303 e ss.. A este propósito é interessante comparar a nossa realidade com a experiência espanhola, de onde chegam vozes que consideram o excessivo controlo a que estão sujeitas as empresas públicas como um factor obstaculizante ou dificultador da eficácia que àquelas se exige, fazendo com que, quando comparadas com as empresas privadas acabem por merecer "nota negativa" a esse propósito. Assim o entende IGNACIO RUIZ-JARABO COLOMER, no artigo *Sociedad Mercantil y Empresa Pública, in El Âmbito Privado... Jornadas de Estúdio...*, cit., pág. 890 e ss., chegando mesmo a afirmar que cerca de 30% do tempo do gestor público é dedicado a preparar os *dossiers* necessários para cumprir apenas o controlo parlamentar, o qual ocorre uma vez por mês, durante três dias, como refere o autor a págs. 892. Impõe a imparcialidade que se exige

Deste modo, a verdade é que existe hoje uma impossibilidade absoluta de conhecer em concreto a real extensão e configuração do sector empresarial estadual. Tentando, ainda assim, ter uma ideia a este propósito, o próprio Tribunal de Contas teve de se basear naquele estudo oficial da Secretaria de Estado do Tesouro e das Finanças que atrás referimos, para poder ter pelo menos um "vislumbre" da situação. Deste modo, à data em que tal Relatório foi elaborado, concluiu o Tribunal, tendo por base o referido estudo, reportado a Dezembro de 2001, que seriam as seguintes, as mais relevantes empresas integrantes do sector empresarial estadual[400].

- Sob a forma de Entidades Públicas Empresariais:
  – C.P.
  – Metro de Lisboa
  – REFER
  – NAV
- Sob a forma de sociedades comerciais por quotas, refere-se a existência de 40, sem que se especifique quais são e em que campo operam;
- Sob a forma de sociedades comerciais anónimas indica-se a existência de 222 entidades, novamente nos mesmos termos referidos *supra*, e indicando-se também um número razoável de entidades desconhecidas, tanto em actividade como em forma, num total de 98.

Assim, e como facilmente se constata, a preponderância das empresas que assumiam a veste societária era absolutamente esmagadora, perfazendo um espantoso total de 262 societárias (das quais 222 anónimas), ao lado de 4 "orgulhosas e sós" entidades públicas empresariais. Deste leque, destacam-se 58 empresas em que o Estado participa directamente, e ainda 24 em que é o único accionista, e 18 SGPS integradas no grupo das Sociedades Anónimas, concentrando-se

---

ao jurista referir que este estudo e acepção das coisas provêm de um gestor público, em concreto o Presidente da SEPI (Sociedade Estatal de Participações Industriais). Não obstante, independentemente de concordar ou não com o problema de "excesso de controlo", pelo menos uma coisa tem de se dar por assente: em Espanha ele existe...talvez por isso e por funcionar, acabe por se considerar "excessivo"...

[400] Veja-se o relatório citado, págs. 36 e ss.

o maior número no grupo Caixa Geral de Depósitos, Direcção Geral do Tesouro e Inspecção Geral de Finanças. Traçado, dentro do possível, o quadro quantitativo da questão, é necessário descobrir ainda em que áreas de actividade é que o Estado faz sentir a sua presença como empresário. Para tanto, o Tribunal teve de restringir ainda mais o objecto da análise, dedicando-se à indicação das empresas públicas constituídas entre 1999 e 2001, e chegou à conclusão que, na sua maioria, se privilegiaram os seguintes sectores[401]:

– gestão de infra-estruturas e eventos;
– requalificação urbana (designadamente, no âmbito do programa PÓLIS)
– gestão de participações sociais;
– actividades complementares às de serviço público.

De acordo com o Tribunal, cifravam-se em aproximadamente 28, as empresas públicas constituídas entre 1999 e 2001. Se analisarmos a forma adoptada pelas mesmas verificamos que nenhuma delas assumiu a forma jurídico-pública de EPE, assumindo preferencialmente a forma de sociedade anónima[402]. Verdadeiramente arrepiante é tam-

---

[401] Veja-se págs. 42 e ss. do Relatório, do qual resulta uma análise aterradora do desgoverno que reina no actual SEE, e do qual tentaremos fazer eco no presente ponto do trabalho. Para uma análise sectorial mais completa, ainda que certamente desactualizada, veja-se o Estudo aqui citado da Secretaria Geral do Tesouro e das Finanças, onde se verifica a existência de empresas públicas estaduais na área da agricultura e pescas, transportes, comunicações, energia, etc., para além da área da banca e finanças com a CGD, e agora, mais recentemente, as empresas inseridas na área da a saúde, inicialmente sob a forma de SAs, agora a transformar em EPEs, por via do já referido Decreto-lei n.º 93/2005 de 7 de Junho.

[402] Opção que o Tribunal critica, ilustrando com o caso da RAVE, SA, cujo objecto social compreende o estudo, concepção e exploração de uma rede ferroviária de alta velocidade. A este propósito, o Tribunal considerou que esta empresa foi criada sem que estivessem preenchidos *"(...) os requisitos do CSC, mormente a perspectiva de geração de fluxos que assegurem o retorno do investimento (...)"*, Facto este que também foi sublinhado tanto pela Direcção Geral do Tesouro, na sua Informação n.º 1239/2000, de 27 de Outubro, bem como pela Inspecção geral de Finanças, que se pronunciava a este propósito dizendo claramente o seguinte: *"(...) de acordo com o seu objecto social, a empresa exercerá uma actividade do tipo 'apoio técnico' (...) Esta actividade pode ser assegurada sem perda de eficácia e com alguma economia por uma estrutura já existente no Sector Público Administrativo(...)"*, tal como refere o Tribunal, no seu relatório, a págs. 43, e notas n.º 91 e 92 da mesma. Neste caso, terá então havido abuso e instrumentalização injustificada da forma societária.

bém verificar que, de entre as 21 empresas analisadas pelo Tribunal, *"(...) nenhuma havia apresentado estudos de viabilidade económica e financeira antes da publicação dos diplomas que as criaram e aprovaram os respectivos estatutos"*[403]. Mas a "lista do desgoverno reinante" no SEE não se fica por aqui: o Tribunal relata ainda casos em que EPEs como a REFER, que de acordo com o seu estatuto, criou duas sociedades anónimas, a REFERTELECOM e a NETRAIL Telecomunicações, sem prévia autorização do Ministro das Finanças. Trata-se pois de efectiva e directa violação do próprio RGSEE, designadamente o seu artigo 37º, facto apenas possível pela total desarticulação existente entre o Ministério das Finanças, e a própria tutela sectorial a que a REFER está sujeita. Este exemplo evidencia, uma vez mais, o efectivo abandono a que está votado o exercício da função empresarial do Estado Português. O Tribunal conclui assim que: *" A opção pela criação de empresas de capitais públicos não se pautou, em vários casos, por critérios de racionalidade económico--financeira, com consequências negativas para a gestão de recursos públicos (...)"*[404].

A ilustrar esta afirmação, além da *supra* mencionada criação espontânea e independente por parte da REFER, o Tribunal indica ainda o caso da Costagest e da Costapólis, ambas sociedades anónimas dedicadas à requalificação urbana, ambas com o mesmo objecto social, e ambas detidas pelo Estado, nas quais se encontra esta "pérola" de boa gestão: tendo sido a Costagest criada em 1999[405], viu o seu objecto ser "absorvido" pela CostaPólis[406], pelo que aquela, além de não ter exercido qualquer actividade, é também, ao que parece, para o seu accionista, uma perfeita desconhecida, que se mantinha, até à data em que o Tribunal de Contas realizou o relatório em que nos

---

[403] Relatório, loc. cit. *supra*.
[404] Relatório, loc. cit. *supra*.
[405] Pelo Dec.-Lei n.º 551/99, de 15 de Dezembro. A denominação completa da empresa é a seguinte: COSTAGEST – Empresa de Desenvolvimento da frente Ribeirinha Norte e Atlântica de Almada, SA.
[406] COSTAPÓLIS – Sociedade de Desenvolvimento do Programa Polis na Costa da Caparica, SA, criada pelo Dec.-Lei n.º 229/01, de 20 de Agosto.

temos vindo a apoiar, sem qualquer actividade e sem que o Estado sequer soubesse se o capital social já tinha sido ou não realizado[407]!

Podíamos continuar a citar outros exemplos do abandono em que caiu o actual SEE, mas não será necessário pois estamos certos que estes já serão suficientes para constatar que a intervenção económico-empresarial do Estado é na verdade pouco animada por um espírito verdadeiramente empresarial Ou seja, o Estado continua a intervir na área económica um pouco "às cegas", sem planeamento nem estratégia definidas quanto às áreas em que deve ou não estar presente na qualidade de operador económico, sobretudo, empresarial. Além disso, constata-se que este empresário público é, para todos os efeitos, um mau empresário que não exerce os seus deveres enquanto accionista, logo não vela pelo seu património[408], pois a extensão

---

[407] Relatório citado, pág. 43, onde a págs. 49 se pode ler a este propósito, o seguinte: *" Quanto à Costagest, criada em 1999, não existem quaisquer evidências nos mapas do FRDP*( Fundo de Regularização da Dívida Pública)*, até 2000, de como o capital social daquela sociedade, no valor de 1.895.432 euros, foi realizado sendo, no entanto, referido no art. 5º dos estatutos da sociedade, que o capital social se encontrava integralmente realizado em dinheiro.".*

[408] Que é, na verdade, património público, suportado por dinheiros públicos, e só por isso já exigiria que a actuação empresarial do Estado se pautasse por critérios básicos de racionalidade, prudência e bom senso. Torna-se então patente que o problema não está propriamente nas empresas públicas em si, mas sim no empresário Estado que não cuida de aplicar devidamente os dinheiros públicos que decide investir no exercício da actividade empresarial. A situação agrava-se ainda porque as entidades inseridas no sector empresarial do Estado escapam à disciplina das contas públicas, uma vez que não são abrangidas pela Lei de Enquadramento Orçamental (Lei n.º 91/2001, de 28 de Agosto), tal como resulta do seu artigo 2º, e por isso, na ausência do devido controlo a que deveriam estar sujeitas, cultivam e perpetuam um pernicioso fenómeno de desorçamentação das contas públicas. A propósito destes temas vejam-se os estudos de AMÁVEL RAPOSO, *O Controlo dos Dinheiros Públicos numa Administração em Mudança, in* Revista do Tribunal de Contas, n.º 40, Julho-Dezembro de 2003, pág. 59 e ss., em particular, 66 e ss.; VITOR BENTO, *A Desorçamentação das Despesas Públicas, in* Revista do Tribunal de Contas, n.º 34, Julho-Dezembro de 2000, pág. 25 e ss., salientando este último autor que o fundamento que justifica a exclusão das entidades integradas no SEE, da Lei de Enquadramento Orçamental, é precisamente o facto de relativamente àquelas existir *"(,,,) uma expectativa razoável de auto-suficiência financeira(...) A legitimidade desta exclusão só se verifica quando haja todas as razões para crer que as referidas entidades são verdadeiramente auto-suficientes e não constituem um encargo, actual ou prospectivo, para os contribuintes. Mas se houver entidades , ainda que constituídas na forma empresarial, que não conseguem sistematicamente autofinanciar-se e que não têm perspectivas razoáveis de inverter tal situação, a sua*

de participações que detém tanto por via indirecta como por via directa é já tão vasta, ao ponto de ser em concreto desconhecida, de tal modo que resulta, a todos os títulos incontrolável.

Tudo isto se torna tanto mais grave quanto é certo que por um lado, o alargamento do SEE não deixa de ser tributário do facto de ele ser essencialmente constituído por empresas de base societária[409], muitas das quais com capitais exclusivamente públicos ou maioritariamente públicos, sendo que, o não exercício dos deveres enquanto accionista, por um lado, combinado com a maior amplitude da capacidade jurídica destas figuras (quanto comparadas às EPEs, como veremos) por outro, conduz à possibilidade real de alargamento incontrolado do SEE, que já hoje ocorre, acrescendo a tudo isto ainda a circunstância de, em qualquer caso, estarem a ser aplicados dinheiros públicos, sem sentido e sem norte.

Deste modo, o retrato que daqui resulta do SEE, está longe de ser favorável, sendo certo porém que daqui também se conclui que a privatização formal das actividades de prestação pública não constitui solução bastante para um problema que é endógeno e não exógeno, razão pela qual a mudança de vestes acaba por não resolver, mas pelo contrário, ao que parece, ironicamente, contribuir mesmo para o

---

*existência fica 'pendurada nos contribuintes, já que será o Estado, em última instância, o responsável pelo pagamento das dívidas contraídas e acumuladas",* ob. cit., pág. 26. Assim, para solucionar o problema, o Autor propõe a construção-revitalização de um Sector Público Alargado, o qual abrangeria tanto o sector público administrativo como o sector público empresarial, e que já terá mesmo existido entre nós, após 1984 e até cerca de 1996, data da extinção do GAFEEP (Gabinete de Acompanhamento do Financiamento do Estado e das Empresas Públicas), unidade técnica que coordenava aquele sector alargado, tal como se refere na nota n.º 9 da pág. 31, e se reitera a págs. 34. Ainda sobre o tema, veja-se também EDUARDO PAZ FERREIRA, *Os Tribunais e o Controlo dos Dinheiros Públicos, in Estudos em Homenagem a Cunha Rodrigues,* vol. II, Coimbra Editora, Coimbra, 2001, pág. 151 e ss., em particular, pág. 159 e ss., e 164 e ss., referindo o sistema de controlo interno e alargado instituído pelo Decreto-Lei n.º 166/98 de 25 de Junho, o qual vem instituir o Sistema Nacional de Controlo.

[409] Assim se considera no Relatório do Tribunal de Contas, designadamente, a págs. 8, sendo certo que o problema é também em muito agravado pelo facto de o Estado participar como accionista minoritário em muitas empresas sendo por isso titular de uma carteira de participações sociais totalmente dispersa e sem controlo. Diga-se também que o problema surge particularmente agravado devido ao aumento registado ao nível das participações indirectas, muitas das quais se fizeram sem autorização do Ministro das Finanças, devendo por isso considerar-se ilegal porque violadoras do artigo 37º do RGSEE.

agravamento do problema. De tudo isto, aquilo que acaba por se tornar evidente é exactamente o oposto daquilo que deveriam ser os objectivos a alcançar, a saber:

- A redução do peso da iniciativa económica pública de forma a privilegiar a iniciativa económica privada enquanto realização de um direito fundamental constitucionalmente reconhecido;
- A manutenção de uma iniciativa económica pública que deveria ser informada por princípios de racionalidade e eficiência económica, o que obrigaria a uma criteriosa escolha da estratégia e dos sectores onde essa manutenção deveria continuar. Ou seja, o Estado – Empresário deveria pautar a sua actuação por critérios objectivos de boa gestão, devendo por isso também privilegiar a intervenção económico-empresarial essencialmente em sectores rentáveis, por forma a alcançar resultados economicamente equilibrados e positivos com vista a contribuir para a globalidade do sector público, tal como se refere no artigo 4º do RGSEE. Porém, pelo contrário, aquilo que efectivamente temos é um Estado que não quer ou não sabe ser um bom empresário, não obstante continue a actuar nessa qualidade.

De tudo isto resulta um SEE demasiado amplo, sem estratégia verdadeiramente empresarial, onde os riscos e conveniência das actuações não parecem ser devidamente ponderados, onde se mantém uma presença injustificada e alheada da lógica de auto-sustentabilidade que a deveria nortear, e na qual a escolha das figuras jurídicas aplicáveis às diversas actividades acaba por resultar absolutamente aleatória, indiscriminada e infundamentada.

Ora, sendo hoje uma evidência que o rumo a seguir é o de reduzir e não o de aumentar o peso do Estado na economia, perguntamo-nos o porquê de alargar um sector empresarial a actividades cuja lógica, quando prestadas por um poder público, está longe de ser essa[410]. Isto por um lado. Por outro, continuamos sem resposta que

---

[410] Uma vez que se tratam de empresas de serviço público que não têm condições para desenvolver a sua actividade a não ser em permanente défice, designadamente porque, devido a razões sociais, acabam por ter de prestar o serviço a um preço abaixo do respectivo custo, não sendo as indemnizações compensatórias sequer suficientes para equilibrar a

justifique a crença generalizada de que a privatização formal das mais diversas actividades é garantia para a prestação eficaz das mesmas[411]. Isto por outro lado.

Quanto a nós, os resultados estão à vista.

O problema, ou melhor, a solução quanto a nós, não se encontra na utilização desta ou daquela forma jurídica, deste ou daquele ramo de Direito, entendimento este que encontra base de apoio designadamente no conjunto de recomendações efectuadas pelo Tribunal de Contas no Relatório que temos vindo a referir[412]. A solução estará sim em determinar primeiro, as áreas que devem continuar a reclamar a prestação pública enquanto operador económico-empresarial de mercado. Quanto a estas, limitá-las o mais possível e apostar obrigatoriamente em sectores rentáveis de forma a obter resultados economicamente equilibrados e positivos que justifiquem a manutenção dessa iniciativa económico-empresarial pública. Já nas áreas de serviço de interesse económico geral/serviço público, manter a presença

---

situação. A este propósito, Vítor Bento refere que: " *Os consequentes e sistemáticos défices de exploração são cobertos com recurso a endividamento, o qual só poderá vir a ser pago, algum dia, directamente pelo Estado – i.e., como direitos de saque constituídos sobre impostos futuros – que não deverão ser inferiores a 4-5% do PIB".*, ob. cit., pág. 31.

[411] Sendo certo que a utilização de formas jurídico-privadas, bem como do direito privado em geral, tem sido invocada para que os poderes públicos se pudessem furtar a algumas das mais elementares vinculações de direito público, como já aqui se referiu. A este propósito, Diz assim, Amável Raposo, " *A submissão do sector institucional e empresarial do Estado ao direito privado não postula nem justifica que se afrouxe no rigor que é sempre de exigir quando está em causa a gestão de bens e dinheiros públicos. E a autonomia de que gozam esses sectores, criada como foi para potenciar resultados, não pode servir, como tem sucedido, para aligeirar responsabilidades"*, in ob. cit., pág. 67. Constatado então que a solução não se encontra na adopção de formas jurídico-privadas e no direito respectivo, urge então promover a construção de um novo direito administrativo que se mostre capaz de promover a eficácia, compatibilizando-a, não obstante, com a observância dos Princípios Fundamentais de Direito Público que já referimos. Neste sentido, expressamente, Gaspar Ariño Ortíz, *El Àmbito Privado...*, cit., pág. 602, onde refere ainda: " *Y si la "eficácia" puede sufrir con ello – que no lo creo porque en el medio plazo eficácia y legalidad son complementares en el Estado – no hay más remedio que aceptar ese trade off y resolverlo a favor de la libertad, la justicia y la igualdad"*. Também assim, já o referimos antes, e de modo até mais expressivo e contundente, Bauzá Martorell, para quem, a dada altura, a eficácia procurada na utilização do direito privado e das suas formas típicas, rapidamente resvala para a ilegalidade da actuação pública, como se pode ver, por exemplo, nas págs., 47 e 48 da obra citada.

[412] Relatório citado, pág. 10 e ss., onde se baseiam as observações acima inseridas.

do Estado como prestador dessas actividades deverá, essa sim, quanto a nós, continuar a considerar-se como tendencialmente obrigatória, não estando por isso submetida ao Princípio da Subsidiariedade da intervenção económica pública, na medida em que o que aqui está em causa não é já, em primeira linha, a realização da faculdade de intervenção económica pública, mas sim a concretização de uma obrigação de prestar um determinado grau de actividades de serviço público, através das quais se implementa de algum modo o preenchimento positivo da cláusula constitucional de bem estar. Sendo certo porém que, o peso que estas empresas assumem no SEE, pode muito bem sugerir a reponderação da sua forma de prestação, podendo esta ser deslocada do sector empresarial para o sector administrativo[413], restringindo-se assim a amplitude do primeiro e, consequentemente travando-se a capacidade de endividamento fora do sector público administrativo[414].

Através desta definição e separação de águas, seria possível avançar para um SEE menos extenso, mais compatível com aquilo que deveria ser a sua dimensão actual, mais depurado de actividades que não se assumem como verdadeiramente empresariais, em benefício da clarificação do papel prestador do Estado nas actividades de que não se pode eximir, sendo que nestas, se deveria averiguar, com base em factores concretos e objectivos, quais as melhores formas jurídicas a aplicar ao seu desenvolvimento e disponibilização ao público, com vista à obtenção de resultados positivos em eficiência e qualidade. Sendo que, como já demonstramos, estes últimos qualificativos se devem assumir como valores e objectivos que deverão estar presentes em toda a actividade dos poderes públicos, independentemente de se tratar de actividade administrativa ou de actividade

---

[413] Já vimos atrás que esta questão foi também de algum modo suscitada por COUTINHO DE ABREU, quando questionava a forma de empresa aplicada às actividades de serviço público sabidamente deficitárias, como demonstrativa da inadequação resultante da aplicação da forma empresarial a actividades relativamente às quais não se esperava que produzissem sequer resultados suficientes para garantir a sua auto-sustentabilidade, in *Definição...*, cit., pág. 148 a 151. Este entendimento encontra hoje total valia, tal como se pode verificar, não de forma tão evidente, é certo, no Relatório do Tribunal de Contas que temos vindo a citar. Veja-se a esse propósito págs. 11,43, 57 a 59, e 73 e ss.

[414] Como sugere, ainda que não directamente a este propósito, VITOR BENTO, in *A Desorçamentação...*, cit., pág. 34.

empresarial, e independentemente da forma jurídica, pública ou privada, utilizada para o efeito.

Num momento em que se sublinha a crise do Estado Social, mas em que também se perseguem soluções que permitam salvaguardar essa que se assume cada vez mais como uma das mais importantes conquistas na relação entre os cidadãos e o poder político, ou seja, a manutenção da prestação pública de actividades de serviço público, é também um momento em que se deverá apelar ao raciocínio estratégico, de forma a conservar o essencial e afastar o acessório. Assim, e tendo tal facto bem presente, diremos que dar conteúdo prático à cláusula constitucional de bem-estar não passa apenas pela sua proclamação, a par da dos direitos sociais que constitucionalmente se reconhecem aos cidadãos. É sobretudo imperioso reflectir, para esse efeito, sobre as áreas que hoje garantem esse bem estar, delimitá-las, enquadrá-las no plano jurídico tanto para saber se em relação a elas se afirma apenas uma postura "passiva" de garante dessas áreas, ou se pelo contrário, e além disso, é necessário afirmar a existência e manutenção de um lado activo, traduzível numa efectiva assunção de prestação de bens e serviços que nelas se insiram; bem como para determinar a forma jurídica mais adequada para o desenvolvimento dessas mesmas actividades. Será então, da resposta a cada uma destas questões que se poderá concluir pela valia ou não da aplicação dos mecanismos empresariais, e forma jurídica a aplicar, tendo presente que, se por um lado é verdade que as noções de empresa e serviço público não são absolutamente incompatíveis entre si, ainda assim constata-se que são na realidade muito difíceis de compatibilizar, tal como os resultados o demonstram.

## 3 – As Novas Empresas Públicas

O Decreto-Lei n.º 558/99 veio instituir um novo regime regulador das empresas públicas, ao mesmo tempo que revogou aquele que anteriormente disciplinava esta matéria, o Decreto-Lei n.º 260/76. Com o novo regime ora instituído, assiste-se a uma reformulação daquilo que até então se entendia por empresa pública. Surge portanto um novo conceito que urge analisar, não só ao nível do regime jurídico que passa agora a vigorar, mas também e talvez sobretudo, ao nível das consequências práticas que do mesmo possam resultar. Uma das mais evidentes é desde logo o facto de com este regime, se assistir a um alargamento do conceito de empresa pública, dado que agora assim se consideram não só as entidades de base institucional, tal como o eram à luz do revogado Dec.-Lei 260/76, mas também aquelas que anteriormente se excluíam expressamente de tal qualificativo: as empresas de base societária.

Seguindo a esteira comunitária do conceito de empresa pública, o legislador entendeu por bem proceder a tal alargamento, segundo nos parece, sobretudo para introduzir alguma uniformidade entre as formas jurídicas a que até aqui se recorria para exercer a actividade empresarial pública. Simultâneamente, contribuiu para legitimar a cada vez mais utilizada forma societária, considerando-a assim tão empresa pública quanto as tradicionais, de base institucional, promovendo deste modo o princípio da igualdade de tratamento entre as empresas públicas e as "privadas".

É pois este novo conceito que nos propomos a analisar nas páginas que se seguem, ressalvando desde já os seguintes aspectos:

1º) Não procedemos neste trabalho a um estudo comparativo entre o antigo e o actual regime de empresa pública, questão sem dúvida importante, mas que por razões de economia não foi possível analisar nesta sede;

2º) Optamos por dedicar o presente trabalho apenas às empresas públicas estaduais em geral, pelo que não nos referimos aqui especificamente às empresas encarregadas da gestão ou exploração de serviços de interesse económico geral, reguladas no capítulo II do RGSEE.

3º) Na última secção deste capítulo, sentimos a necessidade de introduzir no presente estudo algumas considerações a propósito do conceito jurídico da forma organizacional que é a sociedade comercial, pelo que, atendendo à natureza da mesma, este ponto acabou assim por assumir um tratamento necessariamente mais privatístico.

Assinalamos já as coordenadas essenciais a abordar a propósito da nova configuração do sector empresarial do Estado, designadamente a sua maior amplitude, a abrangência de dois tipos de empresa pública, e ainda a grande influência que sobre esta alteração exerceu o direito comunitário. Assim, para tornar mais nítido o actual recorte e características evidenciadas pelas novas empresas públicas, comecemos a análise por este último ponto.

### 3.1 – A Influência do Direito Comunitário sobre o Novo Conceito de Empresa Pública:

O Tratado de Roma não contém nenhuma definição daquilo que se entende ser uma empresa pública. Não obstante, tal expressão surge no corpo do artigo 86º n.º 1, o que deu o mote para buscar um conceito de empresa pública no âmbito comunitário[415].

Já em 1967, o Centro Europeu da Empresa Pública (CEEP), propunha uma noção da mesma nos seguintes termos *"toda a empresa que prossiga uma actividade de ordem económica na qual os poderes públicos possuam uma participação preponderante no capital ou desempenhem um papel preponderante no que diz respeito à gestão"*. Em 1980, a Directiva 80/723/CEE de 25 de Junho de 1980, veio apresentar a definição de empresa pública, assumindo-se esta como *"qualquer empresa em que os poderes públicos possam exercer, directa ou indirectamente, uma influência dominante em consequência da propriedade, da participação financeira ou das regras que a regem. Presume-se existência de influência dominante quando os poderes públicos, directa ou indirectamente relativamente à empresa:*

*a) detenham a maioria do capital subscrito da empresa, ou*
*b) disponham da maioria dos votos atribuídos às partes sociais emitidas pela empresa, ou*

---

[415] Sobre a noção comunitária de empresa pública, ANA MARIA GUERRA MARTINS, *Curso de Direito Constitucional...*, cit., pág. 576; COUTINHO DE ABREU, *Da Empresarialidade...*, pp. 292 e ss.. Relembre-se também a este propósito a posição de FAUSTO DE QUADROS, *Serviço Público e Direito Comunitário*, in Estudos em Homenagem ao Professor Doutor Manuel Gomes da Silva, Revista da Faculdade de Direito da Universidade de Lisboa, Coimbra Editora, 2001, pág. 641 e ss.. Ver também para este efeito CARLOS COSTA PINA, *A Reforma do Regime das Empresas Públicas, o Direito Comunitário e o Direito da Concorrência*, in Estudos sobre o Novo Regime do Sector Empresarial do Estado, Almedina, Coimbra, 2000, pág. 133 a 166, especificamente, 156 a 162.

c) possam designar mais de metade dos membros do órgão de administração, de direcção ou de fiscalização da empresa".

Esta noção manteve-se mesmo com a directiva n.º 93/84/CEE de 30 de Setembro, a qual veio clarificar o reforço das imposições de transparência financeira, atendendo à proibição constante do artigo 39º do Tratado de Roma.

Ao analisar a noção comunitária de empresa pública, logo se vê que apesar de próxima, é na verdade mais ampla do que a adoptada pelo RGSEE, dado que nela se poderão incluir todas e quaisquer empresas, independentemente da forma que assumam, além de que bastará, para serem empresas públicas, que se verifique influência dominante dos poderes públicos em geral, e não como sucede entre nós, do Estado em particular (no que concerne, como é óbvio às empresas públicas estaduais, objecto de análise do presente trabalho). Porém, as semelhanças destes conceitos verificam-se sobretudo relativamente à noção de influência dominante, noção essa que o legislador português optou por consagrar expressamente no artigo 3º n.º1, quanto às empresas públicas constituídas como sociedades comerciais. E, quanto a estas, verifica-se que basta ocorrer uma de duas circunstâncias para que se considere existir influência dominante do Estado sobre estas sociedades, a saber:

– basta que o Estado detenha a maioria do capital ou dos direitos de voto;
– ou então que tenha o direito de designar ou destituir a maioria dos membros dos órgãos de administração ou de fiscalização.

É pois notória a semelhança com os parâmetros pelos quais também no direito comunitário se considera existir influência dominante. Tal opção não é todavia isenta de reparo pois, tal como refere COUTINHO DE ABREU[416], *"(...) se a previsão é razoável com respeito ao conselho geral (órgão não só mas também de fiscalização) das sociedades anónimas de tipo germânico (CSC, arts. 278.º, 1, b), 434.º,ss), já não é razoável relativamente ao conselho fiscal, fiscal único ou*

---

[416] *In Sobre as Novas Empresas Públicas (notas a propósito do DL 558/99 e da Lei 58/98), in* Boletim da Faculdade de Direito de Coimbra, Volume Comemorativo do 75º Tomo, Universidade de Coimbra, 2003, pág. 556.

*revisor oficial de contas das sociedades por quotas, anónimas ou em comandita por acções (CSC, arts.262º, 413.ºss., 446.º, 478.º). Há, pois, que interpretar restritivamente o enunciado normativo nessa parte".*

De facto, apesar do legislador referir de forma lata a expressão "sociedades", a verdade é que o estabelecido a este propósito no RGSEE, parece efectivamente referir-se às sociedades anónimas, e não já aos restantes tipos legais previstos no CSC, o que à partida é redutor, mas acaba por estar em consonância com a realidade prática, onde facilmente se constata que este é o tipo societário de eleição nas actuações empresariais públicas[417]. A influência exercida pelo direito comunitário no novo conceito de empresa pública é também percepcionada, segundo alguns autores, na sistemática utilização da figura da sociedade comercial, sendo que tal opção acaba por ser justificada com base no argumento segundo o qual a assunção do mesmo tipo jurídico por parte de empresas públicas e empresas privadas, permite melhor velar pelo respeito das regras da concorrência, daí que a privatização material, mas também a formal, tenha sido encarada como um fenómeno promovido pelo próprio direito comunitário. Questiona-se assim a aparente neutralidade do direito comunitário no tocante à forma jurídica assumida pelas empresas públicas.

### 3.2 – Formas Jurídicas de Empresa Pública

As empresas públicas estaduais, podem agora assumir base societária ou institucional, pelo que o conceito se desdobra numa dupla vertente, o que, na opinião de MARCELO REBELO DE SOUSA[418], não

---

[417] O que não é, como se sabe, de todo recente, sendo de facto um caminho que há já muito se vem percorrendo e que se iniciou com a transformação de empresas públicas tradicionais, as antigas EPs, em sociedades anónimas, ao abrigo do disposto no Dec-Lei n.º 84/88 de 20 de Julho, as quais são hoje, naturalmente, empresas públicas, tal como decorre do RGSEE.

[418] V. *Lições de Direito Administrativo*, vol. I, Lex, Lisboa, 1999, pág. 306 *apud* LUÍS S. D. MORAIS, *As Relações entre o Estado e as Empresas Públicas...*", artigo inserido a pp. 89 e ss. da obra *Estudos sobre o Novo Regime do Sector Empresarial do Estado"*, organização de EDUARDO PAZ FERREIRA, Almedina, Novembro, 2000. Em sentido oposto, ANTÓNIO PINTO DUARTE, *Notas sobre o Conceito e o Regime Jurídico das Empresas Públicas Estaduais, in Estudos...* cit. *supra*, pág. 61 a 88, especificamente 87 e 88.

contribui para a clarificação e simplificação do sector empresarial do Estado. Aliás, pronunciando-se sobre o projecto do RGSEE que veio a ser aprovado, referia este autor que a dualidade de conceitos de empresa pública consagrada neste diploma – empresa societária e EPE – *"(...) em vez de clarificar, actualizando e melhorando, o estatuto das anteriores empresas públicas, acaba por confundir e complicar esse estatuto"*. Uma vez que, na sua opinião, sobretudo no tocante às EPEs, acabamos por assistir à sua "diluição" *"(...) numa categoria muito vasta, em que aparecem como irmãs pobres das pessoas colectivas privadas de fim lucrativo e de influência dominante do Estado"*.

Dado que efectivamente o legislador optou por consagrar dois tipos diferenciados de empresa pública, não poderíamos abordar o novo conceito que ora surge de forma minimamente suficiente se não procedêssemos à análise das formas jurídicas que pode hoje adoptar a empresa pública. É o que faremos nos pontos seguintes.

### 3.2.1 – *As Sociedades*

O RGSEE visa, conforme se dispõe no seu artigo 1º n.º 1, *"estabelecer o regime do sector empresarial do Estado, incluindo as bases gerais do sector das empresas públicas do Estado"*. Nos termos do artigo 2º n.º 1 deste diploma afirma-se que *"O sector empresarial do Estado integra as empresas públicas, nos termos do artigo 3º, e as empresas participadas"*.

Assim, daqui pode inequivocamente concluir-se que o novo conceito de empresa pública há-de buscar-se neste artigo 3º sendo que, nos termos desse normativo, *"Consideram-se empresas públicas as sociedades constituídas nos termos da lei comercial, nas quais o Estado ou outras entidades públicas estaduais possam exercer, isolada ou conjuntamente, de forma directa ou indirecta, uma influência dominante em virtude de alguma das seguintes circunstâncias:*

    *a) detenção da maioria do capital ou dos direitos de voto;*
    *b) direito de designar ou de destituir a maioria dos membros dos órgãos de administração ou de fiscalização."*

Além disto, considera também o n.º 2 deste preceito que, " *São também empresas públicas as entidades com natureza empresarial reguladas no capítulo III.*".

Ou seja, além das empresas que mantêm a base institucional característica do anterior conceito vigente no Dec.-Lei n.º 260/76, acrescem agora aquelas de base societária e constituídas de acordo com o direito comercial. Antes de avançarmos, interessa reflectir um pouco sobre esta referência inserida no artigo citado, nos termos da qual se consideram empresas públicas as sociedades *"constituídas nos termos da lei comercial"*.

Como interpretar este excerto do artigo 3º n.º 1 do actual RGSEE?

Se entendermos que as sociedades constituídas nos termos da lei comercial a que o mesmo se refere se preenchem com o conceito de sociedade comercial previsto e regulado no CSC, daremos uma resposta directa, eficaz e que apresenta coerência com a prática empresarial estadual. Mas será certamente uma resposta redutora.

É que, pese embora a raridade da situação, não é impossível prefigurar a possibilidade de o Estado constituir empresas que assumam outras formas jurídicas. Pense-se, por exemplo, numa sociedade civil[419]. Admitindo que esta venha a dar origem a uma empresa[420], se porventura vier a assumir uma das formas previstas no CSC, será que isso a converte em empresa pública?

---

[419] Assim o sugeria já antes do RGSEE, COUTINHO DE ABREU, in Da Empresarialidade..., cit., pág. 135. Abordando longa e detalhadamente o problema de se constituírem empresas públicas sob forma de sociedade civil e considerando que tal possibilidade implica sérias e desvantajosas consequências para os administrados, veja-se ENCARNACIÓN MONTOYA MARTÍN, referindo-se concretamente à possibilidade aberta nesse sentido pela Lei das Entidades Estatais Autónomas (LEEA,, de 26 de Dezembro de 1958), in, Las Empresas Pùblicas..., cit., pág. 374 a 391, onde refere mesmo que: "(...) *para nosotros adolece el EEPC* (estatuto da empresa pública catalã) *a este respecto de un claro vício de inconstitucionalidad, por invasión de la competência exclusiva estatal sobre la legislación mercantil. Se impone, por ende, proceder a la derrogación de los artículos relativos a la empresa pública en forma de sociedad civil, toda vez que se trata de una opción organizativia claramente ilegal para las empresas públicas.*", pág. 391. Ainda assim, trata-se de uma possibilidade claramente prevista, e perceptível no próprio conceito de "sociedade vinculada", tal como refere a Autora, também a págs. 391.

[420] Seguimos aqui o entendimento do Professor OLIVEIRA ASCENSÃO, in *Direito Civil - Teoria Geral-I-Introdução.As Pessoas. Os Bens*, 2ª edição, Coimbra Editora, 2000, pág. 313.; *Direito Comercial. As Sociedades Comerciais, Parte Geral*, vol. IV, Lisboa, 2000, pág. 11 e ss.

Trata-se de uma questão sobre a qual temos dúvidas, uma vez que é perfeitamente defensável afirmar que a menção que agora analisamos "constituídas nos termos da lei comercial", seja aferida como sinónimo de sociedade comercial, sendo certo que tal não é unívoco, pois é possível constituir sociedades, de algum modo, naqueles mesmos termos, na medida em que assumem uma forma comercial, as quais não obstante não serão consideradas como sociedades comerciais, muito embora estejam sujeitas ao regime do CSC[421]. É o caso legalmente previsto, das sociedades civis, cujo objecto, ao não ser comercial, impede a sua qualificação como sociedades comerciais[422], não obstante possam assumir forma comercial e estar por isso submetidas às regras do CSC, tal como se prevê no artigo 4º n.º 1 do mesmo Código.

Assim, impõe-se determinar se, em concreto, a expressão utilizada pelo artigo 3º n.º 1 do RGSEE, quando refere a constituição de sociedades "nos termos da lei comercial", deve ser interpretada no sentido de significar sociedades comerciais propriamente ditas, ou se, pelo contrário, abrange também as situações em que outras sociedades assumam por exemplo, uma das formas societárias previstas no CSC.

Note-se que a resposta a dar ao problema suscitado não é indiferente, uma vez que se entendermos que a expressão "sociedades constituídas nos termos da lei comercial" significa sociedades comerciais, então é possível prefigurar a constituição de outras empresas por parte do Estado que, não assumindo forma societária, nem forma de EPE, estarão assim afastadas do Regime Geral que regula as empresas públicas, não sendo mesmo, de acordo com o seu artigo 3º, sequer consideradas como verdadeiras empresas públicas. O que significa que se abre aqui novamente uma potencial porta para voltarmos a ter empresas públicas de direito, ou em sentido próprio, e empresas públicas de facto, ou em sentido impróprio, tal como outrora sucedia

---

[421] Veja-se a esse propósito, OLIVEIRA ASCENSÃO, *Direito Comercial,* vol. IV, cit., pág. 22 e 23.
[422] Assim, OLIVEIRA ASCENSÃO, ob. e loc. cits. na nota anterior. Da não qualificação das sociedades civis sob forma comercial decorrem consequências de ordem prática, como seja desde logo o facto de, não obstante estarem sujeitas ao regime do CSC, não lhes serem aplicáveis as disposições específicas que pressuponham a qualidade de comerciante, tal como refere o Professor, na mesma obra e local citados.

na vigência do Decreto-Lei 260/76 no tocante às sociedades de capitais públicos. Neste sentido, assim interpretada a expressão contida no artigo 3° do RGSEE, temos necessariamente de a considerar como demasiado redutora[423], uma vez que exclui o qualificativo de empresa pública de toda e qualquer outra empresa que não assuma a forma de sociedade comercial ou de EPE. Ficam assim de fora as certamente raras, mas possíveis, sociedades civis sob forma comercial, mas também as cooperativas, e até mesmo as empresas detidas por exemplo, por fundações ou associações públicas, o que também não é impossível de conceber[424].

Outra questão suscitada por esta expressão a que nos referimos, respeita às exigências formais a respeitar para efeitos de constituir uma empresa pública estadual. E também a este propósito verificamos que o preceito é muito redutor, já que para constituir uma sociedade "nos termos da lei comercial" bastará elaborar um contrato de sociedade que contenha as menções obrigatórias referidas no artigo 9°, submetê-lo a escritura pública, de acordo com o artigo 7° n.° 1, e levá-lo a registo para que a sociedade adquira personalidade jurídica, tal como resulta do artigo 5°, todos do CSC. Mas se assim fosse, ficariam excluídas as empresas públicas, constituídas sob forma

---

[423] Também a considerar o preceito referido no texto como demasiado redutor, veja-se COUTINHO DE ABREU, *Sobre as Novas Empresas Públicas...*, cit., pág. 556.

[424] Na medida em que é possível dissociar a empresa-objecto, da empresa-sujeito, ou pessoa jurídica, a qual não tem de ser sempre, invariavelmente, uma sociedade comercial, tal como referia COUTINHO DE ABREU, *in Da Empresarialidade...*, cit., pág. 161 a 164. Note-se contudo que, no que concerne às fundações há que ter alguma cautela. Como refere o Autor citado, a possibilidade de se considerar a fundação como uma forma jurídica de empresa, foi muito discutida na Alemanha do pós-guerra, indicando bibliografia a esse propósito. Porém, há que distinguir entre aquilo que se pode considerar como fundação-empresa, no sentido de se constituir uma fundação cujo único objectivo fosse a exploração de uma empresa, assumindo-se assim que a fundação poderia ser mais uma das formas jurídicas que se poderia aplicar à empresa; daquilo que é a exploração de uma empresa por parte de uma fundação. Enquanto que no primeiro caso, o actual regime geral das pessoas colectivas previsto nos artigos 157° e 188°, n.° 1 do CC, implicará o afastamento de uma tal possibilidade na medida em que uma fundação terá de ter sempre como objectivo a prossecução de um fim de interesse social, já a segunda hipótese, ou seja, considerar uma fundação como sujeito detentor de uma empresa, será perfeitamente viável, tal como pacificamente se admite no caso das associações, como refere, o mesmo autor na mesma obra e locais citados. Tentaremos desenvolver um pouco mais adiante.

comercial, e através de Decreto-Lei, o que além de muito usual, não faria qualquer sentido. Deste modo, também aqui será aconselhável proceder a uma interpretação extensiva do preceito, tal como também sugere COUTINHO DE ABREU[425/426].

Atestada assim a pouca clareza do preceito, talvez fosse então boa ideia clarificá-lo, não dando como adquirida a prática instituída de optar pela forma das sociedades comerciais, até porque, como já se viu, sempre que se encontram portas de saída para escapar deste ou daquele regime, parece que os poderes públicos, cedo ou tarde, acabam por fazer uso delas. Portanto, talvez seja melhor prevenir, e "jogar na antecipação"...

Para além desta questão, e interpretando o preceito da forma mais comum, ou seja, considerando que ele se refere apenas às sociedades comerciais e às EPEs, é necessário atender ainda ao próprio conceito de sociedade comercial, a qual, como se viu, depende de duas condicionantes: dedicar-se à prática de actos de comércio, e assumir uma das formas previstas no CSC. Ora, uma vez quer este conceito se há-de considerar vigente no que concerne às empresas públicas que assumam a forma de sociedades comerciais, verifica-se assim que nem sempre esta forma se aplicará com toda a propriedade a toda e qualquer actividade económica que o Estado entenda exercer,

---

[425] *In Curso...*, vol. I, cit., pág. 252, e também *in Sobre as Novas Empresas...*, cit., pág. 556..

[426] Veja-se porém as considerações expendidas pelo Tribunal de Contas no seu Acórdão n.º 126/2001, de 26 de Junho, da 1ª Secção. Neste Acórdão o Tribunal debruçou-se, entre outras, sobre a questão de saber se, em face do actual RGSEE, continua a ser legalmente viável proceder à constituição de empresas públicas societárias por via de Decreto-Lei. A este propósito, e atendendo à letra do preceito citado no texto, na medida em que o RGSEE define as empresas públicas societárias como sendo "as sociedades constituídas nos termos da lei comercial", o Tribunal entendeu que será de afastar actualmente a criação de empresas públicas societárias com base em Decreto-Lei, uma vez que tal equivale à derrogação do próprio RGSEE. Neste sentido, o Tribunal acaba por considerar a criação da sociedade Polis Castelo Branco, SA, criada pelo Decreto-Lei n.º 305/2000, de 24 de Novembro, inválida, chamado ainda a atenção para o facto de o Estado (detentor de 60% do capital social) optar por criar a sociedade por via legislativa, e inviabilizar desse modo a fiscalização prévia a exercer pelo Tribunal relativamente à criação da sociedade em causa, a qual sempre seria possível se tal fosse efectuado por via contratual. Tudo isto, no Acórdão citado, designadamente a partir da sua pág. 7 e ss., encontrando-se o aresto disponível no *site* oficial: www.tcontas.pt.

uma vez que não basta a adopção de um dos tipos de sociedade comercial previstos no CSC.

A esta luz não deixa então de ser curiosa a configuração de alguns dos hospitais empresarializados como sociedades anónimas, desde logo porque temos as maiores dúvidas que se possa considerar a actividade pública de prestação de cuidados de saúde, como constituindo actos de comércio[427]. De todo o modo, dando por adquirido,

---

[427] A propósito da noção de actos de comércio e suas consequências em termos de regime jurídico, é muitíssimo vasta a bibliografia que se poderia citar, pelo que, em termos gerais e a título meramente exemplificativo referimos para este efeito COUTINHO DE ABREU, *Curso de Direito Comercial,* vol. I, 5ª edição, Almedina, Coimbra, 2004, pág. 40 e ss.; OLIVEIRA ASCENSÃO, *Direito Comercial. Institutos Gerais.* vol I, Lisboa, 1998/1999, pág. 365 e ss., e especificamente para efeitos de qualificar uma sociedade como sendo comercial, *Direito Comercial,* vol. IV, pág. 17 e ss.., onde critica o atomismo da expressão "actos de comércio".De todo o modo, a aplicabilidade da figura da sociedade anónima aos hospitais públicos poderia porventura não obstaculizar à sua qualificação como sociedade comercial se, apesar de considerarmos a prestação de cuidados de saúde nestas circunstâncias como acto não comercial, pudéssemos ainda assim sustentar que estes hospitais exerceriam também alguns actos comerciais, o que, no entendimento de OLIVEIRA ASCENSÃO, faria com que já se pudesse considerar aqueles hospitais como verdadeira sociedade anónima, uma vez que, segundo o Professor, *Da redacção do nº 4* (do artigo 1º do CSC) *resulta que se o objecto é misto a sociedade é comercial".* Assumimos contudo as nossas dúvidas no que toca a este específico aspecto, quando aplicado à prossecução pública de actividades de cariz eminentemente social, e não já económico, em particular no âmbito da prestação de cuidados de saúde, onde nos parece seguro afirmar que, mesmo que se admita que os hospitais praticam também actos que se possam considerar como comerciais, a verdade é que ainda assim essa prática será certamente entendida como instrumental, acessória e funcionalizada àquela outra que será a actividade principal, eminentemente não económica e não comercial, exercida por aqueles hospitais. Uma outra resposta possível seria apelar ao artigo 230º do Código Comercial para, com base no seu n.º 2, por analogia, nele abranger também as actividades de prestação de serviços, tal como tem vindo a suceder, tal como refere COUTINHO DE ABREU, *in Curso...,* vol. I, cit., pág. 53 e ss., em particular, 64 a 66. Neste sentido, seria já possível qualificar as sociedades anónimas de capitais públicos como verdadeiras sociedades comerciais, uma vez que se preencheriam já os pressupostos do artigo 2º do CSC, na medida em que a prestação de cuidados de saúde, enquanto prestação de serviços, seria considerada como acto comercial em sentido objectivo e, além disso, se teria aplicado uma das formas de sociedade previstas no CSC. A propósito da aplicabilidade da figura da sociedade anónima aos hospitais públicos, veja-se também, deste mesmo autor, *Sociedade Anónima, a Sedutora. Hospitais S.A, Portugal S.A.,* Instituto de Direito das Empresas e do Trabalho, Miscelâneas n.º 1, Almedina 2003. Ainda assim, não será despiciendo sublinhar as dúvidas que sempre se colocam na hora de qualificar como acto de comércio, uma actividade que denuncie possuir cariz social, tal como se pode verificar no acórdão da Relação do Porto de 30/11/82, CJ, 1982, pág. 229, bem como no Acórdão do STJ de 16/4/1996, BMJ n.º 456 (1996), pág. 396 e ss., *apud* COUTINHO DE ABREU, ob. e loc. cits., nota n.º 60.

atenta a prática instituída e referenciada, que hoje o conceito de empresa pública abrange dois tipos de figuras, as societárias e as institucionais, ainda assim, cabe perguntar se, perante tal formulação, o próprio conceito de sociedade não acabará por resultar afectado. Ou seja, atendendo aos elementos até hoje tidos como essenciais para a definição da própria noção de sociedade, e não apenas da sociedade comercial, serão eles compatíveis com a actividade de toda e qualquer empresa pública? Para além do exemplo que acabamos de referir, pense-se também no caso das empresas que se dediquem à exploração de serviços de interesse económico geral relativos a actividades que se sabe serem comprovadamente deficitárias[428]. Não nos será possível dar neste momento uma resposta concreta a esta questão. Tentaremos faze-lo porém no último ponto da presente secção, pelo que para lá remetemos.

Para já, analisemos então, dentro do "figurino" societário, aquilo que hoje se consideram ser empresas públicas. Para tanto torna-se necessário enunciar a ordem pela qual trataremos os diversos pontos de reflexão:

1º) Começaremos por uma análise pela negativa, ou seja, referindo-nos a empresas societárias que não são consideradas como empresas públicas;

2º) Passaremos a abordar o conceito de entidade pública empresarial;

3º) Excluiremos deste ponto a análise que permitirá melhor abordar o próprio conceito de sociedade comercial e da sua adequação ou não como forma organizativa preferencial a aplicar às empresas públicas estaduais, remetendo-o para o primeiro ponto da última secção deste último capítulo.

---

[428] Nestes mesmos termos colocou a questão a Direcção Geral do Tesouro, que na Informação n.º 1239/2000, de 27 de Outubro, dizia: *"Uma última questão que se poderá colocar tem a ver com a adequação da forma societária para a prossecução de actividades decorrentes do objecto social, tendo em conta que um dos requisitos das sociedades é o intuito lucrativo, o qual neste caso, tal como sucede na NAER, está prejudicado, visto que não será assegurado à empresa que das suas actividades ordinárias resultem réditos pela prestação de serviços"*, apud Relatório Tribunal de Contas, cit., pág. 43, sendo que esta mesma instituição secunda este entendimento da Direcção Geral do Tesouro nesta mesma pág. , bem como na pág. 72, onde questiona *"(...) a aplicação de fundos públicos no 'sector produtivo, com fundamento na necessidade de criar sociedades anónimas, para a gestão de eventos e requalificação urbana (...)"*.

Assumem também configuração de sociedade comercial as empresas participadas.

Consagradas no n.º 2 do citado artigo 2º do RGSEE, tais empresas surgem definidas como sendo *"(...) as organizações empresariais que tenham uma participação permanente do Estado ou de quaisquer outras entidades públicas estaduais, de carácter administrativo ou empresarial, por forma directa ou indirecta, desde que o conjunto de participações públicas não origine qualquer das situações previstas no n.º 1 do artigo 3º."*

Como podemos constatar, o legislador define estas empresas como "organizações empresariais", sem no entanto esclarecer que forma poderão adoptar tais organizações. Contudo, ao referir-se a "participação" conclui-se que se terá certamente pretendido referir apenas às sociedades comerciais, denotando assim de novo a propensão para privilegiar a figura da sociedade comercial no seu sector empresarial, muito embora se pudesse considerar a existência de participação social estadual numa sociedade civil sob forma comercial, possibilidade que, de acordo com a letra do artigo 2º n.º 2, parece razoável, uma vez que o legislador não se compromete com a forma jurídica concreta destas "organizações empresariais" em que venha a participar. Excluídas da qualificação como empresas participadas ficarão desde logo as próprias EPEs, uma vez que possuem uma base institucional não divisível em participações sociais, bem como as cooperativas, cujo capital se encontra dividido em títulos, e já não em participações, tal como dispõe o artigo 20º do Código Cooperativo.

Assim, é seguro concluir que as empresas participadas serão aquelas constituídas sob a forma de sociedade, nos termos da lei comercial, mas sem que isso implique a existência de uma influência dominante por parte de Estado. Ou seja, estaremos então em face de sociedades em que participam sujeitos de direito privado (pessoas físicas ou colectivas), e também poderes públicos estaduais, pelo que as empresas participadas serão sociedades mistas. Estes poderes públicos estaduais deterão parte das participações sociais, as quais a lei presume permanentes se representativas de pelo menos 10% do capital social, tal como dispõe o artigo 2º n.º 4 do RGSEE.

Lembre-se aqui o conceito comunitário de empresa pública: enquanto que nesse se preferiu estabelecer presunções para aquilo que se entendia ser uma influência dominante dos poderes públicos, o legislador nacional, diversamente, optou por consagrar de forma expressa tal noção, ao passo que estabeleceu uma presunção para aferir da participação social permanente de tais poderes nas empresas públicas de base societária.

No que toca a estas empresas, nada a apontar. É perfeitamente legítimo (dentro dos condicionalismos que temos já vindo a apontar a propósito desta matéria), que o Estado promova o seu sector empresarial, ou incentive o sector empresarial privado[429] através da participação em sociedades comerciais já constituídas ou a constituir. As principais questões que a este respeito pretendemos aqui apontar, necessariamente de modo sucinto, são apenas as seguintes:

1º) o problema da dispersão e incontrolabilidade que se verifica na carteira de participações sociais do Estado pode ser agravado se se implementar como prática reiterada, o recurso às empresas participadas como forma de exercer a iniciativa económica pública;

2º) A segunda consideração prende-se com o entendimento de participação social de carácter permanente. Certo que ela não deverá originar influência dominante estadual, e certo também que se estabeleça um mínimo percentual para tal participação, no caso, 10%. Menos certo parece no entanto, o facto de se aferir uma participação social permanente a uma titularidade temporalmente limitada e inferior a um ano, conforme disposto no n.º 3, parte final do artigo 2º em análise.

---

[429] Assumindo uma posição minoritária apenas para incentivar a criação de empresas privadas, funcionando aqui como um *"sleeping partner"*, dando uma sensação de conforto e segurança ao investimento privado empenhado naquela empresa, como refere Paulo Otero *in, Vinculação...,* cit., pág. 208, mas não sem referir que o Princípio da Prossecução do Interesse Público que vincula o Estado-Empresário, estabelece uma " *(...) nítida regra de preferência pela participação maioritária do Estado em empresas de capitais mistos".*, ob. e loc. cits. Para maiores desenvolvimentos a propósito das razões que legitimam e justificam o recurso às participações sociais minoritárias por parte do Estado, veja-se Nuno Filipe Abrantes Leal da Cunha Rodrigues, " *Golden Shares"...,* cit., pág. 147 e ss..

Quanto a este aspecto terá necessariamente de se proceder a uma interpretação correctiva no sentido de entender que a participação estadual será permanente se tiver uma duração mínima de um ano. É este o sentido que parece ser minimamente consentâneo com qualquer noção de permanência, o que ainda assim coloca o problema de saber como qualificar uma empresa em que o Estado detenha pelo menos 10% do capital, não se verifique qualquer das situações previstas no n.º 3 do artigo 2º, mas ainda não tenha decorrido um ano desde a sua aquisição. Neste caso parece efectivamente que esta empresa não será considerada como empresa participada, não sendo por isso abrangida pelo RGSEE, e não se considerando sequer integrada no sector empresarial do Estado[430]!

3º) Por último, o facto de se estabelecer um mínimo percentual para a participação social, mas já não um máximo, poderá levar a que a participação estadual nestas empresas acabe por propiciar, *ipso facto,* uma influência dominante por parte do Estado. Pense-se por exemplo na hipótese de uma sociedade anónima em que o Estado vem a adquirir uma significativa parte das participações sociais, e estando as restantes dispersas na titularidade de pequenos accionistas. Neste caso é efectivamente o Estado que detém a influência dominante sobre esta empresa, situação essa que a suceder, estaria em clara violação com o disposto no n.º 3 deste artigo, quando se refere o objectivo destas participações sociais estaduais, as quais não deverão ter *"qualquer intenção de influenciar a orientação ou a gestão da empresa por parte das entidades participantes (...)"*, estas últimas, entenda-se, estaduais.

Para responder a esta questão, o artigo 6º n.º1 dispõe que se a empresa for participada por diversas entidades públicas, ela se integrará *"(...) no sector empresarial da entidade que, no conjunto das participações do poder público, seja titular da maior participação relativa"*. Esclarece também o n.º 2 que *"a integração das empresas participadas no sector empresarial do Estado aplica-se apenas à respectiva participação pública e aos representantes da entidade*

---

[430] Tal como refere Nuno Filipe Abrantes Leal da Cunha Rodrigues, *in* " *Golden Shares*"..., cit., pág. 108.

*participante (...)"*. Todavia, este preceito não derroga o disposto no já citado n.º 3 do artigo 2º, e do qual decorre que nas empresas participadas não deverá existir uma influência dominante por parte do Estado, caso contrário, a remissão feita por tal normativo para o artigo 3º, ficaria desprovida de sentido. Desta forma, o que se estabelece no artigo 6º, parece ser efectivamente um modo de integrar estas empresas num determinado sector de propriedade dos meios de produção, no caso no sector público no tocante às participações detidas pelas entidades públicas em causa.

Come se vê, as empresas participadas, apesar de se considerarem como entidades integradas no sector empresarial do Estado, como dispõe o artigo 2º n.º 1 do RGSEE, não são consideradas como empresas públicas, e apesar daquela integração, é efectivamente duvidoso se estão ou não submetidas à disciplina do RGSEE, designadamente se atendermos à letra do artigo 7º n.º 3 deste diploma, quando refere que estas empresas *"estão plenamente sujeitas ao regime jurídico comercial, laboral e fiscal, ou de outra natureza, aplicável às empresas cujo capital e controlo é exclusivamente privado"*, o qual como se vê, diferentemente do que sucede nos outros n.ᵒˢ que o constituem, não ressalva a aplicabilidade do próprio RGSEE. Deste modo, torna-se possível concluir que, do mesmo modo que estas empresas participadas não são empresas públicas, também todas as demais que assumam qualquer outra forma jurídica que não sociedade comercial ou EPE, estarão, tal como as participadas, afastadas da disciplina jurídica instituída por aquele Regime Geral. Neste sentido, a previsão do artigo 2º, articulada com o artigo 6º n.º 2 e 7º n.º 3, torna claro que é possível existirem outras empresas públicas de facto, não de direito, que, ao não estarem abrangidas pelo RGSEE, poderão perfeitamente ser moldadas ao sabor de uma disciplina jurídica casuística, construída à medida das intenções e objectivos que o Estado-Empresário através delas pretenda prosseguir. Assim sendo, constatada a possibilidade, novamente se impõe afirmar a necessidade de clarificar o conceito de empresa pública, bem como de sublinhar insistentemente a vinculação dos poderes públicos aos princípios fundamentais de direito público, independentemente da forma sob a qual actuem, uma vez que estes acabam então por se assumir como a última barreira que permite aferir da legalidade da actuação empresarial pública.

### 3.2.2 – As Entidades Públicas Empresariais

Nos termos do artigo citado, tais empresas são *"(...) pessoas colectivas de direito público, com natureza empresarial, criadas pelo Estado(...)"*. Tratam-se pois de pessoas colectivas de base institucional e não societária. Não obstante, e porque são empresas públicas, não se regem única e exclusivamente pelo direito público, mas sim sobretudo no que concerne à sua actividade externa, pelo direito privado, tal como dispõe o artigo 7º.

Atendendo a que são pessoas colectivas de direito público, a intervenção estadual, é muito mais intensa do que a verificada nas empresas de base societária. Aqui há efectivamente uma fuga para o direito privado por parte das entidades públicas, a qual tem sido desde sempre justificada com o facto de o direito privado ser mais adequado ao exercício da actividade empresarial. Deste modo, cria-se uma espécie de regime misto, visível na bipartição da actividade destas empresas. Assim, ao nível interno, verificam-se especificidades decorrentes da aplicação do direito público, como é o caso da obrigatoriedade de instituição por acto legislativo, ou seja por via de Decreto-Lei, dissipando-se assim as dúvidas anteriormente existentes acerca de saber se para tanto bastaria um simples decreto, opção legislativa esta que veio assim consagrar o entendimento que COUTINHO DE ABREU[431] defendia acerca desta questão. Também assim, no caso de fusão, cisão ou transformação, tal como decorre do artigo 33º do RGSEE, bem como na hipótese de dissolução, não se lhe aplicando as regras gerais sobre dissolução e liquidação de sociedades, nem as de processos especiais de recuperação e falência, tal como dispõem o artigo 34º n.º 1 e n.º 2 respectivamente[432].

Já ao nível da sua organização, as EPEs dispõem de órgãos de administração e fiscalização semelhantes aos existentes nas socieda-

---

[431] *Definição de Empresa Pública*, Coimbra, 1990, pág. 98 e ss..

[432] Neste sentido, MARCELO REBELO DE SOUSA, *Lições...*, cit., pág. 303. Em sentido oposto, considerando a dissociação das EPEs por via de Decreto-Lei como uma mera possibilidade e não como uma obrigatoriedade, NUNO FILIPE ABRANTES LEAL DA CUNHA RODRIGUES, *"Golden Shares"...*, cit., pág. 86, admitindo mesmo que tal possa ocorrer por deliberação da Assembleia Geral. Note-se que a existência deste órgão nas EPEs, não sendo estas entidades societárias, é muito discutível. Sobre este ponto, ilustrado com exemplos, veja-se o Autor citado, especificamente na nota 199 da pág. 87.

des anónimas, nos termos do artigo 27º n.º 1 e 2. O estatuto do pessoal trabalhador destas empresas é o regime laboral geral, conforme dispõe o artigo 16º. As normas contabilísticas pelas quais devem reger-se são as privadas e não as públicas, nos termos do artigo 25º n.º 1, e encontram-se sujeitas à tributação directa e indirecta nos termos gerais, tal como prevê o artigo 7º n.º 2.

No tocante aos poderes de controlo do Estado relativamente às EPEs, eles serão exercidos, conjuntamente, pelo Ministro das Finanças e pelo Ministro responsável pelo sector de actividade em que a EPE se insira, de acordo com o disposto no artigo 29º n.º 1, e incluem, tanto poderes de tutela, como de superintendência, sem prejuízo de serem ainda fixadas orientações estratégicas que as EPEs deverão também observar, tal como resulta do artigo 31º n.º 2. Não será todavia este o local adequado para analisar o conteúdo de tais poderes. Fá-lo-emos sim no ponto 2.2 da III e última secção do presente capítulo, pelo que para lá remetemos.

Será todavia adequado adiantar neste momento, até para que se torne mais perceptível a posição que assumimos no ponto que se segue, que em concreto, a actuação empresarial por intermédio de uma EPE permite um maior e mais eficaz controlo da mesma quando comparada com a utilização da figura societária. Assim, é usual afirmar-se que as EPEs são as continuadoras naturais das antigas EPs[433], muito embora, perante a esmagadora minoria que constituem relativamente às empresas societárias, acabem por propiciar o levantamento de questões a propósito desta opção legislativa de manutenção de uma figura jurídica que, a menos que se lhe encontre uma razão substancial que fundamente a sua existência, se arriscará a desempenhar um lugar absolutamente residual e quase "decorativo" no conjunto do actual sector empresarial do Estado. É pois a busca dessa razão de ser da manutenção das EPEs que orientará a análise vertida no ponto que se segue.

---

[433] Nesse sentido, COUTINHO DE ABREU, *Curso...*, vol. I, pág. 253, onde também refere, na nota n.º 156, que a própria expressão "entidades públicas empresariais" parece ter-se inspirado no ordenamento jurídico espanhol, indicando também bibliografia nesse sentido, em concreto: A. PEREZ MORENO/E. MONTOYA MARTÍN, *Formas Organizativas del Sector Empresarial del Estado*, in Os Caminhos da Privatização da Administração Pública ( IV Colóquio Luso-Espanhol de Direito Administrativo), Universidade de Coimbra, Coimbra Editora, 2001, pág. 81 e ss.

### 3.3 – *A Razão de Ser da Dualidade: esboço de uma solução possível*

Demonstrado como ficou que o novo conceito de empresa pública tem de aferir-se a duas realidades distintas, as sociedades (comerciais) e as EPEs, cabe perguntar qual a motivação subjacente a esta dualidade de formas empresariais.

Na verdade a maioria das empresas públicas são hoje sociedades, pelo que por via do actual RGSEE assistimos a um significativo aumento quer da importância destas empresas, agora expressamente consideradas públicas, quer do próprio sector empresarial estadual em geral[434]. Mas é precisamente por se constatar esta marcada tendência de utilizar a forma societária que se coloca com maior acuidade a questão de saber o motivo que levou o legislador a manter forma da EPE como continuadora da anterior EP.

Assim, criticando a dualidade existente no âmbito do novo conceito de empresa pública, o Professor Marcelo Rebelo de Sousa considerava a este propósito que o actual RGSEE, " *(...) em vez de clarificar, actualizando e melhorando, o estatuto das anteriores empresas públicas, acaba por confundir e complicar esse estatuto"*, precisamente porque no que toca às EPEs, acaba por as diluir *"(...) numa categoria muito vasta, em que aparecem como irmãs pobres das pessoas privadas de fim lucrativo e de influência dominante do Estado. "*[435].

Mas será que não existe qualquer razão de ser, verdadeiramente substancial, para justificar a duplicidade de formas jurídicas que hoje pode assumir a empresa pública?

Tentando responder a esta questão, partimos da análise do próprio RGSEE, em cujo preâmbulo é possível vislumbrar um início de resposta possível quando, a propósito das duas figuras que integram

---

[434] Neste sentido, veja-se o Relatório do Tribunal de Contas, cit., pág. 28.

[435] *In, Lições de Direito Administrativo,* vol. I, Lex, Lisboa, 1999, pág. 306. Tecendo algumas críticas a este entendimento, veja-se LUÍS D. S. MORAIS, *As Relações entre o Estado e as Empresas Públicas na Sequência da Aprovação do Decreto-Lei n.º 558/99 de 17 de Dezembro, in Estudos Sobre o Novo regime...,* cit., pág. 102, 103 e 104, posição esta secundada e desenvolvida por Nuno Filipe Abrantes Leal da Cunha Rodrigues *in,* "*Golden Shares"...,* cit., pág 90 e 91.

o SEE, se vem afirmar o seguinte: *"Admitir-se-ía, eventualmente, que a revisão do conceito pudesse levar à exclusão total de formas especiais de organização, como são as actuais empresas públicas reguladas pelo Dec.-Lei n.º 260/76. Entendeu-se, no entanto, que se poderia continuar a justificar a existência de entidades empresariais de natureza pública, que se integrarão no regime geral agora estabelecido, nos termos do capítulo III. Estas empresas continuarão a reger-se também elas em múltiplos aspectos pelo direito privado, mas ficarão sujeitas a um regime de tutela, ainda que mais aliviado do que o previsto no anterior diploma"*. Assim, e passando em seguida a referir-se às sociedades comerciais, relativamente às quais *"não se prevê a subsistência de tutela governamental nos mesmos termos"*, é legítimo concluir que a razão que levou o legislador a manter a clássica figura de EP, agora redenominada EPE, foi precisamente consagrar uma forma jurídica que lhe permitisse exercer um controlo mais intenso sobre a actividade e até sobre a gestão das mesmas, pese embora a regra de autonomia que a esse propósito resulta do artigo 25º n.º 1, que acaba na prática por ser limitada pelo exercício do poder de tutelar e superintender a sua actividade. Nessa medida, o legislador terá pretendido manter do antigo regime aquilo que de bom ele apresentava, reabilitando, actualizando, e expurgando a clássica EP, para permitir hoje a sua aplicação, sempre e quando o Estado-Empresário entendesse que essa seria a melhor forma organizativa para desenvolver uma determinada actividade no âmbito económico-empresarial. Assim, a manutenção de duas figuras jurídicas aptas a dar vida à empresa pública actual, permite retirar duas conclusões:

– por um lado, a existência de duas alternativas possíveis, convida o Estado-Empresário a exercer adequada e ponderadamente a Liberdade de Escolha de Formas Jurídicas a aplicar em sede empresarial;
– por outro lado, permite evidenciar que na realidade não existe qualquer preferência seja ao nível constitucional, seja ao nível da lei ordinária, pela aplicabilidade de formas jurídicas de direito privado, consagrando-se assim, por esta via, um Princípio de Neutralidade quanto à forma jurídica concretamente aplicável ao exercício público de actividades económico-empresariais, tal como nós já aqui defendemos.

Ainda assim, isto não se afigura suficiente para justificar a manutenção destas duas figuras distintas. Para tanto será ainda necessário identificar a existência de um argumento substancial que permita sustentar de modo mais completo e coerente a duplicidade de formas aludida. Nesse sentido, Luís S. D. Morais[436], dá o "mote" para sustentar a existência das EPEs num argumento substancial e não meramente formal. Assim, e apesar de admitir que *"(...) não nos chocaria, em tese geral, uma solução que limitasse o conceito de empresa pública a entes de forma societária, passando esse conceito a fazer fronteira – numa visão geral, actualmente em movimento e transformação, do conjunto que podemos denominar de entes públicos institucionais – com determinados tipos de institutos públicos, com estatuto de direito público, mas cujas funções específicas (...) justificam graus superiores de autonomia e a assimilação de alguns elementos organizativos e de funcionamento típicos das empresas públicas"*, assim se contribuindo então para uma melhor e mais clara distinção entre o sector público administrativo e o sector público empresarial. O referido Autor vem então lançar as bases do argumento substancial que procurávamos, ainda que o faça, no nosso entendimento, de forma algo tímida. Diz então assim o autor que temos vindo a citar: *"(...) Admitimos existir uma associação preferencial, ou tendencial – embora, logicamente, não automática ou obrigatória –, entre o conjunto de empresas públicas que se distinguem pela prestação continuada de serviços de interesse económico geral (ou, numa formulação mais corrente e, porventura, mais sugestiva, "serviços públicos") – contrapostas ao conjunto das empresas públicas concorrenciais – e as EPE"* [437].

E aqui está o argumento substancial que fundamenta a existência de EPEs em face das sociedades de capitais públicos. Acompanhamos em absoluto o entendimento do autor citado, mas com uma pequena alteração, que é a seguinte: entendemos que, do Princípio da Liberdade de Escolha das Formas Jurídicas no exercício da actividade empresarial, se o Estado pretender actuar como prestador de um bem ou serviço, criando uma empresa para esse mesmo efeito, então, atendendo ao tipo do bem ou serviço em causa (sendo este qualificado

---

[436] *As relações entre o Estado...,in Estudos Sobre o Novo regime...,* cit., pág. 103 e 104.
[437] *In* ob. cit., pág. 104 e 105.

como de "interesse económico geral"), "interesse geral" ou simplesmente "serviço público", nesse caso e de acordo com o Princípio da Adequação que, como defendemos, modela e restringe o âmbito daquele outro de liberdade de escolha de formas jurídicas, neste caso, constituindo-se uma empresa, a mesma deverá revestir a forma de EPE e não de sociedade de capitais públicos. Esta nossa posição baseia-se não apenas na interpretação que propomos para o referido Princípio de Liberdade de Escolha de Formas Jurídicas, mas também nas características que também já aqui analisamos se verificam naqueles serviços, e ainda no facto de o recorte jurídico, quer das EPEs, quer das empresas encarregadas da gestão ou exploração de serviços de interesse geral reguladas no capítulo II do RGSEE apontarem, no nosso entendimento, claramente para adopção da forma jurídico-pública em detrimento da societária, a qual estará "reservada", em regra, para o exercício de actividades económicas, rentáveis e em concorrência com outros operadores económicos, tal como melhor se verá adiante.

Assim, no que tange ao recorte jurídico assumido pelas EPEs, facilmente se constata, como aliás já referimos, que é possível exercer sobre as mesmas um maior controlo, o que permite não apenas evidenciar a ligação que defendemos existe e se deve manter, entre serviços públicos e prestação pública dos mesmos, ao mesmo tempo que apresenta vantagens conceptuais na medida em que preserva os caracteres qualificativos das figuras jurídicas aplicadas, além do que se revela também uma opção mais coerente com o sistema jurídico, na medida em que, sendo o direito público o direito natural dos entes públicos, havendo alternativa entre formas jurídico-públicas e jurídico-privadas, deverão as primeiras ser privilegiadas, no caso em apreço, relativamente às segundas. Cremos além de tudo que o próprio regime do RGSEE apoia a nossa conclusão, se não, vejamos:

    a) O artigo 4º deste diploma impõe uma "missão" a todas as empresas públicas, em concreto, *"de contribuir para o equilíbrio económico e financeiro do conjunto do sector público e para a obtenção de níveis adequados de satisfação das necessidades da colectividade"*. Neste sentido, tendo em atenção, como o próprio legislador reconhece, no artigo 20º alínea d), que existem alguns sectores de actividade, integrados no âmbito dos serviços públicos (ou de interesse económico geral) que são em muitos casos, actividades comprovadamente deficitárias, e tendo em conta que as sociedades possuem como elemento típico[438], um objectivo específico, que não se compadece com esta circunstância, então, havendo alternativa, tal será um indicador a apontar para aplicabilidade das EPEs nestes casos;

b) O artigo 21º, n.º 1, prevê ainda a atribuição de indemnizações compensatórias às empresas encarregadas da gestão ou exploração daqueles serviços, na medida em que não deverão ser elas a suportar os encargos decorrentes da prestação de um serviço público, os quais implicam, como se sabe, que a prestação do bem ou serviço, por razões sociais, seja efectuada abaixo do seu preço de custo. Neste sentido, a aplicabilidade da figura da EPE permite perspectivar o pagamento destas indemnizações de forma economicamente mais benéfica para o Estado, uma vez que então, por serem EPEs e não sociedades, o montante das referidas indemnizações poderia limitar-se, *grosso modo,* a cobrir a diferença existente entre o preço de venda e o preço de custo, não sendo exigível que cobrisse um qualquer benefício económico para além disso, uma vez que estas empresas não têm de ter como finalidade a obtenção de lucro com a actividade desenvolvida;

c) Acresce ainda a já referida maior intensidade ao nível do controlo que sobre estas empresas o Estado estará habilitado a exercer, o qual inclui o poder de precisamente homologar os preços e tarifas a cobrar pela prestação dos serviços a que nos estamos a referir;

---

[438] Veja-se a este propósito as reservas de ANTÓNIO PINTO DUARTE , *Notas...,* cit., pág. 77 a 79 relativamente à aplicabilidade da noção ampla de lucro às empresas públicas. Começando por afirmar que o artigo 4º do RGSEE assinala às empresas públicas um fim diverso do intuito lucrativo, acaba todavia por concluir que o propósito lucrativo deve estar presente na actividade das empresas públicas. Não é agora o momento adequado para abordar a problemática de saber se toda a empresa, por ser empresa, *maxime,* por se constituir como sociedade, tem ou não, obrigatoriamente de prosseguir um fim lucrativo. São sem dúvida questões que não poderiam deixar de ser aqui referidas. Fá-lo-emos no último capítulo, mais concretamente, nos pontos 1.1.1 e 1.1.2.

d) O artigo 22º n.º 1, prevê que os utentes sejam admitidos a participar *"na definição dos objectivos das empresas encarregadas da gestão de serviços de interesse económico geral"*. Ora, das duas uma: ou esta previsão pretende ter, algum dia, conteúdo suficientemente concreto para poder dar a possibilidade aos utentes de exercerem esse direito de participação, ou não passa de uma norma meramente "estética". Em qualquer dos casos, não concebemos como é que os utentes haveriam de exercer este direito de participação no âmbito de uma empresa societária, na qual só terão este direito os sócios ou accionistas, mas não um qualquer estranho, alheio àquela estrutura empresarial.

e) Por outro lado, como se sabe, uma das principais características destes serviços públicos ou de interesse geral, é precisamente, tal como aliás refere o artigo 19º n.º 1 do RGSEE, a sua universalidade e continuidade. Nesse sentido, parece-nos que, ao não estarem as EPEs sujeitas ao regime falêncial como o estão as empresas societárias, serão então, também por este motivo, particularmente adequadas para serem eleitas como a forma jurídica preferencial a aplicar à prestação pública destes serviços.

É pois este o nosso entendimento a propósito da dualidade de formas jurídicas aplicáveis às actuais empresas públicas. Nesta medida, consideramos que realmente existem razões para manter a dualidade de formas jurídicas, sendo que serão estes os fundamentos que justificam não apenas a sua existência, mas que exigem também a sua aplicabilidade em concreto, sob pena de a sua previsão acabar por não passar de "letra morta" ou "forma moribunda", o que aliás parece suceder, tal como se constatou no quadro que nos foi possível traçar do actual SEE. Não obstante, a este propósito, e apesar das nossas reticências quanto à aplicabilidade de mecanismos empresariais para a prestação de serviços sociais, honra seja feita à transformação dos hospitais SAs, em EPEs. Outro exemplo que foge à clara tendência de constituir sociedades anónimas "por tudo e por nada", pode encontrar-se na transformação do Instituto de Estradas de Portugal para empresa pública[439], assumindo neste caso a forma de EPE. Ainda

---

[439] Veja-se o Decreto-Lei n.º 239/2004, de 21 de Dezembro de 2004.

assim, temos novamente dúvidas a propósito da aplicabilidade da figura da empresa a este tipo de actividade, a qual não pressupõe o exercício de qualquer processo produtivo, mas pelo contrário se limita a gerir recursos existentes, não existindo por isso *"qualquer actividade de produção ou intermediação para troca"*[440], sendo então perfeitamente adequado manter a feição de Instituto Público, sobretudo agora, que finalmente temos uma Lei-Quadro que tenta separar claramente as águas entre aquilo que é a actividade administrativa por um lado, daquilo que será já a actividade empresarial por outro[441].

## II SECÇÃO
### Actuação Pública e Direito Privado: Uma Cura para Todos os Males (?)

Na secção anterior abordamos a nova configuração do sector empresarial do Estado e, apesar de nos termos proposto nesse ponto a dar resposta à questão que colocamos no final do III capítulo, acabamos por não o fazer na primeira secção do presente. Tal facto deve-se necessariamente a duas condicionantes: por um lado, temos já deixado transparecer ao longo de todo o texto aquela que assumiremos como posição final a propósito deste tema; por outro, por razões sistemáticas, entendemos que o local mais adequado para fornecer uma tal resposta será precisamente no final do presente capítulo, uma vez que as matérias tratadas nas secções que se seguem serão relevantes para dar uma resposta final e cabal à questão então levantada.

Assim, nesta secção que agora se inicia, e após termos "alinhavado" nas anteriores os problemas de fundo que consideramos mais

---
[440] Tal como refere COUTINHO DE ABREU, in *Definição...*, cit., pág. 207.
[441] Ficando assim, atento o disposta na Lei-quadro dos Institutos Públicos, reduzida a razão de existência das EPEs àquela que referimos no texto, não sendo por isso hoje relevante o papel que, de acordo com LUÍS D.S. MORAIS, aquelas poderiam assumir no âmbito da Administração Pública Indirecta, como *"(...) pólo aglutinador numa nova reordenação dos denominados institutos públicos..."*, in, ob. cit., pág. 105 e ss..

pertinentes para o efeito, pretendemos neste momento, fazer o respectivo "remate", agora de modo mais firme e seguro.

## 1 – O Direito Privado como Instrumento Jurídico Preferencial da Actividade Empresarial do Estado: Reserva Constitucional de Direito Privado?

Ao longo do presente trabalho temos vindo já por diversas vezes a aludir a esta questão, designadamente quando abordamos a temática da liberdade de escolha das formas jurídicas a aplicar no exercício da intervenção económica pública.

Nesse sentido, já revelamos quase peremptoriamente a nossa posição. O único motivo que nos leva a incluir este tema como um ponto isolado na presente secção é para que neste momento se possa finalmente ter uma visão integrada que melhor clarifique a posição por nós adoptada. Cumpre todavia dizer claramente que o mérito de introduzir a necessidade de reflectir sobre este tema na nossa ordem jurídica não é de forma alguma nosso, devendo por isso prestar-se a devida vénia aos Professores PAULO OTERO e MARIA JOÃO ESTORNINHO que a este nível estabeleceram entre nós as balizas que permitem orientar a construção das várias soluções possíveis nesta matéria.

Deste modo, segundo o Professor PAULO OTERO, existirá efectivamente uma reserva constitucional de direito privado no âmbito do sector empresarial do Estado que justificará a eleição de formas jurídico-privadas para desenvolver a actividade empresarial pública, afirmando que existe a este nível uma implícita preferência constitucional pelo direito privado. De acordo com a leitura que efectuamos da obra do Professor[442], parece-nos efectivamente que um dos principais argumentos utilizados para construir esta reserva constitucional de Direito privado, parte efectivamente do disposto no artigo 81º alínea c) da CRP, do qual se extrai um Princípio Constitucional da Eficiência do sector público empresarial. Assim, conjugando este princípio com o entendimento segundo o qual o direito privado é uma espécie de "direito comum" da actividade empresarial, bem como com a circunstância de a Constituição não impor qualquer

---
[442] *Vinculação...*, cit., pág. 232 a 236.

garantia institucional da forma jurídico-pública a aplicar às empresas do Estado[443], e tendo ainda em consideração o facto de a nossa Constituição consagrar uma economia mista de mercado na qual a iniciativa económica pública deve ser limitada de acordo com o Princípio da Subsidiariedade, conclui o Professor pela efectiva existência de uma reserva constitucional de Direito privado no sector empresarial do Estado, da qual resulta em consequência uma *"regra implícita de preferência"* pelas formas jurídico-privadas de organização. Tudo isto tributário da constatação de que neste sector reina a liberdade de escolha de formas jurídicas, enquanto *"fonte atribuidora de uma faculdade tendencialmente discricionária de instrumentalização da forma organizativa das empresas do Estado às concretas exigências da realidade de um modelo eficiente de prossecução do interesse público"*[444].

Não é porém este, salvo o devido respeito, o nosso entendimento, o qual tentaremos agora expor, centrando-nos naquilo que consideramos ser a "pedra angular" da questão. Assim, não é possível contestar, de modo algum, que a nossa Constituição impõe um modelo baseado na economia mista, o que desde logo implica que se considere a iniciativa pública e a privada como complementares entre si, podendo mesmo dizer-se que a primeira será subsidiária relativamente à segunda em diversas circunstâncias, que já aqui referimos. Continuando com aquilo que não é possível contestar, e olhando agora para o artigo 81º alínea c), é evidente que dele resulta uma incumbência prioritária para o Estado que consagra um Princípio de Eficiência do Sector Público. E é com base neste normativo que construímos um entendimento diverso que afasta a existência de uma qualquer reserva constitucional de direito privado. Tentemos então explicar porquê.

---

[443] Problema colocado, como refere o Professor citado, no Acórdão do Tribunal Constitucional n.º 108/88, de 31 de Maio de 1988, no âmbito do qual o voto de vencido do juiz-conselheiro VITAL MOREIRA abriu margem para a discussão de saber se do actual artigo 165º n.º 1 alínea u), resultaria ou não uma garantia institucional da forma jurídico-pública das empresas do Estado, dado que, apesar de não resultar da Constituição qualquer obrigatoriedade no sentido de todas as empresas públicas terem forma pública, ainda assim essa seria, de acordo com VITAL MOREIRA, " *a forma normal das empresas do sector público"*, apud ob. cit., pág. 232.

[444] Ob. cit. pág. 236, *in fine*. O Professor indica também nas págs. seguintes, aqueles que entende serem os limites a colocar à liberdade de escolha das formas jurídicas.

1º) Deste artigo 81º alínea c) da CRP resulta efectivamente um Princípio de Eficácia do Sector Público, e não apenas do sector (que é aliás um subsector) empresarial, razão pela qual a abrangência deste princípio se deverá repercutir em todo o sector público globalmente considerado, independentemente de o preceito se encontrar inserido na parte respeitante à organização económica;

2º) O artigo citado, quando conjugado com a sua alínea a), bem como com o disposto na alínea d) do artigo 9º, também da Lei Fundamental, demonstra que a intervenção económica pública do Estado é uma das formas possíveis para concretizar a já tão citada cláusula constitucional de bem-estar;

3º) Essa intervenção económica pública realiza-se evidentemente através do subsector empresarial público, mas não só, pois no âmbito do subsector administrativo também é possível encontrar actividades públicas de prestação;

4º) Apesar de não resultar da Constituição qualquer obrigatoriedade ou garantia da forma jurídico-pública no que concerne à actividade empresarial do Estado, nem por isso se poderá concluir que, da liberdade de escolha de formas jurídicas reconhecida aos poderes públicos, decorra uma qualquer reserva constitucional de direito privado;

5º) Pelo contrário, aquilo que parece decorrer dos normativos citados é efectivamente um Princípio de Eficiência que se exigirá a todo o sector público, e assim sendo, uma vez que este é constituído tanto por entidades públicas como agora também, privadas, e na medida em que o próprio sector empresarial público mantém formas jurídico-públicas ao lado de formas jurídico-privadas, aquilo que daqui resulta é efectivamente um Princípio de Neutralidade quanto às formas jurídicas a aplicar no exercício da actuação pública empresarial. Daí que não exista qualquer reserva a este nível, nem qualquer preferência que determine a aplicabilidade de formas jurídico-privadas em detrimento das jurídico-públicas;

6º) Para além disto, e na sequência do que vínhamos a afirmar *supra,* na medida em que as próprias formas jurídico-públicas empresariais permitem a aplicabilidade do direito privado no exercício normal da sua actividade, daqui decorre que se é a utilização deste ramo do direito que permite maior eficácia ou eficiência (o que de longe não se pode dar como certo tal como já aqui referimos), então a sua aplicabilidade sempre estará, como esteve, garantida no âmbito do sector empresarial público através das formas jurídico-públicas de intervenção empresarial que o legislador decidiu manter no actual RGSEE.

Por tudo isto, entendemos que da Constituição não é possível retirar qualquer reserva constitucional de Direito público, muito menos de Direito privado na escolha das formas jurídicas aplicáveis ao sector público empresarial. Reiteramos por isso que, daquele princípio de liberdade de escolha, interpretado como atrás propusemos, resulta apenas uma efectiva neutralidade constitucional quanto às formas jurídicas a aplicar na intervenção económico-empresarial pública[445]. E é exactamente porque o compromisso do legislador é sobretudo para com a eficiência, que consideramos que a liberdade de escolha de formas jurídicas deverá ser tão ampla quanto neutra, propiciando assim a ponderação entre as formas jurídicas públicas ou privadas, num juízo de adequação óptima das mesmas à actividade que através delas se pretende desenvolver. Será então na neutralidade, na imparcialidade e na objectividade, que se cumprirá a exigência da eficácia resultante do artigo 81º alínea c) da Lei Fundamental.

## 2 – Relativização do "Valor Acrescentado" das Formas Jurídicas de Direito Privado

De acordo com o que se tem vindo a afirmar, não podem restar dúvidas de que se tem efectivamente atribuído um exagerado mas efectivo "valor acrescentado" às formas jurídicas de direito privado para efeitos de solucionar boa parte dos problemas de ineficiência da Administração Pública, *latu sensu* considerada.

---

[445] Neste sentido, NUNO FILIPE ABRANTES LEAL DA CUNHA RODRIGUES, *in "Golden Shares"...*, cit., pág. 46 e ss., onde analisa e responde, ponto por ponto, aos argumentos utilizados pelo Professor PAULO OTERO quando defende a existência de uma reserva constitucional de direito privado que estabeleceria uma preferência constitucional implícita pelas formas jurídico-privadas.

Esclareça-se porém que tudo o que aqui se disse não pretende significar que a Administração não possa recorrer a formas de direito privado. Aquilo que se pretende fazer é apenas relativizar o recurso massivo a essas formas, especificamente a societária, e perguntar, já agora, porque é que não se recorre a outras formas para além desta.

Alguns autores já o fizeram, designadamente quando reflectiam a propósito da aplicabilidade da figura jurídica da fundação por parte dos entes públicos. Nesse sentido, URBANO VALERO AGUNDEZ[446], quando referia que esta hipótese tem sido claramente subvalorizada, muito embora apresente uma especial adequação quando aplicada por entes públicos, designadamente para substituir as *holdings* societárias. Como vantagens desta solução destaca-se desde logo o fim teleológico da figura, o qual se encontra muito mais próximo da base legitimadora da actuação dos poderes públicos, aferindo-se aqui o necessário fim de interesse social a prosseguir pela fundação, com a prossecução do interesse público que norteia todas as actuações dos entes públicos em geral. Acresce ainda que, segundo o Autor, esta será a forma indicada *"(...) en los casos en los que no se da participación de una pluralidade de sujetos – públicos o privados o solamente públicos – en la empresa pública, en los quales la forma societária queda reducida a una pura ficción (...)"*[447/448]. Refira-se

---

[446] *La Fundación como Forma Jurídica para Empresas del Sector Público, in La Empresa Pública,* Studia Albornotiana, cit., pág. 285 e ss. Note-se que o Autor dedica boa parte da análise ao problema da fundação-empresa aplicada às empresas socializadas ou nacionalizadas, o qual surgiu, como já aqui referimos, na Alemanha do pós-guerra, indicando bibliografia a esse propósito. A partir da pág. 304 e 305, o Autor passa a defender e propor a aplicação da fundação-empresa a toda e qualquer empresa do sector público, seja ela nacionalizada ou não.

[447] Ob. cit., pág. 310.

[448] Recorde-se a este propósito o que atrás referimos a propósito da possibilidade de as fundações constituírem e explorarem empresa, possibilidade que se encontra hoje estimulada nas propostas do Centro Europeu de Fundações com vista à construção dos Princípios Fundamentais de Carácter Legal e Fiscal para as Fundações de Utilidade Pública, o qual estimulará a reforma do regime jurídico das fundações no diversos Estados membros. Para uma análise desta iniciativa, veja-se RUI CHANCERELLE DE MACHETE/HENRIQUE SOUSA ANTUNES, *Direito das Fundações, Propostas de reforma,* Fundação Luso-Americana, Lisboa, 2004, designadamente págs. 17, 19, 30 e 48. Ainda a págs. 59 é possível encontrar o Modelo Legal proposto pelo Comité Europeu do Centro Europeu de Fundações, cujo artigo 2º, alínea a) e b) evidencia a clara aproximação entre os conceitos de utilidade pública, interesse público e interesse geral.

aliás que esta proposta foi recentemente abordada, designadamente pela Doutrina espanhola, que a sugeria como uma das formas jurídicas a aplicar à actividade pública na gestão de serviços públicos[449], não obstante a sua utilização também não seja isenta de críticas, apontando-se desde logo o facto de constituírem um outro instrumento para promover a *fuga para o direito privado* por parte dos poderes públicos[450].

Efectivamente, e sem prescindir de um estudo mais aprofundado sobre a questão, parece-nos que de facto o fim teleológico de outras figuras que não as societárias se poderão assumir como mais adequadas e compatíveis com a prossecução de actividades de serviço público que sejam assumidamente deficitárias mas que, não obstante, têm de continuar a ser prestadas, independentemente do custo envolvido. Por isso, sempre que se considera o direito privado como um instrumento potenciador da eficácia nas actividades de prestação de bens e serviços (o que rejeitamos como dado adquirido já o dissemos), a verdade é que mesmo recorrendo a este ramo de direito, a utilização das formas societárias não tem de ser uma "fatalidade", quase como se não existissem outras alternativas potencialmente mais adequadas. Neste sentido, por exemplo, além da fórmula fundacional acima referida, é também possível pensar no recurso

---

[449] Veja-se a este propósito FRANCISCO SOSA WAGNER, *La Fundación en el Horizonte de las Formas de Gestión de los Servicios Públicos Locales*, in *El Derecho Administrativo en el Umbral del siglo XXI,* obra colectiva coordenada pelo Autor citado, vol. II, Valença, 2000, pág. 1905 e ss..

[450] Nesse sentido, veja-se não apenas o estudo citado na nota anterior, mas também, mais detidamente sobre esse ponto, e na mesma obra colectiva citada, JOSÉ LUÍS BERMEJO LATRE, *Las Fundaciones Privadas de Iniciativa Pública y la «Huida» del Derecho Administrativo,* agora no vol. I, a págs. 935 e ss.. Entre nós, a propósito do recorte da figura das fundações de direito público, veja-se CARLOS BLANCO DE MORAIS, *Da Relevância do Direito Público no Regime Jurídico das Fundações Privadas,* in *Estudos em Memória do Professor Doutor João de Castro Mendes,* Lex, Lisboa, pág. 562 e ss.; para uma abordagem mais sintética no âmbito do direito brasileiro, JOSÉ CRETELLA JÚNIOR, *Fundações de Direito Público,* Separata da Revista da Faculdade de Direito da Universidade de São Paulo, ano LX, 1995. e refira-se também, a ilustrar a pertinência de relativizar a forma jurídico-privada societária, para a prossecução de actividades materialmente administrativas por parte dos entes públicos, designadamente no campo da prestação de cuidados de saúde, os exemplos fornecidos por BAUZÁ MARTORELL, ob. cit., pág. 163 e ss.

quer às associações[451], como atrás referimos, mas também às cooperativas, tal como sugere ENCARNACIÓN MONTOYA MARTÍN, tendo-se porém em atenção que as cooperativas, no âmbito da ordem jurídica espanhola são havidas como sociedades comerciais, ou melhor, na terminologia catalã, mercantis[452].

Não vemos assim necessidade alguma de recorrer insistentemente a uma única forma jurídica quando, como se vê, outras existem potencialmente mais adequadas. Deste modo, tal como veremos mais adiante, na medida em que consideramos que a figura jurídica da sociedade (comercial) é recortada tendo em atenção alguns caracteres específicos que orientam e presidem à sua actuação normal enquanto subjectividade jurídica específica, e que por isso permitem distingui-la com nitidez de outras figuras jurídicas, não compreendemos a necessidade, face às outras alternativas possíveis e aqui enunciadas, de promover a "adulteração" de um conceito jurídico que tem e deve manter as suas colorações próprias, designadamente para que se perceba a sua delimitação, tanto ao nível nível conceptual, como de regime, em face das demais pessoas colectivas consagradas na nossa ordem jurídica.

Por outro lado, acrescente-se ainda que a aplicação de figuras jurídicas de direito privado, implica, como se disse já, uma privatização dos modos de actuação pública e da própria organização admi-

---

[451] Nesse sentido, veja-se por exemplo COUTINHO DE ABREU, in *Empresarialidade...*, cit. A propósito da figura das associações em termos mais gerais, e numa análise profunda do recorte da figura, veja-se VITAL MOREIRA, *Administração Autónoma e Associações Públicas,* Coimbra Editora, 1997, págs. 377 e ss., referindo no entanto a págs. 384, que raramente esta figura é utilizada para o desempenho de funções de prestação como aquelas que temos vindo a mencionar. Ainda assim, a raridade não é sinónimo de impossibilidade...

[452] Analisando o problema da forma jurídica a adoptar pela empresa pública no âmbito das Comunidades Autónomas, a Autora sugere a cooperativa como uma forma especialmente adequada, designadamente se a actividade a exercer for de serviço público, *in* ob. cit., pág. 343, sendo que na página 341 chama a atenção para o problema de qualificação que suscitam as cooperativas enquanto sociedades comerciais, considerando a autora que as cooperativas terão carácter mercantil na medida em que o seu objecto consista no desenvolvimento de uma actividade comercial. Também a propósito da utilização da figura da cooperativa para o desenvolvimento da iniciativa económica estadual, veja-se também, na ordem jurídica italiana, SANTE MARIA CESQUI, *Il Modello Cooperativo: Il Percorso Storico Giuridico, in Pubblica Amministrazione e Modelli Privatistici,* a cura di Giorgio Berti, Il Mulino, Bologna, 1993, pág. 171 e ss..

nistrativa. Nessa medida, e porque essa privatização conhece limites, tal como também já referimos[453], não será demasiado recordar agora que o recurso a estas formas jurídico-privadas, apesar de poder ser encarado como o exercício da liberdade de escolha que ao nível da organização da Administração Pública se lhe reconhece enquanto poder de auto-organização como instituição, cumpre não esquecer que, perante a multiplicidade de formas jurídicas, tanto públicas, como também, como se viu privadas, e dado que não é possível fazer equivaler à utilização destas últimas qualquer garantia de eficácia ou eficiência inevitáveis e acrescidas[454], importa ter sempre presente que, além de se interpretar aquele Princípio de Liberdade de Escolha conforme propusemos, cumpre também relativizar o valor acrescentado quase pacificamente atribuído às formas organizativas de direito privado para solucionar os problemas que a actividade pública de prestação actualmente enfrenta. Foi esse o objectivo a que nos propusemos no presente ponto: o de relativizar, enunciando alternativas possíveis, a actual tendência de recorrer insistentemente a uma única forma jurídica, perdendo por isso a opção organizativa assim efectuada em objectividade e imparcialidade, revelando-se então como um fenómeno de "absolutismo jurídico-formal", que consideramos, a todos os títulos, de rejeitar. Cremos que o objectivo a que

---

[453] Designadamente na primeira Secção do Capítulo III do presente trabalho, onde destacamos desde logo, porque desde o início foi essa a nossa confessada preocupação, as actividades de serviço público, designadamente aquelas que concretizassem direitos fundamentais dos cidadãos, nomeadamente ao nível social, e que por isso exigiriam um determinado nível de prestação pública. Também neste sentido, enfatizando a necessidade da manutenção da prestação pública no âmbito dos direitos sociais como um limite à privatização (formal) actualmente em curso, veja-se, M. BAENA DE ALCAZÁR, *Privatizaciones ey Misiones de Servicio Público, in El Derecho Administrativo en el Umbral...,* cit., vol. II, pág. 1886 e 1981 a 1893.

[454] Já o deixamos bem claro em pontos anteriores. Porém não nos parece excessivo voltar a aqui a sublinhar esse ponto indicando mais alguns Autores que nos acompanham, designadamente, entre nós, NUNO FILIPE ABRANTES LEAL DA CUNHA RODRIGUES, *"Golden Shares"...,* cit., pág. 47 e 48, onde refere autores que sustentam esta posição, destacando-se FREITAS DO AMARAL, como refere o autor na nota n.º 99 dessa mesma página. Analisando com grande detalhe o conteúdo do princípio da Eficácia na actuação administrativa, designadamente aferido à prestação de serviços públicos, e relativizando o direito privado para esse efeito, veja-se também, LUCIANO PAREJO ALFONSO, *La Eficácia Administrativa y la Calidad Total de los Servicios Públicos, in El Derecho Administrativo en el Umbral...,* cit., vol. II, pág. 1949 e ss.

nos propusemos terá sido, de algum modo, alcançado no presente ponto. Passemos então ao seguinte.

## 3 – Do Mito da Gestão Privada/Empresarial à Realidade: o Imperativo de uma Boa Gestão

A preocupação demonstrada pela Doutrina a propósito dos problemas de ineficácia da actuação administrativa, não é evidentemente como se tem vindo a referir, um problema novo. Todavia, a convicção generalizada segundo a qual é necessário transmutar a actuação administrativa para que ela seja mais eficaz, essa sim é já mais recente.

A este propósito temos já, ao longo deste trabalho, vindo a deixar clara a nossa posição nesta matéria. Conscientes de que não se trata de um entendimento que partilhe daquelas convicções generalizadas (e também, segundo parece, mesmo ao nível da Doutrina, claramente maioritárias), assumimos o ónus de ler a realidade de um ponto de vista diverso. Longe das tendências que podem muitas vezes não passar, salvo o devido respeito, de simples "modas", pretendemos relativizar muito daquilo que tem sido pacífico no debate destas questões.

Parece-nos assim necessário afirmar claramente que o problema para encontrar uma solução possível para melhorar a eficiência da Administração Pública e do Estado, quer enquanto operador económico simples, quer enquanto prestador de serviço público, não passa hoje pelo carácter público ou privado da gestão. O problema decorre sim, de não se implementar a única gestão possível em actividades tão essenciais quanto as de serviço público, bem como em todas as outras em geral, nas quais sempre estão envolvidos recursos e dinheiros públicos, e que é apenas e só uma: a boa gestão[455].

Neste sentido, nas matérias em que o Estado é chamado a intervir activamente como prestador de bens e serviços concretizando assim suas tarefas fundamentais, não se afigura adequado distinguir a gestão pública da gestão privada. A ideia de boa gestão, no sentido

---

[455] Sobre a concretização deste dever de boa gestão no âmbito das empresas públicas, mas ao abrigo do antigo regime do decreto-lei n.º 260/76, veja-se o Parecer do Professor MARCELO REBELO DE SOUSA, *in* CJ, ano XI, tomo III, 1986, pág. 34 e ss..

em que aqui a utilizamos segue o mote há muito dado pelo Professor ROGÉRIO SOARES[456], e do qual não parecem ter sido retiradas as devidas consequências[457]. Para tornar clara esta nossa afirmação, permita-nos o ilustre leitor que se recorde aqui com alguma delonga os ensinamentos do ilustre Professor.

Analisando o agir administrativo, o Professor ensinava que mais do que uma mera actuação ou actividade, aquele deveria ser perspectivado como uma função, no sentido em que os poderes reconhecidos pela ordem jurídica e que integram aquela função, não consistem em *"(...) simples concessões (...), capacidades de alterar as situações jurídicas existentes, que deixem o seu exercício concreto à disposição do sujeito; mas pelo contrário, com o poder está conexo um elemento de deverosidade (...)"*[458]. Ora a "deverosidade" a que se referia o Professor era, no tocante ao exercício dos poderes públicos – para o que nos interessa quando actuam como prestadores de bens e serviços –, concebida como um dever em sentido estrito, e não um mero ónus, dever esse que levava a considerar que, por um lado a Administração não tinha interesses próprios a prosseguir[459], diferenciando-se então imediatamente a sua actuação da de um mero particular; e que, por outro, esse dever constituía a Administração numa obrigação concretizada pela sua imperativa vinculação a um fim pré-determinado, definido e imposto pelo legislador, não ficando a sua realização ou não confiada à livre disponibilidade do sujeito a quem foi confiado[460].

Esse fim, era nada menos do que a imperativa vinculação ao interesse público, interesse esse alheio à Administração, fixado e

---

[456] Referimo-nos à obra *Interesse Público, Legalidade e Mérito,* Coimbra, MCMLV, à qual se referem todas as citações que no texto inseriremos.

[457] Como aliás, refere LUÍS FILIPE COLAÇO ANTUNES, *in Constituição, Administração e Interesse Público. O Eterno Retorno ao Momento Originante ou o Estado Contra a Administração, in Evolução Constitucional e Perspectivas Futuras,* AAFDL, Lisboa, 2001, pág. 512, onde na nota n.º 7 recomenda a leitura da obra citada na nota anterior deste trabalho, aos colegas mais jovens. Pela nossa parte, agradecemos a sugestão, que em boa hora seguimos, pois efectivamente demonstrou revestir-se de enorme utilidade para abordar muitos dos problemas com que nos deparamos no presente trabalho, tal como se verá no texto.

[458] Ob. cit., pág. 180-181.
[459] Ob. cit., pág. 186.
[460] Ob. cit., pág. 187.

definido pela lei, mas que constituía parte integrante dos poderes de actuação que àquela eram reconhecidos, poderes esses conexionados com aquele dever, definidos pelo Professor com a sugestiva expressão: *"poder com dever de exercitar"*[461]. Assim definida de modo amplo a vinculação dos poderes públicos ao interesse que lhe é alheio mas imperativo – o interesse público tributário da ideia de bem comum[462] –, chegamos à ideia aqui veiculada de "boa gestão" como única forma de actuação admissível aos poderes públicos.

Esta boa gestão decorrerá então daquela vinculação ao interesse público que molda e conforma toda a actuação pública, em termos tais que a Administração (aqui incluímos o Estado administrador ou empresário) *"(...) não fica somente obrigada a actuar, mas a actuar de certa maneira. E isto porque todo o dever que se lhe impõe está compenetrado do fim a atingir."*[463] Assim explicava o Professor que, mais do que desenvolver a sua actuação (aqui acrescentamos material), a Administração está obrigada por força do ordenamento jurídico,

---

[461] Ob. cit., pág. 188.

[462] Ideia esta que se deve manter como pólo aglutinador de um conceito que, segundo Luís Filipe Colaço Antunes, parece ter sido " *votado, nas últimas décadas, ao ostracismo, pelos administrativistas"*. De facto, e muito embora seja verdade que é hoje cada vez mais difícil definir e concretizar essa noção fundamental, nomeadamente porque o facto de o Estado ter sido chamado a dar resposta a mais e mais tarefas, de entre as quais as de cariz prestador, acarretou uma "natural porosidade" daquele conceito, o que implicou que a noção ontológica de interesse público tivesse cedido o seu lugar " *(...) a uma noção pluralista e maioritária, em prejuízo do seu carácter geral e solidarístico."* Como refere o autor, *"agora, é a dinâmica dos interesses expressos na sociedade a moldar a fisionomia do interesse público, o que, ao invés do que se pensa, não comporta inevitavelmente a sua socialização, mas antes a sua privatização"*, ob. cit., págs. 510 e 516, com destaque, já agora, para contraposição do interesse público ao privado, da obra mencionada na nota n.º 17. Observações estas que não impedem, mas pelo contrário reforçam, a necessidade de reflectir não apenas sobre o significado (ou significados) do(s) actual(ais) interesse(s) público(s), mas sobretudo na forma como esse elemento deve influenciar o exercício da actividade dos poderes públicos, desde logo para que se evite a substituição da *"Administração constitutiva e conformadora – preocupada em satisfazer os direitos e interesses legítimos dos cidadãos"* por uma " *Administração mínima e funcional, cuja tarefa é a de contribuir para sustentar apenas o exercício de tais direitos e interesses do cidadão, em harmonia, aliás, com um modelo neuroticamente subjectivista de contencioso administrativo"*, desde logo para que se afaste aquilo que o Autor adivinha como um *"catastrófico regresso puro e simples ao laissez faire ou a formas mais ou menos larvares de agnosticismo económico-social"*, in ob. cit., pág. 553 e 551 respectivamente.

[463] Ob. e loc. cits. na nota 462 *supra*.

a desenvolvê-la bem. Assim, mais do que fazer, é imperioso fazer bem. Então, mais do que administrar, é necessário administrar bem, tal como claramente ensinava o Professor quando dizia que *"Pretende o ordenamento jurídico que o agente administrativo proceda a uma satisfação formal do interesse público pondo em acção os meios que lhe concede, os poderes jurídicos. Mas interessa-lhe muito mais intensamente que o sujeito, ao actuar desse modo, vá satisfazer a título substancial a necessidade pública em causa. O sentido desse dever que impende sobre a Administração deixa de ser, assim, o de um dever de administração para se transferir num dever de boa administração."*[464]

Concretizando este dever, acrescenta ainda o Professor: *"Administrar não é só, pois, propor meios a um determinado fim; mas propor, de certo modo, meios a um fim determinado. Ora esse certo modo não pode ser senão um modo tal que por ele o interesse venha a ser substancialmente prosseguido. A escolha dos meios não pode ser uma escolha indiferente, mas terá que ser a do meio conveniente, aquele meio capaz de satisfazer integralmente a necessidade final"*[465].

Ora, com tal clareza de ideias e de raciocínio, mais não nos resta senão o de dar por confirmada a ideia segundo a qual, mais do que optar entre uma gestão privada e uma gestão pública na prestação de actividades materialmente administrativas, impõe o ordenamento jurídico que se suplante tal distinção e se unifique o agir público sob o imperativo da boa gestão[466]. Neste sentido, a utilização de mecanismos jurídicos de direito privado – elemento do qual tem dependido a consideração de que assim se estaria a actuar em gestão privada –,

---

[464] Ob. e loc. cits. *supra*.

[465] Ob. cit., pág. 189.

[466] Sendo que este dever de boa gestão decorre do Princípio da Eficácia que deve nortear toda a actuação pública, seja ela administrativa ou empresarial, muito embora seja verdade que por variadas razões ele se possa tornar mais perceptível nesta última. Independentemente disto, podemos afirmar que este dever de boa gestão se deve assumir como uma regra geral da actuação pública, na medida em que, de acordo com o Professor MARCELO REBELO DE SOUSA, o mesmo se pode definir como *"um dever radicado na natureza jurídico-pública das entidades que se lhe acham submetidas(...)* o qual decorre *" do interesse público prosseguido por tais entidades e que explica a sua natureza jurídica.",* in Parecer, cit., pág. 34.

não afasta a consideração segundo a qual, mesmo assim, se está a proceder a uma verdadeira gestão pública, senão em sentido formal (que para este efeito desconsideramos), pelo menos em sentido material: no sentido em que, sempre que estejam envolvidos sujeitos ou poderes públicos numa qualquer actividade de concretização do interesse público, envolvendo recursos e dinheiros públicos, então estaremos sempre perante uma actividade de gestão pública[467].

Deste modo, a tão propalada gestão privada ou empresarial, deixa de ter sentido substancial no problema em análise, e isto por três ordens de razões:

1º) a gestão privada não existe verdadeiramente quando actuam os poderes públicos: por um lado estes não detêm interesses próprios, mas são servidores do interesse público; por outro, actuam com recursos públicos e, finalmente, mesmo que utilizem mecanismos privados, a natureza da sua actuação só se modifica em termos formais, mas não substanciais, daí continuar a ser gestão pública;

2º) a utilização dos mecanismos de gestão de tipo empresarial não é exclusiva nem indissociável das formas jurídicas de direito privado, tratam-se de técnicas e modos de actuação que podem perfeitamente ser aplicados, enquanto técnicas que efectivamente são, à actuação de qualquer entidade pública;

3º) a dicotomia entre os dois tipos de gestão subalterniza a importância da *res* pública, cria dificuldades de vária ordem e leva à convicção errada de que tudo o que é público é ineficaz, ineficiente, incompetente, quando, pelo contrário, se deveria assumir e reclamar para a actuação dos poderes públicos padrões de diligência, excelência e competência.

---

[467] Nesse sentido, RIVERO ORTEGA, ob. cit., pág. 150, referindo-se à crítica tecida por EISENMANN à escola da *puissance publique,* a qual deixaria de fora das bases constitucionais do direito administrativo a actuação da Administração no uso da dita " gestão privada". Cremos de facto que, da mesma forma que encaramos o conceito de poder público em sentido material, o mesmo entendimento deverá aplicar-se quando se contrapõe a ideia de gestão pública à de gestão privada. O conceito amplo de gestão pública que defendemos parece-nos o mais adequado à tutela de todos os interesses em jogo, bem como à preservação de conceitos essenciais, desde a ideia de Estado Social de Direito, à noção de serviço público.

Alcançar estes últimos objectivos na actuação material do Estado enquanto prestador de bens e serviços, não depende então da utilização das formas e mecanismos de Direito privado, não depende de uma gestão privada[468], depende sim de uma efectiva e boa gestão: uma gestão verdadeiramente comprometida com o fim que lhe é próprio e específico, mesmo indissociável e indisponível, fim esse que implica que as escolhas organizativas sejam tomadas a cada momento com base em princípios de boa gestão mais do que de gestão privada ou pública, que no fundo sempre é.

Tais princípios de boa gestão implicam que a as opções a tomar do ponto de vista organizacional sejam desde logo convenientes, entendendo-se tal expressão no sentido em que a interpretava ROGÉRIO SOARES: *"conveniente, só pode ter um sentido: o de melhor meio, de meio justo, de óptimo"*[469]. Assim se o Estado, administrador ou empresário, não escolhe os fins que lhe são fixados pelo Estado legislador, também não terá total liberdade para escolher os meios que este último coloca à sua disposição.

Neste sentido, a actuação material de prestação por parte do Estado, não é nem pode ser comparável com a actuação dos sujeitos privados, mesmo que se diga que quando actua como tal, o faz despido dos seus poderes de *imperium*, não assumindo assim a sua qualidade de poder público. Essa distinção é usual e útil, porém para os efeitos de que agora cuidamos, tem a consequência negativa de obscurecer a verdadeira natureza jurídica daquelas entidades que, queiramos ou não, são e serão sempre públicas, sempre dotadas portanto, de um poder e de um estatuto que lhes é próprio e natural. O que significa que, mesmo que em termos correntes, quando pratiquem actividades de prestação se possa dizer que não exercem tais poderes, tal não significa que eles não existam, não se afastando por

---

[468] Expressão esta que tem sido inadequadamente utilizada, desde logo porque gestão privada não tem de se reconduzir à gestão empresarial, como cremos haver demonstrado. Pelo menos, assim tentámos...

[469] Ob. cit., pág. 189. Recuperando esta interpretação e aplicando-a à ideia de adequação enquanto elemento integrante do Princípio da Proporcionalidade (o qual é analisado no âmbito da justiça administrativa), veja-se LUÍS FILIPE COLAÇO ANTUNES, *Interesse Público, Proporcionalidade e Mérito: Relevância e Autonomia Processual do Princípio da Proporcionalidade*, in Estudos em Homenagem à Professora Doutora Isabel de Magalhães Collaço, Almedina, Coimbra, 2002, pág. 546-547.

isso a possibilidade de, de forma directa ou indirecta, acabarem por se fazer sentir.

Adoptamos a este propósito uma concepção material desse conceito essencial no âmbito do Direito administrativo: o de *puissance publique*. Sem entrar no desenvolvimento que certamente tal conceito merece, é porém importante chamar a atenção para o facto de tal noção ter sido objecto de uma leitura actualizada, admitindo-se hoje a ideia segundo a qual a noção de *puissance publique,* de poder público, tal como o temos vindo a referir, preenche-se não só quando a Administração faz uso dos seus poderes de autoridade em sentido tradicional. Neste sentido RIVERO ORTEGA claramente assume que *"No debe entender-se la puissance publique solamente como ejercicio de las típicas prerrogativas de la Administración, sino como el conjunto de reglas derogatorias del Derecho común que emplea en su acción"*[470].

Assim, adoptando a noção actualizada de *puissance publique,* e conexionando-a com a matéria do serviço público que permite conceber as bases do Estado Social como prestador de tais serviços, RIVERO ORTEGA concretiza: *"Allí donde localicemos un ente instrumental catalogable como poder público, por ocupar una posición de superioridad material semejante a la de la Administración, nos enfrentaremos a la esencia misma de la puissance publique: el empleo de medios que no se encuentra al alcance de los particulares"*[471]. É pois exactamente com este sentido, conteúdo e alcance que temos vindo a utilizar a expressão "poderes públicos" quando aludimos à actuação do Estado enquanto prestador de bens e serviços públicos, lateralizando assim voluntária e conscientemente o facto de para tanto se utilizarem subjectividades jurídicas distintas do próprio Estado como sucede com as empresas públicas.

Assim, exposto o cerne da questão, e voltando à comparação do agir público com o agir privado, resulta então como absolutamente claro que, muito diferentemente se passam as coisas quando a entidade prestadora em causa tem verdadeira natureza privada, quer do ponto de vista material, quer do ponto de vista formal. Desde logo,

---

[470] Entendimento este adoptado pelo autor citado, na esteira de RIVERO Y WALINE, *Droit Administratif, 15ª edição, Dalloz, 1994, pág. 29,* tal como expressamente refere na obra que temos vindo a citar, concretamente, a págs. 148, nota 59.

[471] Ob. cit., pág. 149.

os particulares não têm a possibilidade de escolher a disciplina jurídica aplicável à sua actuação: naturalmente que sempre será o direito privado. Por outro lado, sendo o direito privado entendido amplamente como o "direito das pessoas comuns"[472], o padrão do agir imposto para aferir da actuação dos seus sujeitos naturais, dos *cives,* é diferente daquele que se deve aplicar à actuação dos poderes públicos, os quais desde logo não podem ser entendidos como tal.

Diferentemente destes, a actuação dos privados é regida por um padrão mediano, de razoabilidade e bom senso, existindo em cada momento, o livre arbítrio necessário para, dentro da área de licitude que delimita a autonomia que o ordenamento jurídico lhe reconhece, optar por exceder aquele padrão de actuação. O que de facto normalmente acontece, dado que na actuação privada se prosseguem interesses próprios, livremente escolhidos e delimitados, fruto de uma verdadeira autonomia, instrumento da realização pessoal do sujeito, e não já, como sucede na actuação pública, interesses alheios e externamente definidos. Como se vê, dada a radical diferença que *in génese* separa o agir público do privado, não sendo as entidades que actuam no âmbito do primeiro, titulares de interesses próprios, nem detentoras de verdadeira autonomia, parece-nos óbvio que atendendo aos factos acabados de enunciar, não é possível defender a equiparação da actuação pública à actuação privada.

Neste sentido, sendo a actuação pública mais do que uma actividade, uma verdadeira função (até mesmo uma missão), daí será necessário concluir que a única opção que assiste ao Estado, empresário ou administrador, no exercício das actividades a que nos temos vindo a referir, acaba por ser encontrar, determinar e utilizar, o único meio, de entre os vários legalmente possíveis, que integralmente satisfaz o interesse público e a necessidade que em concreto visa prosseguir. Nesse sentido, a boa gestão a que o Estado está obrigado não é medida pelos padrões de razoabilidade, acessibilidade e até disponibilidade do homem médio ou do bom pai de família. É e deve ser, pelo contrário, e ao contrário do que a realidade tem evidenciado,

---

[472] Referimo-nos aqui ao direito privado no seu sentido mais amplo, que encontra porém o seu núcleo duro no direito civil, sendo este definido pelo Professor OLIVEIRA ASCENSÃO como o direito que " (...) *regula as relações comuns das pessoas comuns*", in *Direito Civil, Teoria Geral,* vol. I, cit., pág. 17.

um padrão mais alto, mais exigente, mais rigoroso. Um padrão que mais do que impor uma administração ou uma boa administração, impõe uma óptima administração, o que significa a tomada de opções criteriosas, diligentes, inteligentes, eficientes e fundamentadas. E todos estes atributos são e devem ser prosseguidos em toda e qualquer circunstância. São imperativos do agir público, não decorrentes do carácter privado ou empresarial da gestão exercida, sendo que, em todo o caso, e nos termos já atrás afirmados, qualquer actuação pública implicará sempre uma gestão pública, ainda que ancorada em mecanismos de direito privado. Parece-nos então que esta noção ampla e material de gestão pública assume-se como elemento de ligação, uniformizando a actividade de prestação por parte dos poderes públicos sob um mesmo padrão: o padrão da boa (óptima) administração.

Concretizando esta ideia ao nível das opções organizativas, parece-nos legítimo concluir, do raciocínio acima expendido, que para administrar bem é necessário tomar as opções organizativas mais adequadas, quer em termos de forma, quer em termos de substância, opções essas que deverão ser sempre necessária e claramente fundamentadas. Ou seja, mais do que uma pretensa liberdade de escolha de formas jurídicas, os poderes públicos têm de garantir em cada opção, que ela é a mais adequada, a mais eficaz, e a que melhor garante a sua imperativa vinculação àquele que é o norte e o princípio de toda a sua actuação: o interesse público.

Deste modo, aquilo que se afigura imprescindível é que a actuação quer dos decisores, quer dos executantes, seja animada por princípios básicos como os da diligência e responsabilização, os quais não podem naturalmente abstrair-se do Princípio da Eficiência económica, ainda que este último tenha de ser lido de modo específico e adaptado àquilo que também são as especificidades do agir público. Consideramos por tudo isto que está ainda por demonstrar a "inelutável necessidade de privatizar o Estado".

O Estado pode e deve actuar sob formas públicas. O recurso que faça das formas privadas não lhe estará vedado, mas deverá ser alvo de uso contido e parcimonioso, dados os vários problemas que tal pode levantar. Assim, tendo em atenção tudo o que antecede, é importante dizer claramente que a ausência de critérios claros que orientem a opção organizativa a tomar no domínio da actividade material dos poderes públicos pode bem redundar em verdadeira fraude à lei[473], na medida em que o recurso massivo das formas e mecanismos próprios do direito privado pode resultar de uma motivação alheia à finalidade que presidiu à consagração legal da possibilidade de se optar por tal modo de actuação.

Torna-se por isso absolutamente essencial ter sempre presente a clara diferença que separa o agir público do agir privado para que não se esqueça que aquele pressupõe sempre a existência de um poder que não assiste a este último. Assim, tendo esse facto sempre presente, será talvez mais fácil (se é que é possível dizer que estes problemas são fáceis) fundamentar o entendimento que perfilhamos, e segundo o qual, se o Direito público se mostrou apto e capaz de

---

[473] Assim o afirma claramente RIVERO ORTEGA, utilizando o argumento para afastar o Princípio da Liberdade de Escolha das Formas Jurídicas como um poder de auto-organização da Administração, ob. cit. pág. 30, invocando também para este efeito o entendimento de MARTÍN REBOLLO, como se pode verificar na nota 4 da pág. citada. Ilustremos o problema, em termos amplos, com um caso concreto. O problema da instrumentalização das formas societárias por parte do Estado pode tornar-se mais evidente se pensarmos que, em muitas circunstâncias, a criação das sociedades de capitais públicos acaba por ser motivada por um fundamento diverso daquele que normalmente presidira à sua criação, e que seria naturalmente o de possibilitar ao Estado a criação de uma estrutura empresarial para o desempenho de uma actividade económico-empresarial de produção ou distribuição de bens e serviços. Mas nem sempre é isto que vem a suceder quando se criam empresas públicas societárias. Um bom exemplo poderá colher-se no Acórdão do Tribunal de Contas, n.º 7/2002, de 29 de Janeiro, da 1ª Secção. Estava em causa a fiscalização por parte do Tribunal relativamente a um procedimento concursal lançado pelo Estado para a aquisição de 11 a 14 helicópteros. Porém, a verdade é que o Estado só veio a adquirir, em nome próprio, 2 helicópteros, acabando os restantes 10 por serem adquiridos por uma sociedade anónima, criada pela EMPORDEF, juntamente com a CGD. Esta sociedade, a DEFLOC-locação de equipamentos de defesa, SA, veio a ser criada por escritura pública, a 18 de Setembro de 2001, e a sua criação parece ter sido motivada, como expressamente assumiu o Estado, pela circunstância de este, enquanto tal, *" não poder assumir compromissos no domínio financeiro",* sendo por isso assumidos pela DEFLOC, a qual terá então sido criada expressamente para este efeito. O Tribunal critica assim a falta de transparência e clareza deste procedimento concursal, uma vez que a criação da DEFLOC foi anunciada a meio do concurso, antes mesmo de ser constituída, e sem que alguma vez tivesse figurado como entidade contratante. Aqui está, acreditamos nós, um exemplo em como a criação de sociedades de capitais públicos, ainda que ancoradas num argumento de possibilidade legal, acabam no entanto por serem criadas para diferentes objectivos, os quais estão manifestamente distantes daquele que presidiu ao espírito da lei quando previu tal possibilidade. Veja-se então os contornos do problema e a análise efectuada pelo Tribunal, especialmente a partir da pág. 4 e 9 e ss.. O Acórdão está disponível e foi recolhido no *site* oficial: www.tcontas.pt.

criar os seus próprios mecanismos, e formas de actuação, deverão ser essas a ter precedência, em regra mas não obrigatoriamente, sobre aquelas outras de direito privado.

Assim, tendo em vista as diferenças materiais que separam e distinguem o agir público do agir privado, implica que delas se retirem consequências práticas. Não apenas aquelas que referimos, mas também, num âmbito geral, implica que se mantenha e se valorize a *summa divisio* Direito público/Direito privado, não obstante se assista à construção em determinadas áreas, como as de serviço público, de um regime jurídico comum, que a esse nível acaba por unificar, em alguma medida, as actuações públicas e as privadas.

Em termos gerais, encarando o sistema jurídico de um ponto de vista global, é importante sublinhar que os diferentes interesses que subjazem a um e outro dos ramos de Direito referidos, contribuem para a correcta estruturação, sedimentação e evolução da Ciência Jurídica. São por isso factores que enriquecem a dogmática jurídica e que tutelam realidades distintas, não devendo ser eliminados nem obliterados numa pretensa igualdade entre o público e o privado[474].

## 4 – Contributo para a Fixação de Critérios Orientadores da Aplicabilidade de Formas Jurídicas de Direito Privado e de Base Societária

Desmistificadas as virtudes da gestão privada suplantada pela concepção de boa gestão acima exposta, afastada a preferência constitucional pela aplicabilidade de formas jurídico-privadas no âmbito do sector empresarial do Estado, e adoptado um Princípio de Neutralidade quanto à forma organizativa escolhida para tal efeito, facilmente se compreende que tenhamos agora, em coerência, de avançar alguns critérios susceptíveis de orientar a escolha da forma jurídica a aplicar no exercício da actividade económico-empresarial do Estado.

---

[474] Tal como defende o Professor MENEZES CORDEIRO, *in Tratado de Direito Civil...*, ob. e loc. anteriormente cit. A reflectir sobre os problemas levantados por esta inter penetração entre os direitos público e privado, veja-se também MARIA JOÃO ESTORNINHO, *A Fuga...*, cit., pág. 139 e ss..

Deste modo, e na medida em que defendemos um imperativo de boa gestão, mais do que pública ou privada, a aplicar em toda e qualquer actuação pública, consideramos que uma das formas de implementar essa mesma boa gestão passa pela escolha da forma jurídica que se assuma como a mais adequada à prestação da actividade em causa. Porém, como vimos, entre nós reina uma total discricionariedade a este propósito, razão pela qual apontamos alguns limites para restringir a operatividade daquela liberdade de escolha. Ainda assim, porque os limites que indicamos se baseiam em Princípios que, como tal, necessitam de concretização, tentaremos agora sugerir alguns critérios que, em concreto, e ao lado dos princípios limitadores da liberdade de escolha de formas jurídicas, nos permitam aferir da adequação, da objectividade, da legalidade e da fundamentação de cada uma das opções organizativas efectuadas.

No âmbito deste trabalho já referimos a diferença que separa a actuação do Estado quando intervém na economia através das ditas "empresas públicas de mercado", ou seja, em clara concorrência com os demais particulares, utilizando os mesmos mecanismos jurídicos que aqueles, em claro respeito pelo princípio da igualdade de armas, em concreto, da igualdade de tratamento entre empresas públicas e empresas privadas; daquele outro campo em que o Estado actua como prestador de bens e serviços essenciais e de carácter, muitas vezes eminentemente social e não essencialmente económico. Em qualquer dos casos, actuando o Estado como prestador de bens e serviços, por intermédio das empresas e entidades que cria para esse efeito, o problema da forma jurídica a escolher torna-se nebuloso, essencialmente por duas ordens de razões: por um lado, enquanto actividades de prestação que não implicam o exercício de poderes de autoridade[475], podem não reclamar por isso a aplicabilidade da figura

---

[475] Sendo certo que este é um dos critérios mais óbvios e por isso mais utilizados para determinar a forma jurídica a aplicar ao exercício das diversas actividades públicas, como se pode verificar em vasta e pacífica Doutrina, que aqui ilustramos através do Professor PAULO OTERO, *Coordenadas Jurídicas da Privatização da Administração Pública,* Separata de *Os Caminhos da Privatização da Administração Pública,* Studia Iuridica 60, pág. 53. Tenha-se porém em atenção que, mesmo neste campo, já se assistem a situações em que entidades privadas (material e formalmente) são chamadas a desempenhar funções neste domínio. É o caso das empresas privadas de segurança, por exemplo, fenómeno este que parece aproximar-se no essencial àquela realidade que já foi definida como " exercício privado de funções

jurídico-pública, estabelecendo-se assim uma zona de opção facultativa entre esta e a forma jurídico-privada[476]; por outro, apesar desta actividade de prestação característica da Administração constitutiva ser absolutamente essencial no modelo de Estado Social de Direito, a verdade é que, como referem GARCIA DE ENTERRÍA e FÉRNANDEZ RODRIGUEZ, não lhe tem sido dedicada verdadeira atenção por parte da Doutrina[477].

Ao problema da forma jurídica acresce ainda um outro, que não trataremos aqui, mas que cumpre indicar, e que podemos qualificar como essencialmente político, pois passa por equacionar a presença do Estado enquanto prestador em muitas daquelas áreas, sobretudo quando a propósito da intervenção económica pública se afirma o

---

públicas", tal como o fez há muito ZANOBINI, *l'ésercizio privado delle funzioni e dei servizi pubblici*, in Primo Trattato de Orlando, vol. II, parte 3, pág. 235 e ss., *apud* RIVERO ORTEGA, ob. cit., pág. 140, nota 22, onde também refere outra obra com interesse e mais recente a propósito do tema: *Exercício Privado de Funciones Públicas*, RAP, n.ºs 100 – 102, Janeiro/Fevereiro de 1983, pág. 1699 e ss., de SAINZ MORENO. Na obra que citamos, de RIVERO ORTEGA, podem também encontrar-se importantes referências bibliográficas a propósito da Doutrina alemã nesta matéria, Destaque-se especialmente, aquelas contidas na pág. 140 e 141.

[476] A este propósito, para delimitar as áreas de actuação pública que estariam ou não submetidas ao Direito Público, TRONCOSO REIGADA, partindo da doutrina dos conceitos indeterminados, propõe aquilo que optamos por denominar de "três esferas", estabelecendo assim uma primeira esfera onde se afirmaria a reserva de direito administrativo, abrangendo portanto as actividades exercidas pelos poderes públicos que pressupusessem o exercício de poderes de autoridade; uma segunda esfera que abrangeria as actividades que, no entender do autor, estariam obrigatoriamente sujeitas a um regime de Direito Privado, e uma última esfera, na qual não existiria nem reserva de direito público nem reserva de direito privado, ficando assim ao critério da Administração recorrer àquela que considerasse mais adequada. Note-se que enquanto na segunda esfera o autor inseria a actividade económica do Estado, já na terceira esfera, inseria a actividade de serviço público. Por isso, na medida em que a prestação de serviços públicos se pode efectuar no exercício da actividade económica, não é absolutamente exacto confinar o problema em esferas distintas, como o faz o Autor, razão pela qual optamos por nos referir no texto, às actividades de prestação, utilizando para o efeito o termo em sentido amplo, mas optando por o inserir na terceira esfera indicada pelo Autor. Contudo, é exactamente pelo facto de a actividade de prestação pública se inserir numa zona intermédia, onde não existe reserva de direito público, nem mesmo para quem a admite, de direito privado, que torna complexo e volátil o problema da escolha de formas jurídicas...

[477] Os autores em causa, referem-se a esta actividade material da Administração como sendo *"(...) el nervio mismo de la Administración como efectiva realidad (...)"*, in *Curso de Derecho Administrativo*, vol. I, 7ª edição, Civitas, Madrid, 1995, pág. 783 e 782.

Princípio da Subsidiariedade. Ganha assim sentido, traçado o cenário global em que o problema se coloca, invocar as palavras de RIVERO ORTEGA: *"A hora que se planeta duramente el "adelgazamiento" de lo Estado, debria deslindar-se lo transferible y lo no transferible, el "núcleo duro" que debe permanecer en mano pública, actuando através de formas públicas (...)"*[478].

Por isso será agora útil recordar a distinção que atrás referimos a propósito das empresas públicas, quando as separamos em duas categorias: por um lado as empresas públicas de mercado, totalmente sujeitas às regras da concorrência; por outro, as empresas de serviço público, que mais do que responder a exigências ou a falhas de mercado, cumprem uma função eminentemente social caracterizadora do Estado de bem-estar que se pretende se mantenha. Qual é o interesse de recordar agora esta distinção? Essencialmente este: é que em ambos os casos, uma vez que o Estado e os entes públicos não prosseguem fins próprios, mas têm todos os seus poderes e medida de actuação funcionalizados à prossecução do interesse público aferido à ideia de interesse geral, ou bem comum, tal significará que, mesmo unidos por esse denominador comum, a actuação exercida terá necessariamente diferenças que deverão ser tidas em conta na hora de escolher a forma jurídica concretamente aplicável à actividade em causa. Daí que seja necessário, no confronto entre formas públicas e privadas, ter em atenção os seguintes factores:

---

[478] O autor completa a frase citada referindo-se ao exercício de *"potestades administrativas"*. Optamos por omitir essa referência naquela citação para não prejudicar a exposição da matéria a que nos reportávamos e também porque entendemos que o problema se coloca do mesmo modo, e de modo muito mais difícil no que toca ao exercício de actividades materialmente administrativas que não pressuponham o exercício de tais poderes de autoridade. O autor referido, acaba por "colocar o dedo na ferida" quando afirma que : *"(...) hay que desmitificar de una vez la presunta eficacia de la administración en forma privada, en un momento en que algunos informes del Tribunal de Cuentas en relación con la gestión de sociedades unipersonales públicas, como la encargada con la organización de la exposición Universal de Sevilla, desmienten las bondades del empleo del derecho privado que hace la Administración"*. Como que para reforçar esta ideia, que já assumimos partilhar, RIVERO ORTEGA, refere também que é esse o sentido pelo qual parecem avançar as tendências privatizadoras na Alemanha, onde se procede à distinção daquilo que são actividades privatizáveis, daquelas outras que o não são. O exemplo utilizado para ilustrar a questão são os transportes ferroviários, no âmbito dos quais se mantêm as formas públicas para o exercício das actividades de inspecção e de autorização. A esse propósito veja-se a obra já aqui citada deste autor, a págs. 144.

1º) É necessário distinguir claramente a área de actuação material do Estado a que nos referimos: se estamos num campo de actuação eminentemente económica, ou pelo contrário num campo de actuação eminentemente social, e ainda, se a actividade em causa se qualifica ou não como a efectiva prestação de um serviço público;
2º) Torna-se depois necessário averiguar, em concreto, se a actuação do Estado enquanto prestador de tais bens e serviços se faz de modo isolado ou em parceria com outras entidades.
3º) Importante é também aferir se a actividade exercida pelo Estado se faz em regime de verdadeira concorrência com outros operadores de mercado.
4º) Por último, importa verificar o grau de compatibilidade e adequação existente entre os três factores acima referidos, com as diversas formas jurídicas potencialmente aplicáveis, acabando aqui por relevar um outro elemento que não é usualmente referido, mas que consideramos importante: o da rentabilidade ou não da actividade em causa.

Os factores acima referidos serão pois aqueles que consideramos úteis para construir critérios de orientação para a determinação da forma jurídica aplicável, de modo a que se possam encontrar subjacentes a esta escolha argumentos que nos permitam concluir que a mesma não é absolutamente aleatória.

Deste modo, o recurso à forma jurídico-privada da sociedade, em regra, de tipo comercial, será justificado se:

a) estivermos perante o exercício de uma actividade económica que se traduza na prática de actos de comércio;
b) defrontarmos outros operadores de mercado em regime de concorrência, uma vez que este factor aumenta o risco da actividade desenvolvida;
c) (precisamente por o risco ser acrescido), a estratégia empresarial aconselhar a que o mesmo seja repartido por várias entidades. Nesse sentido, se as mesmas se associarem na prestação da actividade em causa, a sociedade será a forma adequada, até porque permite também partilhar os respectivos custos;

d) a actividade em causa está a ser prestada em regime de mercado, em concorrência sem qualquer tipo de derrogação, praticamente nos mesmos termos em que se exerce a iniciativa económica privada. Este será um indicador acrescido segundo o qual do exercício da mesma se espera, razoavelmente e num quadro de normalidade, obter uma determinada rentabilidade. Tal será então o resultado normal a que tende o exercício desta actividade económica de mercado e em concorrência, no âmbito da qual se associaram duas ou mais subjectividades jurídicas com o objectivo de repartir os respectivos custos, riscos e proveitos, na medida da participação de cada um. Assim, se reunidos estes condicionalismos, ou pelo menos parte deles, teremos então por justificada a aplicação da forma da sociedade por parte do Estado-Empresário ou prestador.

É evidente que outros objectivos podem justificar o recurso à forma jurídica societária, como por exemplo o lançamento de processos de privatização material[479], ou eventualmente lançar a empresa em causa no mercado de capitais.

---

[479] A este propósito, refira-se o estudo de A. T. L. M. VAN DEN VEN, *Le Role Changeant du Governement au Sein dês Entreprises Publiques: Experiences Hollandaises*, in RISA, n.º 3, 1994, pág. 441 e ss., onde refere o recurso à forma jurídica societária como um simples instrumento para propiciar a privatização material de diversas actividades até então assumidas e desempenhadas pelo Estado ou outras entidades públicas, sociedades estas que tinham assim uma existência provisória e funcionalizada àquele objectivo. Acresce ainda que a transformação de determinadas entidades, serviços ou agências públicas em sociedades anónimas era também acompanhada da abertura daquela actividade ao funcionamento das regras da concorrência, factor determinante, juntamente com o carácter provisório daquela sociedade 100% pública, para tornar a actuação daquela estrutura empresarial mais eficaz. A corroborar este entendimento, o Autor evidencia o lado oposto da situação, referindo os casos das entidades ou organizações convertidas em sociedades detidas exclusivamente pelo Estado que, pelo facto de se terem mantido nessa condição por demasiado tempo, se revelaram claramente ineficazes na sua actuação. Facto este que se deve a factores múltiplos, dos quais o autor destaca a circunstância de o controlo exercido pelo Estado nestas situações acabar por ser incompatível com as regras de funcionamento do mercado, o que o leva a concluir que *"(...) la mise en societé d'entreprises publiques ne devrait, en règle gènerale, constituer qu'un étape intermédiaire vers la vent de participation (majoritaire) de l'État et la fin de possibilites de controle direct du gouvernement dans cettes societés"*, ob. cit. pág. 455.

Porém, cremos que podemos afirmar com alguma segurança que, para lá destas circunstâncias específicas, e caso não se encontrem reunidos os factores acima expostos, em regra, a forma jurídico--societária, a ser aplicada, sê-lo-á inadequadamente, o que significará que a sua aplicação estará a defraudar as circunstâncias que em termos legais a justificariam. E isto é tão mais notório se pensarmos nas variadas sociedades anónimas de capitais exclusivamente públicos, criadas por exemplo para a construção de variadas infraestruturas, para as quais sempre bastaria, a entender-se que tal actividade se qualificaria como empresarial, a figura da EPE. Na medida em que esta se deverá considerar como a forma normal de actuação empresarial pública quando efectuada por um só sujeito, desde logo porque a sua configuração institucional não permite a divisão do capital em participações sociais, como já atrás se referiu.

Acresce ainda que a existência de uma intervenção económico--empresarial estadual quando efectuada num mercado verdadeiramente concorrencial tem sido também indicada como elemento determinante ou justificante da aplicação da forma societária, uma vez que o recurso à mesma forma jurídica por parte dos operadores públicos e privados facilitaria o controlo das regras da concorrência[480].

Apesar de também utilizarmos este argumento, cumpre explicitar que não o fazemos com base nos mesmos argumentos indicados pela Doutrina que temos vindo a referir. A nossa motivação é a esse propósito algo distinta, uma vez que entendemos que o que justifica a aplicação da forma societária no exercício da actividade económico-

---

[480] Nesse sentido, RIVERO ORTEGA, ob. cit., pág. 168, 169, baseando o seu raciocínio no princípio comunitário que determina a igualdade de tratamento entre empresas públicas e privadas. Não concordamos totalmente com este argumento, como se demonstrará no texto. Porém, a aceitá-lo como válido, tal implicaria admitir, como o fazem já alguns autores, que o Direito comunitário, afinal não é totalmente neutro no que toca à matéria das empresas públicas. Neste sentido, MUÑOZ MACHADO, afirma que:*"(...) en modo alguno puede considerar-se que la autonomia institucional sea plena. Muchas regulaciones comunitárias imponen soluciones organizativas a las administraciones internas, o al menos influyen de modo determinante en algunos esquemas de organización empleados tradicionalmente"*, in *Los Princípios generales del procedimiento administrativo y la reforma de la legislación básica española*, REDA, n.º 75, Julho–Setembro, 1992, pág. 339, *apud* RIVERO ORTEGA, ob. cit., pág. 145.

empresarial pública quando tem de defrontar concorrência de outros operadores, é o facto de a existência da concorrência e o normal funcionamento das regras de mercado determinarem naturalmente o aumento do risco que acompanha qualquer actividade produtiva. E será esse aumento de risco, potenciado pelo normal funcionamento do mercado, que estimulará a actividade do Estado enquanto empresário, a buscar como resultado da actividade exercida o resultado produtivo traduzível na ideia de rentabilidade materializada no lucro. Será portanto a existência da concorrência, bem como tudo o que ela implica na forma como se orientam as actuações empresariais dos operadores de mercado, que estimulará e justificará o recurso à forma societária, sendo certo que, uma vez mais, para tanto se deverá ter em mente o exercício da actividade em parceria com outras entidades, privilegiando-se assim as sociedades de capitais públicos, mas não unipessoais, dando aliás lugar de destaque, sempre que possível, às sociedades de capitais mistos[481]. Tudo isto porque também as EPEs, sendo empresas, estão tal como as societárias, em princípio, plenamente sujeitas às regras da concorrência, tal como dispõe o artigo 8º do RGSEE (ressalvando o disposto no seu artigo 9º), o que significa que serão instrumentos tão aptos quanto as sociedades públicas unipessoais a actuar num mercado concorrencial, não sendo por isso a utilização da forma pública obstáculo à implementação daquele controlo, ou não fosse verdade que a esse propósito, o próprio direito comunitário, ao estabelecer um conceito amplo de empresa, acaba por proclamar uma efectiva regra de neutralidade quanto ao estatuto jurídico assumido por cada uma delas, o qual é, como se sabe, irrelevante para esse efeito[482]. Concluímos assim a este propósito

---

[481] Implementando-se assim o Princípio da Democracia Participativa, convertendo os sujeitos privados em verdadeiros colaboradores do Estado, dando-se corpo à já referida *"hipótese neo-corporativa"* há muito avançada pelo Professor BAPTISTA MACHADO, *in Obra Dispersa, vol. II,* Scientia Iuridica, Braga, 1993, pág. 456 e ss. Defendendo também a posição privilegiada das sociedades mistas, veja-se PAULO OTERO, *Vinculação...,* cit., pág. 235, ressalvando a pág. 236 a conveniência de manter um controlo público sobre estas sociedades. De todo o modo, é inegável que entre nós o recurso à figura da sociedade unipessoal pública é cada vez mais frequente.

[482] A corroborar esta nossa posição, na medida em que se referem à privatização material e não meramente formal, veja-se designadamente: MICHAËL KARPENSCHIF, *La Privatisation des Entreprises Publiques: Une Practique Encouragée Sous Surveillance*

que invocar o factor concorrência, as suas regras e o seu controlo para justificar o recurso à forma jurídico-societária será de considerar, por si só, insuficiente para fundamentar a opção tomada nesse sentido.

A concluir este ponto, cumpre também explicitar porque é que incluímos o elemento rentabilidade como factor relevante para efeitos de determinar a forma jurídica aplicável. Esta consideração deve-se ao facto de entendermos que a estrutura societária se deve aplicar preferencialmente a actividades rentáveis, entendendo aqui a rentabilidade com o significado de se tratar de uma actividade desenvolvida com vista à obtenção de lucro. Este elemento tornar-se-á tanto mais importante se estivermos na presença de sociedades mistas, na medida em que é absolutamente legítimo que se reconheça e tutele aquele que é o propósito normal a que tende a actuação empresarial privada[483]. Por isso, em caso de conjugação de capitais públicos com capitais privados, em actividades economicamente rentáveis, entendemos que a forma jurídica adequada será efectivamente a sociedade comercial de tipologia anónima se estivermos perante uma empresa de grande dimensão, na medida em que ela se assume como o instrumento mais adequado a garantir a efectiva repartição de interesses que se movem no exercício da actividade económica em causa[484].

---

*Comunautaire,* in RFDA, ano 18, n.º 1, 2002, pág. 95 e ss.; GUY BAUDEAU, *Le Retour des Entreprises Publiques au Droit Prive, in* Revue de Droit Bancaire et de la Bourse, n.º 40, Novembro-Dezembro, 1993, pág. 230 e ss..

[483] Neste sentido, COUTINHO DE ABREU distingue as situações consoante se trate de uma sociedade mista em que o Estado é sócio minoritário, ou maioritário: no primeiro caso, estas sociedades deverão ter o seu fim lucrativo necessariamente reconhecido; já no segundo caso, e mesmo que a sociedade se dedique a uma das actividades deficitárias previstas no RGSEE, o intuito lucrativo a que tende a actividade da mesma terá também de ser assegurado (ainda que não maximizado), o que se tornará perceptível nos montantes a atribuir em sede de indemnizações compensatórias, as quais " (...) *não devem repor simplesmente o equilíbrio custos-receitas, há que retribuir o capital privado investido*",tal como refere o autor que citamos, *in Curso de Direito Comercial...,* vol. II, Coimbra, 2000, pág. 19.

[484] Neste sentido, e referindo-se às sociedades mistas como o instrumento mais adequado à necessidade de garantir um equilíbrio de poderes no seio da própria sociedade, RIVERO ORTEGA: " *Las sociedades mixtas son punto de encuentro de interesses públicos y privados, conexión de capacidades financieras, experiência empresarial y médios materiales, y se dirigen a la obtención de resultados de interés comum para los sócios públicos y para los privados, interesses comunes que deben reflejar el "equilíbrio interno" de la empresa mixta. Este equilíbrio interno se alcanza mediante la convergência del interés público justificante de la presencia del capital de la Administración y del interés*

Deste modo, em todos os demais casos em que o Estado pretenda constituir uma empresa para a exploração de uma actividade económica, a título isolado, enfrentado concorrência de outros operadores de mercado, a forma mais adequada para esse efeito será, de acordo com o nosso entendimento, não a sociedade, mas sim a EPE[484a]. Destacando-se ainda, no tocante a esta última, a sua especial

---

*privado, normalmente representado por el ánimo de lucro."* Mais concretamente no que tange à importância do intuito lucrativo para efeitos de escolha da forma jurídica, diz claramente o Autor citado: *" En la existencia de este ánimo de lucro es donde reside la razón de la adopción de la forma mercantil. La sociedad mixta se debe orientar a la consecución de benefícios económicos (...) Si no existiera el ánimo de lucro, que justifica la utilización de la forma societária participada por sócios públicos y privados, podria ofrecer-se como alternativa organizativa la forma jurídico – pública."* Entre nós esta possibilidade de recorrer à associação de capitais públicos e privados com base numa forma jurídica de direito público, não seria fácil, sobretudo em sede empresarial, uma vez que actualmente, atenta a sua actual configuração, a figura da EPE não possui capital estatutário passível de ser dividido em participações sociais, como já referimos. Uma potencial hipótese poderia porventura encontrar-se no âmbito das empresas municipais, intermunicipais e regionais, matéria regulada pela Lei-Quadro n.º 58/98, de 18 de Agosto, designadamente nas *"empresas plurais",* previstas no artigo 1º n.º 3, alíneas b) e c), relativamente às quais se coloca porém a questão de determinar qual a sua natureza jurídica, se pública, se privada, dado que a *"Lei é particularmente lacónica nesta matéria",* tal como refere JOÃO PACHECO AMORIM, *in As Empresas Públicas...,* cit., pág. 55, onde se analisa o problema levantado. Note-se porém que este diploma foi recentemente revogado pela Lei n.º 53-F/2006, de 29 de Dezembro. Já na realidade espanhola, nestes casos, a lei prevê o recurso à figura jurídica do consórcio. É o que resulta do artigo 87º da LBRL. Todas estas referências foram retiradas da obra aqui sobejamente citada de RIVERO ORTEGA, mais propriamente, da pág. 158. A fechar este ponto, diga-se que não encontramos obstáculo a transpor o essencial deste raciocínio para a realidade portuguesa, mesmo quando o interveniente público seja o Estado. O espírito da lei referida parece apontar sobretudo para o carácter público do sujeito, independentemente de se tratar de Administração central ou local. Contudo, já não é possível aplicar o mesmo raciocínio no que tange à figura citada do consórcio. Esta figura encontra-se regulada entre nós pelo Decreto-Lei n.º 231/1981, de 28 de Julho, do qual resulta que o consórcio é uma espécie de contrato (não uma espécie de contrato de sociedade), e não uma subjectividade jurídica distinta e autónoma dos consorciados que o compõem, razão pela qual não se poderia aplicar esta figura entre nós nos termos e para os efeitos sugeridos pelo autor citado. A este propósito, no sentido que acabamos de referir, veja-se COUTINHO DE ABREU, *Curso de Direito Comercial,* vol. II, cit., pág. 35 e 36, onde indica também Doutrina em sentido oposto. Também no sentido indicado no texto (excepcionando a qualificação do consórcio como uma espécie de contrato de sociedade, que afastamos), veja-se PINTO FURTADO, *Curso de Direito das Sociedades,* 3ª edição, Almedina, Coimbra, 2000, pág. 118 a 120, e ainda, OLIVEIRA ASCENSÃO, *Direito Comercial...,* vol. I, cit., pág. 439 e ss..

[484a] Em sentido oposto ao que sustentamos, veja-se designadamente UMBERTO LOI, *Il Modulo della S.p.A. come Modello Privatistico Imprenditoriale Privilegiato per l' attuazione di Fini Pubblicistici, in Pubblica Amministrazione e Modelli Privatistici, a cura di Giorgio Berti,* Il Mulino, Bolonha, 1993, pág. 23 e ss..

aptidão para ser aplicada a actividades de carácter económico, recondutíveis à ideia de serviço público, mas que por razões de política social se vejam forçadas a operar deficitariamente. Ressalvando tudo o que atrás se afirmou a propósito do problema da auto-sustentabilidade da estrutura empresarial como condição para a qualificação de determinada organização enquanto empresa, cumpre referir aqui, que estas são todavia situações a encarar como verdadeiramente excepcionais, confirmando-se assim o que atrás se afirmou para efeitos de afastar a aplicação da figura societária neste domínio.

Neste campo é necessário ter em atenção que, pelo facto de não se tratarem de actividades rentáveis, normalmente não dão azo ao aparecimento das ditas empresas públicas de mercado, ou seja, em princípio o Estado mantém-se como prestador, de modo isolado, não porque o sector seja legalmente vedado à iniciativa privada, mas sim porque não é economicamente apelativo e por isso não atrai com facilidade o investimento privado[485]. Tratam-se, em boa parte dos casos, de actividades que envolvem normalmente elevados custos ao nível da produção e de infra-estruturas, pelo que na grande maioria das situações, a participação pública e privada faz-se não ao nível do capital investido, mas essencialmente ao nível da gestão, nomeadamente através de contratos de concessão, os quais parecem assumir-se como o instrumento adequado para este tipo de hipóteses.

Já no que concerne ao campo de intervenção social do Estado, aqui no tocante à sua actividade de prestação, temos de ter presente que não há qualquer tipo de monopólio público que exclua a iniciativa privada. Quando falamos em actividades de cariz eminentemente social, já o dissemos, fazê-mo-lo em sentido amplo, abrangendo não

---

[485] Nesse sentido, acabam por ser actividades que não suscitam o interesse de prestadores privados, pelo que, apesar disso e dada a importância social que desempenham, a sua prestação acabará por ter de ser assegurada pelo próprio Estado, onerado com a defesa do interesse público, bem-estar e bem comum. Daí que seja aconselhável separar as actividades económicas rentáveis das que o não são, não apenas por motivos jurídicos ou conceptuais, mas sobretudo porque uma tal separação contribuiria para o incremento da eficácia do sector empresarial público. Esta foi a opção tomada em Espanha, quando se decidiu criar a Agência Industrial do Estado e a Sociedade Estatal de Participações Industriais, ambas criadas pelo Real decreto-lei de 16 de Junho de 1995, o qual extinguiu os anteriores organismos de gestão industrial, o INI e o INH. Sobre este ponto, veja-se RIVERO ORTEGA, ob. cit., pág. 119.

apenas aquelas que assim são normalmente consideradas, como a saúde e a segurança social, mas também as que são qualificadas como culturais, como é o caso do ensino, da educação e da cultura. Nessas áreas existe, e bem, coexistência entre a iniciativa privada e a iniciativa pública. A diferença está em que, enquanto no caso da primeira, ela traduz o exercício do direito fundamental da liberdade de iniciativa económica, já na segunda, ela traduz a concretização das tarefas fundamentais que a nossa Constituição atribuiu ao Estado quando o consagrou como um Estado Social de Direito, que é também, já o vimos, um Estado de bem-estar.

Neste sentido, a intervenção pública nestas áreas, já não será verdadeiramente de carácter económico, como aquela que acabamos de analisar, mas sim de carácter social e por isso, não empresarial. A diferença de natureza entre uma e outra vem a repercutir-se nas formas de organização adoptadas no exercício da actividade material de prestação. Torna-se assim necessário determinar, desde logo, se as estruturas organizativas mais adequadas para a prestação destas actividades serão empresas, ou pelo contrário, simples serviços organizados em estabelecimentos públicos. Optando pela primeira, e considerando-se a possibilidade de se tratar de actuação isolada por parte do Estado no desenvolvimento de tal actividade, consideramos que a forma adequada será a de EPE, não a de sociedade comercial. É o que sucede com a reformulação anunciada dos hospitais SA.

Porém, nem sempre a estrutura jurídica da empresa em sentido próprio, se afigura como a mais adequada à prestação de tais serviços. Neste sentido, consideramos mesmo que, se por um lado nos parece mais adequado termos hospitais EPE, por outro não descortinamos a absoluta necessidade de recorrer a essa forma empresarial, quando se pode utilizar a figura do instituto público, que aliás, assumimos, consideramos preferível, desde logo porque, de acordo com a nova Lei-Quadro destas entidades, parece claro que elas possuem hoje todas as possibilidades para actuarem de modo eficaz e eficiente, apesar de não se duvidar da sua natureza administrativa (!). Por outro lado, convém não esquecer que, pelo facto de se tratarem agora de actividades de natureza eminentemente social, tal circunstância não exclui a participação entre público e privado. Por um lado, estão aí as diversas parcerias que demonstram exactamente o contrário, por outro, continua a ser possível implementar esta participação através de contratos de concessão, nomeadamente ao nível da gestão, continuando assim a ser o Estado o prestador material do serviço, não obstante este possa ser gerido por um privado[486]. Por outro lado, a associação entre público e privado, pode de facto transcender o mero contrato, e dar lugar à criação de entidades com personalidade jurídica própria, ao abrigo do direito privado, sendo que também neste caso o recurso à sociedade comercial não é inelutável nem necessário, como aliás já se demonstrou aqui, bastando relembrar o caso das fundações[487].

Deste modo, concluímos por uma regra de preferência a favor da aplicabilidade da forma jurídico-pública da EPE no exercício da actividade empresarial do Estado, devendo todavia recorrer-se à forma societária quando se considere a mesma como a mais adequada, sendo que essa adequação resultará patente nas circunstâncias enunciadas e com base nas quais construímos os critérios que deverão presidir a esta opção jurídico-formal, os quais sistematizamos, para fechar, da seguinte forma:

– exercício de actividades de natureza económica, traduzíveis na prática de actos de comércio, caso se pretenda constituir uma sociedade comercial;

---

[486] Sendo que estamos apenas a referir-nos a um privado, em forma e em natureza, não a uma entidade mutante ou híbrida que se entenda substancialmente pública mas formalmente privada.

[487] Neste sentido, também RIVERO ORTEGA, ob. cit., pág. 160. Cumpre porém ter em atenção que, se por um lado, e tal como nós, o autor critica a utilização sistemática das formas societárias e indica a fundação como alternativa, designadamente para as actividades de carácter cultural e sem intuito lucrativo, por outro lado critica a amplitude com que os comandos legais que reconhecem capacidade às pessoas jurídico – públicas para constituírem fundações de direito privado, sobretudo se o fizerem sem a colaboração de sujeitos privados, caso em que se correrá o risco de se favorecer uma " fuga para a técnica fundacional". Daí que critique a opção organizativa da Universidade Aberta, na medida em que, por ter sido " (...) constituída unicamente por decision del poder público la forma correcta seria la pública, como institución com personalidad jurídico-pública dotada de autonomia", ob. e loc. cit. Outro exemplo apontado pelo Autor, considerando mesmo que se trata de um modelo especialmente adequado para actividades culturais, é o caso do *Gran Teatro del Liceo*, que assumiu a forma de fundação. Este caso foi objecto de estudo específico, como o autor indica, por parte de M. J. MONTORO CHINER, *Privado y Público en el renacer del Gran Teatro del Liceo*, Barcelo, Cedecs, 1997, apud RIVERO ORTEGA, ob. e loc. cit., nota 111. Sobre esta matéria das fundações, veja-se a bibliografia atrás citada, no âmbito do ponto 2 desta secção.

- exercício em mercado concorrencial;
- exercício em parceria com outras subjectividades jurídicas;
- exercício no âmbito de actividades economicamente apelativas porque normalmente rentáveis, orientando-se naturalmente a actividade exercida com vista à obtenção de lucro (ainda que este não tenha de ser maximizado).

## III SECÇÃO
## Interpenetrações Público-Privado: Privatização do Público, Publicização do Privado, ou Ambas as Coisas?

Chegamos agora à última secção do último capítulo que compõe o presente estudo.

Conforme se tentou demonstrar, a actual configuração do sector empresarial do Estado coloca problemas que ultrapassam a tessitura normal deste específico subsector público. Com base num claro estímulo comunitário, mas também com vista a "legalizar" uma prática há muito instituída, o actual RGSEE introduziu um novo conceito de empresa pública estadual. Com base nesse conceito, tendo também presentes as diversas e cada vez mais numerosas exigências que se colocam a um Estado espartilhado entre a sua função prestadora, e a falta de recursos para, por si só, a suportar, a empresarialização da Administração Pública afecta todos os quadrantes da globalidade do sector público.

Essa empresarialização assenta também ela, como se viu, no sistemático recurso aos mecanismos e formas próprias do direito privado, seja para o aplicar enquanto disciplina jurídica comum à actuação externa de algumas entidades de direito público, seja para criar subjectividades jurídicas que, quanto a nós, só formalmente se deverão considerar de direito privado. Deste modo, e em qualquer dos casos referidos, aquilo que se iniciou como um movimento de fuga para o direito privado, acaba hoje por dar origem a uma cada vez maior e mais intensa interpenetração entre os dois ramos do Direito, não se sabendo já se foi o público que se privatizou, ou pelo contrário, se terá sido o privado que se publicizou[488].

Uma coisa é também certa: ficou patente que, em qualquer dos casos, o recurso ao direito privado por parte dos poderes públicos nunca é verdadeiramente "asséptico", uma vez que, por muito que se invoque o Princípio do Respeito pela Forma Jurídica Escolhida, aquilo que acaba por se constatar é que esta é sempre instrumentalizada pelos poderes públicos, de tal modo que o tratamento jurídico que lhe é dispensado nunca se consegue abstrair do carácter público do sujeito que a ele recorre, nem tão pouco do tipo de função, tarefa, ou objectivo que através dela se pretende alcançar. E é precisamente porque estes vectores se mantêm ainda hoje como essenciais para a manutenção das fronteiras entre o Direito público e o Direito privado, que cumpre agora centrar o nosso discurso neste último, para evidenciar que o resultado da interpenetração mencionada implica sempre, em alguma medida, ajustar e limar arestas, neste ou naquele ponto, conduzindo assim o jurista à constatação de que no Direito, tal como na Natureza, nada se extingue, mas tudo muda e tudo se transforma.

Analisemos então uma pequena parte das transformações introduzidas numa figura que até agora se diria típica ou própria do direito privado, mas que se deverá considerar hoje, por via da "requisição pública" a que frequentemente é sujeita, cada vez mais partilhada entre o Direito público e o Direito privado, tornando-se assim comum a ambos.

---

[488] Neste sentido, desdramatizando o problema, veja-se ELISENDA MALARET Y GARCIA, invocando ensinamentos dos Professores CHAPUS, AUBY, MOREAU e CASSESSE, defende que " (...) el Derecho de la Administración es un derecho mixto, formado en parte por reglas de Derecho público y por reglas de Derecho privado", in El derecho de la Administración Pública: Derecho Público y Derecho Privado; La Relevância de los Princípios Constitucionales, in Derecho Público y Derecho Privado en la Actuación de la Administración Pública, Institut d' Estudis Autonomics, Marcial Pons, Madrid, 1999, pág. 14.

## 1 – Utilização Pública do Direito Privado e Transformação dos seus Conceitos Típicos

Dissemos já no presente trabalho que o crescente recurso do Estado às formas jurídicas de direito privado, como sucede frequentemente com as sociedades comerciais para prosseguir fins de interesse público, parece conduzir à redefinição do conceito que até à data tem imperado entre nós a este propósito.

E se por um lado é verdade que nos parece possível sustentar um tal entendimento, impõem por outro lado o bom senso e a justiça das coisas, que o jurista não se baste com memórias curtas. Assim, apesar de o recurso a esta forma jurídica ter vindo a aumentar significativamente ao longo do tempo, é possível encarar o fenómeno não como um processo de privatização da actuação pública, mas pelo contrário, como uma espécie de "regresso às origens". Neste sentido, recordando que as sociedades comerciais encontram a sua génese nas companhias mercantis das monarquias absolutas, JOAQUIN GARRIGUES[489] referindo-se à linha evolutiva que tem percorrido a sociedade anónima, considera que hoje esta *"(...) parece que se cierra sobre si misma y vuelve a su punto de partida, esto es, a una estructura aristocratica representado por los grandes dirigentes de las compañias y por la estrecha vinculación de estas compañias al Estado"*. Deste modo, será então útil olhar para trás, e procurar nas origens do conceito, uma eventual resposta para um problema que hoje se agudiza, mas que não é certamente de hoje. Advertimos porém que este olhar que sugerimos não consistirá em mais do que um modesto vislumbre sobre uma questão que ultrapassa claramente o propósito do presente trabalho.

Antes de avançar, é necessário precisar o seguinte: por um lado, e assumindo que a sociedade é na nossa ordem jurídica um conceito unitário[490], é importante ter em conta que para melhor se compreender o problema da sua alteração conceptual, será necessário não apenas fazer referência a esse conceito geral, mas ainda e sobretudo,

---

[489] *In Hacia un Nuevo Derecho Mercantil*, Editorial Tecnos, Madrid, 1971, pág. 24 e ss. e 121 e ss..

[490] Como o refere o Professor OLIVEIRA ASCENSÃO, *in Direito Comercial...*, vol. IV, cit., pág.19.

dado que estamos a colocar o problema no âmbito da intervenção económico-empresarial do Estado, ter noção de que a forma jurídico--societária que melhor permite compreender estas "convulsões conceptuais", é efectivamente um subtipo de um tipo especial de sociedade, ou seja, a sociedade comercial anónima. Deste modo, quando nos referimos ao conceito jurídico "sociedade" e procuramos saber se a utilização massiva que dela fazem hoje os poderes públicos (designadamente o Estado), implica ou não uma eventual alteração desse mesmo conceito jurídico, estamos com isto a incentivar uma "arrumação" que pretende "varrer", algumas das "teias de aranha" que parecem ter aprisionado a memória, de modo que, é precisamente quando se abrem os baús antigos, que poderemos eventualmente encontrar soluções para o presente.

Assim, se olharmos para trás, na altura em que Portugal ainda era mais do que este "paraíso à beira mar plantado", verificaremos que poucos conceitos jurídicos têm apresentado tanto poder de elasticidade, resistência e sedução, como a sociedade anónima. Sem prejuízo de nos referirmos adiante especificamente aos elementos essenciais do conceito de sociedade (que já assumimos unitário), a verdade é que é efectivamente a sociedade anónima a escolhida pelo Estado para actuar nos mais diversos sectores económicos. Tal escolha não é certamente casual, e percebe-se mais facilmente se tivermos em conta o percurso que esta figura fez ao longo do tempo.

Tendo esta as suas origens nas companhias mercantis acima referidas, terá sido o instrumento de eleição para implementar a colonização e promover a comercialização dos exóticos produtos das colónias. De criação holandesa[491], rapidamente se disseminou o modelo em todos os povos conquistadores de então. Para além do recorte específico em termos de História do Direito que se poderia fazer a propósito da figura[492], aquilo que para o presente efeito releva é que a origem da hoje tão utilizada sociedade anónima encontra as suas fundações numa subjectividade jurídica muito mais próxima do Direito público do que do Direito privado. Assim, para além de apre-

---

[491] Assim, JOAQUIM GARRIGUEZ, ob. cit., pág. 121.
[492] Entre nós, veja-se a este propósito, por todos, RUI MARCOS, *As Companhias Pombalinas. Contributo para a História das Sociedades por Acções em Portugal*, Almedina, Coimbra, 1997.

sentar objectivos que também se poderiam qualificar como militares, o essencial da actuação das companhias mercantis rapidamente passou a centrar-se no comércio dos artigos das colónias, desempenhando a esse nível o Estado um papel preponderante, na medida em que a criação e funcionamento destas companhias se encontrava praticamente em total submissão ao poder da Coroa.

Porém, com o fim das monarquias absolutas, a sociedade anónima deixou de ser um instrumento ao serviço do Estado, para passar a estar ao serviço dos particulares. Não obstante, durante o século XIX, à medida em que se implementava uma clara separação entre Estado e sociedade, era possível verificar que a sociedade anónima possuía poder de atracção bastante para superar tal divisão, sendo largamente utilizada como concessionária de serviços públicos, designadamente no que concerne à construção de obras ou infraestruturas tão importantes quanto os caminhos de ferro[493]. Porém, à medida em que o fosso Estado-Sociedade se aprofundava, o primeiro deixou de ter o poder de controlo que anteriormente possuía no que concerne à criação de sociedades anónimas. Tal como refere GARRÌGUEZ, o inicial *octroi* constitutivo, foi substituído na França pós-revolucionária, pela regra da liberdade de constituição destas subjectividades, liberdade essa que, nas palavras do autor, *"rapidamente passou a libertinagem"*. Não nos podemos demorar no percurso, por isso saltamos para um momento mais próximo do presente, e que cristalizou a constituição das sociedades anónimas através do mero cumprimento dos normativos legais existentes, imperando assim a liberdade de constituição como manifestação da autonomia privada. É pois precisamente neste momento, iniciado na Inglaterra de meados de 1860, que o liberalismo individualista se terá apoderado da figura, e a modelou à imagem da tutela dos interesses privados de então, claramente identificados com um intuito marcadamente lucrativo. Assim, com base nesta premissa, construiu-se não apenas a noção de empresa capitalista, mas aplicou-se a veste da sociedade anónima como forma privilegiada para promover a maximização daquele assumido intuito egoístico, tão maltratado pelas sociedades de moral cristã e tão bem acolhido pelas de moral protestante... Cristalizou-se assim a

---

[493] Assim, JOAQUIM GARRIGUEZ, ob. cit., pág. 38.

concepção da sociedade anónima como instrumento privilegiado para potenciar todas as virtudes da empresa capitalista, designadamente porque apresentava a virtude de funcionar como "pólo aglutinador de capital"[494]. Assim, utilizada largamente para o exercício da incitativa económica privada, a sociedade anónima converteu-se também, paulatinamente, num centro de confluência de poder, relativamente ao qual o Estado não se poderia permitir alhear. Daí até esta vir a ser convertida num instrumento de intervenção económica pública, foi apenas um passo, dado não apenas pelos cultores do capitalismo, como também pelos do comunismo[495]. Deste modo, ligando estes antecedentes à realidade actual, é também perfeitamente viável encarar o recurso a esta forma jurídico-privada, como a materialização do "regresso às origens" de que acima falávamos[496]. Deste modo, as diversas derrogações introduzidas pelo poder público quando recorre à figura societária, poderiam mesmo encontrar paralelo nos poderes régios que sobre as companhias mercantis anteriormente se exerciam, entendimento susceptível de enfraquecer em alguma medida o Princípio do Respeito pela Forma Jurídica escolhida, muito embora se deva considerar que o exercício de tais poderes derrogatórios sempre teria de se compatibilizar com um quadro de democracia como é o actualmente vigente.

Contudo, não estamos convencidos que a questão possa ser cabalmente respondida desta forma. Desde logo porque não é possível encontrar na actuação pública actual quando recorre a esta figura jurídica, analogia com aquela que imperava na época das companhias mercantis. Efectivamente, nessa altura existia um claro e rigoroso controlo público sobre a actividade exercida por via das ditas companhias. Hoje pelo contrário, só a muito custo se pode denominar o Estado como verdadeiro empresário, não obstante possua inúmeras empresas (tantas que nem sabe quantas... nem quais...), uma vez que

---

[494] Denominada pelo clássico RIPERT como uma máquina do regime capitalista, tal como refere GARRIGUEZ, ob. cit., pág. 125.

[495] Veja-se JOAQUIM GARRIGUEZ, ob. cit., pág. 130-131.

[496] Nesse sentido, veja-se VILLAR PALASI, *"La Actividad Industrial del Estado en el Derecho Administrativo"*, in RAP, n.º 3, 1950, pág. 53-129, apud ENCARNACIÓN MOANTOYA MARTÍN, ob. cit., pág. 217, nota n.º 36, onde também indica extensa bibliografia a este propósito, dedicando-se as páginas seguintes a analisar a evolução da utilização da mesma em Espanha.

este se demite do exercício da função accionista, a qual é especialmente relevante na medida em que nas participações sociais públicas estão aplicados dinheiros públicos. E é importante dar a devida relevância a este facto essencialmente por duas ordens de razões: por um lado, para além de ser inegável a origem pública que se tem de reconhecer à sociedade anónima, é necessário ter em conta que no percurso de transição do público para o privado, foi efectivamente neste último que o conceito se cristalizou e adquiriu maior fulgor; por outro, também é importante notar que mesmo no âmbito jurídico-privado, foram várias as convulsões experimentadas por esta figura, e que influenciaram na sua caracterização jurídica. Esta última, construída em função dos accionistas perspectivados como proprietários zelosos do seu capital, não corresponde à realidade actual e há já muito denunciada, segundo a qual no seio da sociedade anónima se movem diferentes tipos de accionistas com diferentes motivações[497]. Assim, entendendo-se o Estado como único accionista ou accionista maioritário, a questão estará em saber se pelo facto de a sua actuação se afastar muitas vezes da de um proprietário zeloso do capital investido, poderá esse facto introduzir alterações significativas aos elementos até aqui utilizados para caracterizar a figura societária em geral e a anónima em particular. Referimo-nos em concreto ao intuito lucrativo que se afirmou como característico da figura societária, e que com a intervenção do Estado como accionista, atentas as suas diferentes motivações, pode mesmo acabar por se esfumar ou eventualmente desaparecer.

---

[497] A este propósito é muito interessante ver a referência que JOAQUIM GARRIGUEZ efectua para um ilustre judeu português, oriundo de Córdova, a quem atribui a autoria de ter sido o primeiro autor a evidenciar a realidade dos diferentes tipos de accionistas que se movimentavam no seio das sociedades anónimas. Nessa obra, datada de 1688, intitulada *"Confusión de confusiones. Diálogos curiosos entre un philosopho agudo, un mercador discreto y un accionista erudito, describiendo el negocio de las acciones, su origen, su ethimologia, su realidad, su juego y su enredo"*, aquele Autor chamava a atenção para a diferença que separava os diferentes tipos de accionistas consoante as suas motivações, dividindo-os em três categorias: "Príncepes", "Mercadores" e "Jogadores", os primeiros correspondentes aos accionistas institucionais, os segundos e os terceiros aos investidores e aos especuladores, tudo isto in ob. cit, pág. 58 e ss., e também 142 e ss. Veja-se também, para uma abordagem mais sumária, FRANCESCO GALGANO, *Le Società di Capitali nel XX Secolo*, in Estudos em Homenagem ao Professor Doutor Ferrer-Correia, vol. II, Boletim da Faculdade de Direito de Coimbra, Coimbra, 1989, pág. 403 e ss., especialmente para efeitos da matéria aqui referida, pág. 412 e ss..

Deste modo, é inegável que o recurso estadual à figura em causa, e a instrumentalização da mesma para actividades que poderiam perfeitamente ser asseguradas por formas jurídico-públicas, parece colocar hoje com grande acuidade a questão de saber se por via disto se deverá reformular o conceito de sociedade, de modo a criar uma categoria que harmonize a configuração legal que ainda hoje lhe é dedicada, com este caso específico mas cada vez manos excepcional, da utilização-instrumentalização estadual da figura. Colocamos assim a questão, utilizando para o efeito as palavras de JOAQUIM GARRIGUEZ, que melhor do que nós, há já muito a colocou nos seguintes termos: *"Esta creciente insinuación del Estado en la vida de la sociedad por acciones plantea en el terreno del Derecho la cuestión de la subsistência de la forma jurídica de la sociedad por acciones. Deben subsistir como tales sociedades anónimas esas sociedades desfiguradas por el radical conflicto entre el espíritu de lucro que caracteriza la sociedad mercantil privada y las finalidades jurídico-públicas que persigue su dirección?"*[498]

A responder-se afirmativamente, então verificaremos que efectivamente o recurso estadual à forma societária acabou por determinar a alteração de alguns dos seus conceitos típicos, impondo paralelamente a necessidade de construir novas categorias conceptuais que permitam harmonizar a realidade, com a disciplina jurídica aplicável[499].

É pois neste sentido que se deverá colocar a análise que se segue, a qual partirá do conceito de sociedade, uno em direito privado, cristalizado no momento em que a sociedade era sobretudo um contrato que reflectia a autonomia privada dos indivíduos e, em função disso, reunia determinados requisitos específicos, para depois abordarmos a influência que sobre o recorte da figura exerce a ins-

---

[498] Ob. cit., pág. 52.

[499] A responder a esta questão, JOAQUIM GARRIGUEZ concluía que apesar de ser inegável que a utilização estadual da figura da sociedade anónima implica desvios ao seu modelo clássico, acaba por considerar que ainda assim, estas sociedades *"(...) en las que faltan los princípios fundamentales de la sociedad anónima, siguen siendo sociedades anónimas."*, acabando assim por rejeitar a possibilidade que levantamos no texto, uma vez que entende que *"Esa evolución no ha llegado todavia a un grado de madurez que permita la invención legislativa de una nueva figura de sociedad."*, in ob. cit., pág. 54-55. Perguntamos porém: será que já se alcançou esse momento?

trumentalização de que tem sido alvo por parte do Estado, designadamente para determinar se daí resulta uma adulteração do conceito na sua essência privatísitica[500], ou se pelo contrário ao revelar a sua inspiração publicista, leva à construção de uma nova categoria dentro das figuras societárias.

Deste modo, atendendo à ordem da exposição, que nos parece ser a mais adequada, começaremos por abordar o conceito focando os recortes que o cristalizaram, e que são essencialmente os privatistas.

### 1.1 – O Conceito de Sociedade e os seus Elementos Essenciais

Atendendo a que o presente trabalho pretende debruçar-se sobre as empresas públicas, e dado que estas são hoje legalmente consagradas como sociedades constituídas nos termos da lei comercial, a primeira questão a levantar será a de saber se haverá ou não um paralelismo necessário entre o conceito de sociedade comercial, previsto no artigo 1º n.º 2 do CSC, e aquele outro a que corresponde a empresa pública societária referida no artigo 3º n.º 1 do RGSEE. Note-se que à primeira vista se poderia afirmar que sim, desde logo tendo em conta os elementos que a vida prática nos fornece, os quais nos demonstram que quando o Estado constitui empresas públicas, adopta normalmente a figura da sociedade comercial anónima. Porém, isso não será o suficiente para afirmar o citado paralelismo entre um e outro dos conceitos acima referidos, desde logo porque o próprio artigo 3º n.º 1 do RGSEE não qualifica as empresas públicas como sociedades comerciais, indicia essa possibilidade, mas não a estabelece como definitiva. Pelo contrário, o preceito é mais abrangente, como já aqui notamos em pontos anteriores, uma vez que ao qualificar as empresas públicas com aquelas constituídas nos termos da lei comercial, não impõe que elas sejam fatalmente sociedades comerciais. Neste sentido, para além da possibilidade, prevista no

---

[500] Colocando a questão em sentido inverso, ou seja, considerando que a utilização da figura da sociedade anónima determina um fenómeno de " (...) «privatizzazione» del potere economico dello Stato(...)", veja-se FRANCESCO GALGANO, *La Società per Azioni in Mano Pubblica, in Trattato di Diritto Commerciale e di Diritto Pubblico dell' Economia*, vol. VII, 2ª edição, Cedam – Padova, 1989, pág. 453 e ss..

CSC, de se constituírem sociedades civis sob forma comercial (facto que não as transforma em sociedades comerciais), cumpre equacionar a possibilidade de se qualificarem as empresas públicas a que se refere o artigo 3º n.º 1 do RGSEE, como sociedades especiais, desde logo, nas circunstâncias em que apesar de não se dedicarem à prática de actos de comércio, sejam constituídas nos termos previstos no CSC. Nesta perspectiva, será viável qualificar estas sociedades de capitais públicos como sociedades especiais relativamente às comerciais[501], não obstante se constituam ao abrigo do CSC e se lhes aplique também a sua disciplina, em conjunção, naturalmente com o próprio RGSEE. Admitir esta possibilidade conduz-nos ao problema que nos propusemos analisar, exactamente o de saber até que ponto o conceito de sociedade resulta ou não alterado.

Deste modo, mesmo que se entenda que as empresas públicas referidas no artigo 3º n.º 1 do RGSEE são sociedades comerciais, para analisar o conceito sociedade, não basta recorrer ao disposto no artigo 1º n.º 2 do CSC, uma vez que, como se disse já, na nossa ordem jurídica vigora um conceito unitário de sociedade, que é um conceito geral, relativamente ao qual a sociedade comercial se deverá considerar espécie. Assim, apesar do citado preceito apontar dois critérios para definir o que seja a sociedade comercial, um substancial: a prática de actos de comércio; e um outro formal: a adopção de um dos tipos de sociedade legalmente previstos, a verdade é que este artigo não define aquilo que se deverá entender por sociedade. Assim, para tal efeito deveremos analisar o disposto no artigo 980º do CC, dado que este é subsidiariamente aplicável relativamente ao Direito das Sociedades, conforme dispõe o próprio artigo 2º do CSC. Antes porém de abordarmos os vários elementos essenciais à caracterização desta figura, importará referir que a própria palavra "sociedade" tem sido alvo dos mais variados entendimentos e significações, nomeadamente por parte da Doutrina que a aferia à ideia de contrato, colectivi-

---

[501] Confirmando-se assim a possibilidade levantada pelo Professor OLIVEIRA ASCENSÃO, *in Direito Comercial...*, vol. IV, cit, pág. 26, sendo certo que conforme aí referia o Professor, " (...) *a exigência do fim lucrativo limita muito as possibilidades de efectiva manifestação deste fenómeno. A maioria das figuras que se apresentam como duvidosas soçobra liminarmente por ausência de fim lucrativo*". É pois exactamente este um dos problemas que pretendemos analisar neste capítulo.

dade, negócio jurídico, pessoa jurídica, associação, instituição. Assim, e com base nessas significações, diferentes teses surgiram a propósito da natureza jurídica da sociedade[502], teses essas que se reconduzem a três grupos: Contratualista, Institucionalista e Mista. Não obstante, não será com base neste ponto de partida que abordaremos o conceito que agora nos ocupa. Pelo contrário, trataremos de analisar os elementos que tradicionalmente são apontados pela Doutrina como essenciais ao mesmo.

Assim, olhando para o artigo 980º CC através da perspectiva de PIRES DE LIMA e ANTUNES VARELA[503], este preceito legal define não a noção de sociedade, mas sim aquilo que se entende por contrato de sociedade. Afirmam assim a origem *"necessariamente contratual da sociedade"*, entendimento este que não se poderia aplicar sem mais às sociedades inseridas no sector empresarial do Estado, dado que como sabemos, pode este instituir sociedades por via de Dec.-Lei[504]. Ganha assim mais sentido considerar a sociedade como o faz COUTINHO DE ABREU[505], pelo prisma do acto jurídico, e não enquanto contrato, dado que existem actos constitutivos de sociedades sem natureza contratual, como sucede por exemplo nas sociedades unipessoais, instituídas através de negócio jurídico unilateral[506]; bem como tam-

---

[502] A propósito do tema, veja-se COUTINHO DE ABREU, *Curso de Direito das Sociedades,* vol. II, pág. 3 e 4; e também *da Empresarialidade (as empresas no Direito),* Almedina, Coimbra, 1996, pág. 259 e ss., e a bibliografia aí indicada.

[503] *Código Civil Anotado,* vol. I, 4ª ed., Coimbra, 1987, pág. 285 e ss..

[504] A propósito dos problemas suscitados em torno desta "forma legal" de constituir sociedades, veja-se PAULO OTERO, *Da Criação de Sociedades Comerciais por Decreto-Lei, in Estudos em Homenagem ao Professor Doutor Raul Ventura,* FDL, Lisboa, 2003, pág. 103 e ss. ; PINTO FURTADO, *Curso de Direito das Sociedades,* 3ª edição, Almedina, 2000, pág. 64 e ss..

[505] *Curso de Direito das Sociedades ...,ob. cit.,* pág. 4 - 5.

[506] A propósito do tema das sociedades unipessoais, as quais extravasam largamente o âmbito do CSC, tal como o comprova hoje o actual RGSEE, veja-se, por todos, e entre nós, RICARDO COSTA, *a Sociedade por Quotas Unipessoal no Direito Português. Contributo para o Estudo do seu Regime Jurídico",* Almedina, Coimbra, 2002, pág. 52 e ss.. Para uma abordagem mais sintética a propósito da unipessoalidade, veja-se também do mesmo autor, *As Sociedades Unipessoais, in Problemas de Direito das Sociedades,* IDET, Almedina, Coimbra, 2002, pág. 25 e ss.. Para uma abordagem breve às sociedades unipessoais no direito espanhol, veja-se MANUEL OLIVENCIA, *Sociedades Unipersonales de Entes Públicos en el Derecho Español, in Estudos em Homenagem ao Professor Doutor Ferrer Correia,* vol. II, BFDC, Coimbra, 1989, pág. 827 e ss..

bém existem actos que instituem sociedades sem que assumam natureza negocial, tal como sucede no exemplo que acabamos de referir no âmbito do sector empresarial estadual. Porém, independentemente da problemática referida, facto é que por força da remissão efectuada pelo artigo 2º do CSC, teremos de buscar no artigo 980º do CC os elementos essenciais ou constitutivos da figura jurídica que ora analisamos, do qual se retiram os seguintes: a) agrupamento de pessoas; b) para exercerem em comum uma actividade económica (que não seja de mera fruição); c) constituindo para tanto um fundo patrimonial; d) e tendo em vista obter com o desenvolvimento da actividade escolhida, uma finalidade específica, o lucro.

Não relegando a importância dos três primeiros elementos referidos, focaremos a nossa atenção no último.

Para tanto é necessário ter em atenção que:

1º) a própria noção de lucro é alvo de discussão Doutrinal, não havendo total unanimidade quanto ao significado a atribuir-lhe;
2º) a análise do conceito desdobra-se numa dupla vertente, por um lado subjectiva, por outro objectiva, ambas legalmente tuteladas;
3º) tem sido questionada a sua relevância como elemento qualificativo do conceito sociedade.

No que toca à primeira questão, já atrás referimos o problema. Assim, neste momento cumpre referir que adoptamos uma concepção restritiva de lucro, considerando-o como um acréscimo patrimonial resultante da actividade exercida pela sociedade[507].

No tocante à segunda questão, é evidente que seja qual for a definição proposta para o lucro, ela englobará sempre dois planos distintos que importa considerar. Por um lado, da menção efectuada ao elemento lucrativo pelo artigo 980º do CC, retira-se um especial pendor subjectivista que prefigura o lucro como um direito dos sócios

---

[507] Seguimos assim o entendimento de autores como COUTINHO DE ABREU, que define o lucro como sendo " (...) o ganho traduzível no incremento do património da sociedade", in Curso de Direito Comercial, vol. II, cit. pág. 14.; e também OLIVEIRA ASCENSÃO, que afasta expressamente a noção ampla de lucro, in Direito Comercial, vol. IV, cit., pág. 31 e ss., proposta entre nós pelo Professor FERRER CORREIA, in Lições de Direito Comercial, vol. II, cit., pág. 23, ainda hoje mantida por PINTO FURTADO, in Curso de Direito das Sociedades, cit., pág. 137 e 138.

a exigir a respectiva distribuição[508], uma vez que este visará, de acordo com PIRES DE LIMA e ANTUNES VARELA, não só *"remunerar a organização da sociedade"* mas também *"compensar os riscos de perda que os sócios correm através da sociedade"*[509], razão pela qual não é possível estabelecer pactos leoninos[510], tal como preceituam os artigos 994º do CC, e 22º n.º 3 do CSC. Note-se que os autores citados atribuem também ao lucro a finalidade de *"remunerar a organização da sociedade"*, expressão sugestiva com a qual passamos à vertente objectiva que este revela. Assim, o plano objectivo do lucro evidencia a importância da actividade exercida através da sociedade, uma vez que é o produto ou o resultado do exercício dessa actividade que se pretenderá resulte na obtenção de lucro. Este nasce assim primeiramente na esfera da sociedade, e só depois poderá vir a integrar a esfera dos sócios, após a respectiva e efectiva distribuição. Referimos a efectiva distribuição porque pode um determinado exercício social não produzir lucro suficiente para que se efectue aquela distribuição, mas apenas o bastante para cobrir as despesas geradas no âmbito do processo produtivo a que se reporta o exercício da actividade económica, ou eventualmente para afectar às reservas legais ou estatutárias a que haja lugar. Veja-se a este propósito o disposto no artigo 33º CSC, sobretudo o seu n.º 1, de onde se retira a noção de lucro distribuível, o que nos parece suficiente para demonstrar que mesmo que a sociedade não produza lucros durante determinados períodos de tempo, não é por esse facto que ela deixa de ser uma verdadeira sociedade, pois aquilo que se afigura como fundamental é que a actividade exercida o seja com vista à obtenção de tal objectivo.

Acresce ainda que a vertente objectiva assinalada ao intuito lucrativo afigura-se essencial, segundo nos parece, para qualificar uma determinada figura jurídica como sendo sociedade. Isto porque, é

---

[508] Muito embora seja controvertida a questão de saber se existe ou não um direito geral dos sócios à repartição dos lucros. Veja-se a este propósito e pela negativa, FILIPE CASSIANO DOS SANTOS, *in O Direito aos Lucros no Código das Sociedades Comerciais (à luz dos 15 Anos de Vigência), in Problemas de Direito das Sociedades, cit., pág.* cit., pág. 185 e ss., e mais especificamente, 191 e ss..

[509] *In Código Civil...,* cit. vol. II, pág. 287.

[510] A propósito deste tema, LUÍS VASCONCELOS ABREU, *A Sociedade Leonina, art. 994 do Código Civil,* AAFDL, 1996.

com base nesse intuito específico que se constroem *"princípios orientadores da actuação da estrutura societária"*[511], dentro dos quais o objectivo de alcançar lucros é relevante. Desde logo porque a sociedade, enquanto forma jurídica de empresa, depende da força e intensidade que este elemento desempenha na sua qualificação precisamente para se manter enquanto tal, não apenas para se distinguir de outras figuras jurídicas[512], mas também porque ele é uma garantia acrescida do robustecimento e fortalecimento da estrutura societária em si mesma considerada. Daí a ideia de que o lucro pretende também *" remunerar a organização da sociedade"*, o que por outro lado nos levaria a considerar o problema de saber se ele integra ou não o interesse social perspectivado no sentido do "interesse da empresa em si".

Com esta última ideia, cumpre agora equacionar a terceira questão acima levantada. A esse propósito diremos para já o seguinte: é evidente que o escopo lucrativo e a sua importância enquanto elemento qualificador do conceito sociedade há já muito que tem vindo a ser questionado[513].

De todo o modo, a verdade é que de facto, a valoração conferida ao elemento lucro para qualificar o conceito sociedade, tem sido a tendência no direito latino[514], designadamente em países como Espanha,

---

[511] Utilizamos aqui as palavras de FILIPE CASSIANO DOS SANTOS, *in* ob. cit., pág. 187, sendo certo que já antes avançamos esta ideia quando abordamos a questão da actuação empresarial.

[512] Nesse sentido, em face do actual quadro legal nacional, é indiscutível que, se nos depararmos com um agrupamento de pessoas, organizado, a desenvolver uma determinada actividade económica não lucrativa, e considerando que a mesma deu origem a uma pessoa colectiva, só poderemos estar em face de uma outra subjectividade jurídica, a qual nunca será entendida como sociedade, mas eventualmente como associação, nos termos referidos no artigo 157º do CC, ou eventualmente como cooperativa, tal como resulta do artigo 2º n.º 1 do Código Cooperativo, isto para não referir outras possibilidades como por exemplo os ACEs ou AIEs. Neste sentido, veja-se por exemplo OLIVEIRA ASCENSÃO, *Direito Comercial...*, vol. IV, cit., pág. 32 a 34; PIRES DE LIMA/ANTUNES VARELA, *Código Civil Anotado*, vol. I, Coimbra Editora, Coimbra, 1987, pág. 161 e 162; MOTA PINTO, *Teoria Geral do Direito Civil*, 3ª edição, 1994, Coimbra, pp. 293, entre muitos outros.

[513] Veja-se a esse propósito as considerações de PINTO FURTADO, *in Curso...*, cit., pág. 132 e ss., onde a págs. 133 afirma claramente que: *" O fim lucrativo é, na verdade, apenas um objectivo normal, no contrato de sociedade, não um elemento essencial do conceito de sociedade"*.

[514] Veja-se a esse propósito, COUTINHO DE ABREU, *in Curso de Direito Comercial...* vol. II, cit., pág. 16 e ss., onde indica extensa e importante bibliografia a este propósito.

França e Itália. E é evidente que o actual RGSEE, tal como tem vindo aqui a ser considerado, coloca o problema de saber se um tal entendimento se deverá assim manter na nossa ordem jurídica. Mas esse específico diploma tem de se articular com os demais preceitos e conceitos jurídicos operantes e vigentes ainda hoje entre nós. Assim, em termos gerais, a este propósito, observa COUTINHO DE ABREU[515] que, de facto, pode constatar-se pela leitura do artigo 42º CSC, que é verdade que a falta de escopo lucrativo não figura como uma das causas de invalidade do contrato ou acto constitutivo da sociedade. Todavia, parece-nos que se pode afirmar com alguma segurança, que a falta de tal elemento não figura como uma invalidade exactamente porque a própria noção de sociedade já pressupõe a sua existência.

Assim, se é verdade que este é um problema a colocar desde logo e em primeira linha, no âmbito da qualificação dos contratos[516], nem por isso deverá a solução aí alcançada ser necessariamente afastada quando estamos perante uma sociedade constituída com base num outro instrumento, seja ele um negócio jurídico unilateral ou um Decreto-Lei. No primeiro caso porque mesmo saindo do âmbito contratual, continuamos no âmbito negocial, e nesse sentido, não existem razões suficientes para considerar que por ser uma sociedade constituída por negócio unilateral perderá o escopo lucrativo que, como vimos, caracteriza o conceito jurídico da figura em causa.

O segundo caso, esse sim, já exige uma resposta mais cautelosa. A esse propósito consideramos que, salvo nas circunstâncias em que o Decreto-lei afaste o referido escopo lucrativo, o mesmo continuará a desempenhar papel de relevo na caracterização jurídica da figura societária tal como ela se encontra ainda hoje consagrada entre nós[517]. Consideramos assim que o intuito lucrativo continua ainda

---

[515] Ob. cit. *supra*, pág. 17, referindo-se concretamente às sociedades de capitais públicos no actual quadro do RGSEE a págs. 18 a 20.

[516] Tal como o faz COUTINHO DE ABREU, *in* ob. e loc. cits. na nota anterior.

[517] É também esta a conclusão a que chega COUTINHO DE ABREU, *in* ob. cit., nas notas anteriores, agora na página 20. Temos porém grandes dúvidas a propósito de saber se o Estado poderá legitimamente derrogar por via implícita o conceito de sociedade quando por exemplo decida constituir uma para a exploração de serviços públicos cuja prestação se saiba de antemão ser necessariamente deficitária, designadamente quando dispõe de outras formas jurídicas mais adequadas para esse efeito, tal como já aqui referimos. Inclinamo-nos assim

hoje a ser um elemento essencial para a qualificação de uma determinada subjectividade jurídica como sendo uma sociedade, não obstante o mesmo seja alvo de tratamento específico quando estejamos perante empresas públicas societárias, como se verá a seguir.

**1.2 – O Lucro como Elemento Caracterizador do Conceito Sociedade e a sua Especificidade no Sector Empresarial do Estado**

Assumimos já no ponto anterior a nossa posição quanto à relevância do intuito lucrativo para a qualificação jurídica do conceito sociedade.

Mantemo-lo também no caso das empresas públicas estaduais, sendo certo que teremos aqui de atender à especificidade que o mesmo pode nesta sede revelar. Nesse sentido, uma vez que afirmamos que aqui existe uma certa especificidade que rodeia um elemento que já assumimos considerar essencial, impõe-se que explicitemos em que é que ela consiste. Consideramos que no tocante ao SEE, esta especificidade que rodeia o elemento lucro tem de ser perspectivada em dois planos: por um lado, colocando-a na problemática geral do conceito de empresa pública; por outro colocando-a no plano da forma jurídica aplicável à empresa pública.

Começando então por abordar a conexão lucro-empresa, é necessário relembrar aqui a clássica discussão que a este propósito se coloca, no sentido de saber se as empresas públicas, por serem empresas, têm ou não necessariamente de ser lucrativas[518/519]. Sem dedi-

---

para considerar que neste caso teríamos não uma derrogação do conceito legal de sociedade, mas sim uma violação dos limites que se devem estabelecer ao princípio da Liberdade de Escolha de Formas Jurídicas Aplicáveis, e que também aqui já referimos.

[518] A colocar com grande minúcia esta questão, veja-se COUTINHO DE ABREU, *Definição...*, cit., pág. 138 e ss., e afastando o entendimento de que o intuito lucrativo seria característico do conceito de empresa.

[519] Refira-se ainda que COUTINHO DE ABREU, na obra citada na nota anterior, além de criticar as posições contrárias a propósito da questão da essencialidade do elemento lucro para o conceito de empresa e que mencionamos na nota seguinte, chama ainda a atenção para a circunstância de ter de se interpretar do DL n.º 75-A/77 de 28 de Fevereiro, que veio estabelecer o Princípio da remuneração dos capitais investidos pelo Estado nas empresas

carmos muito tempo a este ponto, uma vez que o mesmo já foi tratado, diremos apenas o seguinte: adoptando uma noção restritiva de lucro como atrás referimos, consideramos que hoje, atendendo à configuração do RGSEE, não é possível sustentar uma posição segundo a qual as empresas públicas têm por imposição legal, de ser lucrativas[520]; porém, simultaneamente, consideramos também que, atendendo aos diferentes tipos de empresas públicas abrangidas pelo RGSEE, o mesmo não pode ser absolutamente afastado. O aparente paradoxo desta afirmação retrai-se se considerarmos as evidências

---

públicas, em conjunção com aqueles diplomas que o vieram alterar, designadamente o DL n.º 325/77 de 8 de Agosto, e 379/78 de 15 de Dezembro, e ainda o DL n.º 300/80 de 16 de Agosto, evolução legislativa esta que enfraquece em muito, segundo o autor, o argumento da essencialidade do elemento lucrativo para o conceito de empresa pública baseado no Princípio de remuneração extraído do DL n.º 75-A/77 de 28 de Fevereiro. Tudo isto consta da obra do autor, já aqui sobejamente mencionada, *Definição...*, cit., pág. 144, e 145, nas notas n.º 346 e 350.

[520] Tal como defendiam entre nós ilustres autores, como MARCELO REBELO DE SOUSA, FREITAS DO AMARAL, CABRAL MONCADA, NUNO SÁ GOMES, entre outros. Explicitemos um pouco melhor as suas posições: Para o Professor MARCELO REBELO DE SOUSA, do anterior artigo 21º do estatuto das Empresas Públicas decorreria que o fim lucrativo seria elemento essencial relativamente ao conceito de empresa pública, opinião plasmada no seu *Parecer...,* cit., pág. 35, e que mantém nas suas *Lições de Direito Administrativo,* vol. I, Lisboa, 1994/ 95, pág. 365 e 366; para o Professor FREITAS DO AMARAL empresas (e entre elas as públicas), têm um fim institucionalmente lucrativo o qual as caracteriza e distingue das outras unidades produtivas, *in Curso...,*cit. pág.. 365 a 369, invocando também o artigo 21º n.º 2 do antigo Estatuto das Empresas Públicas, bem como o DL n.º 75-A/77 de 28 de Fevereiro, designadamente o seu artigo 1º; Também assim, CABRAL DE MONCADA que funda o seu entendimento no mesmo DL, do qual decorreria a existência de um Princípio de obrigatoriedade do lucro por parte da empresa pública, ancorado não apenas no citado DL, mas também no Princípio da economicidade, como defende *in "A Empresa Pública e o seu Regime Jurídico - Aspectos Gerais, in* Boletim da Faculdade de Direito da Universidade de Coimbra, 1984, vol I, págs. 585 e ss.. Opinião esta que mantém em obra mais recente, *Direito Económico,* cit., pág. 246 a 249, ressalvando porém determinadas actividades sociais que reclamem a aplicação de preços políticos; NUNO SÁ GOMES, acompanha também este raciocínio, como se pode verificar *in "Notas sobre a função e regime jurídico das Pessoas Colectivas Públicas de Direito Privado"* Ciência e Técnica Fiscal n.ºs 343/345, Lisboa, 1987, pág. 65 a 69. Já em sentido algo diferente, veja-se AUGUSTO DE ATHAÍDE que distingue empresas propriamente ditas - aquelas que prosseguem a realização de lucros, e aquelas outras que se situam na fronteira entre unidades de produção não empresariais (que produzem a fundo perdido), e empresas propriamente ditas mas sistematicamente sustentadas por recursos públicos, não originados directamente da sua própria actividade. *In Pólis,* 1984, II vol., pág. 982.

seguintes: por um lado, existem no sector empresarial do Estado diversas empresas que funcionam em permanente défice; por outro o artigo 4º do actual RGSEE atribui às empresas públicas estaduais a missão de contribuírem para o equilíbrio económico--financeiro do conjunto do sector público. Deste modo, a especificidade que tem rodeado o elemento lucrativo quando aferido a empresas públicas, sejam elas societárias ou não, tem seguido a tendência de o lateralizar, de tal modo que é usual referir-se que as empresas públicas não têm necessariamente de prosseguir objectivos lucrativos, o que é verdade, mas também é verdade que será desejável que o façam. Portanto, tão inexacto será afirmar que as empresas públicas não têm de ter objectivos lucrativos, como dizer que têm de os ter sempre.

Assim, a especificidade que tem de se reconhecer a este elemento quando aferido às empresas públicas estaduais, implicará lateralizá-lo quando dele dependa a qualificação de uma determinada entidade como empresa, mas por outro lado evidenciá-lo sempre que essa empresa se venha a constituir sob a forma de sociedade. É portanto neste equilíbrio estabelecido entre empresas públicas nas quais o elemento lucro não é essencial, e aquelas outras em que ele já assumirá relevância para que se mantenham fiéis ao seu conceito legal, que encontramos a especificidade que o mesmo assume no âmbito do sector empresarial estadual. Não obstante, este tem sido um elemento pouco valorizado, muito embora quando se reformula o quadro legal das empresas públicas acabe por se conferir lugar de destaque àquelas em que, como vimos, o intuito lucrativo faz parte dos elementos essenciais dos quais depende a sua qualificação jurídica. Consideramos por isso necessário chamar a atenção para o papel positivo que podem desempenhar as sociedades de capitais públicos no conjunto do sector empresarial do Estado, designadamente se as mesmas não forem amputadas dos elementos essenciais que as caracterizam como tal. Deste modo, ao preservar-se a importância do elemento em causa, garante-se a aplicabilidade da figura em conformidade com as suas características específicas, as quais são relevantes não apenas para efeitos de qualificação jurídica, mas também, como se verá no ponto seguinte, para definir a margem de manobra que legalmente lhes é reconhecida, a qual por sua vez determina o juízo de validade ou legitimidade dos actos por aquelas praticados.

Assim, respondendo da forma mais directa possível, diremos que num sector empresarial onde convivem actividades claramente deficitárias, com outras que de longe não têm de o ser, atribuir relevância ao intuito lucrativo que normalmente caracteriza a actuação empresarial privada, transpondo-o no geral para o sector empresarial público, reconhecendo-o como um elemento relevante a desempenhar na própria dinamização do sector globalmente considerado, só pode apresentar vantagens. Assim, do mesmo modo que uma empresa, para o ser, não tem necessariamente de ser lucrativa, é importante sublinhar também que uma empresa pública, por o ser, não tem obrigatoriamente de ser deficitária. Pelo contrário, espera-se mesmo que o não seja. Não obstante, e reconhecendo a necessidade de se integrarem no sector empresarial público actividades produzidas em termos deficitários por razões sociais, tendo presente que o mesmo abrange empresas societárias e outras institucionais, a relevância reconhecida ao elemento a que nos temos vindo a referir, contribui não apenas para orientar a escolha da forma jurídica em função da actividade a exercer, mas também simultaneamente, para dinamizar a actuação empresarial pública globalmente considerada.

Nesta perspectiva, torna-se então desnecessário falar de uma pretensa neutralidade de formas jurídicas, designadamente no que concerne à societária[521], só não sendo assim se porventura houver uma derrogação do conceito geral de sociedade, quando esta seja criada por Decreto-Lei. Isto porque desde logo, o artigo 3º n.º 2 do preâmbulo do Decreto-Lei n.º 262/86 de 2 de Setembro refere expressamente que *"As disposições do Código das sociedades comerciais não revogam os preceitos de lei que consagram regimes especiais para certas sociedades."*.[522] Tradicionalmente, esta possibilidade é reconhecida quando estejam em causa finalidades de interesse público, as quais terão necessariamente de ser prosseguidas, não sendo a esse propósito sequer relevante suscitar a questão do eventual

---

[521] Esta expressão é utilizada entre nós por COUTINHO DE ABREU para se referir à utilização que o Estado tem vindo a fazer da figura societária quando a constitui por via de decreto-lei lhe derroga expressa ou implicitamente o escopo lucrativo, *in Curso de Direito Comercial,* cit., vol. II, pág. 20.

[522] A Disposição que se considera vigente porque não resultou afectada pelo Decreto-Lei n.º 76-A/2006 de 29 de Março.

lucro que das mesmas possa resultar. Porém, se assim é, a questão que importa colocar é a de saber se nesse caso será a sociedade a melhor forma jurídica a aplicar para exercer a actividade em causa e prosseguir tais finalidades, questão à qual também já praticamente respondemos neste trabalho. O mesmo é dizer: será aquela derrogação legítima, quando ao alcance do Estado estão disponíveis outras formas organizacionais que permitem o exercício da actividade em causa, sem que para tanto tenha de se derrogar conceito legal algum? Entendemos que não, a não ser nas circunstâncias em que se demonstre que tal derrogação decorreu do correcto exercício da liberdade de escolha das formas jurídicas a aplicar pelo Estado na sua actividade económico-empresarial. Assim, em todas as demais circunstâncias, e considerando que o intuito lucrativo é um elemento utilizado pela lei para determinar o fim teleológico de uma das mais importantes pessoas colectivas, do mesmo modo que o seu afastamento não está ao alcance dos particulares que queiram constituir uma sociedade considerada como tal, também o não deverá estar, por regra, quando quem a pretenda constituir seja o Estado.

Como se verá no ponto seguinte, a importância que aqui reconhecemos a este elemento enquanto qualificativo conceptual e delimitador de um determinado conceito jurídico, transcende em muito o plano teórico, mas influencia mesmo o plano prático do juízo de validade ou legitimidade a tecer a propósito da margem de actuação reconhecida às pessoas colectivas constituídas enquanto sociedades. Cremos assim que esta será talvez uma forma possível de abordar a problemática do lucro no âmbito do sector empresarial estadual, o qual apesar de não ter necessariamente de ser maximizado, não pode também ser encarado como um factor estranho, do qual a actuação empresarial pública se possa alhear, uma vez que alcançar a criação de excedentes lucrativos é o melhor testemunho de que durante o processo produtivo a que se reporta a actividade empresarial, foi efectivamente observado o princípio da racionalidade económica, tornando-se então possível cumprir a missão que o artigo 4º do RGSEE confia à generalidade das empresas públicas, em benefício de todo o sector público.

## 2 – Algumas Implicações Práticas Decorrentes da Utilização da Forma Societária

Quando iniciamos a presente secção deste último capítulo, colocamos a questão de saber se a utilização crescente da forma jurídica da sociedade por parte do Estado, na esmagadora maioria dos casos, anónima, teria ou não o condão de alterar o conceito jurídico que até aqui tem vigorado na nossa ordem jurídica.

Agora que iniciamos uma abordagem à qual tentaremos imprimir uma vertente mais próxima da prática, designadamente para demonstrar a influência que nela repercutem os conceitos jurídicos, cumpre apresentar a nossa resposta, a qual na verdade não se afasta muito daquela que há já algum tempo avançou JOAQUIM GARRIGUEZ. Assim, para este autor, o recurso dos poderes públicos à figura societária, apesar de debilitar alguns dos seus elementos essenciais, não seria ainda suficiente para conduzir à construção legislativa de uma nova figura de sociedade. Por isso considerava aquele autor que *"(...) esta insinuación creciente de los factores jurídico-públicos (...) no priva a la sociedad por acciones de su tradicional carácter de empresa privada fundada sobre la idea de lucro. Habrá que reconocer, sencillamente, la existencia actual de dos especies de sociedad anónima: la tradicional, recogida y reglamentada en los Códigos de comercio, y la modificada por influjo del elemento publicistico."*[523]

De modo semelhante, ressalvando naturalmente que nos temos vindo a referir à sociedade como um conceito unitário, e não como o fazia o autor citado que se referia especificamente à anónima, consideramos que hoje apesar de ainda não se afigurar adequado proceder à qualificação das sociedades de capitais públicos como um conceito legal específico de sociedade, a verdade porém é que, por outro lado, parece que para lá caminhamos. Efectivamente, para além de ser necessário maturar as alterações introduzidas ao conceito por via da instrumentalização que dele tem vindo a efectuar o Estado, acresce ainda que é possível sustentar a desnecessidade da criação de um novo conceito legal para aplicar à figura, desde logo porque o recorte

---

[523] *In,* ob. cit., pág. 55.

actual do conceito jurídico-privado de sociedade é não só adequado, como deve ser preservado enquanto tal, mesmo que possa ser em alguma medida "publicizado" por via da utilização que dela venha a fazer o Estado. Essa "publicização" é ainda eminentemente pontual, e por isso poderá ainda não assumir vigor suficiente para determinar a criação de um novo conceito de sociedade. Assim, entendemos por tudo quanto se disse que a manutenção do conceito geral de sociedade, tal como estabelecido no CC, é a todos os títulos desejável e vantajoso, razão pela qual as eventuais derrogações que pontualmente lhe possam vir a ser introduzidas, além de não serem elas próprias muitas vezes necessárias, não assumem intensidade bastante para esse efeito. Conclusão esta que não nos impede porém de considerarmos que as sociedades de capitais públicos se devem considerar como sociedades de tipo especial, ao lado daqueles que a ordem jurídica consagra, uma vez que, apesar de se submeterem à disciplina geral das sociedades, estão primeiramente submetidas a um regime específico que só a elas se aplica, o que nos permite referi-las então como sociedades de tipo especial, as quais se devem no entanto manter, de acordo com a nossa perspectiva, fiéis ao conceito geral que é unitário e que ainda não foi alterado. É pois esta a posição que adoptamos a propósito desta matéria e que tentaremos agora evidenciar abordando algumas matérias onde melhor se poderá percepcionar não apenas a utilidade da manutenção do conceito, mas também as desvantagens que decorrem da sua utilização de forma desadequada.

### 2.1 – *Problemas de Capacidade*

Antes de começarmos a analisar esta matéria, cumpre explicitar desde já que, por motivos de simplicidade e maior clareza, passaremos aqui a fazer referência às sociedades comerciais, uma vez que é efectivamente este o tipo actualmente mais utilizado pelo Estado nas suas empresas, pese embora o essencial das considerações que se seguem sejam aplicáveis a todos os tipos de sociedade, em virtude do já referido carácter unitário que a figura assume no nosso ordenamento jurídico.

Assim, sendo as sociedades subjectividades jurídicas dotadas de personalidade jurídica a partir do registo, conforme dispõe o artigo 5º do CSC, tornam-se sujeitos de direito a quem é reconhecida personalidade jurídica, funcionando a partir desse momento como centros de imputação autónoma de direitos, deveres e situações jurídicas. Nessa medida, a acompanhar a personalidade jurídica que dessa forma lhes é reconhecida por via normativa, está também a respectiva capacidade de direito. Aqui chegados, cumpre agora enunciar a forma como abordaremos esta matéria para que se torne mais evidente a conexão estabelecida entre este ponto e os que anteriormente vínhamos a referir.

A matéria da capacidade jurídica das sociedades será aqui abordada de forma necessariamente sumária, tentando focar aqueles que nos parecem ser os aspectos com mais relevância para o problema que temos vindo a abordar. Por isso, iniciaremos este ponto com uma referência genérica aos diversos problemas doutrinais que se levantam a propósito, para passarmos num momento subsequente a referir duas situações que envolveram a antiga Partest[524], actual Parpública[525], a primeira das quais foi já analisada pelo professor PAULO OTERO[526], análise essa que constituirá a base da nossa reflexão para este ponto.

Comecemos então por enquadrar o problema perscrutando os contributos doutrinais a este propósito, circunscritos ao âmbito nacional, dada a necessária brevidade com que a matéria será aqui exposta.

Entre nós a norma legal que fixa a capacidade de direito às pessoas colectivas encontra-se plasmada no artigo 160º do CC, o qual é no essencial transposto para o direito societário, conforme se constata no artigo 6º n.º 1 do CSC. Será pois com base nestas duas normas que estruturaremos a análise que se segue.

---

[524] PARTEST – Participações do Estado (SGPS), S.A., resultante da cisão do IPÊ – Investimentos e Participações Empresariais, SA, e criada pelo Decreto-Lei n.º 452/91 de 11 de Dezembro como uma sociedade anónima de capitais exclusivamente públicos, para gerir as participações sociais detidas pelo Estado.

[525] Criada pelo Decreto-Lei n.º 209/2000 de 2 de Setembro que extinguiu a Partest.

[526] Referimo-nos concretamente à obra do Professor *"Privatizações, Reprivatizações e Transferências de Participações Sociais no Interior do sector Público"*, Coimbra Editora, Coimbra, 1999.

É extenso e aceso o debate doutrinal que ainda hoje se debruça sobre a alcance e interpretação a conferir ao artigo 160º enquanto norma geral delimitadora da capacidade de direito reconhecida às pessoas colectivas. Podemos contudo abordar a questão dividindo-a em dois grandes planos: por um lado, o plano tradicional, a que corresponde a doutrina que se pode considerar ainda maioritária entre nós, e que vê no artigo 160º a consagração do Princípio da Especialidade do Fim, norma imperativa destinada a delimitar quer pela positiva, quer pela negativa, a abrangência da capacidade de gozo reconhecida às pessoas colectivas; por outro lado, uma perspectiva mais inovadora, que não retira do citado artigo 160º qualquer regra destinada a limitar o âmbito da capacidade das pessoas colectivas, mas sim o da sua legitimidade. Cumpre então explicitar a traços largos o essencial das diferenças que separam uma e outra das posições enunciadas, questão da maior relevância porquanto a resposta a dar à mesma determinará também a margem de actuação legalmente permitida às pessoas colectivas, sabido como é que o âmbito e amplitude da sua capacidade de gozo deverá ser acompanhado pela sua capacidade de exercício[527].

---

[527] Note-se que não existe no Código Civil nem no Código das Sociedades qualquer norma que expressamente se refira à capacidade de exercício das sociedades. De todo o modo, poder-se-á definir a capacidade de exercício das sociedades como decorrente da respectiva capacidade de gozo, construída no funcionamento interno dos órgãos sociais, e manifestada na actuação externa dos mesmos. Estes últimos dizem-se representantes da sociedade, sendo certo porém que estaremos aí a falar em concreto de uma representação imprópria, uma vez que aquilo que liga o órgão à pessoa colectiva é um nexo de organicidade e não um nexo de representação. Porém, é como representantes que a lei se refere aos órgãos da pessoa colectiva, razão pela qual não se vê motivo para alterar a terminologia, tal como refere o Professor Pais de Vasconcelos, *in Teoria Geral...*, cit., pág. 161-162. Sobre a representação orgânica como uma representação imprópria, veja-se Oliveira Ascensão, *Direito Civil – Teoria Geral*, vol. II, 2º edição, Coimbra Editora, Coimbra, 2003, pág. 229-232. Sobre a matéria da capacidade de exercício veja-se também Coutinho de Abreu, *Curso...*, vol. II, cit., pág. 200-201. Refira-se ainda, tal como adverte este último autor, que distinta da capacidade é a questão da vinculação das sociedades, sendo que esta última apresenta especial relação com a problemática da actuação dos órgãos da sociedade que praticam um acto que esteja para lá do objecto social da mesma, situação esta que, por não limitar a capacidade da sociedade, nos termos do artigo 6º n.º 4 CSC, se dirá em relação a ela ineficaz, mas já não geradora de nulidade tal como sucederia no caso de o acto violar a capacidade jurídica da mesma, ob. cit., pág. 184-185. A propósito ainda da representação das sociedades, para além do extenso estudo de João Espírito Santo,

Mas vamos por partes.

Assim, no tocante à capacidade de gozo das sociedades, partindo do disposto no artigo 160º e acompanhando a Doutrina tradicional[528], diremos que a mesma se há-de entender como limitada, por força da lei, a tudo aquilo que se considere necessário ou conveniente para permitir a prossecução dos seus fins.

Assim sendo, para analisarmos o âmbito e extensão da capacidade da sociedade temos então de cuidar saber qual o seu fim ou fins. Para além dos citados artigos 6º do CSC e 160º do CC, há ainda que ter em conta o disposto no artigo 12º n.º 2 da CRP, nos termos do qual *"As pessoas colectivas gozam dos direitos e estão sujeitas aos deveres compatíveis com a sua natureza."* Torna-se então possível, atendendo entre outros aspectos, também à letra deste preceito constitucional, construir uma nova abordagem a propósito da capacidade jurídica das pessoas colectivas. Assim o fez entre nós, inovando o panorama doutrinal a este propósito, o Professor OLIVEIRA ASCENSÃO[529], cujo entendimento é hoje secundado também pelos Professores PEDRO PAIS DE VASCONCELOS[530] e PEDRO ALBUQUERQUE[531/532]. Em traços largos, a

---

já aqui citado, veja-se também, ALEXANDRE SOVERAL MARTINS, *Capacidade e representação das Sociedades Comerciais, in Problemas de Direito das Sociedades...*, cit., pág. 471 e ss., mais especificamente, pág. 476 e ss..

[528] Representada por autores como: PIRES DE LIMA/ANTUNES VARELA, *in Código Civil Anotado...*, vol. I, pág. 165; MOTA PINTO, *Teoria Geral do Direito Civil*, 3ª edição, Coimbra Editora, Coimbra, 1989, pág. 317 e ss.; HÖERSTER, *A Parte geral do Código Civil Português. Teoria Geral do Direito Civil*, Almedina, Coimbra, 1992, pág. 390, 391; COUTINHO DE ABREU, *Curso...*, vol. II, pág. 180 e ss., entre outros que mais adiante referiremos.

[529] *In Direito Civil – Teoria Geral*, vol. III, Lisboa, 1992, pág. 70 e ss., opinião constante em todas as obras do Professor após a que acabamos de referir, tal como se pode constatar nas seguintes: *Direito Civil, Teoria Geral*, vol. I, Coimbra Editora, 1999, pág. 237 e ss.; para as sociedades comerciais, o autor defende também que a capacidade jurídica das mesmas não se encontra limitada pelo seu fim lucrativo, veja-se a sua obra *Direito Comercial, IV. Sociedades Comerciais, Parte Geral* Lisboa, 2000, pág. 28, e 59 e ss.;

[530] *Teoria Geral do Direito Civil*, vol. I, Lex, 2000, pp. 106 e ss., opinião que mantém nos seus manuais mais recentes, *Teoria Geral do Direito Civil*, 2ª edição, Almedina, Coimbra, 2003, pág. 157 a 160 e 166 a 175, e bem assim, na edição de 2005 da mesma obra.

[531] *A Vinculação das Sociedades Comerciais por Garantias de Dívidas de Terceiros*, ROA, 1995, pág. 689 e ss.; *Da prestação de Garantias por Sociedades Comerciais a Dívidas de Outras Entidades, in* ROA, 1997, pág. 69 e ss.

[532] Em sentido claramente oposto, CARLOS OSÓRIO DE CASTRO, *De novo sobre a prestação de garantias por sociedades a dívidas de outras entidades: luzes e sombras*, ROA,

posição assumida pelos autores acima referidos poderá ser exposta do seguinte modo: apesar do disposto no artigo 160º CC e 6º n.º 1 do CSC, consideram que as pessoas colectivas teriam uma capacidade jurídica bem mais ampla do que estes preceitos fariam supor, considerando mesmo, ao contrário da Doutrina tradicional, que do disposto no artigo 160º CC seria possível retirar uma regra de capacidade genérica e não limitada aplicável às pessoas colectivas. Neste sentido, PAIS DE VASCONCELOS e OLIVEIRA ASCENSÃO consideram que a medida da capacidade de gozo das pessoas colectivas não está limitada ao que for necessário ou conveniente à prossecução dos seus fins. Isto porque para PAIS DE VASCONCELOS[533], a referência aos "fins" expressa no artigo 160º CC deverá entender-se como referente ao objecto social da mesma, ou seja à actividade que ela se propõe desenvolver a título principal; já para o Professor OLIVEIRA ASCENSÃO[534], a questão da incapacidade das pessoas colectivas não se coloca em relação a um acto, mas sim apenas perante categorias de actos, sendo que em qualquer dos casos, o desvalor jurídico seria o mesmo: a anulabilidade por falta de legitimidade e já não a nulidade por falta de capacidade. Conclusão esta que não nos parece forçosa nem pacífica, porquanto, como se verá, pelo menos nas pessoas colectivas sociedades, é perfeitamente possível distinguir entre o objecto social, actividade económica concretamente seleccionada e constante do contrato de sociedade e dos seus estatutos, à qual nos referiremos como o fim imediato; bem como a um fim mediato, fixado na lei, que assim a distingue das demais pessoas colectivas, e em função do qual se exerce a actividade económica concretamente definida no fim imediato livremente seleccionado, sendo que aquele fim mediato não é outro senão o lucrativo, tal como se retira do artigo 980º conjugado com o 157º CC[535].

---

ano 1998, tomo II, pp. 830 e ss.. Este autor tem também publicado um outro estudo sobre este tema , *Da Prestação de garantias por Sociedades a Dívidas de Outras Entidades,* ROA, 1996, pág. 565 e ss.

[533] *Teoria Geral...,* cit., pág. 168 e ss.
[534] *Teoria Geral...,* vol. I, cit., pág. 257 e ss..
[535] Neste sentido, de forma muito mais extensa onde se podem também colher importantes referências bibliográficas, veja-se JOÃO ESPÍRITO SANTO, *in Sociedades por Quotas e Anónimas. Vinculação: Objecto Social e Representação Plural,* Almedina, Coimbra, 2000, pág. 109 a 118, 140 e ss., e 155 e ss..

Diversamente, o Professor PAIS DE VASCONCELOS considera que os fins a que se refere no artigo 160º se identificam com o objecto social, razão pela qual entende que considerar feridos por incapacidade de gozo *"todos e cada um dos actos que a pessoa colectiva pratique e que não sejam necessários nem convenientes à prossecução do seu objecto social seria totalmente inadequado à vida de relação e gerador de uma insustentável insegurança no tráfico jurídico"*[536]. Adere assim, na esteira de OLIVEIRA ASCENSÃO, à denominada Teoria do Desvio do Fim, no âmbito da qual o artigo 160º *"não teria praticamente nada que ver com a capacidade das pessoas colectivas"*[537]. Cumpre desde já dizer claramente que a posição sustentada por estes autores se baseia num argumento de fundo, o qual determinou que a teoria tradicional vigente até então entre nós tivesse de ser alvo, em alguma medida, de uma reformulação.

Referimo-nos à 1ª Directiva Comunitária sobre sociedades comerciais[538], a qual veio afectar efectivamente a forma como até então se perspectivava a Doutrina tradicional, sem todavia ditar o seu fim[539], como seguidamente demonstraremos. De todo o modo, entre nós uma das repercussões mais evidentes da tendência lançada pela Directiva citada, acabou por ficar plasmada na letra da lei, em concreto do artigo 6º n.º 4 do CSC, o qual claramente afirma que o objecto social não limita a capacidade da sociedade.

Seria então viável afirmar que a doutrina tradicional teria morrido?

Entendemos claramente que não.

Na verdade a Doutrina tradicional, normalmente identificada com os actos *ultra vires*, também referida como Doutrina da Especialidade (sendo certo que não se trata exactamente da mesma coisa, o que é perceptível se se analisarem as respectivas origens[540]), demons-

---

[536] Últ. ob. cit.

[537] *Teoria geral...*, ob. e loc. cit., especialmente, pág. 268.

[538] Directiva 68/151/CEE, do Conselho, de 9 de Março de 1968. A referência efectuada no texto tem como base o artigo 9º desta Directiva, a qual foi marcadamente influenciada pelo Direito alemão, bem como pelo Italiano, ordens jurídicas que não seguem a *Teoria da Especialidade*, nem a *Ultra Vires*.

[539] Como refere o professor PAIS DE VASCONCELOS, *in Teoria Geral...*, cit. (obra de 2003), pág. 170, e de quem *mui* respeitosamente discordamos.

[540] Veja-se para esse efeito, JOÃO ESPÍRITO SANTO, ob. cit., pág. 123 e ss., podendo encontrar-se porém uma abordagem mais sintetizada, na mesma obra, a págs. 110, nota n.º 281.

trou ser mais rica e mais resistente do que se poderia pensar, tendo por isso hoje toda a pertinência afirmar não apenas a sua actualidade, mas sobretudo a sua utilidade.

Vejamos como:

Admitindo que a proximidade da matéria regulada pelo artigo 160º CC e 6º CSC é suficientemente evidente para justificar um tratamento unitário da matéria da capacidade das pessoas colectivas com base numa abordagem integrada a partir destas normas[541], verifica-se porém que de modo subtil, o artigo 160ºCC acaba por assumir uma vertente mais ampla do que o 6º CSC, em concreto o seu n.º 1, que praticamente corresponde a uma transposição daquele. É pois com base nesta subtileza que podemos afirmar que hoje é ainda pertinente afirmar-se que efectivamente a Doutrina tradicional tem ainda valia nesta matéria. De facto, a subtileza a que nos referimos tem a ver com a circunstância de a letra do artigo 160º referir que a capacidade das pessoas colectivas se encontra limitada em razão dos seus "fins", e já não, como o faz o artigo 6º n.º 1 do CSC, em função do seu "fim".

Ora, sendo as sociedades pessoas colectivas com um fim legalmente determinado, o intuito lucrativo, tal como resulta do artigo 980ºCC, é possível considerar que a expressão "fins" utilizada pelo artigo 160º do CC, se possa referir não apenas ao fim social, objecto, actividade seleccionada para ser exercida pela sociedade em causa; mas também àquele outro fim legal, que será o referido fim mediato, em função do qual a actividade económica, objecto social, vem a ser exercida. Deste modo, considerando agora que o artigo 6º n.º 4 do CSC diz claramente que o objecto social não limita a capacidade da sociedade, é evidente que dentro do próprio artigo 6º, o fim mencionado no n.º 1, não poderá referir-se àquele objecto social. Porém, e uma vez que o artigo 6º n.º 1 continua a existir... óbvio é que o preceito há-de ter algum significado juridicamente relevante. Rele-

---

[541] Seguimos aqui a proposta do Professor PAIS DE VASCONCELOS que por considerar haver uma fortíssima semelhança entre as situações, sugere que o artigo 160º CC seja interpretado em harmonia com o disposto no artigo 6º n.º 4 CSC, assim se contribuindo não apenas para modernizar, mas também para " *manter a unidade do sistema jurídico*", in *Teoria geral...*, últ. Ob. cit., pág. 174 e 175.

vância essa que se encontra quando se considera que o fim referido no artigo 6º n.º 1 do CSC é o fim lucrativo, porque é esse aquele que preenche o conceito jurídico sociedade e, além disso, desempenha a importantíssima função de a distinguir perante outros tipos de pessoas colectivas existentes na nossa ordem jurídica, tal como se retira do disposto no artigo 157º CC. É neste sentido que vão vários autores tais como Osório de Castro[542] que afirma claramente: *"O fim que limita a capacidade da sociedade nos termos do artigo 6º n.º 1 do C.S.C., é o fim mediato, a obtenção de lucros e sua posterior repartição pelos sócios, não o fim imediato ou o objecto social. Ou seja, o ramo ou ramos de actividade a desenvolver pela empresa societária."*. Também Henrique Mesquita[543] assim considera dizendo que *"(...) a capacidade de gozo das sociedades comerciais não é limitada pelo respectivo objecto, mas é sempre limitada pelo fim das sociedades."*, sendo certo que *"O fim (...), é o fim lucrativo, que caracteriza e limita a actuação de toda e qualquer sociedade. As operações que não tenham por escopo conseguir lucros estão fora da capacidade de gozo de uma sociedade."*. E também Coutinho de Abreu[544], quando pragmaticamente afirma: *"Que este é o sentido do "fim" das sociedades previstos no n.º 1 do art. 6º confirmam-no os n.º 2, 3 e 4 do mesmo artigo (...)"*.

Assim, e tendo em conta a abordagem integrada que, na esteira de Pais de Vasconcelos, adoptamos a este propósito, sempre se dirá que o significado actual do artigo 160º n.º 1 CC é considerar que a capacidade jurídica das sociedades há-de entender-se como limitada em função daquele que é o seu fim legalmente determinado, e não já como outrora[545], em função daquele que é o fim que resulta da

---

[542] *In ob. cit.*, pp. 837. Note-se que a propósito da prestação de garantias por uma sociedade a favor de outra, o Autor só considera tal acto nulo, quando tal prestação de garantias seja realizada a título gratuito. Veja-se a esse propósito o seu artigo, *Da Prestação de garantias por Sociedades a Dívidas de Terceiros, in* ROA, 56, 1996, pág. 580.

[543] Parecer, publicado na ROA, ano 57, 1994, pág. 771 e ss., tendo sido a citação mencionada retirada da pág. 731, onde também se encontra um parecer sobre o mesmo assunto, da autoria de Brito Correia, a págs. 140 e ss., que apesar de mais cauteloso e hesitante, acaba por concluir no mesmo sentido dos autores acima mencionados.

[544] *In Curso...*, vol. II, cit., pág. 182.

[545] Como se pode ver na extensa análise efectuada por João Espírito Santo, ob. cit., designadamente, a págs. 110, nota n.º 281, considerando a págs. 154 e 155, 156 e ss. que,

autonomia dos sujeitos que decidiram constituir a sociedade em causa. Deste modo, o efeito que a 1ª Directiva Comunitária teve a este propósito, não foi o de afastar a doutrina *ultra vires* nem a doutrina da especialidade, mas sim o de restringir o seu campo de operatividade apenas àqueles que possam ser considerados como os fins legalmente fixados a cada pessoa colectiva[546], sendo certo que terá sido em função destes que a ordem jurídica reconheceu aquela subjectividade jurídica, lhe atribuiu personalidade, e lhe criou um regime próprio, distinto daqueles que se aplicam às demais pessoas colectivas existentes.

Neste sentido, é não só actual, como também útil defender a concepção tradicional, mas renovada, da capacidade de gozo das pessoas colectivas enquanto capacidade específica, limitada, porque sempre instrumental à prossecução das finalidades que não as partes, mas a lei, considerou terem dignidade e importância jurídicas suficientes para determinarem a constituição de um novo sujeito de direito[547]. Por outro lado, a mencionada utilidade deste entendimento torna-se tanto mais patente se desde logo tivermos em conta que o próprio artigo 160º apresenta já uma latitude mais do que suficiente para permitir tutelar e proteger não apenas os interesses das pessoas singulares ligadas àquela pessoa colectiva, desta em si mesma considera-

---

em face da actual redacção do artigo 6º n.º 4 do CSC resulta claramente afastada a possibilidade de se considerar que do artigo 160º CC decorresse uma limitação estatutária à capacidade de gozo.

[546] Deste modo, uma outra interpretação também seria possível: considerar que a única vertente da Doutrina *ultra vires* que faleceu por força da citada Directiva, terá sido apenas a sua facção mais radical, aferida primeiramente ao objecto estatutário, considerando efectivamente que os actos que o extrapolassem não caberiam na capacidade da sociedade. É a formulação *ultra vires – the company,* que retirava da violação do limite fixado pelo objecto social, uma eficácia externa da incapacidade da pessoa colectiva. Porém, nesta formulação, encontra-se um segundo nível, mais moderado, denominado *ultra vires – the directors,* nos termos do qual o objecto social seria o limite de actuação reconhecida aos órgãos e directores da companhia, o qual a ser excedido não limitaria a capacidade da companhia, uma vez que o objecto social se destinaria apenas neste caso a fixar os poderes de representação dos directores em relação à sociedade. Tudo isto in JOÃO ESPÍRITO SANTO, ob. cit., pág. 110 e 111, onde se indica um importante artigo sobre a matéria, *Objecto da Sociedade e Actos Ultra Vires, in* ROA, Ano 40, 1980, I, pág. 18 e ss., de RAUL VENTURA.

[547] Neste sentido, veja-se a argumentação expendida por JOÃO ESPÍRITO SANTO, ob. cit., pág. 158 a 164, que acompanhamos.

da, bem como dos demais terceiros que com ela venham a contratar. Isto porque, ao reconhecer-se à pessoa colectiva em causa capacidade de direito para ser titular e exercer todos os actos necessários ou convenientes à prossecução do seu fim legal, em concreto tal significará que em muitos casos a limitação decorrente do artigo 160º será praticamente nula, pelo que na verdade, nestes casos, acaba por não ser possível fazer funcionar a regra da limitação da capacidade jurídica que tal preceito pretendia implementar[548]. Deste modo, tendo presente este inconveniente propiciado pelo "nexo de conveniência" introduzido na letra do citado preceito, e do qual decorre que todos os actos convenientes à prossecução dos fins cabem na capacidade jurídica da pessoa colectiva em causa, considerando que a protecção dos interesses de todos os envolvidos só se alcança se se estabelecer uma regra geral e abstracta que permita dar solidez e segurança à operatividade da capacidade de direito reconhecida pela ordem jurídica àquela subjectividade enquanto tal, isso significa que os interesses a tutelar ficarão tão melhor protegidos quanto mais estável for a forma de interpretar a capacidade jurídica que lhe é reconhecida. Não consideramos assim que a necessidade de tutelar a posição de terceiros vá ao ponto de afastar uma regra que se afigura como a única que estabelece algum tipo de limite (muito embora ele muitas vezes seja demasiado vago)[549], à actuação de um sujeito jurídico que

---

[548] Tal como refere o autor que acabamos de citar na nota anterior, pág. 164 e ss., aspecto este que acaba por o levar a afastar toda a veemente argumentação que até aqui tinha efectuado em defesa da Doutrina tradicional interpretada no sentido da limitação legal e não estatutária. A págs. 167 acaba assim por se render àquilo que preferimos chamar" os inconvenientes decorrentes do nexo de conveniência" consagrados na letra do artigo 160º, acabando assim por deixar dúvidas ao leitor a propósito da sua real posição sobre o problema, uma vez que afirma o seguinte: *"Em resumo, cremos que o art. 160º, n.º 1, do CC poderia interpretar-se como o faz a doutrina tradicional no que respeita à demarcação negativa da capacidade da pessoa colectiva, não fora o facto da inoperacionalidade do princípio da especialidade tal como está consagrado. Não pode, pois, daí retirar-se a tradicional conclusão de que as pessoas colectivas têm uma capacidade de direito limitada pelo seu fim; antes deverá concluir-se que, naquilo que seja compatível com a respectiva natureza, gozam de uma capacidade absoluta, sob reserva de a mesma poder ser pontualmente limitada por disposição legal".*

[549] Parece-nos efectivamente que a certeza e segurança jurídicas ficam mais acauteladas com um limite, ainda que pouco fortalecido, do que sem limite algum. Por outro lado, não nos parece que o argumento da amplitude conferida pelo nexo de conveniência seja

foi constituído para fins determinados, e que em função desses fins é reconhecido pela ordem jurídica enquanto tal. Por isso, interpretar o artigo 160º considerando que a capacidade jurídica das pessoas colectivas continua ainda hoje a ser limitada em função do fim legal típico que a cada uma das pessoas colectivas corresponde, é também um meio de preservar a própria tipicidade das mesmas[550/551], com isso se reforçando a certeza e segurança jurídicas, reconhecendo-se concomitantemente que à atribuição de personalidade jurídica estão

---

suficiente para sustentar que não decorreriam limites à capacidade das pessoas colectivas. Acresce ainda que sustentar a ausência de limites para tutelar a esfera jurídica de terceiros *"(...) com quem a pessoa colectiva contacta e contrata no quotidiano, a ter de sindicar, em relação a cada acto da pessoa colectiva, se ele se encontra dentro ou fora do limite necessariamente impreciso da necessidade, mais grave ainda, da conveniência à prossecução do fim."* , seria, de acordo com PAIS DE VASCONCELOS, " *de uma injustiça violenta e juridicamente insuportável"*, in Teoria Geral..., cit., pág. 174. Mas não estamos plenamente convencidos da total valia desta argumentação, uma vez que parece que ela depende em muito dos terceiros a quem nos estamos a referir. Note-se que, por um lado, o referido nexo de conveniência, se aferido àquele que os autores que sustentam a Teoria do Desvio do Fim, se referir ao objecto social, reduz de algum modo os perigos que efectivamente apresenta, uma vez que o objecto social das pessoas colectivas, em concreto das sociedades, é por força da lei tornado público, ou pelo menos cognoscível a todos os terceiros interessados em o conhecer, dado que deverá reflectir-se na denominação social, tal como resulta do artigo 10º n.º 1, 200º n.º 2 e 3, 275º, n.º 2 e 3 do CSC, entre outros inseridos em legislação específica a este propósito. Note-se que utilizamos deliberadamente a expressão "denominação social" para não suscitar aqui o problema das diferenças entre firma e denominação que a este nível se podem colocar. Por outro lado ainda, parece-nos que a referida situação de injustiça clamorosa, terá de ser relativizada em função dos concretos terceiros que com ela se confrontem: repare-se que se estamos a pretender proteger um terceiro-credor da sociedade, talvez ele esteja mais protegido se a pessoa colectiva sociedade só tiver a sua capacidade jurídica reconhecida para a prática de actos que sejam necessários ou convenientes à prossecução do seu fim típico, legal, lucrativo, uma vez que isso implicará a formação de um excedente patrimonial que se inscreverá no património da sociedade, que é como se sabe a garantia geral de que beneficia o credor para o ressarcimento das dívidas que a sociedade com ele tenha contraído... Neste sentido, claramente, CARLOS OSÓRIO DE CASTRO, *De novo sobre a prestação de garantias por sociedades a dívidas de outras entidades: luzes e sombras,* ROA, ano 1998, tomo II, pág. 839.

[550] A propósito da tipicidade das pessoas colectivas, veja-se PAIS DE VASCONCELOS, *Teoria Geral...,* cit., pág. 144 e ss.; OLIVEIRA ASCENSÃO, *Teoria Geral...,* vol. I, cit., pág. 240.

[551] Também neste sentido, JOÃO ESPÍRITO SANTO, depois de defender que a especialidade contida no artigo 160º seria a especialidade legal e não a estatutária, afirma claramente:*" (...) o princípio da especialidade desempenha uma função coadjuvante e subordinada relativamente ao princípio da tipicidade",* in ob. cit., pág. 141.

subjacentes não apenas valorações que pretendem tutelar a autonomia privada, mas também valorações que assentam numa ideia fundamental a todo e qualquer ordenamento jurídico: a ideia de ordem pública[552]. Neste sentido, a personalidade jurídica reconhecida às pessoas colectivas, acompanhada pela capacidade que lhe permite actuar como centro de imputação de situações jurídicas, ao ser funcionalizada à prossecução de determinados fins que a lei entende terem dignidade e importância para tal, implica que se considere que sempre deverão ser aqueles os fins entendidos como limitadores daquela capacidade, pois que se não tivessem sido esses a determinar o reconhecimento daquela pessoa colectiva, poderia muito bem suceder que a sua constituição não fosse sequer legalmente admitida, ou pelo menos não o teria sido certamente nos termos em que o foi.

Deste modo, fica claro que a limitação operada pelo artigo 160º CC e 6º n.º 1 CSC não consiste numa limitação estatutária[553], o que significa que todos os actos praticados pela pessoa colectiva, ou

---

[552] Sendo que esta valoração de ordem pública é consentânea com aquilo que já afirmamos: por um lado a defesa da especialidade legal no âmbito do artigo 160º, por outro, a defesa do princípio da tipicidade das pessoas colectivas. Neste mesmo sentido, veja-se João Espírito Santo, que considera existir verdadeira fraude à lei nas circunstâncias em que uma determinada pessoa colectiva pratique sistemática e reiteradamente actos contrários ao seu fim tipológico, uma vez que essa circunstância ofende um interesse público, precisamente aquele que *"(...) ditou a existência de diferentes conjuntos normativos para entes com fins também diferentes.",* in ob. cit., pág. 140. Desenvolvendo o seu raciocínio no que toca ao princípio da tipicidade conforme aqui referimos, diz então assim o autor na pág. seguinte: " *Este proíbe a constituição de pessoas colectivas não correspondentes aos tipos legalmente fixados; há nisso uma fundamentação de ordem pública: a tutela da segurança do tráfico jurídico(...). Mas o significado da tipicidade não pode ficar por aqui, pois que seria fraca garantia da segurança jurídica a proibição de constituição de pessoas colectivas não correspondentes aos tipos legais, se a lei não visasse concomitantemente garantir que os tipos legais sejam usados para os fins previstos e não para outros."* Por isso, parece-nos evidente que uma das formas de a lei promover a obtenção desse resultado é, entre outras, a de consagrar uma capacidade jurídica específica e limitada apenas ao que for necessário ou conveniente para que as pessoas colectivas prossigam os seus fins, sendo que de entre estes, só o fim legal típico é que funcionará como verdadeiro limite a essa capacidade.

[553] Relembramos que adoptamos aqui uma perspectiva unitária a propósito da capacidade jurídica das pessoas colectivas, em concreto, das sociedades, pelo que o significado que atribuímos ao princípio da especialidade inserido no artigo 160º é exactamente o mesmo daquele que também se encontra no artigo 6º n.º 1 do CSC. Refira-se porém que existem opiniões diversas, considerando que o significado a atribuir ao princípio da especialidade inserido no 6º n.º 1 do CSC se há-de interpretar diversamente daquele contido no artigo

melhor, pelos seus órgãos, que vão para além do fim estatutário ou objecto social, não limitam a sua capacidade de gozo⁵⁵⁴, sendo certo porém que já se poderá afirmar que esses mesmos actos poderão limitar aquela capacidade se se considerarem contrários ao fim legal da pessoa colectiva em causa⁵⁵⁵.

Deste modo, na primeira possibilidade que aqui acabamos de levantar, o problema será resolvido em sede de vinculação da pessoa

---

160º CC. Veja-se por exemplo a esse propósito, AGOSTINHO CARDOSO GUEDES, " *A Limitação dos Poderes dos Administradores das Sociedades Anónimas operada pelo Objecto Social no Novo Código das Sociedades Comerciais*, in Revista de Direito e de Economia, n.º 13, 1987, pág. 127 e ss., em concreto, pág. 132.

⁵⁵⁴ O que não significa contudo que os actos contrários ao fim estatutário sejam irrelevantes. A esse propósito, demonstrando que ao próprio objecto estatutário das sociedades correspondem valorações não apenas tributárias da autonomia privada, mas também de ordem pública, vejam-se as sanções legalmente previstas para as circunstâncias em que as pessoas colectivas praticam sistematicamente actos contrários ou diversos do seu objecto social, de tal forma que este já não corresponde àquele que se afirma como o seu objecto real. Referimo-nos aos artigos 182. n.º 2, alínea b); 192º n.º 2, alínea b), ambos do CC, e 142º n.º 1, alínea d) do CSC, bem como da circunstância de assistir competência legal ao Ministério Público para promover a dissolução das pessoas colectivas em que tal situação se verifique, tal como resulta do artigo 183º n.º 2 CC, e 144 CSC, note-se porém que neste último caso a competência para este efeito é agora atribuida aos conservadores de registo, tal como resulta do Regime Juridico dos Procedimentos Administrativos de Dissolução de Liquidação de Entidades Comerciais, estabelecido pelo Decreto-Lei n.º 76-A/2006, de 29 de Março. Sobre este aspecto, veja-se também JOÃO ESPÍRITO SANTO, ob. cit., pág. 140, nota n.º 353.

⁵⁵⁵ É esta a interpretação que nos parece mais adequada ao problema, uma vez que, se por um lado não podemos esquecer a letra do artigo 6º n.º 4 CSC, por outro também não se pode esquecer o sentido que atribuímos ao seu n.º 1, no qual consideramos consagrado o Princípio da Especialidade do Fim. De todo o modo, se se analisar o artigo 6º n.º 4 em conjunção com os artigos 260º n.º 2 e 409º n.º 2 do CSC, facilmente se percepciona que o nosso legislador pretendeu consagrar uma solução de compromisso entre a perda de força da especialidade do fim aferida ao objecto social, com a tutela dos terceiros, mas também da própria sociedade. Daí que consideremos que os actos a que se refere o artigo 6º n.º 4, hão-de ser forçosamente actos de escopo lucrativo, que apesar de violarem o objecto social, não violam o fim legal da sociedade, e por isso não estão fora do limite da capacidade daquela. Seguimos assim a este propósito o entendimento de HENRIQUE MESQUITA, que claramente afirma: " *Mas o princípio do n.º 4 do artigo 6º, bem como as regras que nele se filiam, dos artigos 260º n.º 2, e 409º n.º 2, só se aplicam aos negócios jurídicos que, apesar de não caberem no objecto social ou de não respeitarem limitações estabelecidas pelos sócios mediante deliberação, tenham natureza ou escopo lucrativo. Um negócio gratuito, porque é contrário ao fim de qualquer sociedade, está excluído da respectiva capacidade de gozo e, consequentemente, do âmbito da competência dos administradores ou gerentes*", in *Parecer*, cit., pág. 730.

colectiva ao acto que está para lá daquele que foi fixado como seu objecto social, sendo precisamente por isso que o desvalor daí resultante será o da ineficácia[556] e não a nulidade, sanção que sempre será aplicável se o acto praticado contrariar o fim legal da pessoa colectiva em causa, uma vez que nessa circunstância estaremos já perante um caso de incapacidade de gozo, a qual além de insuprível, resulta da violação da própria lei, em concreto o artigo 160°, norma imperativa que, uma vez violada acarreta a nulidade, nos termos do artigo 294° do CC.

Deste modo, e para estabelecer a ponte com a situação prática que tentaremos retratar a seguir, diremos que a capacidade jurídica de gozo legalmente reconhecida às sociedades em geral e às comerciais em particular, é, nos termos da conjugação resultante entre o artigo 160° CC, 6° (*maxime, n.*[os] *1 e 4*) CSC, uma capacidade limitada e funcionalizada àquele que é o seu fim mediato, o seu fim legal, portanto, lucrativo[557], nos termos do artigo 980° CC. Deste modo,

---

[556] Tal como resulta dos artigos já citados 260° e 409° do CSC. Sobre estas normas e a sua aplicabilidade em conjunção com o artigo 6° CSC e 160° CC, veja-se PAIS DE VASCONCELOS, *Teoria Geral...*, cit., pág. 175-176. Para maiores desenvolvimentos a propósito da matéria da vinculação das sociedades comerciais e do seu objecto social, veja-se a obra já aqui sobejamente citada de JOÃO ESPÍRITO SANTO, págs. 323 e ss., mais concretamente, 421 a final.

[557] É verdade que os n.°s 2 e 3 do artigo 6° do CSC se referem a excepções a esta regra, as quais não obstante a confirmam. Isto porque, nos termos do n.° 2 *"As liberalidades que possam ser consideradas como usuais, segundo as circunstâncias da época e as condições da própria sociedade, não são havidas como contrárias ao fim desta."*. É nítido que as liberalidades só podem contrariar um fim da sociedade: o lucrativo, e por isso lhe estão vedadas, salvo estas excepções. A propósito desta matéria, além dos estudos de OSÓRIO DE CASTRO e de PEDRO DE ALBUQUERQUE já aqui referidos, veja-se também COUTINHO DE ABREU, *Curso...*, cit., pág. 192 a 202. Contudo, quanto a esta excepção em particular sempre se poderá dizer como fazia já MOTA PINTO, que, nos termos do artigo 940° n.° 2 CC, e ao qual se reconduz o preceito ora em análise, não há verdadeira doação, e portanto não há liberalidade, *in ob. cit.*, pág. 318 (nota de rodapé n.° 2), seguindo assim a posição de MANUEL DE ANDRADE (como próprio o refere), *in Teoria Geral da Relação Jurídica*, Coimbra, Almedina, 1960, vol. I, pág. 123 e ss.. Ou seja o acto assim praticado não seria por isso contrário ao fim da sociedade. Quanto ao disposto no n.° 3 do artigo 6° de que ora tratamos, refere-se tal preceito à prestação de garantias por uma sociedade a outras entidades, problemática que não abordaremos na presente mas que, não obstante, e atendendo ao disposto na segunda parte desse normativo, ilustra bem que, tal como sucede no n.° 2, também neste n.° 3 do artigo 6°, o fim em causa é e não pode ser outro se não o lucrativo, podendo a este propósito encontrar-se indicação de alguns arestos jurisprudenciais *in* JORGE ALBERTO ARAGÃO SEIA, *in O Papel da Jurisprudência na Aplicação do Código das Sociedades Comerciais*, *in Problemas de Direito das Sociedades...*, cit., pág. 19 e 20.

aplicar a forma jurídica societária a actividades que se saiba *ab initio,* e se sabe que assim se manterão, claramente deficitárias e não lucrativas, implica questionar a validade de boa parte dos actos praticados no seu exercício, uma vez que, atento o exposto, é legítimo considerá-los como contrários àquele fim legal que limita a respectiva capacidade jurídica, nos termos acima enunciados, tal como dizia HENRIQUE MESQUITA quando afirmava que *"As operações que não tenham por escopo conseguir lucros estão fora da capacidade de gozo de uma sociedade."*[558]

É pois esta a nossa posição.[559]

De todo este excurso facilmente se percepciona o ponto de conexão entre esta e a matéria que anteriormente vínhamos a tratar, designadamente a da preservação do conceito jurídico unitário de sociedade, e a necessidade de o ter presente quando o Estado pretende exercer a liberdade de escolher a forma jurídica a aplicar a uma determinada actividade de prestação. É que tendo em conta a análise que acabamos de efectuar, parece-nos evidente que por força da lei, e salvo ocorrência de derrogação conceptual expressa, não será legalmente adequado aplicar a forma societária a actividades como aquelas a que se refere o artigo 20º alínea d) do RGSEE, uma vez que isso determinaria criar uma subjectividade jurídica à qual não se reconheceria capacidade de direito bastante para praticar alguns dos actos envolvidos na prestação da actividade em causa. Designadamente aqueles que envolvem uma prestação efectiva de bens ou serviços a um preço de tal forma desfasado do preço de custo, que jamais será possível gerar qualquer *break-even* em termos de custo de produção- custo de prestação, quanto mais um qualquer excedente a que se chame lucro[560].

---

[558] *In, Parecer...,* cit., pág. 731.

[559] Na qual não estamos sós, como acabamos de demonstrar. Mas a bem da completude possível, refira-se também um contributo mais recente neste mesmo sentido, ALEXANDRE SOVERAL MARTINS, *in Capacidade e Representação das Sociedades Comerciais, in Problemas de Direito das Sociedades,* cit., pág. 472 e ss., onde também aponta ser este o entendimento predominante na nossa Jurisprudência, referindo vários arestos a esse propósito.

[560] Isto ressalvando sempre a possibilidade de se constituir uma sociedade para a prestação destas actividades nestes moldes deficitários, integrada numa relação de grupo com outra ou outras, essas sim lucrativas, possibilidade que se pode retirar do espírito do artigo 6º n.º 3, *in fine,* atendendo à interpretação aqui defendida a atribuir a todo o artigo 6º CSC.

Assim, do mesmo modo que antes de nós já se afirmou não ser possível criar uma empresa pública para o exercício de actividades que se sabia serem necessariamente deficitárias (uma vez que isso conflituaria com uma das notas essenciais ao próprio conceito de empresa, em concreto a questão da sua auto-sustentabilidade que a distingue de outras estruturas organizatórias[561]), também hoje consideramos necessário afirmar que não é juridicamente adequado, atendendo à lei que ainda não foi alterada, constituir sociedades de capitais públicos para o desenvolvimento de actividades necessariamente deficitárias[562]. O facto de o Estado o fazer, infelizmente com grande frequência, não converte tal procedimento numa actuação conforme ao espírito e à letra da lei actualmente vigente[563]. Trata-se porém de

---

Sendo certo porém, que esta possibilidade não deve ser interpretada no sentido de afastar, em abstracto, a aplicabilidade do Princípio da Especialidade do Fim tal como foi aqui interpretado em termos gerais, aplicável por isso, a todas as sociedades. Esta pode aliás considerar-se como uma forma viável, aconselhável porventura em termos de estratégia empresarial, para a prestação de serviços públicos nos quais se procedesse à técnica da "desafectação vertical", no sentido de separar, dentro da globalidade da actividade em causa, os serviços que podem ter de ser prestados abaixo do custo de produção por corresponderem a uma ideia de serviço público, daqueles outros em que tal não tem necessariamente de suceder, desde logo porque se podem perfeitamente autonomizar daquele. Pense-se por exemplo no caso da prestação de serviços de comunicação telefónica na rede fixa: uma coisa é a comunicação telefónica em si, aferida à transmissão de voz; outra já diversa é aquela que se reporta à prestação de um serviço conexo, como seja a transmissão de dados, assumindo aqui especial destaque a Internet de alta velocidade. Assim, no primeiro caso, das comunicações telefónicas de voz, poderemos considerar que estamos perante uma serviço público cuja relevância social poderá determinar que a sua prestação se efectue abaixo do preço de custo (o que não quer dizer que suceda na realidade, isto está a ser utilizado como exemplo demonstrativo); outra situação é já aquela que se refere à Internet de alta velocidade, que não tem de ser necessariamente considerada actividade de serviço público com o significado que se atribuiu à primeira, e relativamente à qual não existem razões para que a mesma seja prestada nos mesmos termos daquela.

[561] Assim, COUTINHO DE ABREU, in Definição..., cit., pág. 148-149.

[562] Conscientes porém de que contamos com a oposição de importante Doutrina para a qual é perfeitamente possível conceber mesmo a criação de empresas que podem, no limite, funcionar para a prestação de serviços gratuitos, como sustenta por exemplo, entre nós, o Professor MENEZES CORDEIRO, in Direito da Economia, AAFDL, Lisboa, 1986, pág. 241, apud COUTINHO DE ABREU, Definição..., cit., pág. 147; e também, o Professor OLIVEIRA ASCENSÃO, que considera viável a constituição de empresas públicas para operarem em domínios necessariamente deficitários, in Direito Comercial..., vol. IV, cit., pág. 487.

[563] Sendo certo que, como temos vindo a referir, as opções que o Estado tem vindo a tomar a este propósito são por demais questionáveis, uma vez que aplica a forma societária,

uma realidade, que nem por isso deve afastar o juízo crítico a exercer pelo jurista, designadamente com vista a contribuir para a construção de possibilidades alternativas que mantenham e preservem a coerência normativa e conceptual da generalidade do sistema jurídico, tal como ele ainda se apresenta actualmente.

De seguida passaremos a referir duas situações práticas que ilustram então a real inconveniência de se aplicar a figura societária sem se proceder à ponderação dos diversos factores que podem ou não aconselhar uma tal opção organizativa.

As situações práticas a que acabamos de aludir, podem muito bem considerar-se como uma só, pois é o mesmo o problema que subjaz a ambas.

Referimo-nos à questão já tratada entre nós pelo Professor PAULO OTERO[564], quando se dedicou a analisar qual seria o destino a dar às receitas obtidas pela antiga Partest (actual Parpública), resultantes das operações de alienação das respectivas participações sociais, designadamente para determinar se o mesmo deveria ou não ser entregue ao Estado, atendendo ao disposto no artigo 296º n.º 1 alínea b) da CRP, e artigos 16º e 18º da Lei Quadro das Privatizações. A questão adquire relevo para o presente ponto do nosso trabalho, não apenas porque nos parece que parte da argumentação expendida pelo Professor acaba por redundar na configuração legal da capacidade jurídica das socie-

---

a variadas situações onde nem sequer haveria que criar uma empresa. Um exemplo a este propósito, já o avançou COUTINHO DE ABREU, in Definição..., cit., pág. 148, referindo-se aí às estruturas criadas para responderem a necessidades de satisfação passiva, das quais não resulta o exercício de qualquer tipo de actividade produtiva propriamente dita. Actualmente, um exemplo a este propósito poderá encontrar-se na transformação do Instituto de Estradas de Portugal em empresa pública. Um outro também ilustrativo da questionável utilização da forma societária poderá encontrar-se na criação da DEFLOC – Locação de Equipamentos de Defesa, SA, constituída por escritura pública em 18 de Setembro de 2001, tendo sido o seu capital social integralmente subscrito pela EMPORDEF – Empresa Portuguesa de Defesa (SGPS), S.A., sendo certo que a primeira das referidas empresas parece só ter sido criada porque era necessário adquirir 11 a 14 helicópteros por parte do Estado Português. Porém, como se veio expressamente a afirmar, pelo facto de o Estado, enquanto tal, não estar em condições de assumir compromissos financeiros até 2004, seriam estes assumidos pela referida DEFLOC, SA. Este caso foi analisado pelo Tribunal de Contas no Acórdão n.º 7/2002, de 29 de Janeiro, 1º Secção, o qual se encontra disponível no *site* oficial, www.tcontas.pt.

[564] *In Privatizações, Reprivatizações...*, cit., pág. 113 e ss.

dades comerciais, mas também porque recentemente, no Estudo que o Tribunal de Contas elaborou a propósito do SEE, veio referir-se novamente esta temática.

Tentemos então descrever brevemente o problema:

A questão que o Professor PAULO OTERO[565] colocava era concretamente a de saber se, perante as finalidades definidas no artigo 16º da Lei-Quadro acima referenciada, *"(...) as receitas de **todas as alienações de participações sociais**(...)"* (negrito nosso) se encontrariam sempre adstritas àquelas. Ora, esta foi uma questão que opôs o Tribunal de Contas, à Direcção Geral do Tesouro e à antiga Partest, em termos tais que se pode resumir do seguinte modo[566]:

a) Para o Tribunal de Contas, a não entrega aos Cofres do Estado do produto obtido com a alienação das participações sociais provenientes dos processos de privatização ou reprivatização de empresas até então detidas pelo Estado, seria de considerar ilegal, por violação do artigo 16º da Lei-Quadro;

b) Para a Partest, a entrega ao Estado das receitas obtidas com as referidas alienações seria " *um acto impossível no quadro do regular funcionamento da sociedade*", uma vez que tal actuação *"compromoteria o princípio da plenitude da personalidade da empresa e que poderia por em risco a respectiva capacidade de autofinanciamento ou até a sua solvabilidade financeira";*

O problema continua hoje a colocar-se basicamente nos mesmos termos, opondo agora o Tribunal de Contas à Parpública, e mantendo aquele basicamente a mesma posição que, de forma constante, tinha vindo a dar a conhecer em todos os seus Pareceres sobre a Conta Geral do Estado, desde 1995. De todo o modo, a alteração da Partest para a sua sucessora, Parpública, operada pelo Decreto-Lei n.º 209/

---

[565] Últ. Ob. cit., pág. 114, negrito nosso.

[566] Esta matéria encontra-se tratada na última obra citada de Professor PAULO OTERO, com base na qual resumimos o problema da forma que se encontra indicada no texto, designadamente a pág. 116 da obra citada, onde o Professor indica como fonte essencial a este propósito, tanto para resumir a posição do Tribunal de Contas, como a da Partest, o Parecer sobre a Conta Geral do Estado de 1996.

2000 de 2 de Setembro, teve algumas consequências práticas a este propósito, como refere o Tribunal de Contas[567].

Por um lado, o artigo 9º do citado decreto-lei, veio estabelecer duas alternativas possíveis a aplicar ao destino das referidas operações de reprivatização: ou são transferidas para o Estado, ou ficam na posse da Parpública mas, neste caso, tal opção só será considerada válida *"(...) se a Parpública afectar essas receitas à amortização de dívidas de empresas participadas ou a novas aplicações de capital no sector produtivo, as quais, assim, não terão expressão orçamental, corporizando uma situação que se pode apelidar de "desorçamentação"*[568]. Por outro lado ainda, um antigo problema que tinha sido solucionado pela Lei n.º 19/99 de 15 de Abril, a qual veio tentar solucionar em concreto o destino a atribuir às receitas obtidas com os processos de reprivatização que consistissem em dividendos, acrescentando um n.º 2 ao antigo artigo 8º do Decreto-Lei n.º 452/91 (que instituiu a Partest), nos termos do qual, os resultados da então Partest, quando distribuídos ao Estado, só podiam ser afectos às finalidades previstas na lei, as quais coincidiam com as fixadas no artigo 16º da Lei-Quadro das reprivatizações.

A relevância do problema exposto prende-se com o facto de também agora a Parpública, como outrora a Partest, invocarem o seu estatuto jurídico (formal) de pessoas colectivas de direito privado precisamente para se furtarem à entrega das receitas obtidas com os processos de reprivatização. É que a invocação do "princípio da plenitude da personalidade jurídica" mais não pretende do que chamar a atenção para as consequências jurídicas decorrentes da sua forma societária. Esta, enquanto forma jurídica típica do Direito Privado, quando utilizada pelo Estado, deveria cumprir aquilo que muitos autores denominam de Princípio do Respeito pela Forma Jurídica Escolhida. Em concreto, esse respeito pela forma jurídica envolveria então a consideração de que, sendo uma sociedade, esta teria o seu âmbito de capacidade jurídica limitado pelo artigo 6º CSC, nos termos do qual, já vimos, estariam fora da capacidade jurídica da sociedade todos os actos que não tivessem um escopo lucrativo. E a

---

[567] Relatório n.º 01/'04, 2ª Secção..., cit., pág. 65 e ss..
[568] Relatório..., cit., pág. 66.

verdade é que a entrega ao Estado, do produto obtido com as aludidas operações de reprivatização, poderia efectivamente comprometer o autofinanciamento da empresa, pondo em risco a sua solvabilidade financeira, constituindo por isso um *"um acto impossível no quadro do regular funcionamento da sociedade"*. E qual é o quadro de regular funcionamento de uma qualquer sociedade? É o desenvolvimento de todas as actuações que se afigurem necessárias ou convenientes à prossecução do seu fim, que é como se viu, um fim legal típico, um fim lucrativo.

Consideramos assim que este é um caso em que, apesar de não se ter invocado expressamente o problema da capacidade jurídica das sociedades como uma capacidade específica e funcionalizada àquele que se assume como o seu fim legal normal, a verdade é que seria esse o sentido das invocações das sociedades em causa, nomeadamente da Parpública quando referia que a interpretação que o Tribunal de Contas vinha a dar ao problema passava por *"pôr em causa a sua natureza jurídica privada, como sociedade anónima que é, o que lhe confere liberdade de actuação no domínio do seu objecto social(...)"*[569].

Constata-se assim que a opção jurídico-formal a tomar pelo Estado não é nunca uma opção indiferente. Este caso é assim perfeitamente demonstrativo de que a opção da forma jurídica escolhida pelo Estado, para além de poder ter diversas consequências a diferentes níveis, não será nunca uma opção jurídica indiferente com implicações meramente teóricas. De facto, a escolha pela forma jurídica privada obriga a que se tenha em conta aquilo que o Professor PAULO OTERO, referindo-se ao regime jurídico aplicável à antiga Partest, designava como *"um misto de compromisso entre duas realidades: (i) por um lado, os princípios da liberdade e da autonomia de gestão empresarial, inerentes às entidades privadas e ao Direito privado; (ii) Por outro lado, as vinculações de natureza jurídico-pública decorrentes da titularidade pública do respectivo capital social e subsequente protecção do princípio da projecção do interesse público"*[570].

---

[569] Relatório..., cit., pág. 66.
[570] Últ. ob. cit., pág. 130.

Ora, sem prejuízo de uma mais profunda análise que a importância do problema exige, em termos amplos, focando a generalidade da problemática que dele se pode retirar, parece-nos evidente que este é um caso em que a adopção de uma forma jurídica de direito privado acarreta dificuldades de ordem prática entre aquilo que se poderia reconduzir à defesa do interesse da sociedade, legitimando-se assim a posição assumida pelas empresas em causa, e a defesa do interesse público, o qual ficará certamente acautelado se for dado cumprimento ao disposto no artigo 16º da Lei Quadro das reprivatizações, promovendo-se assim a diminuição da dívida pública.

É também neste sentido que já desde 1995, e de forma constante, o Tribunal de Contas se tem posicionado, acabando hoje claramente por assumir que: *"(...) com respeito pelo reconhecimento da forma jurídica que a PARPÚBLICA reveste, o Tribunal não pode deixar de ter presente, não obstante, que a mesma é uma empresa de capitais integralmente públicos, o que, por conseguinte, o levou a analisar as questões em causa na óptica dos princípios e regras públicos, seja de transparência, seja de plenitude e de verdade orçamentais."* Deste modo, o Tribunal acaba por concluir que: *"(...) o artigo 9º do DL n.º 209/2000 de 2/09, diploma que aprovou os estatutos da Parpública, além das dissonâncias que apresenta com a Lei-Quadro 11/90, de 5 de Abril, introduziu um novo mecanismo para fazer chegar ao Estado o encaixe proveniente das receitas de reprivatizações que se revela pouco transparente"*[571].

Acreditamos haver demonstrado a relevância prática que poderá assumir a escolha pela forma jurídica societária. Nos pontos seguintes tentaremos indicar outros aspectos de relevo prático. A fechar porém este ponto, é por outro lado justo perguntar se porventura a aplicação de uma forma jurídico-pública conduziria a resultados diferentes. Comecemos por responder do seguinte modo: quer se trate de forma pública ou privada, a circunstância de se tratarem de pessoas colectivas distintas do próprio Estado leva-nos em qualquer circunstância a entrar em linha de conta com a autonomia jurídica, patrimonial e financeira que as mesmas sempre apresentam em relação àquele. Mas o estatuto jurídico-público ou jurídico-privado, ainda que este último, nas sociedades unipessoais públicas, mais formal do que

---

[571] Relatório..., cit., pág. 67.

substancial, conduz a uma diferença assinalável na intensidade dos poderes que o Estado está habilitado a exercer sobre aquelas entidades. Assim, se porventura se prefigurasse a aplicabilidade de uma EPE ou de um Instituto Público, para o desempenho da actividade em causa, a diferença encontrar-se-ía segundo cremos na forma distinta com que nestes casos se faria sentir o princípio da especialidade aplicável a estas pessoas colectivas. É que relativamente a pessoas colectivas de direito público, que assim se assumem quer de um ponto de vista formal, quer de um ponto de vista substancial, a vinculação destas relativamente àquele Princípio da Especialidade faz-se sobretudo em função do seu objecto, da actividade material para a qual foram criadas e à qual se dedicam, tal como se pode constatar por exemplo no artigo 14º da Lei Quadro dos Institutos Públicos, e no artigo 25º n.º 2 do RGSEE, este último aplicável às EPEs. Deste modo, e ainda que o jurista tenha muitas vezes de se confrontar com um objecto social que também aqui, por vezes, se apresenta demasiado amplo, a verdade é que neste caso estas mesmas entidades não possuem um outro fim susceptível de delimitar a sua capacidade jurídica que não seja aquele[572]. Por outro lado, ainda

---

[572] A este propósito, veja-se Encarnación Montoya Martín, ob. cit., pág. 523 e ss., referindo a pags. 528 que: " *Si el princípio de legalidad significa que los entes públicos solo pueden entablar relaciones allí donde una norma les autorice para ello, la capacidad jurídico-pública de una Administración coincide con el conjunto de potestades que le han sido atribuídas por el ordenamiento jurídico*". Neste sentido, poderá dizer-se que no tocante às pessoas colectivas de direito público, o princípio da especialidade coincidirá com o princípio da competência que lhes foi legalmente definida. A propósito deste tema, questionando se uma tal formulação poderia ser considerada como demasiado rígida, fazendo perigar a actividade das empresas públicas, veja-se Stéphane Rodrigues, *Actualité du Príncipe de Specialité dês Entreprises Publiques,* in RFDA, ano 10, 1994, pág. 1146 e ss.; Catherine Bergeal, *La Diversification des Activités de Charbonnages de France et le Príncipe de Spécialité,* in RFDA, ano 14, 1998, pág. 53 e ss.. Atente-se porém que em sede de direito francês o Princípio da Especialidade, quando aplicado a sociedades, não se pode preencher nos mesmos termos que o fizemos no direito interno, uma vez que não resulta do próprio conceito de sociedade que a mesma tenha de perseguir uma finalidade lucrativa, uma vez que o artigo 1832 do *Code Civil* não a contempla nos termos em que aqui a definimos, bastando-se apenas com uma noção muito alargada (descaracterizada) do que seja o intuito lucrativo, definindo como objectivo a alcançar com o contrato de sociedade o seguinte: *" partager le bénéfice ou de profiter de l´economie qui pourra en resulter".* Veja-se a este propósito, Philippe Merle/ Anne Fauchon, *Droit Commercial, Sociétés Commerciales,* 8ª edição, Dalloz, Paris, 2001, pág. 37 e ss.. Entre nós, a propósito da ligação estabelecida entre o Princípio da Especialidade e o Princípio da Legalidade, veja-se Maria João Estorninho, *A Fuga...,* cit., pág. 199 e ss..

que um outro fim se tentasse encontrar, esse seria sempre o interesse público, o que afasta qualquer consideração análoga àquela que em sede societária se coloca e que já aqui demonstramos. Tudo isto porque, enquanto pessoas colectivas de direito público, a intensidade daquele princípio da especialidade surge reforçada com a operatividade dos Princípios da Legalidade e da Competência, o que permite construir uma operatividade mais apertada do Princípio da Especialidade aplicado a pessoas colectivas de estatuto jurídico-público, do que àquelas em que esse estatuto público (para quem o admite), estará sempre envolto por um outro que se apresenta externamente como o mais óbvio, o seu estatuto jurídico-privado que sempre existe, ainda que se possa afirmar que este é um "invólucro" mais formal do que substancial. E assim, se o Direito opera essencialmente através das formas jurídicas que constrói, sempre será necessário conferir-lhes relevância...

### 2.2 – *Problemas de Controlo*

Novamente, a referência que aqui efectuaremos a este problema, além de breve, centra-se sobretudo na questão de saber se a utilização das sociedades comerciais por parte do Estado envolve ou não uma certa "transposição" de algumas das formas de controlo tipicamente públicas que venham a ser aplicadas às sociedades de capitais públicos, daí resultando ou a construção de um novo conceito legal de sociedade, ou eventualmente, um direito comercial publicizado.

Antes de avançarmos, cumpre precisar a que tipo de controlo nos referiremos aqui. Em mente temos apenas o controlo que o Estado, através do Governo, deveria exercer enquanto accionista sobre as empresas públicas que detém. Ficam assim excluídas questões que envolvam problemas de controlo financeiro[573], parlamentar, ou juris-

---

[573] Entre nós, veja-se a esse propósito, SÉRGIO GONÇALVES DO CABO, " *A Fiscalização Financeira do Sector Empresarial do Estado por Tribunais de Contas ou Instituições Equivalentes"*, Edições do Tribunal de Contas, Lisboa, 1993; e também, mais recentemente, F. XAREPE SILVEIRO, *"O Tribunal de Contas, as Sociedades Comerciais e os Dinheiros Públicos – contributo para o estudo da actividade de controlo financeiro"*, Coimbra Editora, Coimbra, 2003. Em Espanha, veja-se TRONCOSO REIGADA, ob. cit., pág. 319 e ss.;

dicional⁵⁷⁴, muito embora possa suceder que, pontualmente, lhes façamos alguma referência. Em termos gerais, pode afirmar-se que o controlo promovido pelo Estado como forma de intervir na actividade empresarial em que participa, não é de todo uniforme, e apresenta variações em face dos diferentes conceitos de empresa pública agora em vigor, verificando-se efectivamente uma diferença de grau e de intensidade na intervenção exercida a este nível sobre as EPEs e sobre as sociedades de capitais públicos. Por isso, enquanto que nas sociedades, cabe ao Estado o poder de lhes fixar "orientações estratégicas", no caso das EPEs, mantém o poder de tutela inspectiva e de superintendência sobre a actividade por estas desenvolvidas. Vejamos qual a diferença entre estes tipos de controlo, a começar pelas orientações estratégicas fixadas para as empresas públicas societárias.

A fixação das orientações estratégicas surge associada à função accionista do Estado⁵⁷⁵, expressão que, segundo COUTINHO DE ABREU⁵⁷⁶, não se afigura muito correcta, uma vez que o Estado pode participar em sociedades que não sejam por acções, bem como também não é correcto falar em função accionista do Estado relativamente às EPEs, tal como faz o legislador no artigo 11º n.º 1, conjugado com o artigo 31º n.º 2, dado que como já referimos, estas empresas não têm base societária.

---

[574] Sobre os controlos parlamentar e jurisdicional, veja-se entre nós, PAULO OTERO, *Vinculação...*, cit., pág. 328 e ss.; Em Espanha, TRONCOSO REIGADA, ob. cit., pág. 331 e ss. e 386 e ss., respectivamente.

[575] A função accionista desempenhada pelo Estado tem sido alvo de grande atenção por parte do Tribunal de Justiça das Comunidades, como se verifica nos âmbito dos Processos que opuseram a Comissão e Espanha, Portugal e França, vejam-se os acórdãos de 13 de Maio de 2003, referente ao Processo C-463/00 , Comissão contra Espanha; acórdão de 4 de Junho de 2002, Processo C-367/98, Colectânea 2002, pág. I-04731 e ss., Comissão contra Portugal; e acórdão de 4 de Junho de 2002, Processo C- 483/99, Colectânea 2002, pág. I – 04781 e ss.. Para uma análise destas questões referentes ao exercício da função accionista do Estado e da sua titularidade de *golden shares,* veja-se PAULO CÂMARA, *The End of the "Golden" Age of Privatisations? The Recent ECJ Decisions on Golden Shares, in* European Business Organization Law Review, 3, 2002, pág. 503 e ss.. Para uma abordagem mais sucinta relativamente aos Processos movidos contra Portugal e França, veja-se MARIA MANUEL LEITÃO MARQUES, *Quem Pode o Mais não Pode o Menos?, in* A Mão Visível, mercados e regulação, Almedina, 2003, pág. 149 e ss.. A propósito do tema, veja-se também NUNO FILIPE ABRANTES LEAL DA CUNHA RODRIGUES, ob. cit., pág. 304 e ss.

[576] *Sobre as Novas Empresas Públicas...,* cit. pág. 557, nota 8.

Não obstante, apesar destes reparos, sabemos ser a sociedade anónima aquela a que o Estado mais recorre para promover ou participar na actividade empresarial. Assim, nos termos do artigo 10º, a função accionista de Estado cabe ao Ministro das Finanças, e também ao Ministro responsável pelo sector em que se insere aquela actividade empresarial. Deste modo, são eles que propõem em Conselho de Ministros, as orientações estratégicas a cumprir quer pelas empresas participadas, previstas no artigo 2º, quer pelas sociedades, consagradas como empresas públicas no artigo 3º, quer também pelas entidades públicas empresariais, tal como resulta do n.º 2 do artigo 31, todos do RGSEE.

Estas orientações estratégicas previstas no artigo 11º, poderão (e deverão) envolver metas quantificadas e contemplar contratos a celebrar entre o Estado e as empresas públicas. Nos termos deste n.º 2 do artigo 11º, essas orientações estratégicas reflectir-se-ão nas orientações anuais definidas em assembleia geral e nos contratos de gestão a celebrar com os gestores, sendo o seu cumprimento fiscalizado, nos termos do n.º 3 do mesmo artigo pelo Ministro das Finanças e do responsável pelo respectivo sector. A questão que se pode colocar, principalmente no caso das sociedades de capitais exclusivamente públicos nas quais o Estado seja o único accionista, é a seguinte: conjugando o citado preceito, com o disposto no artigo 3º n.º 1 b), num cenário em que as orientações estratégicas fixadas não tenham sido cumpridas, e se após recomendação emitida para que o sejam, tal como resulta do n.º 3 do artigo 11º, as mesmas continuarem por cumprir, sem que tal seja de imputar a qualquer comportamento intencional adoptado pelos órgãos nesse sentido, poderá tal circunstância acarretar a destituição dos membros de administração dessas empresas? Em princípio, a autonomia jurídica destas empresas em relação ao próprio Estado deveria ser acompanhada por uma regra de verdadeira autonomia ao nível da gestão, o que muitas vezes não sucede, designadamente quando o Governo invoca argumentos de confiança política, acabando assim por interferir nas opções de gestão da sociedade. Deste modo, no caso das sociedades estaduais unipessoais, perante a verificação de uma tal situação, parece-nos que em concreto se assistirá a um verdadeiro poder de fiscalização e controlo da gestão da empresa, em termos que extrapolam claramente aqueles que decorreriam normalmente da aplicação do CSC[577].

É evidente que, na qualidade de accionista único, e também assim nos casos em que seja accionista maioritário, se deve reconhecer ao Estado, enquanto tal, alguns poderes que lhe permitam, exercer algum poder de controlo sobre a gestão das mesmas. Porém, dado que o RGSEE não prevê qualquer tipo de tutela ou superintendência sobre as empresas societárias, mas pelo contrário, proíbe expressamente que o controlo estadual interfira com a gestão corrente, conforme se constata no artigo 11º, será pois necessário adoptar uma prática cautelosa quanto a esta matéria. Neste sentido, LUÍS S. D. MORAIS[578], referindo-se àquilo que denomina de *"capacidade de conformação da gestão empresarial"* por parte do Estado sobre as empresas societárias, considera que *"(...) não deverá, de modo algum sob pena de desconformidade com os limites de actuação decorrentes do estatuído no artigo 11º RGSEE e da verificação, nesse caso, das correlativas consequências jurídicas – interferir na esfera de gestão corrente"*. Advertindo no entanto que: *"Não se ignora, de qualquer modo, que a praxis destas relações poderá certamente originar situações limite, em que se mostre complicada a diferenciação entre actos orientadores de gestão corrente e actos envolvendo opções fundamentais de gestão empresarial"*. Acresce ainda que tais empresas se encontram vinculadas a prestar ao Estado deveres especiais de informação, nos termos do artigo 13º RGSEE, os quais extrapolam nitidamente os previstos no CSC[579]. Neste sentido considera o autor

---

[577] Aproximando-se assim, neste caso, mais de um poder misto, que parece combinar algo de tutela inspectiva, seguida de tutela sancionatória, com superintendência, plasmada nas orientações emitidas, do que de um simples poder de controlo enquanto accionista. De forma relativamente próxima à que acabamos de enunciar, e a este propósito, veja-se a referência efectuada pelo Tribunal de Contas para ilustrar esta situação, e constatando que na prática, as funções tutelar e accionista, acabam na realidade por se confundir, *in* Relatório..., cit., pág. 33. Sobre o conceito do poder de tutela e dos seus diversos tipos, veja-se designadamente, FREITAS DO AMARAL, *Curso...*, cit., pág. 699 e ss.., e 702 e ss.

[578] *in As Relações entre o Estado e as empresas públicas na sequência da aprovação do decreto-lei n.º 599/99 de 17 de Dezembro,* Estudos sobre o Novo regime..., cit., pag.116 e ss..

[579] Vejam-se os artigos 181º para as sociedades em nome colectivo, 214º para as sociedades por quotas, e especialmente o 288º e seguintes para as sociedades anónimas, onde se prevê a possibilidade de haver recusa legítima na prestação de determinadas informações se

citado que *"(...) poderá certamente questionar-se um eventual excesso de exigência formal relativamente a esta modalidade especial de intervenção do Estado na gestão das empresas públicas (...) ultrapassando a tessitura normal do direito privado, de relação jurídico-económica entre qualquer accionista de controlo e as empresas societárias que detenha"*. O Estado surge então como um accionista privilegiado a este nível, subvertendo assim o Princípio de (tendencial) paridade entre sócios, característico do direito privado[580].

Mas ironicamente, demonstrou a prática que as preocupações acima expostas acabariam por se defrontar com a situação precisamente inversa: na verdade, como já temos vindo a referir, e aqui cumpre sublinhar, falar-se-á com mais propriedade no não exercício da função accionista por parte do Estado do que do inverso que seria naturalmente esperado. É este o retrato traçado pelo Tribunal de Contas que revela que o Estado não tem sequer o cuidado de definir as orientações estratégicas *supra* mencionadas, o que causa óbvios

---

se considerar que daí resultará prejuízo grave para a sociedade. Neste sentido dispõem os artigos 290º n.º2 e o 291º n.º 4, o qual prevê outros casos de recusa. Ora, na medida em que o RGSEE não faz qualquer ressalva nesta matéria, não é despiciendo questionar se daqui não poderão resultar dificuldades a este propósito. Neste sentido, Luís Morais tal como referido no texto; também sobre o problema, veja-se António Gervásio Lérias, *Evolução...*, cit., pág. 58, e ainda, António Pinto Duarte, *Notas...,* cit., pág. 83 *in fine* a 85. Para uma aproximação mais generalista à matéria do direito da informação, veja-se designadamente, João Labareda, *in Direito à Informação, in* Problemas de Direito das Sociedades..., cit., pág. 119 e ss..

[580] Porém, também a este nível pudemos constatar no relatório do Tribunal de Contas a que nos temos vindo a referir (concretamente a págs. 32) que, somente dois anos após a entrada em vigor do RGSEE é que se vieram a concretizar as exigências contidas no artigo 13º daquele diploma, o que veio a suceder com a publicação, em 8 de Janeiro de 2001, de um despacho do Ministro das Finanças que estabelecia que as empresas públicas não financeiras enviariam ao Ministro das Finanças, através da Inspecção Geral, as referidas informações, só então se cumprindo portanto o disposto no n.º 2 do artigo 13º do RGSEE. Curiosamente, descobrimos também no mesmo documento e local que acabamos de referir, que no dia 22 de Fevereiro de 2002, foi emitido um despacho da autoria do Senhor Inspector Geral de Finanças, no qual foi fixada a lista das empresas públicas abrangidas pelo dever de prestar àquela entidade a informação que lhe permite controlar as mesmas do ponto de vista financeiro, tal como resulta do artigo 12º n.º 2 RGSEE. Confessamos a nossa surpresa perante este facto, uma vez que do citado preceito não decorre qualquer diferenciação entre as diversas empresas públicas sobre as quais se deve exercer aquele controlo, razão pela qual caberá questionar se a referida lista não redundará numa efectiva violação do princípio da igualdade entre todas as empresas públicas.

problemas no tocante à gestão a implementar nas empresas estaduais[581]. Acresce ainda que, como também já referimos, a demissão do exercício da função accionista por parte do Estado é acompanhada pela inexistência de um órgão de acompanhamento permanente da situação económica e financeira em que se encontram as empresas públicas, o que significa que o desconhecimento do real número das empresas públicas existentes, bem como das participações sociais detidas, coloca evidentes problemas ao nível do controlo que sobre a actividade daquelas o Estado, por força da lei, deveria exercer.

Ora, este problema poderá vir a agravar-se exponencialmente se se perpetuar a tendência pela opção da forma societária em detrimento da forma pública da EPE, uma vez que, como já se referiu no ponto anterior, sendo o âmbito da capacidade jurídica das primeiras mais amplo do que aquele que às segundas assiste, tal significa que se multiplicam as possibilidades de se criarem participações em cascata. Muito embora não se possa dar a esta questão uma resposta unitária, uma vez que em concreto, tudo dependerá dos estatutos de cada uma das empresas estaduais a que nos referimos, a verdade é que, em abstracto, se aqueles estatutos não colocarem limites a este propósito, sempre poderão aquelas sociedades deliberar adquirir participações em outras, desde que tal se revele adequado ou conveniente à prossecução do seu fim, funcionando assim a regra geral do artigo 11º n.º 4 do CSC. A isto acresce ainda que esta amplitude em termos de capacidade jurídica confere às empresas societárias uma maior autonomia mesmo para efeitos de recorrerem à contratação de empréstimos, caso que muitas vezes é permitido expressamente nos próprios estatutos, sem que todavia lhes sejam impostos limites[582]. Deste modo, chamando a atenção para estes e outros aspectos, o Tribunal de Contas recomenda expressamente que sempre que o Estado venha a optar pela forma societária, essa escolha seja *"(...) cuidadosa e adequadamente ponderada e planeada, com vista a aferir, previamente, a sua viabilidade económica e financeira"*[583].

---

[581] Relatório..., cit., pág. 12.
[582] Relatório..., cit., pág. 86.
[583] Relatório..., cit., pág. 19. Recomendação esta em que é apoiado pela Direcção Geral do Tesouro, conforme se constata na Informação por esta entidade emanada em 27/10/2000, Informação n.º 1239/2000, elemento este que recolhemos no próprio relatório que temos vindo a citar, em concreto, a págs. 43.

Concluindo: a intervenção estadual em empresas de base societária teria naturalmente de comportar alguma perturbação de algumas regras de direito societário[584]. Assim sucede no tocante aos poderes a que acabamos de aludir, cujo exercício acaba por ser garantido por aquilo que poderemos designar por uma forma peculiar de "tutela" que permite a um accionista em particular, definir as grandes linhas de actuação dos sujeitos de direito privado que são as sociedades comerciais de capitais exclusivamente ou maioritariamente públicos. Mais uma vez se relembra porém, que só a prática poderá determinar os exactos problemas que tal solução poderá colocar, sobretudo no caso das sociedades de capitais mistos. Porém, dado que a realidade tem sido fértil em demonstrar uma atitude claramente omissa por parte do Estado a este nível, não nos podemos pronunciar a propósito da questão de saber se esta utilização massiva da forma societária já alcançou ou não a virtualidade de ditar a necessidade de construir um outro conceito de sociedade, tal como nos tínhamos questionado.

Somos por isso forçados a responder com base nos dados disponíveis, e concluímos que em concreto, parecem estar lançadas as ferramentas para que surja um tal conceito. Se na prática ele ainda não se afirma com grande veemência, não nos espantará que tal venha a suceder, criando-se assim, pelo menos no caso das sociedades de capitais exclusivamente públicos nas quais o Estado seja o único accionista, sociedades de tipo especial, relativamente aquelas que funcionam sob o regime geral, e também sob aquelas que, funcionando sob o regime geral, em conjunção com o RGSEE e respectivos estatutos aprovados por via de decreto-lei, se mantenham, ainda

---

[584] Atendendo ao objectivo que fixamos para este ponto, não abordamos aqui o controlo exercido pelo Estado sobre as EPEs, o qual já por diversas vezes referimos como mais intenso, uma vez que além de se encontrarem submetidas a um poder de tutela, o Estado exerce ainda sobre elas um poder de superintendência, conforme se prevê no artigo 29º RGSEE. A economia do presente trabalho não permite já desenvolver esse ponto. De todo o modo, da leitura conjugada dos artigos 23º e ss., facilmente se constata o acerto da nossa posição. A corroborá-la encontra-se também o Tribunal de Contas, como se poderá constar a págs. 25 do relatório que temos vindo a citar, bem como os demais autores que a este propósito, de modo pontual, já temos vindo a referir. Sobre os conceitos de tutela, dos diversos tipos, bem como da superintendência e da distinção entre as duas figuras, veja-se, designadamente, FREITAS DO AMARAL, *Curso...*, *cit.*, pág. 699 e ss., 702 e ss., e 716 e ss..

assim, fiéis às notas nocionais específicas do conceito geral de sociedade. Aguardamos porém por um momento em que o Estado decida cumprir o dever de zelar pelas suas empresas, exercendo a normal função de um accionista que, por ser público, deveria ser, de entre todos, o mais zeloso, para que possamos analisar esses mesmos problemas.

## 2.3 – Problemas de Compatibilização entre o Interesse Público e o Interesse Social

O enfoque a dedicar a este ponto será, como sucedeu nos pontos que antecedem, eminentemente generalista, atendendo não só à dimensão e importância deste assunto, bem como à acesa polémica que a propósito ainda hoje se mantém.

Sem abordar a valia do "interesse" enquanto conceito operativo em termos jurídicos[585], passemos ao essencial da questão, começando por referir que a Doutrina continua ainda hoje a dividir-se em torno desta matéria, reconduzindo-se essa mesma divisão a duas grandes teorias; por um lado a teoria contratualista, por outro a teoria institucionalista[586]. Em termos muito amplos e sem abordar as diversas

---

[585] Sobre o tema, veja-se designadamente, PAIS DE VASCONCELOS, *"Teoria Geral..."*, cit., pág. 634-635; em sentido oposto, MENEZES CORDEIRO, in " *Da Responsabilidade dos Administradores das Sociedades Comerciais*, Lex, Lisboa, 1997, n.º 65, apud OLIVEIRA ASCENSÃO, *Direito Comercial...*, vol. IV, pág. 68.

[586] Nesta matéria continua hoje a ser fundamental a obra de P.G. JAEGER, *"L'Interesse Sociale"*, Giuffrè Editore, Milão, 1964; também deste mesmo autor, para uma abordagem mais recente *L'Interesse Sociale Rivisitato (qurant'anni dopo), in* Giurisprudenza Commerciale, Giuffrè Editore, Novembro-Dezembro de 2000, pág.795 e ss.. Entre nós, veja-se designadamente, COUTINHO DE ABREU, *Curso...*, cit. vol. II, pág. 286 a 303, bem como a bibliografia que refere a propósito desta querela doutrinal. Também do mesmo Autor, *Do Abuso de Direito*, Almedina, Coimbra, 1983, pág. 108 a 121, cuja leitura comparativa com a primeira obra citada demonstra uma ligeira mudança de posição. Para uma abordagem mais pormenorizada acerca desta questão, veja-se também do mesmo autor, *Da Empresarialidade...*, cit., pág. 225 a 244, onde relaciona o interesse societário e o interesse da empresa; OLIVEIRA ASCENSÃO, *Direito Comercial...*, vol. IV, cit., pág. 65 a 74; Para um enquadramento mais específico do problema, designadamente no âmbito da responsabilidade dos administradores e dos gerentes das sociedades comerciais, veja-se também MENEZES CORDEIRO, " *Da Responsabilidade dos Administradores das Sociedades Comerciais*, Lex, Lisboa, 1997; e num enquadramento ainda mais específico deste tema da responsabilidade

correntes que no seio de cada uma destas teorias se podem encontrar[587], diremos que, *grosso modo,* o essencial dos problemas abordados nestas complexas teorias gravitam entre considerar o interesse social aferido ao interesse da própria empresa em si, ou pelo contrário, aferido ao interesse comum dos sócios enquanto tais. No primeiro caso estaremos perante uma das correntes principais da teoria institucionalista, no segundo já entraremos nos domínios da teoria contratualista. No âmbito da tese institucionalista, era possível encontrar duas correntes: a da empresa em si, para a qual o interesse social era um interesse comum, mas multifacetado, que levava em linha de conta não só o interesse dos sócios, mas também dos trabalhadores, dos credores sociais, podendo todavia reconduzir-se à ideia central de defesa e fortalecimento da estrutura da empresa enquanto estrutura produtiva; e a da pessoa em si, esta última com especial aplicação ao caso da empresa sob a forma paradigmática de sociedade anónima, detentora de um interesse especial, próprio, diferente e superior ao dos respectivos sócios, podendo reconduzir-se à ideia central de defesa e fortalecimento da estrutura da empresa enquanto estrutura produtiva eficiente, a qual acabaria por se aproximar, no limite, da teoria contratualista[588]. Abordando a matéria do ponto de vista das concepções económicas e jurídicas dos interesses prosseguidos ou prosseguíveis pelas sociedades, é possível encontrar ainda as Teorias Monistas (que identificam o interesse da sociedade com o interesse comum dos sócios enquanto tais); as Teorias Dualistas (que introduzem na equação a ponderação dos interesses dos sócios, mas tam-

---

dos gerentes e administradores, veja-se também TÂNIA MEIRELES DA CUNHA, " *Da Responsabilidade dos gestores de Sociedades Perante os Credores Sociais: A Culpa nas Responsabilidades Civil e Tributária",* Almedina, Coimbra, 2004, pág. 44 a 54.

[587] Para uma exposição geral e não muito extensa das diversas e mais actualizadas correntes reconduttíveis a cada uma das grandes teorias enunciadas a este propósito, veja-se, para além da (pouca) bibliografia acima indicada, COUTINHO DE ABREU, " *Interés Social y Deber de Lealtad de los Sócios",* in Revista de Derecho de Sociedades, , n.º 19, 2002, pág. 39 e ss..

[588] Também é polémica a matéria referente à distinção entre o interesse da sociedade e o interesse da empresa. Veja-se a este propósito, além da obra de COUTINHO DE ABREU, *Da Empresarialidade...,* cit, *Do Abuso de Direito...,* cit., pág. 111, também o artigo de JOSÉ DE OLIVEIRA ASCENSÃO, *Invalidades das Deliberações dos Sócios, in* Problemas de Direito das Sociedades, Instituto de Direito das Empresas e do Trabalho, Almedina, 2002, pág. 388, mais propriamente, 390 e ss..

bém dos trabalhadores); e por fim, as teorias Pluralísticas (que tentam introduzir na ponderação dos vários interesses a que aludimos, também o interesse público)[589].

Passemos agora a evidenciar a relevância desta matéria para o presente trabalho.

Quando iniciamos o presente ponto de análise dissemos que assumíamos como objectivo evidenciar algumas das consequências decorrentes da utilização crescente da sociedade comercial por parte do Estado, sendo que dessas consequências temos vindo a sublinhar a questão de saber se de tal utilização resultará ou não uma efectiva alteração do conceito jurídico a que aquela se reconduz. Cremos pois que chegamos agora a um ponto que talvez seja aquele que mais pictoricamente poderá ilustrar um dos mais importantes desafios resultantes da crescente interpenetração público-privado, e com base no qual cremos ser adequado reiterar a possibilidade de construção de um novo conceito legal de sociedade, tal como avançamos já na análise anterior, saindo agora reforçada pelos motivos que adiante se exporá.

Efectivamente, para além de o recurso à forma societária não ser fenómeno recente, a verdade é que actualmente o modo como esse recurso se tem vindo a efectuar põe em evidência o choque frontal que opõe o direito público ao direito privado. Assim, é usual dizer-se que quando o Estado actua sob formas de direito privado para intervir no terreno da iniciativa económica deverá ser considerado, na esmagadora maioria dos casos, como se de um verdadeiro particular se tratasse, sem recurso àqueles poderes que lhe são próprios, os de autoridade. Desse modo, a aplicação de formas jurídicas de direito privado para o exercício de actividades desenvolvidas sob a "capa" da subjectividade jurídica em causa por parte de um sujeito público, obriga a criar um regime de compromisso que oscila entre considerar a sociedade em questão como um sujeito de direito privado, com tudo o que isso implica; e também, por outro lado, ter em conta a natureza pública do sujeito que à mesma subjaz. Por isso, a realidade deste encontro entre público e privado obriga a estabelecer "bases de compromisso" entre a forma como em concreto aquela sociedade irá

---

[589] Classificação referida por COUTINHO DE ABREU, *Curso...*, cit. vol. II, pág. 287 e 288.

actuar, designadamente se se dedica à prestação de serviços públicos, e os objectivos que, de um modo ou de outro, sempre serão públicos e que nesse sentido influem, de modo directo ou indirecto, naquela actuação ou em parte significativa da mesma.

Por isso, perante este enquadramento, o recurso à forma societária nos termos descritos, coloca na ordem do dia o problema de determinar o modo de compatibilizar, em situações de eventual conflito, aquilo que se possa reconduzir à noção de interesse social da empresa, e aquilo que seja, numa dada situação, concretizado como a prossecução do interesse público. O problema ganha ainda mais complexidade se o colocarmos no âmbito de uma sociedade de capitais mistos.

Ora, perante o fim legal típico das sociedades, e perante a profusão de formas possíveis de preencher o conceito de interesse social, facilmente se constata que esta é uma matéria onde as divergências e os conflitos estarão latentes. Como já vimos no ponto anterior, novamente o problema passa pelo facto de entre nós e nos termos da lei, o fim das sociedades ser, tipicamente, um fim lucrativo, ao passo que a prossecução do interesse público não se identifica com aquele fim. De todo o modo, é inegável que entre nós se tem afirmado o predomínio das teorias contratualistas, e mesmo quando o institucionalismo se instala, fá-lo de modo mitigado[590]. O problema decorre assim do facto de, ao utilizar uma forma jurídica de direito privado se afirmar concomitantemente a necessidade de respeitar a forma jurídica escolhida, tendência elevada a princípio jurídico, mas que implica que em situações limite não sejam raros os casos em que o interesse da sociedade se possa contrapor, por antagónico, ao interesse público, pese embora a circunstância (quase paradoxal, assim expostas as coisas), de ter sido este que determinou a criação dessa mesma sociedade.

Não obstante, este é um dos resultados decorrentes do funcionamento do mecanismo da personalidade colectiva e, nessa medida, torna-se necessário levá-lo em linha de conta não apenas quando se criam subjectividades jurídicas, mas também quando se determina a respectiva forma jurídica, que como se vê está longe de ser indiferente.

---

[590] Como refere COUTINHO DE ABREU, *Interés Social...*, cit., pág. 40.

Note-se que os casos da Partest e da Parpública aqui relatados não andam longe, muito pelo contrário, desta problemática do conflito entre o interesse social e o interesse público. Dir-se-á: a questão não se colocava nestes moldes porque em ambos os casos estávamos perante uma sociedade unipessoal de capitais exclusivamente públicos... Respondemos: é efectivamente possível colocar o problema nesses termos, mas novamente mesmo aí não existem soluções pacíficas, se existissem o problema a que acabamos de aludir não se teria colocado[591]...

Tentemos então apresentar a nossa visão do problema.

Começando pelo caso de uma sociedade em que o Estado seja o sócio único, estamos em crer que, a bem da coerência, em caso de conflito entre o interesse social e o interesse público, se deveria não apenas admitir a prevalência deste sobre aquele, mas mais do que isso, dever-se-ía nesse caso assumir que, para todos os efeitos, em concreto a sociedade em causa não passou de um mero instrumento jurídico utilizado para a prossecução daquele interesse público. Isto não é novidade, trata-se aliás de uma afirmação algo recorrente. O que talvez não seja tão recorrente assim é retirar daí as necessárias consequências, as quais redundam, quanto a nós em assumir que a instrumentalização da forma jurídico-societária nestes casos acaba por devolver esta figura ao seu local de nascença: o âmbito jurídico-público. Neste sentido, a única forma que nos parece viável de promover a coerência entre a forma e a substância, é admitir que nestas situações, sem prejuízo de ter havido lugar ao processo de escolha da forma jurídica tal como aqui o defendemos, na verdade a opção por esta figura foi neutral, no sentido em que o Estado não queria verdadeiramente promover um fenómeno de personalização jurídica plena, mas pelo contrário sempre terá encarado aquela sociedade como um mero instrumento para promover o interesse público. E então, se assim se considerar, se porventura, por exemplo, a sociedade em causa entender justificadamente que deve proceder ao despedimento de um n° apreciável de trabalhadores porque essa é condição necessária

---

[591] Veja-se a esse propósito, defendendo que mesmo nas sociedades unipessoais é correcto falar em interesse da sociedade, entendido este *" como o interesse do sócio único mas na sua condição de sócio"*, veja-se COUTINHO DE ABREU, *Interés Social...*, cit., pág. 53 (tradução nossa). Não é exactamente esta, como se verá, a solução que sustentamos.

para se fortalecer enquanto estrutura produtiva e assim assegurar o seu robustecimento (o que equivaleria, no fundo a considerar que o despedimento era motivado por razões de interesse social[592]), parece que essa opção poderia não ser viável, porquanto esse despedimento poderia entender-se contrário à prossecução do interesse público, que passa também pela promoção do emprego[593].

Neste sentido, parece então que só duas alternativas se afiguram viáveis:

a) ou se aceita que a sociedade em causa é uma verdadeira subjectividade jurídica que deverá defender os seus interesses enquanto tal, e nesse caso as únicas eventuais considerações de interesse público serão somente aquelas que directamente se relacionem com os motivos que determinaram a sua criação, o que implica funcionalizá-la à prossecução de um específico interesse público, e só desse;

b) ou então, admite-se que, sendo o Estado o único accionista, na verdade esse facto oblitera o funcionamento dos princípios fundamentais de direito societário que à partida seriam teoricamente aplicáveis, e assume-se que em concreto não faz sentido distinguir aqui dois tipos de interesse distintos, porquanto o interesse do Estado na promoção do interesse público, acaba por coincidir, se ainda se reconhecer a sua existência, com o interesse da sociedade em si[594]. Neste

---

[592] E numa situação destas, como deveria actuar o órgão de administração? Aqui está um caso em que o nosso artigo 64º CSC se poderá afirmar como muito útil. Desenvolvendo esta ideia, e com base neste mesmo exemplo, que aliás, é de sua autoria, veja-se COUTINHO DE ABREU, "EL Interés Social...", cit., pág. 44. Atente-se porém à nova redacção do art. 64.º CSC introduzida pelo Decreto-Lei 76-A/2006, de 29 de Março, de qual parece sair reforçado o pendor do interesse social enquanto interesse de sociedade.

[593] Só assim não sendo se porventura se adoptar uma das teoria institucionalistas que abrange no interesse social o próprio interesse público, posição que devemos afastar por demasiado ampla salvo em situações muitissimo especiais, a seguir referidas.

[594] Assim se pronuncia ROCA ROCA, quando se debruça sobre a classificação das sociedades comerciais públicas, considerando que nas de capitais inteiramente públicos " (...) el gobierno de la sociedad depende solo y exclusivamente de la Administración titular del capital, es decir, la voluntad de la sociedad es la voluntad de la Administración, convertiendose la sociedad en una prolongación o instrumento de la Administración (...)", in Las Técnicas societarias en la Administración Pública española, in Administración Instrumental, Libro en Homenaje a Manuel Francisco Clavero Arévalo, vol. I, Editorial Civitas, Madrid, 1994, pág. 737 e ss..

caso, entendemos que é necessário retirar consequências de uma tal posição, e que nos parecem ser as seguintes:
1) Em circunstâncias como a que acabamos de hipotizar deverá assumir-se que o pretenso interesse da sociedade será perspectivado de acordo com as teses institucionalistas, mais propriamente com as correntes pluralistas que estendem o conceito a um ponto tal em que ele acaba por se identificar com o interesse público;
2) Daqui resultará o reconhecimento de que a sociedade em causa não passa de uma "pessoa jurídica limitada", nitidamente funcionalizada aos interesses do sujeito que a instituiu, e que nesse sentido e enquanto tal, poderá dar lugar à criação de um novo conceito legal de sociedade, que já não corresponde àquele que é geral e em função do qual se construiu a respectiva disciplina jurídica.
3) Um último estádio deste raciocínio levar-nos-á a afirmar que então esta sociedade não difere substancialmente de um outro ente ou órgão de direito público, devendo por isso considerar-se como uma pessoa colectiva materialmente pública, ainda que submetida, em alguma parte, ao direito privado. Neste caso, a opção pela forma jurídico-societária será essencialmente estética, e não exercerá influência suficiente para que se ignore a verdadeira natureza jurídica da entidade em causa, que de privada terá apenas, essencialmente, a forma.

Deste modo, parece que estamos efectivamente a assitir à construção de um novo conceito legal da figura societária, facto este que, além de evidenciar claramente o pulsar da construção jurídico-dogmática, apresenta ainda a vantagem de afastar do horizonte das sociedades de capitais públicos as dificuldades a que atrás aludíamos e que se poderiam resumir com as sábias palavras de RIPERT quando afirmava que *"(...) la loi peut tout sauf arriver à concilier ce qui est inconciliable(...)"*[595]. Parece-nos efectivamente a todos os títulos inconciliável aplicar uma forma jurídica que tem carcteristicas específicas e em função das quais se desenha o respectivo regime jurídico,

---

[595] *In, Aspects Juridiques du Capitalisme Moderne,* Paris, 1951, pág. 324.

para na prática acabar por a afastar desses traços distintivos que a individualizam como a figura específica que é. Parece-nos por isso mais adequado sustentar a ideia de que caminhamos efectivamente para uma nova construção conceptual, que determinará a recondução destas sociedades unipessoais públicas para um novo tipo de sociedade, totalmente distinto daquele conceito geral actualmente vigente.

Porém, é necessário não ceder à precipitação, mesmo quando a mesma seja motivada pela intenção de enquadrar e disciplinar juridicamente as novas e híbridas realidades que a todo o momento vão surgindo em resultado da crescente interacção entre o público e o privado. Deste modo, será a prática da realidade social que determinará ou não a necessidade de afirmar inequivocamente o novo conceito legal de sociedade a que aludíamos. Enquanto isso, situamo-nos no momento presente num "terreno acidentado e revolto", pelo que continuaremos a defrontar-nos com as dificuldades que decorrem da criação de entes que, por muito que se queiram considerar fiéis aos seus modelos originais, na verdade não são a eles reconduncíveis. Por isso, neste momento, entendemos que já não será propriamente exacto referirmo-nos a este tipo de sociedades como se na verdade o fossem, pois a realidade é que parece que cada vez mais se afastam do modelo tradicional. Parece efectivamente que correspondem sim a um novo conceito que, queiramos ou não, critiquemos ou não, está a despertar, e parece que para durar... Deste modo, e como a função do Direito é disciplinar, e não criar os fenómenos e as realidades a que se vem a aplicar, entendemos que é hoje não só adequado como necessário dedicar a nossa atenção ao fenómeno. Caso vingue a figura a que aludimos, passaremos a estar nesse caso perante sociedades especiais, que do conceito só partilharão o nome (à falta de melhor designação), e do regime só se lhes aplicará parte. Teremos então aqui um claro exemplo de "regresso às origens", alcançado pela insistência da utilização-instrumentalização da figura, e que consubstanciará uma vitória das teses institucionalistas onde o interesse social acaba por se identificar com o interesse público.

Seguimos por isso o entendimento que há muito preconizava GASTONE COTTINO a este propósito, quando afirmava que neste caso é necessário encontrar uma forma de conciliar aqueles que se assumem como interesses antagónicos, sendo que para tanto são insuficientes *"(...) todas aquellas soluciones que reducen fenómenos de difícil encuadramiento al rango de desviaciones anómalas y ocasionales de un esquema típico"*[596]. Deste modo, o autor solucionava a questão considerando necessário reconhecer as premissas básicas em que o problema assenta, as quais passam por assumir que, se é verdade que *"(...) el Estado (...) quiere constituir una sociedad anónima, tiende a conseguir el fin típico de esta, o sea, el ejercicio de una actividad lucrativa, (...), en el momento mismo en que esto ocurre y adquiere (...) la calidad de sócio, injerta en la sociedad los más complexos y compuestos interesses próprios(...)"*[597]. Interesses próprios esses que são no fundo a prossecução do interesse público e que, enquanto tal não são compatíveis com o regime jurídico próprio das sociedades anónimas. Neste caso, *"(...) donde la participación estatal es reconducidle a la actuación y al control de un ente de gestión, interés privado y público se encuentran y se combinan, y el primero debe, de alguna forma, ceder el paso al segundo"*[598]. Com base neste raciocínio o autor acaba por defender e propor uma interpretação mais elástica, mais abrangente e menos influenciada pelos "preconceitos ou mitos privatistas", mas mais próxima da realidade, reconhecendo que aqui *"se abre una puerta hacia nuevas soluciones, se encuentra un punto de contacto entre derecho público y derecho privado"*[599]. Porém o autor não vai ao ponto de "fechar" o problema com uma qualquer sugestão que se aproxime de uma forma definitiva e estável de encarar o conflito, considerando que, ainda assim a situação exposta, não é ainda suficiente para sustentar a existência de um tipo societário diverso do tradicional[600].

Deste modo, continua ainda a não ser possível afirmar clara e inequivocamente a criação de uma "esquadria conceptual" que permita orientar o jurista em situações limite. Consideramos assim que neste caso não existirá um verdadeiro interesse social distinto e suficientemente autónomo e relevante que assista à sociedade unipessoal

---

[596] *In Participación Pública en la Empresa Privada e Interés Social, in La Empresa Pública,* Studia Albornotiana..., cit., pág. 342.
[597] Ob. cit., pág. 349.
[598] Ob. cit., pág. 355-356.
[599] Ob. cit., pág. 356.
[600] Conclusão que sustenta tanto na obra que temos vindo a citar, como também numa outra mais recente, tal como resulta da sua obra *Le Società. Diritto Commerciale,* volume I, tomo II, 4ª edição, CEDAM, Padova, 1999, pág. 584, 585.

pública, passível de operar na prática em oposição com o interesse público (ao qual acabará por sucumbir). Porém, a heterogeneidade das situações concretas que se reconduzem à utilização da forma jus-privatística societária por parte do Estado, bem como a constatada impossibilidade de sobre ela se reflectir com base em dados concretos (uma vez que, como se viu, não se sabe ao certo quantas nem quais são as empresas públicas que se reconduzem a este modelo), impedem-nos de sustentar a existência actual da nova figura que efectivamente consideramos que está a surgir. De todo o modo, parece-nos contudo inegável a importância de analisar o fenómeno, com base no exposto, para reflectir sobre uma questão que na prática há já tanto se tem vindo a colocar e recolocar, indiciando assim com cada vez maior premência o aparecimento de um novo conceito de sociedade, que apesar de não corresponder ao conceito geral, beneficia ainda assim, actualmente, de boa parte da respectiva disciplina.

Constata-se assim a força, o vigor e adaptabilidade deste modelo jurídico que há já mais de três séculos tem vindo a acompanhar a actuação pública e a privada, podendo dizer-se como fazia GARRIGUEZ que esta é uma *"espécie de perpetuum mobile, sigue viviendo y sale vigorizada de los múltiples conflictos que en su estructura cada dia plantea la nueva economia"*[601]. Acompanhamos assim inteiramente o raciocínio do Autor, considerando porém que estamos hoje cada vez mais próximos de reconhecer a existência de uma nova figura, uma sociedade que é pública, que por isso é especial e que nesse sentido volta a ingressar na esfera do direito público *"afastando-se do tipo mercantilista y capitalista puro con el que obtuvo su máximo esplendor durante el passado siglo"*[602].

Para além disto, é importante sublinhar que, a meio caminho deste percurso evolutivo e transformador que actualmente envolve a figura societária, encontramos ainda as sociedades de capitais mistos, nas quais não é possível sustentar com a mesma amplitude uma solução análoga àquela que acabamos de expor. Nestes casos, continuarão a colocar-se em tese problemas de difícil resolução quando se coloquem situações de conflito entre o interesse social e o interesse público, com a agravante de neste caso nem sequer ser possível

---

[601] *Hacia un Nuevo Derecho...*, cit., pág. 56.
[602] GARIGUEZ, ob. e loc. cits.

encontrar resposta adequada nem nas teorias institucionalistas nem nas contratualistas. Novamente se evidenciam os reflexos práticos e perturbadores da qualidade pública de um dos sócios, em especial quando este seja maioritário, situação em que não será possível fazer funcionar a regra da maioria em singelo para pugnar pela prevalência do interesse público. Aqui a eventual solução de compromisso passa necessariamente por continuar a afirmar que neste caso a sociedade corresponde ao conceito geral, e que nesse sentido não é possível, mesmo fazendo uso da maioria de capital detido, claudicar o fim legal típico da figura, sob pena de, assim sucedendo, se abrir margem para impugnar uma deliberação com tal resultado por abusiva e lesiva do interesse da sociedade, que neste caso teria imperativamente de ser interpretado como o interesse comum dos sócios[603], não bastando a qualidade pública do maioritário para descartar em absoluto o dos demais, que deverá por isso continuar a contar com a protecção e tutela jurídicas típicas do funcionamento da estrutura societária.

---

[603] Assim, COUTINHO DE ABREU, *El Interés Social...*, cit., pág. 42.

# CONCLUSÕES FINAIS

1º) Na Lei Fundamental do Estado Português consagra-se expressamente um modelo de Estado Social, facto visível em várias disposições constitucionais como sejam o artigo 9º alínea d), passando pelo catálogo de direitos subjectivos fundamentais de cariz social, bem como da previsão de um sector público submetido a imperativos de eficácia e eficiência, tal como prevê o artigo 81º da CRP;

2º) O Estado Social é pois um Estado comprometido no desenvolvimento e implementação de políticas adequadas à concretização da "cláusula constitucional de bem estar", e cuja materialização não se basta com medidas de planeamento e de legislação, mas que exige também actividades de verdadeira prestação de bens e serviços considerados de interesse geral;

3º) É pois com base nessa mesma cláusula constitucional de bem-estar que se encontra um dos mais importantes fundamentos legitimadores da intervenção dos poderes públicos na economia, designadamente nas áreas que pressupõem a prestação de bens e serviços essenciais à comunidade;

4º) A lei fundamental prevê actualmente como uma mera possibilidade, a existência de sectores potencialmente vedados à iniciativa económica privada, considerando-se tradicionalmente que desses sectores vedados resulta uma garantia institucional do sector público;

5º) O âmbito, extensão e concreta configuração do sector público está em larga medida confiado à concretização do legislador ordinário, o qual actuará com vista à satisfação do interesse público, coadjuvado também por outros operadores de mercado, parceiros na tarefa de promover o bem estar e a justiça social;

6º) Consideramos porém que a garantia institucional do sector público ultrapassa a potencial existência de sectores vedados, pois é uma evidência que de acordo com as necessidades manifestadas pelo salutar e eficaz funcionamento da economia mista de mercado constitucionalmente consagrada, se assistiu a uma cada vez maior contenção por parte do legislador no tocante a vedar actividades à iniciativa privada;

7º) Daí que consideremos que a garantia constitucional da existência de um sector público dos meios de produção resulta de um imperativo constitucional que tem por objectivo (entre outros), promover a concretização da cláusula de bem-estar, sendo assim aquele sector público um dos veículos de realização desse bem-estar, designadamente quando actue no âmbito da prestação de bens e serviços públicos;

8º) O que acaba por significar que nestas áreas, o sector público goza de um "campo natural" de actuação garantido nestas matérias, sejam elas abrangidas por sectores vedados ou não à iniciativa privada, pelo que não há neste ponto um Princípio de Subsidiariedade de intervenção pública, mas sim pelo contrário, um Princípio de Natural Intervenção Pública, o qual não exclui necessariamente a iniciativa privada. Assim, consideramos mais adequado referir aqui a existência de um Princípio da Complementaridade entre os dois tipos de iniciativa económica;

9º) Concretizada assim a cláusula de bem estar e as incumbências constitucionais que lhe subjazem, resulta também do artigo 81º da CRP, que o Estado está vinculado a zelar pela eficiência do sector público dos meios de produção. Desta regra decorre então o dever de procurar aplicar à prestação de tais serviços os mecanismos que se considerem mais adequados para garantir que a sua prestação seja eficaz e eficiente. Nessa procura, acaba por se chegar, em muitos casos, ao subsector empresarial público, criando-se então empresas públicas vulgarmente designadas de serviço público;

10º) Porém, é necessário ter presente que o sector empresarial do Estado é apenas um subsector dentro do sector público global, o qual abarca o subsector administrativo, o que serve para lembrar que nem todas as actividades de serviço público, para serem eficazmente prestadas, têm necessariamente de o ser através de empresas;

11º) Porém, a abordagem "empresarializadora" à actividade pública de prestação foi intensamente impulsionada pela construção do projecto europeu, que ao estabelecer um mercado único veio introduzir uma aproximação marcadamente económica a todas as actividades de produção ou prestação de bens e serviços, à qual não escaparam os próprios serviços públicos. Por isso estes estarão também, por regra, sujeitos à aplicabilidade das regras da concorrência, não obstante se prevejam situações específicas que poderão isentar os seus prestadores da aplicabilidade plena dessas regras, sempre que as mesmas se revelem incompatíveis ou comprometedoras da efectiva prestação de tais bens e serviços. Neste cenário o papel do Estado tende a modificar-se, passando este a cada vez mais a desempenhar uma função reguladora em detrimento da sua função de prestador desses bens e serviços, tal como vinha sucedendo até aqui;

12º) Não obstante, e atendendo à importância destes serviços que estão, muitos deles, indelevelmente ligados à qualidade de vida hodierna compatível com a dignidade da pessoa humana, o Estado não pode nem deve demitir-se totalmente do seu papel de prestador dos mesmos, muito embora seja cada vez mais premente equacionar até quando, até onde e até quanto poderá o Estado suportar essa função de prestação.

13º) Torna-se assim imperioso repensar, à luz de uma nova realidade, os modos através dos quais se processa a actividade de prestação pública, sendo necessário ressaltar que a abordagem comunitária a esta matéria tem encarado o problema como uma questão marcadamente económica e de funcionamento dos mercados. Por isso, não só por força deste influxo comunitário se começou a colocar com maior premência a questão de determinar qual a forma, mecanismos e modos de actuação mais adequados a promoverem uma eficaz prestação destes serviços públicos, como também por essa via se assistiu a uma transformação de conceitos jurídicos tão essenciais e clássicos, como seja desde logo a própria noção de serviço público, a qual surge hoje revitalizada e reformulada por força dessa influência comunitária. Sendo possível mesmo equiparála à noção de serviços de interesse geral, conceito este que não se apresenta como uma noção fechada, mas pelo contrário, expansiva e em permanente evolução. Em qualquer dos casos, a prestação de serviços públicos essenciais por parte do Estado é, quanto a nós, garantia da manutenção do modelo de Estado de Bem-Estar, bem como do aprofundamento da construção de um modelo social europeu, sendo que em qualquer dos casos, a prestação pública desses serviços funcionará como elemento de ligação e pertença entre o cidadão e o seu Estado membro, como também entre aquele e o projecto europeu;

14°) Assim foram lançadas as bases para uma mudança radical na forma como se passa a encarar a actividade de prestação pública: exige-se que esta seja cada vez mais eficaz e eficientemente prestada, com elevado grau de qualidade, de forma diversificada porque a sociedade se tornou mais complexa e exigente, mas também porque novas necessidades surgiram e surgirão, com vasta abrangência territorial, e tudo isto a um preço acessível a todos, o que implica que em muitos casos o preço de venda ou disponibilização do bem ou serviço não cubra sequer remotamente o preço do respectivo custo.

15°) Assim, para alcançar os objectivos acima descritos, um dos problemas que se coloca é o organizacional, ou seja, saber até que ponto se deve reconhecer ao Estado prestador a faculdade de optar livremente pelas formas e mecanismos jurídicos, públicos ou privados, que considere mais adequados à obtenção de tais metas;

16°) Começou então a colocar-se o problema da prestação destes serviços a partir de uma perspectiva de colocação de bens no mercado, e assim generalizou-se uma espécie de "dogma da empresarialização", do qual resulta a convicção de que naquela estaria a solução, o que conduziu a um grande recurso às formas e mecanismos jurídico-privados para efectuar a prestação pública de actividades que até aqui seriam consideradas como actividades materialmente administrativas. Deste modo, afigura-se adequado colocar a questão de saber se essa mesma utilização de mecanismos jurídico-privados, cada vez mais notória e recorrente, poderá conduzir a uma efectiva "privatização" da Administração pública, por intermédio da "privatização" dos seus modos de actuação;

17º) Numa tentativa de esboçar uma possível resposta, orientada por um claro espírito de sistematização, uma vez que consideramos essencial para o equilíbrio da globalidade do sector público, a adequada separação das actividades de prestação entre o subsector administrativo e o subsector empresarial, questionamos a adequação do modelo empresarializador na prestação pública de várias das actividades consideradas como serviços públicos, para chegarmos à conclusão de que nem todos os casos se compatibilizam adequadamente com uma abordagem empresarializadora ancorada em formas jurídicas de direito privado. Pensamos em concreto no ensino e educação, na cultura e na saúde, por exemplo.

18º) Questionamos assim a premissa de que a aplicação do direito privado e dos seus mecanismos garantem maiores índices de eficácia no desenvolvimento das actividades em causa, para centrar o problema na área em que consideramos que ele verdadeiramente se coloca: na área da gestão pública, para também aqui afirmar que, relativamente ao problema da busca da eficácia e eficiência, a solução estará porventura não na aplicação de uma gestão privada ou empresarial, mas sim na superação da dicotomia que tradicionalmente a opõe à gestão pública, substituindo-a pela única capaz de alcançar o objectivo proposto, e que é apenas uma ideia de boa gestão. Demonstrando concomitantemente que os mecanismos de gestão empresarial não são exclusivos da gestão privada, podendo assim transplantar-se para a área da gestão pública conservando-se as formas jurídico-públicas existentes;

19º) Com esta abordagem ao problema tentamos desmistificar o direito privado e os seus mecanismos que até aqui têm vindo a ser perspectivados como uma espécie de "panaceia universal", para centrar a atenção na revitalização das formas jurídico-públicas e na implementação de uma gestão pública eficiente, eficaz e rigorosa, sem que para tanto esta tenha necessariamente de se "metamorfosear", privatizando-se;

20º) A nossa posição não pressupõe porém um total afastamento do recurso por parte do Estado às formas e mecanismos de direito privado, as quais podem mesmo ser necessárias e aconselháveis para o exercício de determinadas actividades. Pretendíamos apenas alertar para a necessidade de estabelecer critérios que justifiquem essa escolha para que a mesma se possa considerar legítima;

21º) Por isso não afastamos, como se viu, uma abordagem empresarial aplicada à prestação pública de serviços públicos, mas tentamos todavia reconduzi-la e restringi-la essencialmente a actividades de carácter económico e já não social, contribuindo assim para uma mais nítida separação entre as realidades empresarial e administrativa, sem que esta última tenha de ser conotada com os epítetos da ineficácia, porquanto o princípio da racionalidade económica deve estar presente em qualquer uma das duas, muito embora assuma em cada uma delas diferentes leituras;

22º) Defendemos então que o âmbito empresarial seja reservado para as actividades de carácter económico, às quais se aplicam, ainda que com eventuais restrições pontuais, as regras da concorrência, e nas quais o Estado deverá surgir como mais um de entre os vários operadores de mercado;

23º) A razão determinante para a nossa tentativa de sistematizar a matéria, prende-se essencialmente com a procura de fronteiras actuais e possíveis que permitam diferenciar as diferentes formas de actuação dos entes públicos, uma vez que esta é cada vez mais complexa e multifacetada, mas que precisamente por isso aconselha a que sejam preservadas, recortadas e delimitadas de modo mais transparente, desde logo porque às mesmas correspondem disciplinas jurídicas distintas, designadamente no que toca ao respectivo controlo financeiro, uma vez que, como se sabe, as entidades inseridas no subsector empresarial não estão sujeitas à lei de enquadramento orçamental;

24º) Assim, depois de exposta a diferença que separa a abordagem empresarial da administrativa, sendo certo que sobretudo a primeira é sobejamente caracterizada pelo recurso ao direito privado aplicado a entes de direito público mas também, às próprias formas jurídicas de direito privado, e principalmente depois de termos concluído que no que concerne à actuação empresarial do Estado não é possível traçar um balanço positivo, acreditamos haver tornado claro que não se pode dar por adquirido que o recurso dos entes públicos àquele ramo do direito contribua necessariamente para tornar a actuação dessas entidades públicas mais eficaz;

25) A análise efectuada levou-nos a relativizar efectivamente o "valor acrescentado" que até aqui parece ter sido atribuído à actuação pública sob forma e disciplina jurídico-privada, ao mesmo tempo que por outro lado, nos permitiu constatar mais nitidamente a constante interpenetração que crescentemente se vem afirmando entre estes dois grandes ramos do Direito, de tal modo que resulta cada vez mais árdua e difícil a tarefa do jurista que pretenda estabelecer e analisar as fronteiras que apesar de tudo (e bem), ainda hoje os separam;

26º) Mas se conseguimos demonstrar que a valia dos mecanismos jurídico-privados quando utilizados por sujeitos jurídico-públicos não determina necessariamente eficácia na actividade exercida, então isso levou-nos obrigatoriamente a questionar até que ponto se deve admitir a existência de um Princípio de Liberdade de Escolha das Formas Jurídicas aplicáveis para o exercício de actividades de carácter público, por sujeitos de direito público. Problema este que coloca no horizonte a questão de saber se por via da utilização de mecanismos jurídico-privados se promove uma efectiva privatização não apenas do *modus operandi* das entidades públicas, mas da própria estrutura orgânica da Administração Pública, e se sim, quais os seus fundamentos e limites;

27º) Em termos gerais, a fundamentação deste princípio encontra-se na configuração da Administração Pública sob a vertente organizacional: sendo aquela uma organização complexa, multifacetada, deveria enquanto tal poder auto-organizar-se de modo a poder aplicar às diversas actividades prosseguidas os mecanismos jurídicos que considerasse mais adequados para obter uma prestação eficaz. Porém (e apesar de não ter sido possível desenvolver estes pontos), a verdade é que a escolha da forma jurídica não é de forma alguma inócua: tem consequências tão relevantes quanto possibilitar a determinação da jurisdição aplicável, do regime de responsabilidade, etc.

28°) Designadamente no âmbito do sector empresarial, para além da afirmação do Princípio de Liberdade de Escolha de Formas, tem sido sustentada entre nós uma importante corrente doutrinal para a qual existiria mesmo a este nível um reserva constitucional de direito privado. Não acompanhamos todavia este entendimento, e consideramos que do comando constitucional que vincula o Estado à observância do Princípio da Eficiência do Sector Público, conjugado com a amplitude de escolhas organizativas possíveis, bem como com a diversidade de actividades ao que o Estado tem de dar resposta, que é mais adequado sustentar que a este propósito se afirma um Princípio de Neutralidade quanto à forma jurídica escolhida;

29°) A neutralidade quanto à opção organizativa a tomar, relaciona-se, de acordo com a nossa perspectiva, com a interpretação restritiva que adoptamos a propósito da liberdade de escolha das formas jurídicas. Isto porque, sem questionar que é necessário reconhecer a qualquer estrutura organizacional o poder de se auto-organizar, consideramos porém que essa liberdade estará funcionalizada à obtenção de um específico objectivo: alcançar a máxima eficácia e eficiência possíveis, assim se defendendo o interesse público. Por isso, a liberdade de opção pela forma jurídica a aplicar deverá passar pela verificação da compatibilidade entre a forma jurídica eleita e a actividade que através dela se pretende desenvolver, de tal modo que se torne perceptível que na escolha daquela forma jurídica esteve subjacente uma razão material concreta que determinou aquela mesma escolha, sobretudo num momento como o actual, em que claramente parece atribuir-se uma nítida preferência às formas jurídico-privadas em detrimento das jurídico-públicas existentes, muitas vezes especificamente construídas para assegurar a actuação material e prestadora do Estado, e que por isso deveriam ser encaradas como as formas naturais através das quais se deveria expressar a actuação pública;

30º) Porém, a defesa desta interpretação restritiva do Princípio referido soçobra perante a ausência de critérios legais suficientemente elásticos, mas rigorosos, para que se torne perceptível a escolha da forma jurídica que concretamente se venha a aplicar. Deste modo, e porque às diversas formas jurídicas correspondem disciplinas jurídicas distintas, e na medida em que qualquer opção a este nível se repercutirá necessariamente na organização administrativa, dever-se-á entender, no que concerne à opção a tomar a este propósito no âmbito de sector empresarial do Estado, que esta será uma matéria abrangida pela competência relativa da Assembleia da República, na medida em que deverá estar abrangida por aquilo que se consideram ser as "bases gerais das empresas públicas", nos termos e para os efeitos previstos no artigo 165º n.º 1, alínea u) da CRP;

31º) Contudo, perante a inexistência dos aludidos critérios legais, caberá à Doutrina sugerir alguns critérios susceptíveis de orientar a referida escolha organizativa, uma vez que as potenciais consequências daí advenientes não são inteiramente controláveis nem previsíveis, e assim sendo, relativizadas as mais valias aportadas pelas formas e mecanismos do Direito Privado, torna-se inviável continuar a fundamentar as opções organizativas reconduzíveis a essa via com a suposta eficácia acrescida que às mesmas se tem vindo pacificamente a imputar;

32º) Deste modo, e sob pena de se votar uma matéria tão fundamental a uma discricionariedade demasiado ampla e dificilmente controlável, cumpre definir alguns pontos essenciais que permitam sustentar a opção organizativa efectuada sob pena de carecer de legitimidade bastante por notória aleatoriedade. Propomos assim a interpretação restritiva do Princípio da Liberdade de Escolha das Forma Jurídicas, devendo em cada opção verificar-se se: a mesma se encontra em conformidade com o Princípio da Legalidade; se a mesma se afigura, em concreto, atendendo designadamente ao tipo de actividade e finalidades a obter, como a mais adequada para a prossecução eficaz da mesma; e ainda, por último, se a mesma respeita o Princípio da Fundamentação da decisão administrativa. Deste modo, se se verificar em concreto, que a forma jurídica adoptada não apresentou relação de conformidade com os parâmetros acima enunciados, mesmo que venha acompanhada da recorrente máxima de que a "forma jurídico-privada garante maior eficácia na prestação da actividade ou serviço", a mesma não será legitima, mas meramente aleatória, ou eventualmente, em casos mais graves, ilícita, designadamente se motivada por circunstâncias alheias àquelas para a qual a mesma foi legalmente prevista e pensada, existindo neste caso fraude à lei;

33º) Assim, tendo presentes os limites acima referidos, bem como aquilo que efectivamente decorre do Princípio da Eficiência do Sector Público consagrado no artigo 81º, alínea c) da CRP, e para lá do reconhecimento da liberdade de escolha da forma jurídica devidamente exercida, reforça-se o entendimento segundo o qual da CRP resulta apenas em concreto, um Princípio de verdadeira Neutralidade da Forma Jurídica aplicável no âmbito do sector público empresarial do Estado, não existindo por isso qualquer privilégio ou preferência pela forma pública ou pela privada, o que exige a análise em cada caso concreto, do tipo de actividade a desenvolver, dos fins, dos objectivos, e dos meios, comparando as diversas formas potencialmente aplicáveis com vista à verificação de qual é o grau de adequação e adaptabilidade óptima que cada uma assegura ou propicia, para que aqueles objectivos se tornem possíveis. Somente assim, na imparcialidade e objectividade das opções organizativas é que se torna possível garantir a eficácia constitucionalmente exigida a toda a actuação pública, independentemente da sua inserção sectorial.

34º) O que acabamos de afirmar não obsta porém a que consideremos que a opção organizativa deva também ter em atenção a coerência do ordenamento jurídico, o que significa que, como princípio, existindo uma forma jurídica de direito público que permita prosseguir a actividade pretendida com um índice de eficácia igual ou equivalente a uma forma jurídica de direito privado, possa eventualmente ser útil considerar a existência de uma preferência implícita pela primeira em detrimento da segunda, preferência essa que decorre do estatuto jurídico específico comum a todos os entes de direito público integrados na Administração Pública;

35°) Esta tendencial preferência implícita é também ela tributária do princípio de certeza, estabilidade, coerência e segurança jurídicas, os quais deverão ser tomados em linha de conta quando se adopta a aplicabilidade de uma forma jurídico-privada, opção esta que, tal como sustentamos ocorrer para a jurídico-pública, deverá evidenciar razões substanciais que a apoiem. Algumas dessas razões poderão ser desde logo a circunstância de ser estrategicamente adequado repartir custos e riscos na prestação da actividade em causa, e então as formas jurídico-privadas societárias assumem-se como uma opção adequada e viável.

36°) Poderá deste modo existir alguma utilidade em afirmar uma eventual preferência implícita pelas formas jurídico-públicas nos termos acima expostos, porque essa é uma solução que permite evidenciar que, mesmo nas circunstâncias em que o Estado actue sem exercer poderes de autoridade, a verdade é que mesmo nessa situação, a sua actuação nunca poderá ser comparada à de um verdadeiro particular, porque é distinta a natureza jurídica de um e de outro. Significa isto que, mesmo no campo de liberdade que se lhe deve reconhecer em sede de opções organizacionais, é necessário nunca permitir que a aparência obnubile ou obscureça a realidade. Sendo que essa realidade é que, em qualquer caso, envergando qualquer forma jurídica, o Estado que desenvolva uma qualquer actividade de prestação, nunca deixará de ser aquilo que é: um poder público, uma pessoa colectiva de fins múltiplos mas cuja capacidade jurídica deverá ser entendida à luz da fundamental vinculação, prossecução e concretização do interesse público.

37°) Por isso, o Estado (muito embora recorra ao direito privado para desenvolver determinadas actividades), nunca deixa de ser um poder público, o que implica que também nos casos em que cria sujeitos de direito privado, estes estejam submetidos a determinadas vinculações constitucionais no exercício da sua actividade, tais como:

- Princípio da Prossecução do Interesse Público;
- Princípio da subordinação do poder económico poder político democrático;
- Vinculação ao respeito pelos direitos fundamentais, concretizada designadamente através da observância dos princípios da legalidade, da igualdade e da imparcialidade.

38°) Porém, é precisamente aqui que começa a intensificar-se a dificuldade de manter a coerência com o conjunto do sistema, uma vez que a opção pelas formas de direito privado deveria, pelo menos em termos abstractos, levar à afirmação de um outro Princípio que tradicionalmente acompanha o da Liberdade de Escolha: precisamente o Princípio do Respeito pela Forma Jurídica Escolhida. E aqui já se começa a evidenciar a dificuldade: afinal se é necessário respeitar a forma jurídica, como é que se justifica submetê-la a tais vinculações de direito público? Não acabarão as mesmas por comprometer o objectivo que determinou a escolha daquela forma, uma vez que lhe introduzem elementos que lhe são estranhos, e que nesse sentido exigirão processos de adaptação cujas consequências e resultados só com base numa abordagem casuística é possível determinar?

39°) É no entanto precisamente aqui que a peculiaridade e subtileza do tema se evidencia claramente, pois as dificuldades de limar as diversas arestas que o problema apresenta resultam elas próprias do processo de construção jurídica. Estamos assim perante o próprio pulsar da evolução e transformação do sistema jurídico, que já não cabe no espartilho linear que separa o público do privado, mas que pelo contrário, evidencia uma cada vez maior interpenetração entre ambos, de tal modo que, apesar de se tornar cada vez mais difícil traçar fronteiras, a construção jurídico-dogmática torna-se também cada vez mais aliciante. Deste modo, e sem advogarmos a destruição das especificidades que apesar de tudo ainda separam, e bem, o direito público do privado, centrando agora a questão no tema do trabalho que agora se conclui, verificamos que a configuração do actual sector empresarial público não é passível de ser abordada de forma unitária. Pelo contrário, é necessário perspectivar no seu seio subjectividades jurídicas de natureza distinta e diferenciada entre si, e à qual também não foi alheia a influência do direito comunitário.

40°) A construção de uma Europa cada vez mais unida, que assumiu como ponto de partida as relações económicas entre os Estados membros, determinou que a intervenção económica estadual sofresse necessariamente alterações. Essas alterações, além de determinarem uma nova configuração do sector empresarial do Estado, repercutiram-se também ao nível da transformação de alguns conceitos jurídicos, como seja desde logo, a alteração do conceito clássico do serviço público, o qual evoluiu em termos tais que já não é mais reconduzível, por exemplo, a uma qualquer actividade de prestação cuja titularidade seja exclusivamente pública (não obstante nem todos os autores admitam este tipo de abordagem, referindo aí a existência de um conceito de serviço público meramente virtual ou impróprio). De todo o modo, o aspecto mais importante desta alteração relaciona-se com o facto de as actividades de serviço público que, por serem *grosso modo* recondutíveis à iniciativa económica, estão agora por regra sujeitas à aplicabilidade das regras da concorrência. Porém, como um dos pressupostos da aplicabilidade deste direito da concorrência depende da verificação da existência de uma estrutura que seja considerada como empresa, também por este motivo, a forma como o Estado actua enquanto prestador desses bens e serviços assume hoje relevância acrescida;

41°) Assim, a questão da escolha das formas jurídicas aplicáveis acompanha a própria abordagem efectuada ao modo como a actividade irá ser disponibilizada aos consumidores-utentes, pois estamos sobretudo a cuidar das actividades de serviço público que venham a ser prestadas pelo Estado em moldes empresariais. Mas precisamente porque a actividade empresarial tem sido tratada no âmbito do direito privado, sendo que, de entre as diversas formas jurídicas que pode revestir a sociedade, sobretudo a comercial e de tipo anónima, é encarada como forma privilegiada para revestir a empresa (nomeadamente a empresa de grandes dimensões), o facto de o Estado recorrer de forma tão frequente a este mecanismo jurídico, coloca (novamente) na ordem do dia o problema de saber se também o conceito jurídico a que aquela se reconduz estará ou não votado a uma inevitável alteração, afastando-se assim dos princípios essenciais que a enformam e caracterizam;

42º) E assim podemos voltar à questão que atrás levantávamos a propósito de o sector empresarial estadual não ser passível de uma abordagem unitária. Efectivamente, para além da existência de dois tipos de empresas públicas consagradas no RGSEE, as societárias e as EPE, a verdade é que mesmo no âmbito das empresas societárias é possível encontrar realidades muito diversas que impedem que a aproximação ao problema encontre tratamento unitário. Assim, para além de ser possível, tal como resulta do RGSEE, constituir sociedades de capitais públicos "nos termos da lei comercial", verifica-se que é recorrente que a sua criação se faça através de acto legislativo, através de decreto-lei. Para além disso, é possível, dentro do modelo societário, encontrar diversas situações: por exemplo, para além das diversas situações prefiguráveis ao nível da associação de capitais, ou seja, sociedades mistas, unipessoais ou mesmo outras em que o Estado surge como sócio minoritário, é ainda possível perfigurar a constituição de sociedades civis que adoptem um dos tipos comerciais. Assim, e sendo certo que neste caso, o facto de aquelas últimas assumirem forma comercial não as converte em sociedades comerciais, também se torna possível admitir então que hoje, além das sociedades de capitais públicos que se reconduzam às notas que entre nós caracterizam o conceito, encontramos uma nova realidade que se impõe ser tratada de acordo com a especificidade que apresenta. Acresce ainda, que no âmbito do sector empresarial do Estado, é também perfeitamente possível prefigurar a existência de outras formas jurídicas de empresa, que em termos materiais se deve considerar como tal, sem todavia encontrar guarida na letra do actual RGSEE. Estamos a pensar na hipótese de cooperativas, por exemplo.

43º) Mas voltando àquelas sociedades que merecem uma atenção adequada à especificidade que apresentam, diga-se desde já que estamos a pensar sobretudo nas sociedades de capitais públicos, em concreto unipessoais, que tenham como objecto social a prossecução de uma actividade reconductível a um serviço público comprovadamente deficitário. Neste caso, se a sociedade em causa não estiver inserida numa relação de grupo, e se não desempenhar outras actividades, conexas ou instrumentais à principal, tendo sido ainda especificamente criada para este efeito, a verdade é que as características daquela actividade que lhe foi atribuída como objecto social comprometem aquele que, nos termos da lei ainda vigente, caracteriza e distingue as pessoas colectivas de base societária, das demais consagradas na ordem jurídica: o intuito lucrativo. Neste caso tornar-se-ão inúteis ou descabidas muitas das normas criadas em função daquela característica que integra as próprias notas nocionais do conceito, normas essas que não encontrarão assim aplicabilidade alguma. Neste sentido, atendendo a este caso específico, parece-nos que é hoje possível perspectivar, ao lado das sociedades a que corresponde o conceito geral, o aparecimento de outras, recondutíveis a um outro tipo, a uma outra espécie de pessoa colectiva, uma vez que se verificadas em concreto, não se preenchem as notas caracterizadoras do conceito geral societário ainda vigente entre nós.

44º) Assumimos por isso que, no caso acima exposto é conveniente e útil reconhecer que a prática impele o jurista a questionar se não estará perante a uma nova realidade que nesse sentido reclama a construção de um novo conceito legal aplicável à figura societária que de privada acabará por ter pouco: essencialmente a forma. Neste sentido, a progressiva e crescente afirmação de uma nova categoria de sociedades como as acima descritas, acaba por as aproximar muito mais do domínio jurídico-público do que do jurídico-privado. Assim, à falta de melhor designação, e caso a figura venha efectivamente a vingar, as sociedades em causa deverão considerar-se como sociedades especiais, relativamente às quais o pendor jurídico-formal não deverá ser considerado como absolutamente determinante para efeitos da sua qualificação enquanto pessoa colectiva de direito privado. Deste modo, tendo em atenção o tipo de actividade a que se dedica, os interesses que prossegue, a forma como foi instituída, e ainda a forma como presta a sua actividade, tudo aponta para a possibilidade de as considerar como pessoas colectivas de direito público, não obstante revistam forma privada e actuem em parte sob as regras de direito privado, uma vez que estarão em qualquer caso submetidas a vinculações de direito público. Tratar-se-ão assim de sociedades materialmente públicas e formalmente privadas, como que a meio caminho entre o Direito público e o Direito privado, não se enquadrando por isso mesmo totalmente em nenhum deles, podendo então reconduzir-se a um híbrido, *um tertium genus;*

45°) Porém, atendendo à novidade da figura (caso venha a vingar), bem como à necessária insegurança que por isso mesmo a rodeia, aconselham os valores da certeza e segurança jurídica que conferem coerência e estabilidade ao ordenamento jurídico, que a mesma seja considerada como residual, designadamente até ao momento em que seja possível afirmar a sua existência como uma nova figura, correspondente a um novo conceito. Por isso, como princípio, uma das formas de garantir a correcta construção e evolução da figura que agora parece afirmar-se, é que se deverão ter como válidas e efectivamente operantes as notas caracterizadoras do conceito geral de sociedade, sobretudo quando é o Estado que a elas recorre sem para tanto apresentar sequer um qualquer tipo de justificação substancial. Até esse momento, seremos então compelidos a reconhecê-las, pelo menos, enquanto figuras jurídicas híbridas, que prosseguem interesses públicos e actuam em função deles, não se fazendo sentir desse modo a plenitude do funcionamento do mecanismo da personalização jurídica, porquanto a prática demonstra que não se distinguem em praticamente nada das formas jurídico-públicas. Assumir a actual construção e eventual futura existência deste novo conceito legal de sociedade, afastado daquele que se deve continuar a entender como o conceito geral e comum, contribuirá designadamente para dirimir potenciais conflitos que surjam entre uma actuação em prol do pretenso interesse da sociedade, e um eventual conflito com o interesse público.

46°) Atendendo a tudo o que antecede, quando tentamos chegar a uma conclusão no tocante à razão que levou o legislador a manter dois conceitos distintos de empresa pública, apresentamos como resposta possível a circunstância de, atentos os diversos tipos de actividades a que o mesmo tem de dar resposta, ser adequada e aconselhável a manutenção das antigas empresas públicas agora continuadas pelas EPEs, juntamente com o tipo societário, o qual na verdade só por puro formalismo não era anteriormente considerado já como empresa pública. Consideramos por isso que a manutenção das EPEs encontrará justificação no facto de o Estado ter em muitos casos de actuar como prestador de serviço público em termos tais que se sabe que a actividade assim exercida o será em permanente défice. Nessa medida, e atendendo ao distinto recorte jurídico da sociedade em oposição à EPE, bem como o regime desta última, mais publicizado do que a primeira, aconselha o Princípio da Adequação a manter ambas as formas, tanto a institucional como a societária, para precisamente permitir adequar a forma jurídica à actividade com o máximo de compatibilidade possível. De facto, com uma solução deste tipo obstamos quer à desvirtuação do próprio conceito legal característico da sociedade comercial (e muito particularmente da anónima), o qual tem sido recorrentemente derrogado por decretos-lei que criam sociedades anónimas para o desempenho de actividades em que se sabe à partida que o intuito lucrativo das mesmas não será um objectivo a prosseguir, ao mesmo tempo que atribuímos a esta categoria de empresas públicas de base institucional uma razão substancial para a sua previsão e existência, promovendo assim uma maior congruência entre a natureza e características das actividades em causa e a forma jurídica e organizacional adoptada, contribuindo simultaneamente para a simplificação e coerência do sector empresarial do Estado;

47º) Deste modo, e sem prejuízo de tudo o que dissemos até aqui, acreditamos que a potencial admissibilidade de um novo conceito legal de sociedade nos termos em que aqui propusemos, como *um tertium genus*, afigurar-se-á como um caminho possível para encontrar soluções para alguns pontos de conflito e de difícil harmonização resultantes da utilização da forma societária por parte dos entes públicos.

48º) Este *tertium genus*, residual e ainda em construção, acaba por confirmar uma tendência comunitária: a da verdadeira indiferença do estatuto ou configuração jurídica das diversas figuras através das quais é possível organizar uma estrutura que se venha a considerar empresa. Também neste sentido, a admissibilidade da figura evidencia não apenas o retorno da sociedade anónima ao seu domínio de origem, às companhias mercantis pombalinas, mas também permite tornar mais evidente que, actualmente a prática de reiterada utilização-instrumentalização das figuras societárias por parte do Estado, acaba por determinar uma efectiva neutralidade entre as diversas formas jurídicas, o que por seu turno acaba por demonstrar a forma abusiva e desadequada como as mesmas são aplicadas, o que em nada contribui para a sólida construção dos conceitos e respectiva operatividade jurídica.

# BIBLIOGRAFIA[1]

ABREU, JORGE MANUEL COUTINHO DE:
*Do Abuso de Direito, ensaio de um critério em direito civil e nas deliberações sociais,* Almedina, Coimbra, 1983;
*Limites Constitucionais à iniciativa económica Privada",* Estudos em Homenagem ao Professor Ferrer Correia, vol. III, Boletim da Faculdade de Direito de Coimbra, Coimbra Editora, 1991;
*Definição de Empresa Pública,* Coimbra, 1990;
*Da Empresarialidade (as empresas no direito),* Reimpressão, Almedina, 1999;
*Sobre as Novas Empresas Públicas (notas a propósito do DL 558/99 e da L 58/98), in* Boletim da Faculdade de Direito da Universidade de Coimbra, Volume Comemorativo do 75º tomo, Coimbra, 2003, pág. 555 e ss.;
*Curso de Direito Comercial, das Sociedades,* vol. II, Almedina, 2002;
*Interés Social y Deber de Lealtad de los Sócios, in* Revista de Derecho de Sociedades, n.º 19, 2002, pág. 39 e ss.;
*Sociedade Anónima, a Sedutora. Hospitais S.A, Portugal S.A.,* Instituto de Direito das Empresas e do Trabalho, Miscelâneas n.º 1, Almedina 2003;
*Curso de Direito Comercial,* vol. I, 5ª edição, Almedina, Coimbra, 2004;
*Privatização de Empresas Públicas e Empresarialização Pública,* Instituto de Direito das Empresas e do Trabalho, Miscelâneas n.º 3, Coimbra, Almedina, 2004;
*Curso de Direito Comercial, Introdução,* vol. I, Almedina, 2004.
ABREU, LUÍS VASCONCELOS: *A Sociedade Leonina, art.º 994 do Código Civil,* Associação Académica da Faculdade de Direito de Lisboa, 1996.
AGUIAR, AVELINO ABREU: *"Outsourcing" – um instrumento de planeamento e de gestão, in Estratégia e Planeamento na Gestão e Administração Pública,* Instituto Superior de Ciências Sociais e Políticas, Lisboa, 1996.
AGUNDEZ, URBANO VALERO: *La Fundación como Forma Jurídica para Empresas del Sector Público, in La Empresa Pública,* Studia Albornotiana, Publicaciones del real Colegio de España en Bolonia, 1970, pág. 285 e ss.
ALBI, EMÍLIO: *Público y Privado, Un Acuerdo necesario,* Editorial Ariel, SA, Barcelona, 2000
ALBUQUERQUE, PEDRO DE: *A Vinculação das Sociedades Comerciais por Garantias de Dívidas de Terceiros,* ROA, 1995, pág. 689 e ss.

---

[1] A Jurisprudência, Pareceres, e outros documentos, tais como os de origem comunitária referidos neste trabalho, constam das notas de rodapé em que foram citados.

ALCÁZAR, M. BAENA DEL: *Privatizaciones y Misiones de Servicio Público, in El Derecho Administrativo en el Umbral del Siglo XXI,* Valença, 2000.
ALFONSO, LUCIANO PAREJO: *La Eficacia Administrativa y la Calidad Total de los Servicios Públicos, in El Derecho Administrativo en el Umbral del Siglo XXI,* Valencia, 2000.
ALMEIDA, ANTÓNIO PEREIRA de: *sociedades Comerciais,* 2ª Edição, Coimbra Editora, 1999.
AMARAL, DIOGO FREITAS DO:
*As Modernas Empresas Públicas Portuguesas,* Lisboa, 1971;
*A Função Presidencial nas Pessoas Colectivas de Direito Público,* Estudos de Direito Público em Honra do Professor Marcelo Caetano, Lisboa, 1973.
*Estado,* Polis, vol. II, pág. 1156 e ss;
*Curso de Direito Administrativo,* 2ª Edição, vol. I, Almedina, Coimbra, 1994.
AMMANNATI, LAURA: *Le Privatizzazioni in Itália: Obiettivi, Ambiguità e Realizzazioni, in Sussidiarietà e Pubbliche Amministrazioni, a cura di Fábio Roversi Mónaco,* Maggioli Editore, Rimini, 1997, pág. 281 e ss;
AMORIM, JOÃO PACHECO DE: *AS Empresas Públicas no Direito Português, em especial as empresas municipais,* Almedina, 2000.
ANDRADE, JOSÉ CARLOS VIEIRA DE:
*Os Direitos Fundamentais na Constituição Portuguesa de 1976,* Almedina, Coimbra, 1987:
*Os Direitos Fundamentais na Constituição Portuguesa de 1976,* 2ª Edição, Almedina, 2001.
ANDRADE, MANUEL DE: *Teoria Geral da Relação Jurídica,* vol. I, Coimbra,1960.
ANTUNES LUÍS FILIPE COLAÇO: *Interesse Público, Proporcionalidade e Mérito: Relevância e Autonomia Processual do Princípio da Proporcionalidade, in* Estudos em Homenagem à Professora Doutora Isabel de Magalhães Collaço, vol. III, Almedina, Coimbra, 2002; *Constituição, Administração e Interesse Público. O Eterno Retorno ao Momento Originante ou o Estado Contra a Administração, in Evolução Constitucional e Perspectivas Futuras,* AAFDL, Lisboa, 2001.
ARAÚJO, J. FILIPE:
*Tendências Recentes de Abordagem à Reforma Administrativa, in* Revista Portuguesa de Administração e Políticas Públicas, n.º 1, 2000;
*Continuidade e Mudança nas Organizações Públicas: a experiência de reforma do Reino-Unido, in Reformar a Administração Pública: um imperativo,* Fórum 2000, Instituto Superior de Ciências Sociais e Políticas, Lisboa, 2000, pág. 71.
ARENA ANDREA: *Contribución a la Sistematización Jurídica de los Entes Públicos que Ejercen Una Actividad Económica, in, La Empresa Publica,* Studia Albornotiana, Publicaciones del Real Colegio de España en Bolonia, 1970, pág.
ARTECHE, JOSÉ MANUEL CASTELLS: *La Actual Coyuntura de la Administración Prestadora de Servicios Públicos, in El Derecho Administrativo en el Umbral del Siglo XXI,* Valencia, 2000.
ASCENSÃO, JOSÉ DE OLIVEIRA:
*Estabelecimento Comercial e Estabelecimento Individual de Responsabilidade Limitada,* ROA, ano 47, n.º 1, Abril, 1987, pág. 5 e ss;
*Direito Civil Teoria Geral,* vol. I, Coimbra Editora, 1999;
*Direito Comercial, Institutos Gerais,* vol. I, Lisboa, 1998/99;
*Direito Comercial, Sociedades Comerciais,* vol. IV, Lisboa, 2000;

*Direito Civil – Teoria Geral-I-Introdução.As Pessoas. Os Bens,* 2ª edição, Coimbra Editora, 2000;
*Invalidades das Deliberações dos Sócios, in Problemas de Direito das Sociedades,* Instituto de Direito das Empresas e do Trabalho, Almedina, 2002.
*Direito Civil – Teoria Geral,* vol. II, 2º edição, Coimbra Editora, Coimbra, 2003.
ATHAÍDE, AUGUSTO DE: *Empresa Pública,* Polis, II, 939;
BARATA, ÓSCAR SOARES: *A História da Modernização Administrativa, in Reformar a Administração Pública: um imperativo,* Fórum 2000, Instituto Superior de Ciências Sociais e Políticas, Lisboa, 2000, pág. 25 e ss.
BAUBY, PIERRE /JEAN-CLAUDE BOUAL: *Pour une Citoyenneté Européene. Quels Services Publics?,* Obra Colectiva sob organização dos autores indicados, Les Éditions de l'Atelier, Paris, 1994.
BAUDEAU, GUY: *Le Retour des Entreprises Publiques au Droit Prive, in* Revue de Droit Bancaire et de la Bourse, n.º 40, Novembro- Dezembro, 1993, pág. 230 e ss.
BENTO, VÍTOR: *A Desorçamentação das despesas Públicas, in* Revista do tribunal de Contas, n.º 34, Julho-Dezembro de 2000.
BERGÉAL, CATHERINE: *" La Diversification des Activités de Charbonnages de France et le Príncipe de Spécialité", in* Revue Française de Droit Administratif, ano 14, 1998, pág. 53 e ss.
BILHIM, JOÃO: *Reduzir o Insustentável Peso do Estado para Aumentar a leveza da Administração, in* Revista Portuguesa de Administração e Políticas Públicas, n.º 1, 2000, pág. 19 e ss;
*A Administração Reguladora e Prestadora de serviços, in Reformar a Administração Pública: um imperativo,* Fórum 2000, Instituto Superior de Ciências Sociais e Políticas, Lisboa, 2000, pág. 145 e ss.
BLOCK, FRED: *Disordely Coordination: The Limeted Capacities of States and Markets, in Institutions and the Role of the State, in* Obra Colectiva, sob organização de Leonardo Burlamaqui/Ana Célia Castro/Ha-Joon Chang, Edward Elgar Publishing Limited, Cheltenham, UK/ Northampton, USA, 2000.
BOITEUX, MARCEL : *Le Developpement de l' Approche Éconómique du Service Public, in L' Europe à l'Epreuve de l'Interet General,* obra colectiva sob organização de Christian Stoffaës, ASPEurope, Paris, 1995.
CABO, SÉRGIO GONÇALVES DO: *A Delimitação de Sectores na Jurisprudência da Comissão e do Tribunal Constitucional, in* Revista da Faculdade de Direito da Universidade de Lisboa, vol. XXXIV, 1993, pág. 239 e ss.
*A Fiscalização Financeira do Sector Empresarial do Estado por Tribunais de Contas ou Instituições Equivalentes,* Edição do Tribunal de Contas, Lisboa, 1993.
CABRERO, GREGORIO RODRÍGUEZ: *El Estado del Bienestar en España: debates, desarrollo y retos,* Editorial Fundamentos, Madrid, 2004.
CAETANO, MARCELO:
*Manual de Direito Administrativo,* 7ª edição, Coimbra Editora, Lisboa, 1965;
*Manual de Direito Administrativo,* vol.I , Lisboa 1973.
CÂMARA. PAULO: *The End of the "Golden" Age of Privatisations? – The Recent ECJ Decisions on Golden Shares, in* European Business Organization Law Review, 3, 2002.
CAMPOS, JOÃO MOTA DE: *Manual de Direito Comunitário,* 3ª edição, Fundação Calouste Gulbenkian, Lisboa, 2002.

CANARIS, CLAUS-WILHELM: *Direitos Fundamentais e Direito Privado,* Almedina, Coimbra, 2003, traduzido por Ingo Wolfgang Sarlet e Paulo Mota Pinto.

CANOTILHO, JOSÉ JOAQUIM GOMES:
*Constituição Dirigente e Vinculação do Legislador. Contributo Para a Compreensão das Normas Constitucionais Programáticas,* Coimbra Editora, 1982;
*Tomemos a Sério os Direitos Económicos, Sociais e Culturais, in* Estudos em Homenagem ao Professor Ferrer Correia, vol. III, Boletim da Faculdade de Direito de Coimbra, Coimbra Editora, 1991;
*Direito Constitucional,* 6ª Edição, Almedina, Coimbra, 1993;
*Direito Constitucional e Teoria da Constituição,* 4ª Edição, Almedina, 2000.

CANOTILHO, JOSÉ JOAQUIM GOMES/ VITAL MOREIRA:
*Constituição da República Portuguesa Anotada,* 3ª Edição, Coimbra Editora, 1993.

CARVALHO, ELISABETE REIS DE: *Reengenharia na Administração Pública. A Procura de Novos Modelos de Gestão,* Universidade Técnica de Lisboa, Instituto Superior de Ciências Sociais e Políticas, Lisboa, 2001.

CARVALHO, ORLANDO DE: *Empresa e Lógica Empresarial, in* Estudos em Homenagem ao Professor Doutor A. Ferrer Correia, Boletim da Faculdade de Direito de Coimbra, Coimbra Editora, 1997.

CASSESE, SABINO: *l' Aquila e le Mosche. Principio di Sussidiarietà e Diritti Amministrativi nell'Area Europea, in Sussidiarietà e Pubbliche Amministrazioni, a cura di Fábio Roversi Mónaco,* Magioli Editore, Rimini, 1997, pág. 73 e ss;

CASTRO, CARLOS OSÓRIO DE:
*Da Prestação de Garantias por Sociedades a Dívidas de Outras Entidades,* ROA, 1996, pág. 565 e ss;
*De Novo sobre a Prestação de Garantias por Sociedades a Dívidas de Outras Entidades: Luzes e Sombras,* ROA, 1998, tomo II, pág. 823 e ss;

CAUPERS, JOÃO PEDRO BARBOSA: *A Administração Periférica do Estado. Estudo de Ciência da Administração,* Lisboa, 1993;

CESQUI, SANTE MARIA: *Il Modello Cooperativo: Il Percorso Storico Giuridico, in Pubblica Amministrazione e Modelli Privatistici, a cura di Giorgio Berti,* Il Mulino, Bologna, 1993, pág. 171 e ss.

CHAPUS, RENÉ: *Droit Administratif Général,* tomo I, 7ª edição, Editorial Montchrestien, Paris, 1993.

CHITI, MÁRIO P.: *Princípio di Sussdiarietà, Pubblica Amministrazione e Diritto Amministrativo,* pág. 85 e ss, in *Sussdidiarietà e Pubbliche Amministrazioni, a cura di Fábio Roversi Mónaco,* Maggioli Editore, 1997, pág.85 e ss.

COLOMER, IGNACIO RUIZ-JARABO: *Sociedad Mercantil y Empresa Pública, in El Âmbito Privado del Sector Público,* XXIV Jornadas de Estudo, Ministério da Justiça, Madrid, 2002;

CORDEIRO, ANTÓNIO MENEZES:
*Tratado de Direito Civil Português,* tomo I, Almedina, Coimbra,1999
*Tratado de Direito Civil Português - Parte Geral,* tomo I, 3ª edição, Almedina, 2005;
*Manual de Direito Comercial,* I volume, Almedina, Coimbra, 2003;

CORREIA, A. FERRER:
*Lições de Direito Comercial, vol. II,* Coimbra, 1968;
*Lições de Direito Comercial, vol. I,* Coimbra, 1973.

CORREIA, LUÍS BRITO: *A Capacidade de Gozo das Sociedades Anónimas,* ROA, ano 57, 1997, pág. 740 e ss.

CÔRTE-REAL, ISABEL: *Administrations in Transition. Modernisation of Public Administration in Four Countries: Portugal, the Netherlands, Ireland and France,* European Institut of Public Administration, 2000.

COSTA, RICARDO: *As Sociedades Unipessoais, in Problemas de Direito das Sociedades,* Instituto de Direito das Empresas e do Trabalho, Almedina, Coimbra, 2002, pág. 25 e ss.
*A Sociedade por Quotas Unipessoal no Direito Português. Contributo para o Estudo do seu Regime Jurídico",* Almedina, Coimbra, 2002.

COTTINO, GASTONE: *Participación Pública en la Empresa Privada y Interés Social, in La Empresa Pública,* Studia Albornotiana, Publicaciones del real Colegio de España en Bolonia, 1970, pág. 317 e ss;
*Le Società- Diritto Comérciale,* vol. I, tomo II, 4ª edição, CEDAM- Padova, 1999.

CUERVO, ÁLVARO: *La Privatización de la Empresa Pública,* Ediciones Encuentro, Madrid, 1997;

CUNHA, TÂNIA MEIRELES: *Da Responsabilidade dos Gestores de Sociedades Perante os Credores Sociais: A Culpa nas responsabilidades Civil e Tributária,* Almedina, Coimbra, 2004.

DEFOURNY, JACQUES: *From the Third Sector to Social Enterprise,* Obra colectiva com o mesmo título, sob organização do autor citado, e também de Carlo Borzaga,Ruotledge Publications, Londres, 2001;

DEWOST, JEAN-LOUIS : *Service Public et Droit Communautaire, in L' Europe à l' Épreuve de l' Intérêt Generale,* Obra Colectiva sob organização de Christian Stoffaës, ASPEurope, 1995.

DRECHSLER, WOLFGANG *Public Administration in Central and Eastern Europe: Considerations from the "state science" approach, in Institutions and the Role of the State,* Obra Colectiva, sob organização de Leonardo Burlamaqui/Ana Célia Castro/Ha-Joon Chang, Edward Elgar Publishing Limited, Cheltenham, UK/ Northampton, USA, 2000

DUARTE, ANTÓNIO PINTO: *Notas sobre o Conceito e o Regime Jurídico das Empresas Públicas Estaduais, in Estudos sobre o Sector Empresarial do Estado,* sob a organização de Eduardo Paz Ferreira, Almedina, 2000.

DUARTE, MARIA LUÍSA: *A Cidadania da União e a Responsabilidade dos Estados por violação do Direito Comunitário,* Lex, Lisboa, 1994;
*A União Europeia e os Direitos Fundamentais – Métodos de Protecção –,* Studia Iurídica n.º 40, Separata, Coimbra, 1999;

EZCURRA, JOSÉ LUÍS VILLAR: *Derecho Administrativo Especial, Administración Pública y Actividad de los Particullares,* Civitas Ediciones, Madrid, 1999

ESTORNINHO, MARIA JOÃO:
*Princípio da Legalidade e Contratos da Administração,* BMJ n.º 368, Lisboa, 1987;
*A Fuga para o Direito Privado,* Almedina, Coimbra, 1999;

EVERS, ADALBERT/LAVILLE, JEAN-LOUIS: *Defining the Third Sector in Europe, in The Third Sector in Europe,* Edward Elgar Publishing Limited, Cheltenham, 2004

FERREIRA, EDUARDO PAZ:
*Do Mito do Sector Empresarial do estado ao Mito das Privatizações, in* Revista da Banca, n.º 9, Janeiro-Março de 1989, pág. 23 e ss;

*Aspectos Gerais do Novo Regime do Sector Empresarial do Estado*, in Estudos sobre o Sector Empresarial do Estado, sob a organização de Eduardo Paz Ferreira, Almedina, 2000.

*Os Tribunais e o Controlo dos Dinheiros Públicos, in Estudos em Homenagem a Cunha Rodrigues*, volume II, Coimbra Editora, Coimbra, 2001, pág. 151 e ss;

FRANCO, ANTÓNIO DE SOUSA:
*A Revisão da Constituição Económica*, in ROA, ano 42, 1992, pág. 601 e ss;
*Nota sobre o Princípio da Liberdade Económica*, in BMJ n.º 355,1996, pág. 11 e ss.

FRANCO, ANTÓNIO DE SOUSA/ GUILHERME D'OLIVEIRA MARTINS: *A Constituição Económica – Ensaio Interpretativo*, Almedina, 1993.

FURTADO, PINTO ANTÓNIO: *Curso de Direito das Sociedades*, 3ª Edição, Almedina, 2000.

GALGANO, FRANCESCO:
*Sobre la Estructura Técnico-Jurídica del Concepto de Empresário Público, in La Empresa Pública*, Studia Albornotiana, Publicaciones del Real Colegio de España en Bolonia, 1970, pág. 247 e ss;
*Le Società di Capitali nel XX Secolo, in Estudos em Homenagem ao Professor Doutor Ferrer Correia*, volume II, Boletim da Faculdade de Direito da Universidade de Coimbra, Coimbra, 1989, pág. 403 e ss;
*La Società per Azioni in Mano Pubblica, in Trattato di Diritto Commerciale e di Diritto Pubblico dell' Economia*, vol. VII, 2ª edição, Cedam – Padova, 1989.

GARCIA, ELISENDA MALARET I: *El Derecho de la Administración Pública: Derecho Público y Derecho Privado: La Relevancia de los Principios Constitucionales, in Derecho Público y Derecho Privado en la Actuación de la Administración Pública*, Institut d'Estudis Autonòmics, Marcial Pons, Madrid, 1999.

GARCÍA-QUINTANA, CÉSAR ALBIÑANA: *Empresa Pública y Servicio Público. La Contabilidad de las Empresas Públicas en España, in La Empresa Publica*, Studia Albornotiana, Real Colegio de España en Bolonia, 1970..

GARNER, MAURICE R.: *A Final Reckoning, in Government and Public Enterprise – Essays in Honour of Professor V.V. Ramanadham*, Frank Cass and Company Limited, Londres, 1983;

GARRÍGUEZ, JOAQUIN: *Hacia un Nuevo Derecho Mercantil*, Editorial Tecnos, Madrid, 1971

GIANNINI, MASSIMO SEVERO: *Actividades Económicas Públicas y Formas Jurídicas Privadas, in La Empresa Pública*, Studia Albornotiana, Real Colégio de Espanha, Madrid, 1970, pág. 101 e ss;
*Diritto Amministrativo*, 3ª edição, Milão, Giuffrè, 1993.

GOMES, NUNO SÁ:
*Notas sobre a Função e Regime Jurídico das Pessoas Colectivas Públicas de Direito Privado*, CTF n.ºs 343/345, Lisboa, 1987;
*Nacionalizações e Privatizações*, CTF n.º 155, Lisboa, 1988;

GONÇALVES, PEDRO: *A Concessão de Serviços Públicos (uma aplicação da técnica concessória)*, Almedina, Coimbra, 1999.

GONZÁLEZ, JOSÉ LUIS LÓPEZ/ANTONIO COLOMER VIADEL: *Programa Ideológico y Eficacia jurídica de los Derechos Sociales. El Caso de Portugal en el Derecho Comparado*, in Perspectivas Constitucionais, nos 20 anos da Constituição de 1976, vol. III, Coimbra, Editora, org. Jorge Miranda.

GORJÃO-HENRIQUES, MIGUEL: *A Evolução da Protecção dos Direitos Fundamentais no espaço Comunitário, in Carta de Direitos Fundamentais da União Europeia,* Ius Gentium Conimbrigae, Coimbra editora, Coimbra, 2001, pág. 17 e ss.

GOUVEIA, RODRIGO: *Os Serviços de Interesse Geral em Portugal,* Coimbra Editora, 2001.

GRARD, LOÏC /JACQUES VANDAMME, *Vers un Service Public Européen,* Editions ASPE, Paris, 1996.

GRECO GUIDO: *Ente Pubblico, Impresa Pubblica, Organismo di Diritto Pubblico, in* Rivista Italiana di Direitto Pubblico Comunitário, ano X, n.° 3-4, 2000, pág. 839 e ss.

HAIBACH, GEORGES: *Services of General Interest in the EU: Reconciling Competition and Social Responsibility,* Obra Colectiva sob organização do autor citado, European Institute of Public Administration, 1999.

HAMONIAUX, THOMAS : *L' Intérêt Général et le Juge Communautaire,* LGDC, Paris, 2001.

HANSEN, JEAN-PIERRE: *Le Service Public et la Nouvelle Donne Europèene, in L'idée de Service Public est-elle encore soutenable?,* Obra colectiva sob organização de Jean-Marie Chevalier/Ivar Ekeland/Marie-Anne Frison-Roche, PUF, Paris, 1999, pág. 213 e ss.

HANSMANN, HENRY: *The Ownership of Enterprise,* The Belknap Press of Harvard University Press, Cambridge, 1996;

HENRY, CLAUDE: *Concurrence et Services Publics dans l' Union Européene,* Economica, Presses Universitaires de France, 1997;

HÖRSTER, EINRICH EWALD: *A Parte Geral do Código Civil Português,* Almedina, Coimbra, 1992;

IBÁÑEZ, GONZÁLEZ-VARAS: *Nuevas perspectivas Jurídicas a Respecto de la Actuación Económica de los Poderes Públicos,* REALA, n.° 261, 1994, pág. 62 e ss.

JAEGER, PIER GIUSTO :
   *L' Interesse Sociale,* Giuffrè Editore, Milão, 1964.
   *L' Interesse Sociale Rivisitato (quarant' anni dopo), in* Giurisprudenza Commerciale, Novembro-Dezembro de 2000, Giuffrè Editore, pág. 795/I e ss ;

JENNINGS JR., EDWARD T.: *Public Choice and Privatization of Government: Implications for Public Administration, in Public Management. The Essential Readings,* sob a organização de J. Steven Ott/Albert C. Hyde/ Jay M. Shafritz, Lyceum books, Nelson-Hall Publications, Chicago, 1991.

JÚNIOR, JOSÉ CRETELLA :
   *Fundações de Direito Público,* Separata da Revista da Faculdade de Direito da Universidade de São Paulo, ano LX, 1965 ;
   *Conceito Moderno do Serviço Público,* Separata da Revista da Faculdade de Direito da Universidade de São Paulo, ano LXI, Fascículo II, 1966;

KARPENSCHIF, MICHAËL : *La Privatisation dês Entreprises Publiques: Une Practique Encouragée Sous Sourveillance Comunautaire, in* Revue Française de Droit Administratif, ano 18, n.° 1, 2002, pág. 95 e ss.

KAUTTO, MIKKO/ JOHAN FRITZELL/BJORN HVINDEN/JOHN KVIST/HANNU UUSITALO: *Nordic Welfare States in European Context,* Obra Colectiva sob a organização dos autores citados, Routlegde, Londres, 2001.

KOVAR,ROBERT: *Droit Communautaire et service public: esprit d'orthodoxie ou pensée laïcisée, in* Révue Trimestrielle de Droit Européan, 32éme anée, 1996.

KRAMER, RALPH M./ HAKON LORENTZEN/ WILLEN B. MELIEF/SERGIO PASQUINELLE: *Privatization in Four European Countries. Comparative Studies in Government-Third Sector Relationships,* M. E. Sharpe, London, 1993

LABAREDA, JOÃO: *Direito à Informação*, in *Problemas de Direito das Sociedades*, Instituto de Direito das Empresas e do Trabalho, Almedina, 2002, pág. 119 e ss.

LAUBADÈRE, ANDRÉ DE: *Droit Public Economique*, Dalloz, 3ª Edição,1979.

LAUBADÈRE, ANDRÉ DE /JEAN-CLAUDE VENEZIA: *Traité de Droit Administratif*, tomo III, 5ª Edição, LGDC, Paris, 1993

LATRE, JOSÉ LUÍS BERMEJO: *Las Fundaciones Privadas de Iniciativa Pública y la «Huida» del Derecho Administrativo*, in *El Derecho Administrativo en el Umbral del Siglo XXI*, Valencia, 2000.

LENAERTS, KOEN: *Respect for Fundamental Rights as a Constitutional Principle of the European Union*, in The Columbia Journal of European Law, 6, 1999.

LÉRIAS, ANTÓNIO GERVÁSIO: *Evolução do Sector Empresarial do Estado*, in Estudos sobre o Sector Empresarial do Estado, org. Eduardo Paz Ferreira, Almedina, 2000.

LINOTTE, DIDIER /ACHILLE MESTRE, *Services Publics et Droit Public Economique*, Litec, Paris, tomo I,1982.

LOI, UMBERTO: *Il Modulo della S.p.A. come Modello Privatistico Imprenditoriale Privilegiato per l' attuazione di Fini Pubblicistici*, in *Pubblica Amministrazione e Modelli Privatistici*, a cura di Giorgio Berti, Il Mulino, Bolonha, 1993, pág. 23 e ss.

LOJENDIO, D. IGNACIO MARÍA DE: *Derecho Constitucional Económico*, in Constituicion y Economia, la ordenación del sistema económico en las constituciones occidentales, Centro de Estudios y Comunicación Económica, Editorial Revista de Derecho Privado, 1977.

LOMBARD, MARTINE : *L' Avenir du Service Public au Service du Public*, in *L'Idée de Service Públic, est-elle encore soutenable ?*, Obra Colectiva, PUF, Paris, 1999, pág. 246 e ss.

LOPES, CARLOS ALBERTO MENDES: *Estratégias de Gestão Empresarial na Administração Pública*, in *Reformar a Administração Pública: um imperativo*, Fórum 2000, Instituto Superior de Ciências Sociais e Políticas, Lisboa, 2000, pág. 129 e ss.

LOPEZ-MUÑIZ, J.L. MARTÍNEZ: *La Regulación Económica en España*, in *El Nuevo Servicio Público*, Marcial Pons, Madrid, 1997;

MACGOWAN, FRANCIS: *Le Modele Britanique*, in *L' Europe à l'Épreuve de l'Interet General*, sob organização de Christian Stoffaëls, ASPEurope Éditions, Paris, 1994, pág. 74 e ss.

MACHADO, BAPTISTA JOÃO:
*Lições de Introdução ao Direito Público;*
*A Hipótese Neocorporativa*, ambos in Obra Dispersa, vol. II, Scientia Iuridica, Braga, 1993.

MACHETE, RUI CHANCERELLE DE: *A Evolução do Conceito de Serviço Público e a Natureza das Relações entre Concessionário ou Autorizado e o Utente*, in Estudos Jurídicos e Económicos em Homenagem ao Professor João Lumbrales, Revista da Faculdade de Direito da Universidade de Lisboa, Coimbra Editora, 2000, pág. 1011 e ss.

MACHETE, RUI CHANCERELLE DE/HENRIQUE SOUSA ANTUNES: *Direito das Fundações. Propostas de Reforma*, Fundação Luso-Americana, Lisboa, 2004.

MALARET Y GARCIA, ELISENDA: *El derecho de la Administración Pública: Derecho Público y Derecho Privado; La Relevância de los Princípios Constitucionales*, in Derecho Público y Derecho privado en la Actuación de la Administración Pública, Institut d' Estudis Autonomics, Marcial Pons, Madrid, 1999.

MARCOS, RUI MANUEL DE FIGUEIREDO: *As Companhias Pombalinas – Contributo para a Historiadas Sociedades por Acções em Portugal*, Almedina, Coimbra, 1997

MARTÍN, ENCARNACIÓN MONTOYA: *Las Empresas Públicas Sometidas al Derecho Privado,* Marcial Pons, Madrid, 1996.
MARTÍN-RETORTILLO, S. : *Reflecciones sobre la huida del Derecho Administrativo,* Revista de Administración Pública, n.º 140, Maio – Agosto, 1997, pág.25 e ss.
MARTÍNES, J.M. DE LA CUÉTARA: *Perspectivas de lso Servicios Públicos españoles para la Década de los Noventa (un ensayo de prospectiva jurídica);*
*Aproximación a la regulación de Servicio Público como Nuevo paradigma para la Prestación de Servicios Económicos;*
*Três Postulados para el Nuevo Servicio Público,* todos os títulos acima indicados forma retirados da obra *El Nuevo Servicio Público,* Marcial Pons, Madrid, 1997
MARTINS, ANA MARIA GUERRA: *A Emergência de um Novo Direito Comunitário da Concorrência – As Concessões de Serviços Públicos, in* Revista da Faculdade de Direito de Lisboa, vol. XLII, n°1, 2001;
*Curso de Direito Constitucional da União Europeia,* Almedina, Coimbra, 2004.
MARTINS, AFONSO D'OLIVEIRA: *Para uma Teoria dos Adquiridos Constitucionais, in* Estudos em Homenagem ao Professor Doutor Rogério Soares, Coimbra Editora, Coimbra, 2001, pág. 1049 e ss.;
MARTINS, ALEXANDRE SOVERAL: *Capacidade e Representação das Sociedades Comerciais, in Problemas de Direito das Sociedades,* Instituto de Direito das Empresas e do Trabalho, Almedina, 2002, pág. 471 e ss.
MARTORELL, FELIO J. BAUZÁ: *La Desadministración Pública,* Marcial Pons, Madrid, 2001.
MARQUES, MARIA MANUEL LEITÃO: *Quem Pode o Mais não Pode o Menos?, in A Mão Visível, Mercado e Regulação,* Almedina, 2003.
MAURER, HARTMUT: *Manuel de Droit Administratif Allemand,* LGDC, Paris, 1994, traduzido por Michel Formont.
MEEK, COLIN: *Privatisation doesn't Necessarily Equal Competiton: the UK experience, in Who Benefits From Privatisation?,* sob organização de Moazzen Hossain/Justin Malbon, Routledge Publications, Nova Iorque, 1998, pág. 100 e ss.
MENY, YVES: *La Sussidiarietà in Francia: la Sostanza Senza la Parola, in Sussidiarietà e Pubbliche Amministrazioni, a cura di Fábio Roversi Mónaco,* Maggioli Editore, Rimini, 1997, pág. 123 e ss.
MERLE PHILIPPE/ANNE FAUCHON: *Droit Commercial, Sociétés Commerciales,* 8ª edição, Dalloz, Paris, 2001.
MESCHERIAKOFF, ALAIN-SERGE: *Droit Public Economique,* PUF, 2ª Edição, Paris, 1996.
MESQUITA, HENRIQUE: Parecer a propósito da capacidade de gozo das sociedades anónimas, ROA, ano 57, 1997, pág. 771 e ss.
MIRANDA, JORGE:
*Iniciativa Económica, in* Nos Dez Anos da Constituição, Imprensa Nacional Casa da Moeda, pág. 69 e ss;
*Manual de Direito Constitucional,* tomo IV, 2ª Edição, Coimbra Editora, 1998;
*A Abertura Constitucional a Novos Direitos Fundamentais, in* Estudos em Homenagem ao Professor Doutor Manuel Gomes da Silva, Revista da Faculdade de Direito da Universidade de Lisboa, Coimbra Editora, 2001;
*Jurisprudência Constitucional Escolhida,* vol. I, Edição da Universidade católica Portuguesa, 2000;

A Abertura Constitucional a Novos Direitos Fundamentais, in Estudos em Homenagem ao Professor Doutor Manuel Gomes da Silva, Revista da Faculdade de Direito da Universidade de Lisboa, Coimbra Editora, 2001;
Regime Específico dos Direitos Económicos, Sociais e Culturais, in Revista Comemorativa dos Cinco Anos da Faculdade de Direito da Universidade do Porto, Coimbra Editora;
Teoria do Estado e da Constituição, Editora Forense, Rio de Janeiro, 2002.

MIRANDA, JORGE/ VASCO PEREIRA DA SILVA: Problemas Constitucionais da transformação das Empresas Públicas, in O Direito, ano 120,1988.

MONCADA, LUIS S. CABRAL:
A Empresa Pública e o seu Regime Jurídico, Aspectos Gerais, in Boletim da Faculdade de Direito da Universidade de Coimbra, 1984, vol. I, pág. 565 e ss;
Direito Económico, 3ª Edição, Coimbra Editora, 2000.

MOOR, PIERRE: Droit Administratif, vol. I, les fondements généraux;

MORAIS, CARLOS BLANCO DE: Da Relevância do Direito Público no Regime Jurídico das Fundações Privadas, in Estudos em Memória do Professor Doutor João de Castro Mendes, Lex, Lisboa.

MORAIS, LUIS D. S.:As Relações entre o Estado e as Empresas Públicas na Sequência da Aprovação do Decreto – Lei n.º 558/99 de 17 de Dezembro, in Estudos sobre o Sector Empresarial do Estado, sob organização de Eduardo Paz Ferreira, Almedina, 2000.

MOREIRA, VITAL:
Administração Autónoma e Associações Públicas, Coimbra Editora, Coimbra, 1997;
Relatório e Proposta de Lei – Quadro dos Institutos Públicos, Lisboa, 2001;
A Tutela dos Direitos Fundamentais na União Europeia, in Carta de Direitos Fundamentais da União Europeia, Ius Gentium Conimbrigae, Coimbra editora, Coimbra, 2001, pág. 75 e ss;
A "Constitucionalização" dos Direitos Fundamentais na União Europeia (UE), in Estudos em Homenagem ao Conselheiro José Manuel Cardoso da Costa, Tribunal Constitucional, Coimbra Editora, 2003, pág. 697 e ss;

MOREIRA VITAL/ MARIA MANUEL LEITÃO MARQUES:
«Serviços de Interesse Económico Geral» e Mercado;
Os Preços dos Bens e Serviços Públicos;
Liberalização da Economia e Mercado Único Europeu;
Um Novo Fôlego para as Entidades Públicas Empresariais?;
A Empresarialização de Serviços Públicos;
A Tentação da "Private Finance Iniciative (PFI)"
Todos este artigos se encontram publicados na obra, A Mão Visível. Mercado e Regulação, Almedina, 2003.

MORENILLA, JOSÉ MARIA SOUVIRÓN: La Actividad de la Administración y el Servicio Público, Editorial Comares, Granada, 1998;

MUÑOZ, JAIME RODRÍGUEZ-ARANA:
La Empresa Pública en el Estado Social y Democratico de Derecho, in Actualidad y Perspectivas del Derecho Publico a Fines del Siglo XX, Homenagem ao Professor Garrido Falla, volume III, Editorial Complutense, Madrid, 1992, pág. 1673 e ss;
Sobre las Privatizaciones, Dereito, Revista Xurídica da Universidade de Santiago de Compostela, volume 7, n.º 1, 1998, pág. 183 e ss;

NEVES, ANA FERNANDA: *Os Institutos Públicos e a Descentralização Administrativa*, in Estudos em Homenagem ao Professor Doutor Inocêncio Galvão Telles, volume V, Almedina, Coimbra, 2003, pág. 495 e ss;

OLIVENCIA, MANUEL: *Sociedades Unipersonales de Entes Públicos en el Derecho Español*, in Estudos em Homenagem ao Professor Doutor Ferrer-Correia, volume II, Boletim da Faculdade de Direito da Universidade de Coimbra, Coimbra, 1989, pág. 827 e ss;

OLIVEIRA, ANTÓNIO CÂNDIDO DE: *A Administração Pública de Prestação e o Direito Administrativo*, in Scientia Iuridica, tomo XLV, n.ºs 259/262, Janeiro/Junho de 1996, pág. 97 e ss.

OLIVEIRA, MÁRIO ESTEVES DE /PEDRO COSTA GONÇALVES/J. PACHECO DE AMORIM, *Código do Procedimento Administrativo Comentado*, 2º Edição (4ª Reimpressão), Almedina, Coimbra, 2003.

ORTEGA, RICARDO RIVERO: *Administraciones Públicas y Derecho Privado*, Marcial Pons, Madrid, 1998;

ORTIZ, GASPAR ARIÑO:
*Servicio Publico y Libertades Publicas (una interpretación limitadora del art. 128 de la Constitución)*, in Actualidad y Perspectivas del Derecho Publico a Fines del Siglo XX, Homenage al Profesor Garrido Falla, volume II, Editorial Complutense, Madrid, 1992, pág. 1315 e ss;
*Economia y Estado, Crisis y Reforma del Sector Público*, Marcial Pons, Madrid, 1993;
*De la Empresa Pública a la Empresa con Participación Publica: Privatización o Reforma? Quizas Ambas Cosas?*, in Revista de Administración Pública, n.º 138, Setembro-Dezembro de 1995, pág. 7 e ss;
*El Contrato de gestión de servicios públicos – su transcendencia en la problemática del servicio público*, in Contractación Pública II, Segundas Jornadas de Valladolid, 25/ 26 de janeiro de 1996;
*Sobre el Significado Actual de la Noción de Servicio Público y su Régimen jurídico (Hacía un Nuevo Modelo de Regulación)*, in El Nuevo Servicio Público, Marcial Pons, Madrid, 1997;
*El Ámbito Privado del Sector Público*, in El Ámbito Privado del Sector Público, XXIV Jornadas de Estudo, Ministerio da Justiça, 2002.

OSBORNE, DAVID /TED GAEBLER: *Reinventing Governament. How the Enterpreneurial Spirit is Transforming the Public Sector*, Addison-Wesley Publishing Company, Inc., USA, 4ª edição, 1992.

OTERO, PAULO:
*Institutos Públicos*, in Dicionário Jurídico da Administração Pública, vol. V, 1993;
*O Poder de Substituição em Direito Administrativo – Enquadramento Dogmático-Constitucional*, vol. II, Lex, 1995;
*Vinculação e Liberdade de Conformação Jurídica do Sector Empresarial do Estado*, Coimbra Editora, 1998;
*Privatizações, Reprivatizações e Transferências de Participações Sociais no Interior do Sector Público*, Coimbra Editora, 1999;
*Tendências Actuales del Derecho Administrativo en Portugal*, in Documentación Administrativa, n.º 257-258, Separata, 2000;
*Coordenadas Jurídicas da Privatização da Administração Pública*,Separata de Os Caminhos da Privatização da Administração Pública, Studia Iuridica n.º 60, Coimbra Editora, Coimbra, 2000.

OTTAVIANO, VITTORIO: *Sometimiento de la Empresa Pública al Derecho Privado y Exigências Conexas con los Fines Públicos que Mediante el Ejercício de la Empresa se Quieran Conseguir, in La Empresa Pública,* Studia Albornotiana, Publicaciones del Real Colegio de España en Bolonia, 1970, pág. 267 e ss;

PELLICER, JOSÉ ANTÓNIO LOPEZ: *El Servicio Público y la Habilitación de Actividades Prestacionales de Interés General a Particulares, in El Derecho Administrativo en el Umbral del Siglo XXI,* Valença, 2000;

PEÑALVER, JESÚS REMÓN: *Problemática del a Organización y Régimen Jurídico de la Empresa Pública, in* Revista de Derecho Mercantil, n.º 221, Julho-Setembro de 1996, pág. 921 e ss;

PINA, CARLOS COSTA: *A Reforma do Regime das Empresas Públicas, o Direito Comunitário e o Direito da Concorrência, in* Estudos sobre o Sector Empresarial do Estado, sob organização de Eduardo Paz Ferreira, Almedina, Coimbra, 2000, pág. 133 e ss.

PINTO, ANTÓNIO MANUEL CALEJO: *Análise da repercussão do regime Jurídico do Sector Empresarial do estado e do Novo Regime das Parcerias Público-Privadas no âmbito da Intervenção do tribunal de Contas, Face ao Disposto nas Leis n.º 14/96 de 20 de Abril e n.º 98/97 de 26 de Agosto, in* Revista do tribunal de Contas, n.º 40, Julho-Dezembro de 2003, pág. 77 e ss;

PINTO, CARLOS ALBERTO DA MOTA:
*Direito Público da Economia,* Plocopiado, Universidade de Coimbra, 1980/81;
*Teoria Geral do Direito Civil,* Coimbra Editora, Coimbra, 1986;

POULLET, Y. / F. VAN DER MENSBRUGHE : *Service Universel ou Public dans la Politique Européene des Telecomunications, in Vers un Service Public Européen,* Obra Colectiva, ASPE Europe, Paris, 1996.

PROSSER, TONY: *The Limits of Competition Law. Markets and Public Services,* Oxford University Press, 2005;

QUADROS, FAUSTO DE:
*Direito da União Europeia,* Almedina, Coimbra, 2004;
*Serviço Público e Direito Comunitário, in* Estudos em Homenagem ao Professor Doutor Manuel Gomes da Silva, Revista da Faculdade de Direito da Universidade de Lisboa, Coimbra Editora, 2001, pág.641 e ss;

QUIOT, GÉRARD: *Ordre Concurrentiel et Service Public, in L' Ordre Concurrentiel, Mélanges en l' Honneur d' Antoine Pirovano,* Éditions Frison-Roche, Paris, 2003, pág. 73 e ss;

RAKOVSKY, CLAUDE : *L'implacable Logique Européene, in L' Europe à L' Épreuve de L' Intérêt Generale,* Obra Colectiva sob organização de Christian Stoffaës, ASPEurope, Paris, 1995.

RANGEON, FRANÇOIS: *L' Idéologie de L' Intérêt Général,* Económica, Paris, 1986;

RAPOSO, AMÁVEL DIAS: *O Controlo dos Dinheiros Públicos numa Administração em Mudança, in* Revista do Tribunal de Contas, n.º 40, Julho-Dezembro de 2003, pág. 61 e ss;

REIGADA, ANTÓNIO TRONCOSO: *Privatización, Empresa Pública y Constitución,* Marcial Pons, Madrid, 1997.

RIPERT, GEORGES: *Aspects Juridiques du Capitalisme Moderne,* LGDC, Paris, 1951

RIVERA, ALEJANDRO E. SALINAS: *Justiciabilidad de los Derechos Económicos, Sociales y Culturales, in* Seminário sobre Derechos Económicos, Sociales y Culturales, Bogota, Colombia, Maio de 1996.

Rocca Rocca: *Las Técnicas societarias en la Administración Pública española,* in *Administración Instrumental, Libro en Homenaje a Manuel Francisco Clavero Arévalo,* vol. I, Editorial Civitas, Madrid, 1994.

Rocha, J.A. Oliveira: *Modelos De Gestão Pública,* in Revista Portuguesa de Administração e Políticas Públicas, n.º 1, 2000, pág. 1 e ss;
*Reformar a Administração Pública, é possível?,* in *Reformar a Administração Pública: um imperativo,* Fórum 2000, Instituto Superior de Ciências Sociais e Políticas, Lisboa, 2000, pág. 67 e ss.

Rodriguez-Arana, Jaime: *La Privatización de la Empresa Pública,* Editorial Montecorvo, Madrid, 1991.

Rodrigues, Nuno Filipe Abrantes Leal da Cunha: *"Golden Shares" As Empresas Participadas e os Privilégios do Estado Enquanto Accionista Minoritário,* Coimbra Editora, Coimbra, 2004.

Rodrigues, Stéphane: *Les Services Publics et le Traité d' Amsterdam – genèse et portée juridique du project de nouvel article 16 du Traité CE,* Révue du Merché Commun et de l'Union Européene, n.º 414, 1998.
*Actualité du Príncipe de Specialité dês Entreprises Publiques,* in Revue Française de Droit Admnistratif, ano 10, 1994, pág. 1146 e ss.

Rodriguez-Arana, Jaime: *La Privatización de la Empresa Pública,* Editorial Montecorvo, Madrid, 1991.

Rojas, Francisco José Villar : *Privatización de Servicios Públicos : la experiencia española a la luz del modelo británico,* Editorial Tecnos, Madrid, 1993.

Rosenbaum, Eckehard F./Frank Bönker/ Hans-Jürgen Wagener, *Privatization, Corporate Governance and the Emergence of Markets,* Macmillan Press Ltd, London, 2000

Ross, Malcom: *Article 16 E.C. and services of general interest: from derrogation to obligation?,* European Law Revue, 25,Sweet & Maxwell and Contributors, ano 2000.

Sampford, Charles: *Cautionary Reflections on the Privatisation Push,* in in *Who Benefits From Privatisation?,* sob organização de Moazzen Hossain/Justin Malbon, Routledge Publications, Nova Iorque, 1998;

Santo, João Espírito: *Sociedades por Quotas e Anónimas. Vinculação: Objecto Social e Representação Plural,* Almedina, Coimbra, 2000.

Santos, Filipe Cassiano dos: *O Direito aos Lucros no Código das Sociedades Comerciais,* in *Problemas de Direito das Sociedades,* Instituto de Direito das Empresas e do Trabalho, Almedina, 2002, pág. 185 e ss.

Saz, Sílvia del: *Desarrollo y Crisis del Derecho Administrativo, Su Reserva Constitucional,* in *Nuevas perspectivas del Derecho Administrativo. Tres Estudios,* Civitas, Madrid, 1993.

Seia, Jorge Alberto Aragão: *O Papel da Jurisprudência na Aplicação do Código das Sociedades Comerciais,* in *Problemas de Direito das Sociedades,* Instituto de Direito das Empresas e do Trabalho, Almedina, 2002;

Sendim, Paulo M.: *Artigo 230º, Código Comercial, e Teoria Jurídica da Empresa Mercantil,* in *Estudos em Homenagem ao Professor Doutor Ferrer-Correia,* Boletim da Faculdade de Direito de Coimbra, Coimbra, 1989, pág. 909;

Silva, Vasco Pereira da: *Em Busca do Acto Administrativo Perdido,* Almedina, 1998.
*A Vinculação das Entidades Privadas pelos Direitos, Liberdades e Garantias,* Separata da Revista de Direito e Estudos Sociais, ano XIX, II, 2ª Série, n.º 2, 1987.

*Para um contencioso administrativo dos Particulares (esboço de uma teoria subjectivista do contencioso de anulação)*, Almedina, Coimbra, 1997.

SILVEIRO, FERNANDO XAREPE: *O Tribunal de Contas, as Sociedades Comerciais, e os Dinheiros Públicos. Contributo para o Estudo da Actividade de Controlo Financeiro*, Coimbra Editora, 2003.

SILVEIRO, FERNANDO XAREPE/ALEXANDRA PESSANHA: *Estudo do Decreto-Lei n.º 86/2003 de 26 de Abril, Regime Jurídico Procedimental das Parcerias Público-Privadas, in* Revista do Tribunal de Contas n.º 40, Julho-Dezembro, 2003, pág. 27 e ss;

SIMÕES, TÂNIA CARDOSO: *Empresa Pública e Sector Empresarial do Estado: Breve Estudo de Direito Comparado, in Estudos Sobre o Novo Regime do Sector Empresarial do Estado*, organização de Eduardo Paz Ferreira, Almedina, Coimbra, 2000, pág. 207 e ss.

SOARES, ROGÉRIO GUILHERME EHRHARDT: *Interesse Público, Legalidade e Mérito*, Coimbra, 1955.

SOUSA, MARCELO REBELO DE:
*Empresas Públicas, Parecer*, CJ, ano XI, tomo III, 1986, pág. 823 e ss;
*Direito Constitucional I, Introdução à Teoria da Constituição*, Livraria Cruz, Braga, 1979;
Lições de Direito Administrativo, Lisboa, 1994.

SOUSA, MARCELO REBELO DE /ANDRÉ SALGADO DE MATOS: *Direito Administrativo Geral*, tomo I, Publicações Dom Quixote, Lisboa, 2004;

SPICKER, PAUL: *The welfare State. A general Theory*, SAGE Publications, Londres, 2000.

STIRN, BERNARD: *La Construccion Française. L'Évolution Juridique de la Notion de service Public Industriel et Commercial, in L' Europe à L'épreuve de L'Interet General*, obra colectiva sob organização de Christian Stoffaës, ASPEurope, Paris, 1995, pág. 28 e ss.

SULEIMAN, EZRA: *Le Service Public: Changement du Concept?, in L'idée de Service Public Est-elle Encore Soutenable?* Obra colectiva sobre a organização de Jean-Marie Chevalier/Ivar Ekeland/Marie-Anne Frison-Roche PUF, Paris, 1999, pág. 47 e ss.

SVALLFORS, STEFAN /PETER TAYLOR-GOOBY: *The End of Welfare State? Responses to State Retrenchment*, Obra Colectiva sob a organização dos autores citados, Routledge/ESA Studies in European Society, 1999, Londres.

TANG, KWONG-LEUNG: *Efficience du Secteur Privé dans les Services Publics: une analyse critique*, Revue Internationale des Sciences Administratifs, 4, 1997, pág. 539 e ss.

TELESE, GIUSEPPE: *Servizio di Interesse Económico Generale e Servicio Universale nella Giurisprudenza e nella Normativa Comunitária, in* JUS, Rivista di Scienze Giuridiche, ano XLVI, Setembro-Dezembro de 1999, pág. 946 e ss.

THIRION, NICOLAS: *Les Privatisations d'Entreprises Publiques dans une Économie Sociale de Marché: Aspects Juridiques*, Bruylant, Bruxelas/ LGDC, Paris, 2002.

TREVIJANO-FOS, J. A. GARCIA: *Concepción Unitária del Sector Público, in La Empresa Publica*, Studia Albornotiana, Publicaciones del Real Colegio de españa en Bolonia, 1970, pág. 63 e ss;

TRIANTAFYLLOU, DIMITRIS: *Les règles de la concurrence et láctivité étatique y compris les marchés publics, in* Révue Trimestrielle de Droit Européan, 32éme année, n.º 1 de 1996.

TSUKADA, HIROTO: *Economic Globalization and Citizens' Welfare State*, Ashgate Publishing Limited, Inglaterra, 2002.

UREBA, ALBERTO ALONSO: *La Empresa Pública. Aspectos Jurídico-constitucionales y de Derecho Económico*, Editorial Montecorvo S.A., Madrid, 1985.

VAN DEN VEN, A. T. L. M. : *Le Role Changeant du Governement au Sein dês Entreprises Publiques: Experiences Hollandeises, in* RISA, n.º 3, 1994, pág. 441 e ss.
VARELA, ANTUNES/PIRES DE LIMA: *Código Civil Anotado,* vol. II, Coimbra Editora.
VASCONCELOS, PEDRO PAIS DE:
*Teoria Geral do Direito Civil,* vol. I, Lex, 2000;
*Teoria Geral do Direito Civil,* 2ª edição, Almedina, 2003;
*Contratos Atípicos,* Almedina, Coimbra, 1995.
VAZ, MANUEL AFONSO: *O Enquadramento Jurídico-Constitucional dos «Direitos Económicos, Sociais e Culturais», in Juris et de Jure,* Nos Vinte Anos da Faculdade de Direito da Universidade Católica Portuguesa – Porto, Porto, 1998.
VEBLEN, THORSTEIN: *The Theory of Businesse Enterprise,* Transaction Books, reimpressão, New Jersey, 1978.
VEDEL, GEORGES /PIERRE DELVOLVÉ: *Droit Adminitratif,* tomo 2, Presses Universitaires de France, 12ª edição, Paris.
VIADEL, ANTÓNIO COLOMER /JOSÉ LUIS LÓPEZ GONZÁLEZ, *Programa Ideológico y Eficácia Jurídica de los Derechos Sociales. El Caso de Portugal en el Derecho Comparado, in* Perspectivas Constitucionais – nos 20 anos da Constituição de 1976, vol. III, org. Jorge Miranda, Coimbra Editora, pág.307 a 329.
VILAÇA, CRUZ: *A Protecção dos Direitos dos Cidadãos no Espaço Comunitário in* Valores da Europa, Identidade e Legitimidade, Lisboa.
VILLAN-COURRIER, ANNE-ÉLISABETH: *Contribution Génerale à l´étude de l'étique du service public en droit anglais et français comparé,* Dalloz, Paris 2004.
VOISSET, MICHÈLE: *Le Service Public Autrement, in* Revue Française de Droit Administratif, n.º 11, Março- Abril de 1995, págs. 304 e ss
WAGNER, FRANCISCO DE SOSA: *La Fundación en el Horizonte de las Formas de Gestión de los Servicios Públicos Locales, in El Derecho Administrativo en el Umbral del Siglo XXI,* Valença, 2000;
WEBB, EILEEN: *The Other Side of the National Competition Policy Debate. Perspepctive on the Public Interest and Community Services, in Who Benefits From Privatisation?,* sob organização de MOAZZEN HOSSAIN/JUSTIN MALBON, Routledge Publications, Nova Iorque, 1998;
WEISBROD, BURTON A.: *The Nonprofit Economy,* Harvard University Press, Cambridge, Londres,1988;
WHINCOP, MICHAEL J./ STUART ROWLAND: *"Plus ça Change..." The Effects of Markets and Corporate Law on the Governance of Privatised Enterprises, in Who Benefits From Privatisation?,* sob organização de Moazzen Hossain/Justin Malbon, Routledge Studies in The Modern World Economy, Londres, 1998;
WINCKLER, ANTOINE: *Quelquer Réflections a Propos de la Reforme des Services Publics, in L' Idée de service Public, est-elle encore soutenable?,* Obra Colectiva, PUF, Paris, 1999, pág. 23 e ss.
WURDINGER, HANS: *Poteri Pubblici ed Impresa, in* Rivista delle Società, ano 21º, Novembro-Dezembro de 1976, pág. 1105 e ss.
YEATS, JR., DOUGLAS: *Management in Public and Private Organizations: Similarities and Differences, in Public Management. The Essential Readings,* sob a organização de J. Steven Ott/Albert C. Hyde/ Jay M. Shafritz, Lyceum books, Nelson-Hall Publications, Chicago, 1991.

ZIPPELIUS, REINHOLD: *"Teoria Geral do Estado"*, *Traduçãod e Cabral de Moncada, 2ª edição, Fundação Calouste Gulbenkian, Lisboa.*

Outros Documentos:
- Livro Branco do sector Empresarial do Estado, Ministério das Finanças, 1998;
- Sector Empresarial do Estado: Evolução no Período 1996-2001, Secretaria de Estado do Tesouro e das Finanças, 2002;
- Sector Empresarial do Estado – Situação Financeira e práticas de Bom Governo-, Relatório n.º 01/04, da 2ª Secção do Tribunal de Contas, 2004

# ÍNDICE DE ABREVIATURAS

| | | |
|---|---|---|
| Ac. | – | Acórdão; |
| BFDC | – | Boletim da Faculdade de Direito de Coimbra; |
| CC | – | Código Civil; |
| Cfr. | – | confira-se/conferir; |
| cit./ cits. | – | citado(s); |
| COM | – | Comunicação; |
| CPA | – | Código de Procedimento Administrativo; |
| CRP | – | Constituição da República Portuguesa; |
| CSC | – | Código das Sociedades Comerciais; |
| CTF | – | Ciência e Técnica Fiscal; |
| Dec.-Lei | – | Decreto-Lei; |
| EP | – | Empresa Pública; |
| EPE | – | Entidade Pública Empresarial; |
| EPEs | – | Entidades Públicas Empresariais; |
| ISCSP | – | Intituto Superior de Ciências Sociais e Políticas; |
| JOCE | – | Jornal Oficial das Comunidades Europeias; |
| pág./ págs. | – | página(s); |
| org. | – | organização; |
| RAP | – | Revista de Administración Publica; |
| RDA | – | Revista de Derecho Administrativo; |
| RFDA | – | Révue Française de Droit Administratif; |
| RFDL | – | Revista da Faculdade de Direito de Lisboa; |
| RGSEE | – | Regime Geral do Sector Empresarial do Estado; |
| RISA | – | Révue Internationale des Sciences Administratifs; |
| RGSEE | – | Regime Geral do Sector Empresarial do Estado; |
| ROA | – | Revista da Ordem dos Advogados; |
| RPAP | – | Revista Portuguesa de Administração e Políticas Públicas; |
| SA | – | Sociedade Anónima; |
| SEE | – | Sector Empresarial do Estado; |
| TC | – | Tribunal Constitucional; |
| TJCE | – | Tribunal de Justiça das Comundades Europeias; |
| Vol. | – | volume. |

**Metodologia de Citações:**
- As obras utilizadas citam-se pelo nome do autor, pelo título, seguido da edição se esta não for a primeira, pela editora, local, data de publicação e página.
- As primeiras citações são completas e as subsequentes poderão remeter para estas, sendo embora abreviadas.

# ÍNDICE

PREFÁCIO .................................................................................................... 7

AGRADECIMENTOS ..................................................................................... 9

INTRODUÇÃO ............................................................................................... 11

DELIMITAÇÃO DO OBJECTO E METODOLOGIA ADOPTADA ................. 13

I CAPÍTULO – **Evolução das Funções e Fins do Estado: a Encruzilhada** ........ 17
I Secção – **Enquadramento Geral** ................................................................ 18
1 – O Estado e os seus Fins: evolução histórica ............................................. 18
2 – Os Direitos Económicos, Sociais e Culturais: breve caracterização jurídica ........ 26
II Secção – **Intervenção Económica Estadual em Portugal** ......................... 38
1 – O Estado como Concretizador da Cláusula Constitucional de Bem-Estar e a
    Intervenção Económica Pública ................................................................ 38
    1.1 – Intervenção Económica Estadual: evolução ..................................... 42
    1.2 – Intervenção Económica Estadual: formas jurídicas .......................... 48
        1.2.1 – Os Estabelecimentos Públicos ............................................... 55
        1.2.2 – Os Institutos Públicos ............................................................ 59
        1.2.3 – As Empresas Públicas (remissão) ........................................... 65
2 – A Garantia Constitucional do Sector Público dos Meios de Produção e o Princípio
    da Subsidiariedade na Intervenção Económica Pública ............................. 66
3 – A Intervenção Económica Pública, e os Sectores Vedados à Iniciativa Económica
    Privada ...................................................................................................... 76
    3.1 – Enquadramento ................................................................................ 77
    3.2 – Leitura Possível da Noção de "sectores básicos" ............................. 80

CAPÍTULO II – **O Estado, os Serviços Públicos, e o Direito Comunitário** ........ 89

I Secção – **" Ventos de Mudança"** ............................................................... 91
1 – Modificações Conceptuais: do Serviço Público aos Serviços de Interesse geral .... 91
    1.1 – Serviço de Interesse Geral ............................................................... 101
    1.2 – Serviço de Interesse Económico Geral ........................................... 106
    1.3 – Serviço Universal ............................................................................. 109
    1.4 – Serviço Público ................................................................................ 112

2 – Serviço Público e Serviço de Interesse geral: Autonomia Conceptual (?) .......... 114
3 – Regime Jurídico Aplicável às Actividades de Serviço Público/de Interesse Geral: construção de um regime jurídico comum? ......................................................... 121
   3.1 – Princípios Caracterizadores ................................................................ 130
      3.1.1 – O Princípio da Continuidade .............................................................. 131
      3.1.2 – O Princípio da Igualdade ................................................................... 131
      3.1.3 – O Princípio da Universalidade ........................................................... 132
      3.1.4 – O Princípio da Participação ................................................................ 132
      3.1.5 – O Princípio da Acessibilidade e Qualidade ....................................... 132
4 – O Valor Comunitário, Supranacional dos Serviços Públicos/ de Interesse Geral ...... 133
5 – Os Serviços Públicos/ de Interesse Geral como Parte da Concretização da Cláusula Constitucional de Bem-Estar .................................................................. 136

II SECÇÃO – **Bem-Estar e Intervenção Económico-empresarial** ........................ 137
1 – Bem-Estar, Intervenção Económica e Intervenção Empresarial: enquadramento e distinção ................................................................................................. 138
   1.1 – Da Natureza Empresarial de uma Actividade Económica ....................... 142
   1.2 – Intervenção Económica e Intervenção Empresarial do Estado: pontos comuns e diferenças ............................................................................................. 164
   1.3 – Segue: Intervenção Económica e Intervenção Empresarial, *maxime* no âmbito dos Serviços Públicos/de Interesse Geral ................................................. 173
2 – Os Qualificativos "Económico" e "Social", a sua Importância nas Actividades de Serviço Público e o Contributo da Jurisprudência Comunitária ......................... 174

III SECÇÃO – **Serviços Públicos e Intervenção Empresarial** ............................... 190
1 – Formas Jurídicas de Prestação Estadual de Serviços Públicos /de Interesse Geral: a viabilidade dos mecanismos empresariais .......................................................... 190
   1.1 – Serviços Públicos e Gestão Empresarial .................................................... 191
   1.2 – Segue: Técnicas de Gestão Empresarial .................................................... 194
   1.3 – Segue: Gestão Empresarial e "Lógica Empresarial" ................................. 201
   1.4 – Conclusão: viabilidade e adequação das técnicas de gestão empresarial à prestação pública de serviços públicos/ de interesse geral ........................ 205

III CAPÍTULO – **Actividades Materialmente Administrativas e Liberdade de Escolha das Formas Jurídicas Aplicáveis** ............................................................ 213

I SECÇÃO – **Enquadramento** ................................................................................. 213
1 – Da Liberdade de Escolha das Formas Jurídicas Aplicáveis e os Limites da Privatização da Administração Pública ................................................................. 213
2 – Limites ao Princípio da Liberdade de Escolha das Formas Jurídicas ................. 225

II SECÇÃO – **Multiplicidade de Formas Jurídicas: escolha "a la carte"?** ............ 233
1 – Necessidade de Fixar Critérios para a Determinação da Forma Jurídica Aplicável ... 233
2 – O Estatuto Constitucional Específico dos Poderes Públicos ............................... 237
   2.1 – A Vinculação à Prossecução do Interesse Público .................................... 238
   2.2 – A Vinculação aos Direitos Fundamentais ................................................. 240
   2.3 – A Subordinação do Poder Económico ao Poder Político Democrático ...... 251

3 – Aplicação Preferencial e Mais - Valia das Formas Jurídicas de Direito Público (na Prestação Pública de Actividades de Serviço Público) ............................ 252

IV CAPÍTULO – **A Nova Configuração do Sector Empresarial do Estado** ...... 259
I Secção – **Aspectos Gerais** ............................................................................. 259
1 – A Nova Configuração do Sector Empresarial do Estado: mera fuga para o direito privado? ........................................................................................ 260
2 – Retrato "a retalho" do Sector Empresarial do Estado ................................. 267
3 – As Novas Empresas Públicas ...................................................................... 278
    3.1 – A Influência do Direito Comunitário sobre o Novo Conceito de Empresa Pública ..................................................................................... 280
    3.2 – Formas Jurídicas de Empresa Pública ................................................ 282
        3.2.1 – Sociedades ................................................................................ 283
        3.2.2 – Entidades Públicas Empresariais ............................................. 294
    3.3 – Razão de Ser da Dualidade: esboço de uma solução possível ........... 296

II Secção – **Actuação Pública e Direito Privado: uma cura para todos os males(?)** ... 302
1 – O Direito Privado como Instrumento Preferencial da Actividade Empresarial do Estado: Reserva Constitucional de Direito Privado? ................................ 303
2 – Relativização do "Valor Acrescentado" das Formas Jurídicas de Direito Privado ... 306
3 – Do Mito da Gestão Privada/ Empresarial à Realidade: o Imperativo da Boa Gestão ........................................................................................................ 311
4 – Contributo para a Fixação de Critérios Orientadores da Aplicabilidade de Formas Jurídicas de Direito Privado e de Base Societária ........................................ 321

III Secção – **Interpenetrações Público-Privado: Privatização do Público, Publicização do Privado, ou ambas as coisas?** ............................................ 334
1 – Utilização Pública do Direito Privado e Transformação dos seus Conceitos Típicos ....................................................................................................... 336
    1.1 – O Conceito de Sociedade e os seus Elementos Essenciais ................. 342
    1.2 – O Lucro como Elemento Caracterizador do Conceito Sociedade e sua Especificidade no Sector Empresarial do Estado ................................ 349
2 – Algumas Implicações Práticas Decorrentes da Utilização da Forma Societária ... 354
    2.1 – Problemas de Capacidade .................................................................... 355
    2.2 – Problemas de Controlo ........................................................................ 377
    2.3 – Problemas de Compatibilização entre o Interesse Público e o Interesse Social ..................................................................................................... 384

CONCLUSÕES FINAIS ..................................................................................... 395

BIBLIOGRAFIA .................................................................................................. 413

ÍNDICE DE ABREVIATURAS .......................................................................... 429